LA

CUISINIÈRE

DES MÉNAGES

TREIZIÈME ÉDITION

DU MÊME AUTEUR.

LE PATISSIER
DES MÉNAGES

Un volume in-12, avec gravures............ 3 fr. »

DÉPÔT LÉGAL
Seine & Oise
106
1871

LA
CUISINIÈRE

DES MÉNAGES

OU

MANUEL PRATIQUE

DE CUISINE ET D'ÉCONOMIE DOMESTIQUE

POUR LA VILLE ET LA CAMPAGNE

CONTENANT

L'ART DE DÉCOUPER, LE SERVICE DE TABLE

LES DEVOIRS D'UNE MAITRESSE DE MAISON, DES MENUS GRAS ET MAIGRES
POUR TOUTES LES SAISONS

UN TRAITÉ DE LA CAVE ET DES MALADIES DES VINS

ET UN GRAND NOMBRE DE RECETTES D'ÉCONOMIE DOMESTIQUE

PAR

Mme ROSALIE BLANQUET

Ouvrage illustré de 217 figures.

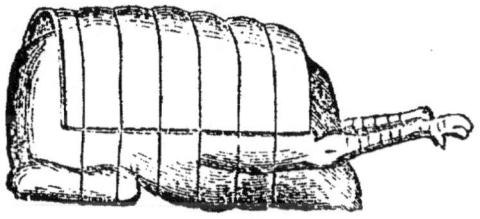

PARIS

THÉODORE LEFÈVRE, LIBRAIRE-ÉDITEUR

2, RUE DES POITEVINS

7287-79 — CORBEIL. Typ. et stér. CRETÉ.

LA CUISINIÈRE
DES MÉNAGES

PREMIÈRE PARTIE.

VOCABULAIRE DES TERMES DE CUISINE. — USTENSILES DE CUISINE ET DE TABLE. — TROUSSAGE ET BRIDAGE. — DÉCOUPAGE. — SERVICE DE TABLE. — MENUS. — DEVOIRS DE L'AMPHITRYON.

CHAPITRE PREMIER.

VOCABULAIRE DES TERMES DE CUISINE.

Abaisse. — Morceau de pâte qui forme le fond d'une pièce de pâtisserie, on la fait en aplatissant la pâte avec un rouleau.

Abatis. — On appelle ainsi les pattes, les ailes, le cou, le foie et le gésier d'une volaille.

Aiguillette ou filets. Se dit de la chair de certains animaux que l'on découpe en morceaux longs et minces.

Aileron. — Extrémité de l'aile d'une volaille ou d'un oiseau.

Amalgamer. — Mélanger parfaitement plusieurs substances.

Ambigu. — Repas sans potage où les trois services sont réunis.

Amourettes. — On distingue sous ce nom la moelle allongée des quadrupèdes.

Aromates. — On désigne sous ce nom les substances douées d'une odeur vive, pénétrante ou sucrée, telles que le thym, le laurier, le basilic, l'estragon, l'anis, le safran, etc.

Aspic. — Espèce d'entrée froide composée de filets de volaille, de gibier ou de poisson, garnis de truffes, de crêtes, de quartiers d'œufs durs, de cornichons, et enveloppés d'une gelée transparente à laquelle on donne une forme plus ou moins élégante.

Assiettes volantes. — Assiettes sur lesquelles sont dressés les hors-d'œuvre chauds et le service de dessert, tels que fruits, fromage, petits fours, biscuits, etc.

Avancé. — Se dit des chairs qui commencent à entrer en putréfaction ; les bécasses, faisans et autre gibier, demandent à être avancés ou faisandés.

Bain-Marie. — Faire chauffer ou cuire au bain-marie, c'est mettre le plat ou vase contenant ce que l'on veut faire cuire ou réchauffer dans un autre vase mis sur le feu et rempli d'eau bouillante. On donne ce nom à des casseroles spécialement consacrées à cet usage.

Barde. — Tranche de lard avec laquelle on recouvre les viandes avant de les faire rôtir et dont on garnit aussi le fond des casseroles.

Barder. — Attacher avec de la ficelle les bardes sur le ventre des volailles que l'on met à la broche.

Béchamel. — Espèce de sauce blanche.

Bisque. — Potage composé de purée, de poissons, ou d'autres ingrédients.

Blanc-manger. — Entremets sucré de couleur blanche qui a toujours pour base une gelée animale combinée à une émulsion d'amandes douces, sucrée et aromatisée.

Blanchir. — Opération qui consiste à passer dans l'eau chaude les viandes, poissons, légumes ou fruits avec ou sans sel, afin de les nettoyer ou de leur faire perdre leur âcreté.

Bleu. — (Voyez Court-Bouillon).

Bouquet. — Paquet d'herbes fines liées ensemble que l'on met dans les sauces et dans les bouillons pour en relever le goût. Le bouquet garni est composé de ciboules, thym, persil et d'une feuille de laurier. On lie le bouquet avec du gros fil et on doit le retirer avant de servir.

Braiser. — Cuisson sans évaporation et qui conserve aux viandes tout leur suc.

Brider. — C'est maintenir les membres d'une volaille avec du gros fil ou de la ficelle. On bride également des pièces de viande pour leur conserver, après la cuisson, la forme qu'on leur a donnée.

Buisson. — Pyramide d'écrevisses cuites dressées sur une assiette, et généralement tous les objets qui se servent en forme conique.

Caramel. Sucre en poudre que l'on fait fondre au feu dans une casserole de cuivre, en remuant et en mouillant avec un peu d'eau. On s'en sert pour colorer avec la barbe d'une plume le dessus des viandes et donner de la couleur aux sauces.

Chapelure. — Croûte de pain râpée.

Ciseler, faire avec le couteau des incisions plus ou moins inclinées sur le poisson, afin d'empêcher qu'il ne se déchire en cuisant.

Clarifier. — Opération qui consiste à rendre claire une liqueur quelconque. On emploie à cet effet les blancs d'œufs battus.

Compote. — Espèce de confitures destinée à être mangée de suite.

Concasser. — Objet que l'on pile grossièrement dans un mortier.

Consommé. — Bouillon très-chargé de sucs de viande.

Coup de feu. — Se dit d'une substance à laquelle une trop grande action du feu a donné une couleur rousse ou noire et un goût de brûlé désagréable.

Croûtons ou *croûtades*. Tranches de mie de pain découpée en dés, en forme de dents, de cœur, de

rond ou de carré, que l'on fait frire dans du beurre pour en garnir les épinards, la chicorée, etc.

Cuisson. — Manière de cuire. Se dit aussi quelquefois du liquide résultant de la cuisson qui a été faite dans de l'eau, bouillon, etc.

Daube. — Préparation de viande, de volailles ou de gibier qui se mange le plus souvent froid.

Décanter. — Tirer à clair un liquide en le versant doucement, pour ne pas entraîner les matières qu'il a déposées.

Décoction. — Extraire la substance d'une chose par l'ébullition ; l'infusion diffère de la décoction en ce qu'on se contente de verser de l'eau bouillante sur la chose à infuser.

Dégorger. — C'est débarrasser les viandes du sang qu'elles contiennent et les rendre plus blanches, en les mettant tremper quarante ou cinquante minutes dans l'eau froide.

Dégraissés. — Graisse qu'on enlève du pot-au-feu ou d'un ragoût.

Désosser. — Oter les os des viandes, volailles ou gibier, ou les arêtes de la chair des poissons.

Dessert. — Troisième service d'une table. Il est ordinairement composé de fruits crus et cuits, de confitures, de pâtisseries, etc.

Desserte. — Se dit des mets et des objets entamés et non entamés qu'on ôte de dessus la table après le repas.

Donner du corps. — Se dit de manier la pâte pour lui donner de la consistance, aux sauces plus de réduction, au pâtes délayées plus d'épaisseur.

Dorer. — C'est frotter le dessus des pièces de pâtisserie à l'aide d'un pinceau ou avec les barbes d'une plume trempés dans des œufs battus.

Dormant. — Décoration que l'on place au milieu d'une table, et qui y reste jusqu'à la fin du repas.

Dresser. — Disposer les pièces et les morceaux sur le plat, comme ils doivent être servis. Le dressage est un art que l'on doit s'efforcer d'acquérir, car un mets mal dressé ne dispose jamais en sa faveur.

Échauder. — Plonger dans de l'eau très-chaude l'animal dont on veut enlever facilement le poil ou la plume.

Émincer. — C'est couper la viande ou les légumes en tranches très-minces.

Émonder. — On jette les amandes dans l'eau chaude pour enlever facilement la peau qui se trouve attendrie.

Entrées. — Ce sont les mets qui se servent au commencement du repas, et qui accompagnent le bœuf ou une autre grosse pièce servant à remplacer le potage.

Entremets. Ce qui se sert sur la table en même temps que le rôti et avant le dessert.

Escalopes. — Petites tranches rondes et minces de viande ou de poisson, dressées en couronne sur le plat, et posant à moitié les unes sur les autres.

Étouffer. — Faire cuire dans un vase bien clos et dont on garnit le bord du couvercle de papier beurré, pour empêcher l'évaporation.

Farces. — Hachis dont on garnit les volailles ou certaines pièces de viande. On fait des farces de volaille, de gibier, de poisson auxquels on peut mêler : truffes, champignons, marrons, etc.

Farcir. — C'est mettre dans le corps d'une volaille ou d'un autre objet une farce quelconque.

Filet. — Se dit des parties charnues, qui, chez les quadrupèdes accompagnent l'épine dorsale sous les côtes, les chairs qui se trouvent sur les ailes et l'estomac des volailles et du gibier, et sur un poisson tout ce que l'on peut enlever sans arêtes. On dit aussi couper en filet, lorsqu'on fait des morceaux longs et étroits.

Flamber. — Passer une volaille ou un autre gibier à plumes sur la flamme après l'avoir plumé, afin d'en brûler le duvet ; il ne faut pas que la peau soit noircie et sente la fumée, le feu de braise est préférable pour éviter cet inconvénient.

Foncer. — Mettre au fond d'une casserole des bandes de lard, du jambon, du veau en tranches, etc.

Frémir. — Se dit de l'eau qui est sur le feu, ou de toute autre chose qui est près de bouillir.

Galantine. — Espèce de daube qui n'en diffère que parce que les viandes qui la composent sont toujours désossées, qu'elles ont une forme plus régulière, et sont plus ornées de gelées moulées, de carottes, cornichons, citrons, etc., découpés à l'emporte-pièce.

Garniture. — Certains ingrédients ou substances dont on garnit ou dont on accompagne les viandes de boucherie, la volaille, le gibier, et même certains plats de légumes.

Glace.. — Jus de viande ou coulis réduit en gelée par le refroidissement.

Glacer. — C'est étendre la glace avec une plume ou un pinceau sur les viandes, volailles et ragoûts tout chauds au moment de les servir. En pâtisserie, c'est saupoudrer les pièces de sucre et les remettre au four pour que la glace se forme. On saupoudre avec du sucre en poudre renfermé dans une boîte de ferblanc percée de petits trous et nommée glaçoire.

Gratiner. — C'est préparer un mets au gratin en le faisant cuire avec du feu dessus et dessous, afin qu'il se recouvre d'une espèce de croûte ayant la couleur du pain bien cuit.

Grillades. — Nom que l'on donne aux viandes que l'on met cuire sur le gril.

Habiller. — Se dit du poisson que l'on vide, écaille et bride.

Hors-d'œuvre. — Ce sont des mets qui excitent l'appétit, tels que radis, beurre, huîtres, anchois ; on les place sur la table, et on les fait passer aussitôt le potage.

Infusion. — (Voyez Décoction).

Larder. — (Voyez Piquer).

Lardons. — Noms donnés aux filets de lard dont on se sert pour piquer ; ils doivent être toujours carrés, et on en fait de différentes grosseurs.

Liaison. — On appelle ainsi tout ce qui sert à donner de la consistance à une sauce, tels que fécule, farine ou jaunes d'œufs.

Limoner. — C'est enlever le limon avec un couteau, aux poissons que l'on aura plongés dans de l'eau presque bouillante.

Lit. — Couche d'une substance coupée en tranches minces, et sur laquelle on en met une autre avec assaisonnement, et ainsi de suite.

Macérer. — Séjour d'une substance dans un liquide pour en extraire les principes.

Mariner. — Assaisonnement préparatoire que l'on fait subir aux viandes crues pour leur donner plus de saveur. Il faut battre avec un rouleau ou avec un couperet les grosses pièces de viande qui n'ont que quelques heures à mariner. Nous indiquerons à chaque article la marinade qui lui convient.

Marquer. — C'est placer et arranger avec ordre les substances à cuire dans le vase qui leur convient.

Masquer. — Couvrir de sauce un mets dressé.

Menu. — Liste sur laquelle on écrit la composition d'un repas (voyez Porte-Menu, page 33).

Mijoter. — Cuire lentement et à petit feu. La cendre rouge est ce qui convient le mieux pour cela.

Miroton. — Manière d'apprêter certaines viandes ou poissons, ou réunion de plusieurs tranches de viandes déjà cuites et destinées à être servies avec un ragoût d'oignons.

Mitonner. — Faire tremper et bouillir doucement et longtemps.

Mortifier. — Viande que l'on attendrit en la conservant quelques jours dans un endroit frais et en la battant fortement au moment de la faire cuire.

Mouiller. — Mettre, pendant la cuisson d'un mets, de l'eau, du bouillon ou autres liquides, pour en augmenter la sauce.

Neige. — Résultat des œufs battus imitant la neige.

Paillasse. — Lit de braise allumée, sur laquelle on passe le gril.

Paner. — Saupoudrer de mie de pain ou de chapelure, selon le cas, les viandes, poissons, etc., que l'on veut faire cuire au four, sur le gril ou en friture. On pane aussi un ragoût tout entier, lorsqu'on veut lui faire prendre couleur sous le four de campagne.

Panne. — Graisse de porc avec laquelle on fait le saindoux.

Parer. — Parer la viande, c'est en ôter les peaux et les graisses superflues, et donner au morceau une forme régulière et plus agréable.

Passer. — En cuisine, synonyme de *faire revenir*, faire faire quelques tours à une viande ou à des légumes dans une casserole avec du beurre, du lard ou de l'huile, avant de les accommoder.

Paupiettes. — Tranches de viande, un peu larges, pour être roulées

Pétales. — Partie des fleurs dégagée de tout ce qui peut être amer.

Petits-Fours. — Pâtisserie fine et délicate, telle que macarons, massepains, croquets.

Pièces montées. — Ce sont des pièces de pâtisserie d'un certain volume, composées de plusieurs sortes de pâtisseries imitant des objets d'architecture, des trophées, rochers, et garnies de petits gâteaux.

Piquer. — On taille le lard plus ou moins gros, selon l'usage auquel il est destiné; cette opération se fait ainsi : On prépare un morceau carré de gras de lard, en mettant la couenne en dessous, on passe un couteau long, mince et bien affilé dans toute l'étendue du morceau, en le divisant par moitié ou par tiers sur sa surface, selon son épaisseur. On partage le morceau qui est adhérent à la couenne en autant de traits que l'on veut faire de lardons, on enfonce le couteau jusqu'à la couenne, et l'on se trouve ainsi avoir des lardons bien carrés et bien égaux. On fait la même chose pour la partie enlevée primitivement. Puis, après avoir bien paré la viande, on étend sur un linge la pièce à larder, on la tient de la main gauche, et, de la droite, on enfonce le lardoir à quelques lignes dans la chair, de façon que les deux extrémités du lardon soient apparentes et ne dépassent pas plus d'un côté que de l'autre : on continue ainsi plus ou moins près à distances égales, et par lignes droites, la seconde croisant la première, la troisième la seconde, et ainsi de suite, jusqu'à ce que le morceau soit entièrement couvert.

Pocher. — On poche les œufs en les cassant dans de l'eau bouillante ; on poche aussi les quenelles dans de l'eau ou du bouillon pour les faire cuire.

Pointe. — On exprime ainsi une très-petite quantité d'un assaisonnement. Une pointe d'ail, une pointe de vinaigre.

Puits. — Creux fait par les morceaux dressés en couronne, dans lequel on verse les garnitures. C'est aussi le vide ou milieu d'un moule à pâtisserie.

Quenelles. — Espèce de farce ou de garniture en forme de boulettes, faite avec les chairs ou filets de viande de boucherie, de volaille, de gibier ou de poisson.

Refaire. — Retourner une volaille, du gibier, de la viande dans une casserole sur le feu, jusqu'à ce que la chair rentre.

Relevé. — Pièce que l'on met sur la table pour remplacer le potage lorsqu'il est servi.

Revenir. — (Voir Passer).

Retrousser. — Ficeler une pièce de gibier ou une volaille, de manière à fixer les pattes en dessus.

Rissoler. — Donner aux viandes, par la cuisson, une belle couleur rousse, et en rendre la surface croquante.

Roux. — Mélange de beurre et de farine que l'on met sur le feu et qu'on tourne jusqu'à ce qu'il devienne blond. Il sert à lier les sauces.

Sauter. — Faire cuire vivement dans une casserole ou une poêle, en sautant de temps en temps.

Torréfier. — Action de brûler les grains de café; se fait dans un appareil particulier.

Tourner. — Se dit des légumes, lorsqu'on leur donne avec le couteau une forme soit ronde, ovale, etc. Se dit d'une sauce, lorsqu'avec une cuiller on en opère le mélange sans qu'elle devienne grumeleuse.

Travailler une sauce. — C'est la remuer pour mélanger la composition et la réduire à son point.

Trousser une volaille. — Assujettir les cuisses et les ailes contre le corps avec de la ficelle, avant de la mettre à la broche.

Zeste. — Pellicule mince et extérieure de l'écorce du citron et de l'orange.

CHAPITRE II.

USTENSILES DE CUISINE.

Fourneau. — Celui que nous représentons ici est portatif; il est destiné pour les maisons bourgeoises, les restaurants et les établissements publics : il contient deux fours, deux étuves, et le compartiment

sous le bain-marie, à gauche des fours, est pour le charbon de terre. On le place au milieu de la cuisine, la circulation autour empêche l'encombrement qui a toujours lieu auprès des petits fourneaux.

Celui dont nous donnons page ci-contre la figure est aussi portatif, mais est plus simplifié :

A est le foyer, la fumée et la chaleur circulent sous la plaque et autour du four B, et donnent en même temps à l'étuve C une chaleur plus douce en raison de la distance du parcours, puis, la fumée sort par

le tuyau G : la trappe H sert pour son nettoyage ; en
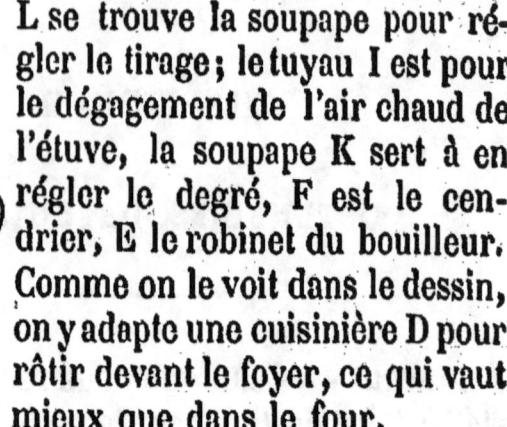
L se trouve la soupape pour régler le tirage ; le tuyau I est pour le dégagement de l'air chaud de l'étuve, la soupape K sert à en régler le degré, F est le cendrier, E le robinet du bouilleur. Comme on le voit dans le dessin, on y adapte une cuisinière D pour rôtir devant le foyer, ce qui vaut mieux que dans le four.

Plan : A le foyer, B le bouilleur, G le tuyau de fumée, I le tuyau de l'étuve ; on peut mettre une petite caisse à bain-marie en C, sur les parties éloignées, vous obtiendrez une ébullition douce. Ces deux fourneaux sont de M. Chevallier fils.

Le Four. — Son usage en cuisine ne se borne

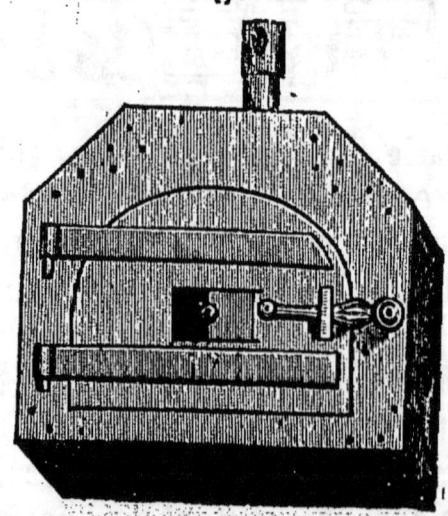

pas à cuire de la pâtisserie, il est indispensable dans une cuisine bien montée. Il est en forte tôle et surmonté d'un tuyau formant cheminée.

Broche. — Instrument qui sert à faire rôtir les viandes. On en a de diverses grosseurs. Les oiseaux de petite dimension sont embrochés avec des hâtelets qu'on attache sur la broche.

Tournebroche. — Il est portatif et peut tourner d'assez fortes pièces.

Braisière ou Daubière. — Vase en cuivre étamé à l'intérieur, dont le couvercle est disposé pour recevoir de la cendre rouge; la pièce à braiser se place sur le faux fond qui est mobile. La daubière de terre est préférable pour ce qui doit être fait à petit feu.

Plat à sauter ou Sautoir. — Cette pièce en cuivre étamé à l'intérieur est de différentes grandeurs; la hauteur des parois est de six à huit centimètres. Ces plats à sauter sont indispensables dans une cuisine.

Casserole longue. — Elle sert pour braiser les petites pièces, on la place sous le fourneau, entourée

Tournebroche.

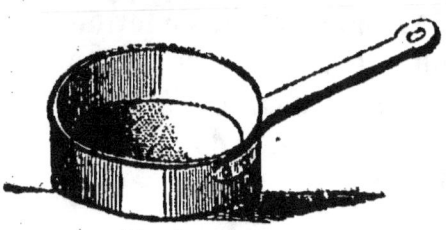
Plat à sauter.

Casserole longue.

et couverte de cendre rouge; cette pièce est en cuivre, étamée dans l'intérieur.

Couvre-plat. — Espèce de four de campagne dont

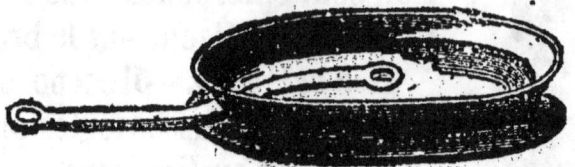

on se sert pour couvrir les plats que l'on veut faire gratiner en mettant du feu dessus.

Bain-marie. — Espèce de casserole que l'on place dans un autre vase plus grand et rempli d'eau bouillante, on s'en sert pour faire cuire ou tenir très-chaudement les sauces, garnitures, etc., que l'on ne peut ou ne veut faire bouillir.

Bain-marie.   Poêlon.

Poêlon. — Pièce toute en cuivre dont on se sert pour la cuisson du sucre et des sirops; si on a été quelque temps sans l'employer, il faut avoir soin de le récurer avant de s'en servir.

Bassine à frire. — C'est un ustensile de forme ovale, en fer battu : il doit être large et long, d'une profondeur de 20 centimètres, et pourvu d'un faux fond, grillé, au moyen duquel on enlève d'une seule fois tout ce que l'on a fait frire.

Léchefrite. — Ustensile de forme longue qui se

Bassine à frire.

place sous la broche pour recevoir le dégoût des rôtis.

Cotelettières. — Cet ustensile (n° 1), est très-commode pour la cuisson des grillades, celui-ci

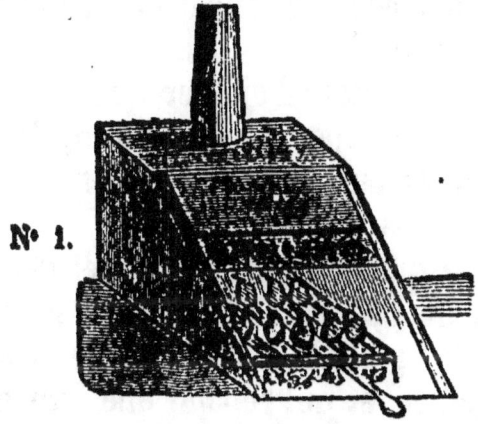

N° 1.

est très-simple. Il suffit d'abaisser la trappe pour régler la force du feu selon la pièce à griller.

On en a depuis peu imaginé un autre (n° 2), qui

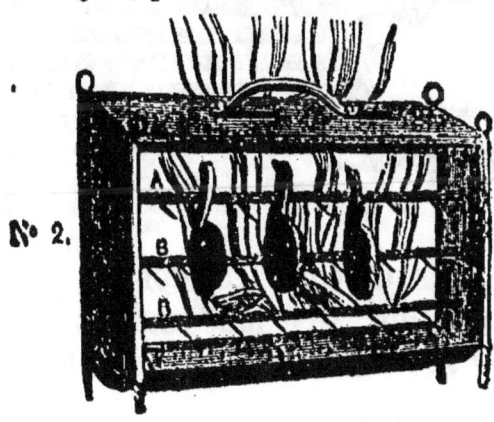

N° 2.

offre sur le précédent certains avantages. Il consiste en un bâti en ferblanc accompagné du fond A et qui s'adapte indifféremment d'un côté ou de l'autre du bâti, en sorte que lorsque les côtelettes ou biftecks sont grillés d'un côté, on retourne la cuisinière de

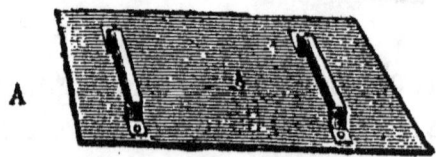

l'autre, sans déplacer les grillades, et on change ensuite le fond de côté.

Il est presque inutile d'ajouter que cette sorte de cuisinière est pourvue des tringles A, B, B, garnies de crochets auxquels on fixe les morceaux à rôtir.

Gril. — Ce qui rend incommode et désagréable l'usage des grils ordinaires que tout le monde connaît, c'est la graisse qui s'échappe des chairs qu'on fait griller, et qui répand une fumée épaisse

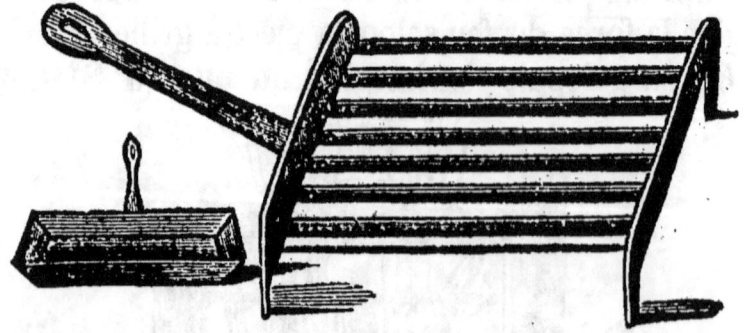

et infecte qui les noircit et leur donne souvent aussi un goût de graillon. On a donc multiplié les inventions pour obvier à ces inconvénients. Parmi elles, nous signalerons le gril en gouttière dont la figure est ci-contre. La partie du côté du manche est un peu plus basse que l'autre extrémité pour donner une pente suffisante aux barreaux formés de tôle courbée en gouttière, percée d'un trou rond du côté du manche. Il en résulte que la graisse et le jus qui s'écoulent vers ce point et par l'inclinaison, tombent dans une léchefrite, et qui se place sous les trous du gril.

Poissonnière. — Vase de cuivre étamé propre à faire cuire le poisson. Au fond du vase est un double

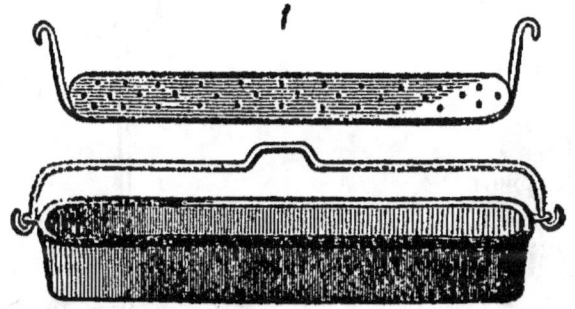

fond percé de trous et muni de deux anses pour enlever le poisson sans le briser.

Turbottière. — Pièce en cuivre étamé à l'intérieur de forme presque carrée et à coins arrondis; elle a,

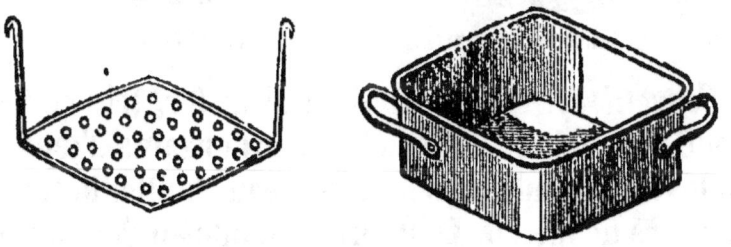

comme la poissonnière, un double fond sur lequel on place le turbot, la barbue et autres poissons un peu carrés, pour les faire cuire.

Planche. — On s'en sert recouverte d'un linge plié qui en dissimule les bords pour servir les grands poissons; elles doivent être carrées pour les turbots et longues pour les truites et saumons, la planche doit toujours être un peu plus grande que le poisson.

Étagères pour buissons d'écrevisses. — Ustensile en ferblanc en forme d'étagère sur lequel on accroche les écrevisses de manière à faire un buisson pyramidal.

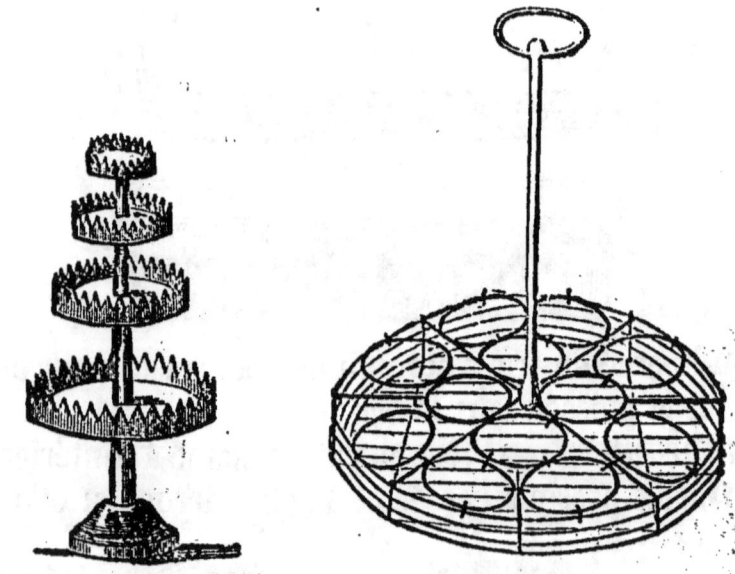

Étagère pour buisson *d'écrevisses*.   Coquetières.

Coquetières. — Appareil en fil de fer, très-commode pour faire cuire à la fois une douzaine d'œufs. On les met simultanément dans l'eau bouillante et on les retire de même. La figure ci-jointe en donne un modèle.

Chauffe-assiette. — Il est en tôle et a près de deux mètres de haut. Le réchaud contenant des cendres chaudes est placé dans l'étage inférieur, et suffit grandement à chauffer les assiettes placées sur deux autres étages. Il est aussi élégant qu'utile.

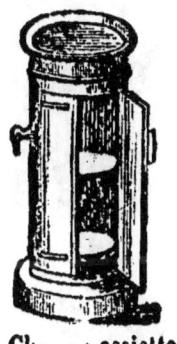 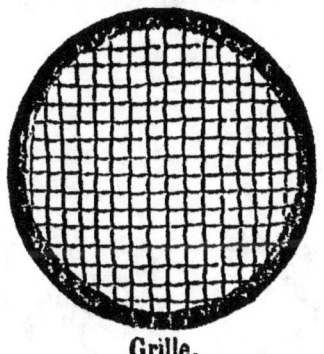

Chauffe-assiette.   Grille.

Grille. — Elle est composée d'un cercle de fer étamé, et treillagée avec un fil de fer également étamé. On y dépose les gâteaux sortant du four, les glacés, etc., il en faut plusieurs de différentes grandeurs; elles sont de deux formes, rondes et carrées, de 16 à 38 centimètres.

Triangle. — Fait en fil de fer battu, il sert à la

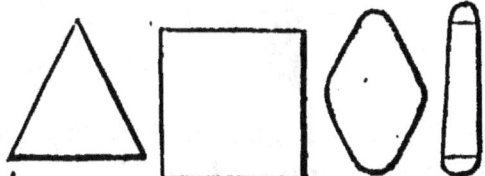

cuisine pour poser sous les casseroles, lorsqu'on les enlève du feu, afin de ne pas noircir la table.

Hâtelets. — Pour la cuisine, ces ustensiles sont en fer ou en bois et servent à retenir le rôti à la broche, pour la table ils sont en argent, on y enfile les petits poissons, les mauviettes, etc. Sur les grandes tables, ce sont des broches argentées dont l'extrémité est ornée d'un sujet emblématique en rapport avec l'art culinaire; on y enfile les crêtes de coq, truffes, écrevisses, quenelles, etc., et on s'en sert pour décorer les galantines, dinde à la Godard, etc.

Coquille. — On fait des coquilles à rôtir en fonte, mais celles en terre cuite revêtues de tôle sont bien préférables en ce qu'elles consomment beaucoup moins de charbon. On doit choisir celles dont l'âtre est profond, par ce qu'on peut y mettre en une fois tout le charbon nécessaire pour faire rôtir la pièce. Il est utile que la cuisinière puisse se reculer ou s'avancer à volonté, car les viandes noires ont besoin d'être vivement saisies et ensuite suffisamment éloignées, pour que la cuisson s'achève plus lentement.

Hachoir. — On en fait de différentes façons, le hachoir simple sert principalement à hacher les petites herbes ; il n'a qu'une lame cintrée avec une

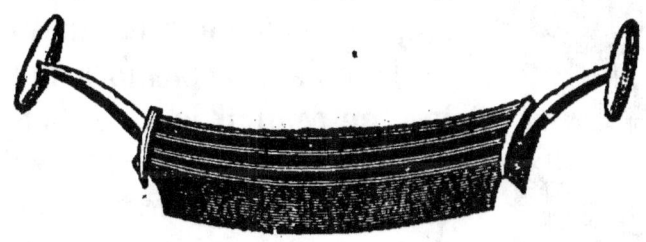

poignée à chaque extrémité ; il y a ensuite le hachoir à deux, trois ou quatre lames, il est fort commode pour hacher les viandes ; il faut se mettre, pour hacher, sur une planche à rebords.

Passoire. — Vase creux percé de trous plus ou moins fins, à l'aide duquel on passe les bouillons, sauces et autres liquides. On s'en sert aussi pour y écraser les purées de légumes. Il en faut de diverses grandeurs, et à trous plus ou moins larges ; elles doivent être toujours en ferblanc.

Étouffoir. — Ustensile en tôle, à couvercle emboîtant, pour éteindre le charbon allumé dont on n'a plus besoin. C'est une attention précieuse dans une cuisinière, que de ne pas laisser du charbon se consumer inutilement.

Persillère hollandaise. — Cet ustensile est employé par les maraîchers hollandais pour obtenir du persil frais pendant tous les mois d'hiver ; c'est un vase en poterie ayant la forme d'un cône tronqué, fermé à la base, ouvert au sommet, mesurant 50 centimètres de hauteur, 30 centimètres de diamètre dans le bas, et 20 centimètres d'ouverture ; il est percé de 91 trous d'un diamètre de 35 millimètres, dans lesquels on repique les plants de persil ; à cet effet, on le sème très-clair en pleine terre, au commencement de mars ; vers le mois de septembre ou d'octobre, on remplit le vase de terre, et dans chaque trou on repique 2 pieds de persil. Lorsque le mauvais temps est arrivé, on rentre la persillière dans un coin de la cuisine assez éclairé pour ne pas amener l'étiolement des feuilles, et chaque fois qu'on a besoin de persil, on le coupe sur place à un ou deux trous, suivant le besoin de la consommation ; au bout de quelques semaines, le persil coupé repousse de nouvelles feuilles, et l'on obtient ainsi une provision suffisante pour un ménage, pendant toute la mauvaise saison.

Presse-jus. — Il est en bois de frêne et sert pour extraire le jus des fruits ; on place dans la caisse les fruits à presser, elle est percée de petits trous dans le tiers de sa partie supérieure, elle a aussi de petites ouvertures triangulaires au bas, et s'appuie sur le plateau creusé et à gouttière. On place ce plateau sur les fruits, et l'on presse en

DE CUISINE.

tournant la vis du haut, le jus tombe dans un vase placé sous la gouttière.

Presse-citron. — On coupe le citron et on le place dans le creux fait entre les deux palettes. Le jus s'en exprime en les pressant l'un contre l'autre. Il est

préférable au vide-citron cannelé dont nous donnons aussi la figure. On coupe aussi le citron en deux, et on tourne cet instrument dans chaque moitié, de manière à en faire couler tout le jus.

Presse-purée. — On emploie généralement au-

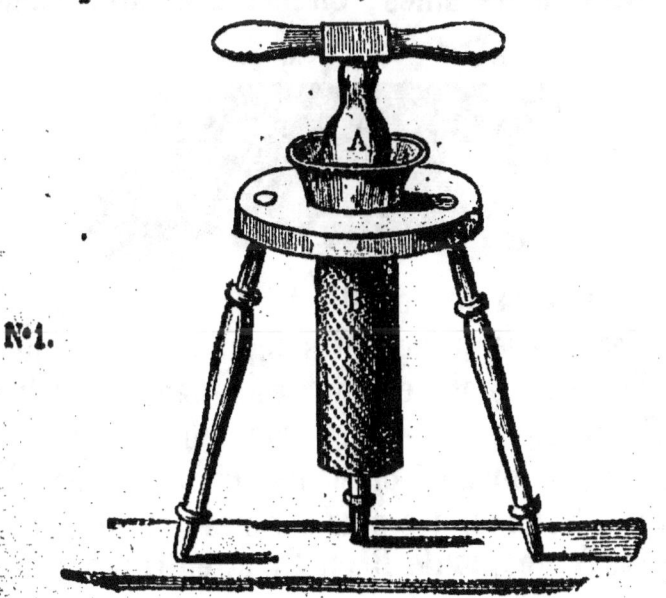

N°1.

jourd'hui le cylindre dont nous donnons ci-contre la figure (n° 1). Il est en ferblanc et percé de petits trous.

On introduit dans le cylindre B, où se trouvent les pommes de terre, haricots, lentilles, à réduire en purée, le mandrin A, sur lequel on appuie les deux mains. Cet instrument se trouve chez la plupart des quincailliers.

Voici un autre instrument employé au même usage : c'est un presse-purée, ordinairement en bois de hêtre, que l'on tourne et retourne dans la passoire, pour faire passer la purée. Il est moins expéditif, mais peut servir pour de petites quantités.

N° 2.

Coupe-julienne. — Cet instrument, très-commode, se place sur un vase quelconque destiné à recevoir les légumes ; on met une carotte dans le

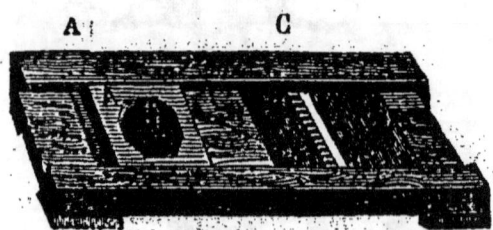

trou fait à la planchette A, et on la fait glisser sur les lames tranchantes figurées en C, où elle se divise et tombe en morceaux dans la terrine.

Coupe-légumes. — M. Parod, fabricant (bazar Européen), a imaginé plusieurs genres de coupe-légumes. Voici un des plus simples : on place sous la presse A un moule B ou C, et entre les deux un rond de carotte; une légère pression le découpe de suite en différentes formes, suivant le moule employé. On découpe les légumes crus et on les fait

cuire ensuite pour orner les potages, les bœufs à la mode, les daubes, le jambon et autres viandes froides. Ces moules peuvent se varier à l'infini.

Cuir à couteaux. — Dans l'intérieur de la planche est renfermée une brique de terre pourrie sur la-

quelle on passe le couteau avant de le frotter sur la peau de buffle clouée sur la planche supérieure.

Couteau à tourner les racines. — On peut, à l'aide du couteau ci-contre, en tournant les racines, telles que carottes, navets, etc., enjoliver, soit un plat de ces racines, soit une garniture de plat de viande. On obtient facilement, de cette manière, des formes

variées dont nous donnons ici quelques échantillons.

Couteaux pour ouvrir les boîtes. — La lame qui coupe est soutenue sur l'objet à ouvrir par le prolongement d'une sorte de bride.

Taille-racines. — A l'aide de l'instrument figuré ci-dessous, on découpe les pommes de terre, ce qui leur donne, lorsqu'on les fait frire, une forme élégante.

Cet instrument consiste en une broche de fer terminée par une pointe garnie d'un filet en spirale, et à la base de laquelle se visse une sorte de couteau.

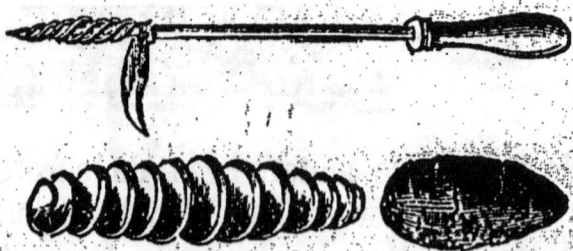

Cuiller de bois. — Il est indispensable d'en avoir de plusieurs grandeurs pour travailler les mets et surtout pour faire les roux.

Cuillers à dresser. — Elles sont en cuivre étamé, le côté terminé en spatule, dans la figure A, sert à enlever des plats à sauter les filets de volaille, gibier

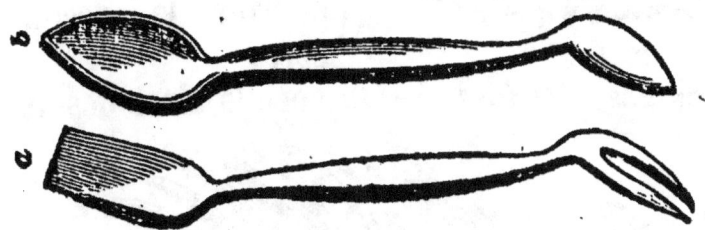

et autres, la fourchette sert à retourner les pièces et à les retirer de la casserole. Dans la fig. B, le petit côté sert à dresser, l'autre à saucer.

Spatules. — Elles sont en bois de poirier, et il en faut de plusieurs grandeurs, elles ont un très-grand avantage sur les cuillers en bois, qui sont toutes de bois tendre et arrondies aux bouts, ce qui ne permet pas de toucher dans les angles d'une casserole, lorsqu'on délaye un roux ou toute autre sauce. Elles ne présentent aucun angle où la graisse puisse s'amasser, elles durent aussi beaucoup plus longtemps que les cuillers de bois.

Cuillers à légumes. — Ces cuillers en acier et à 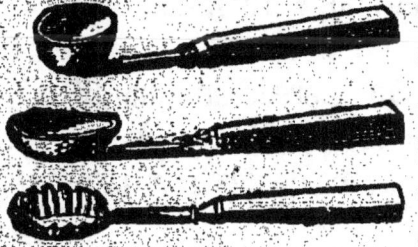 manche d'ébène servent à donner, selon leur grandeur et leur dimension, des formes rondes ou ovales aux légumes destinés soit aux potages ou aux garnitures.

Manche à gigot. — Il sert à emboîter l'os du gigot lorsqu'on le sert sur la table, afin de pouvoir le découper.

Coquilles pèlerines. — On appelle ainsi des us-

tensiles en plaqué dans lesquels on sert les coquillages de ce nom et quelquefois aussi le macaroni.

Fouet. — On en fait avec de petites branches de buis que l'on passe dans l'eau bouillante pendant quelque temps pour les monder; on en réunit une poignée que l'on attache solidement avec de la ficelle. On en fait

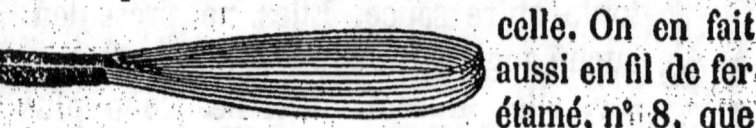

aussi en fil de fer étamé, n° 8, que l'on coupe de 75 centimètres de longueur, et que l'on cintre en rassemblant les bouts que l'on attache fortement : 12 tiges suffisent pour un fouet ordinaire.

Glaçoir. — Boîte de ferblanc percée de quantité de petits trous et remplie de sucre, elle sert à saupoudrer les gâteaux à glacer avant de les mettre au four.

On glace aussi les viandes ou volailles piquées

toutes chaudes et prêtes à servir avec des sauces ou coulis réduits à une assez forte consistance. On se

sert pour cela de plumets ou de pinceaux indiqués dans les trois figures ci-jointes.

Tamis. — Ustensile à fond de crin servant à passer les sauces, le bouillon, etc.; on en a de différentes grandeurs.

Rouleau. — Morceau de bois en forme de rouleau servant à abattre et à pétrir la pâte; il doit être en bois très-dur, tel que hêtre, frêne ou poirier et a ordinairement 65 centimètres de long sur 5 de diamètre.

Coupe-pâte.

Coupe-pâte. — On nomme ainsi des emporte-pièces plus ou moins grands, destinés à découper le fond circulaire et la calotte de toute espèce de pâtés froids, tourtes, vol-au-vent, etc.

Ces emporte-pièces se font en ferblanc plutôt qu'en cuivre. On en fait qui sont contournés sur les bords, afin de donner une forme plus élégante et plus riche à une pièce de pâtisserie.

Mortier. — Ustensile en marbre ou en bois très-dur dans lequel on pile les substances qu'on veut réduire en poudre ou en pâte.

Roulette. — Objet de cuivre jaune dentelé pour couper la pâte. Il faut la nettoyer avec soin chaque fois que l'on s'en sera servi, dans la crainte du vert-de-gris.

Moules. — On se sert des moules pour les biscuits, les petits pâtés au jus, les gâteaux de Sa-

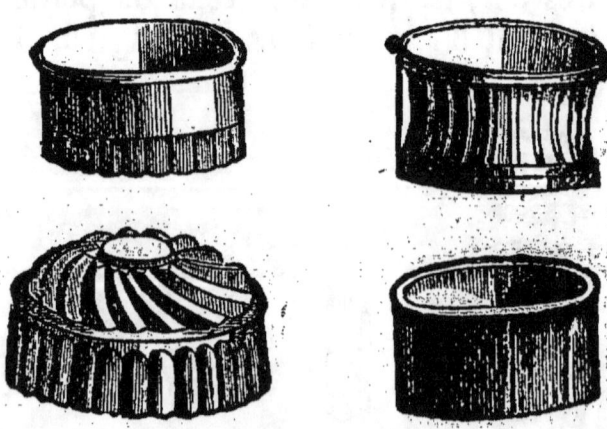

voie, etc. On les emploie aussi pour dresser les pâtés froids, ronds ou ovales, si on ne veut pas les monter à la main; mais ces derniers moules s'ouvrent à charnière. Les moules ronds ont trois charnières et les moules ovales deux. Tous ces moules sont en ferblanc.

Chausse. — Cornet de laine feutrée cousue angulairement en forme d'entonnoir et servant à filtrer les liqueurs, sucs de fruits, etc. On le remplace par un entonnoir de verre dont on bouche la gorge avec du coton, ou encore par du papier à filtrer plié en cornet et placé sur un entonnoir.

Plafond. — Plaque de cuivre de toutes grandeurs et avec rebords; on en fait en tôle.

Cornet.

Vide-pomme.

Porte-menu

Cornet. — C'est un sac conique à bout coupé, adapté à une douille; il est employé pour les farces et pour certains gâteaux et petits fours. On en fait aussi en papier: celui-ci convient mieux pour filer les décors sur les pièces et les petites pâtisseries, ainsi que pour perler.

Vide-pomme. — Il sert à enlever le cœur de la pomme, on enfonce dans le milieu du fruit le côté qui n'a pas de rebord et il en ressort par l'autre bout.

Porte-menu. — Planchette à rainures sur laquelle on glisse le menu ou carte des mets composant le repas.

Brosse à miettes. — Brosse contournée avec laquelle on enlève rapidement les croûtes et mies de pain devant chaque convive, en les rece-

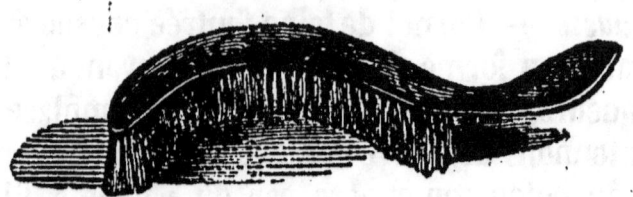

vant dans un plateau de tôle vernie, cette opération se fait avant de servir le dessert.

Lactomètre. — Instrument qui sert à reconnaître la qualité du lait que l'on veut employer. Le tube est en verre, les degrés sont marqués à droite pour le lait,

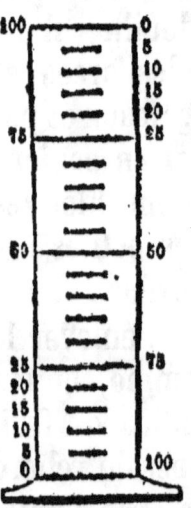

les degrés marqués à gauche servent à faire les essais de mélanges de vins et autres liquides. Agitez le lait pour en mélanger toutes les parties, et emplissez le lactomètre (qui doit être propre) jusqu'au trait n° 0; pour le plonger dans un verre d'eau fraîche, couvrez-le, ayez soin de le maintenir d'aplomb; trois ou quatre heures suffisent pour le repos de l'échantillon. On ne doit jamais prendre le titre avant que la différence des teintes de couches de crème et de lait dans le lactomètre ne soit bien distincte, et leur séparation nettement tranchée. Si l'épaisseur de la couche est au degré 10, c'est 10 pour cent, à 15 degrés, 15 pour cent. Si le lait donne 12, la qualité est bonne, moins de degrés prouvent que le lait est mélangé, s'il ne provient du régime alimentaire de la vache.

CHAPITRE III.

TROUSSAGE ET BRIDAGE.

Manière de vider et flamber une Volaille.

Plumez votre volaille avec soin, posez-la sur la table les reins en dessus, puis prenez le cou dans la main gauche, pincez-en la peau et fendez-la en la détachant sur toute la longueur du cou, coupez-le ensuite au ras du dos et conservez la peau pendante pour recouvrir la cicatrice, cherchez un petit boyau qui se trouve près du cou, suivez-le en le détachant jusque dans l'intérieur de la volaille, où il se termine par une poche que vous détachez également sans la crever. Introduisez ensuite votre doigt dans le corps de l'animal, tournez-le autour des intestins pour les détacher des reins, tirez-les doucement en appuyant sur le gésier, faites-les sortir et ayez soin de vous assurer que l'amer est bien resté entier après le foie que vous avez retiré.

L'opération de flamber une volaille demande à être faite très-vivement, il faut la passer sur la flamme d'un fourneau au charbon de bois pour enlever le duvet qui reste après l'avoir plumée, puis on l'essuie immédiatement avec un linge propre. La flamme de papier ne doit pas être employée, car elle noircit et donne un mauvais goût; quant à la braise, elle ne produit pas assez de flamme, ce qui oblige à approcher trop près du feu la pièce que l'on flambe, et on risque alors d'en faire crisper la peau.

Manière de trousser une Volaille pour entrée

Après avoir vidé, flambé et parfaitement nettoyé la volaille, parez les ailerons et le croupion, faites une incision autour de l'os de la cuisse à 1 centimètre de l'articulation, refoulez les chairs pour mettre l'os à nu, coupez-le à 4 centimètres au-dessous, et enlevez les nerfs. Placez devant l'estomac et sous la peau un morceau de beurre afin d'empêcher qu'il ne s'y forme un creux. Soutenez l'estomac avec la main droite, refoulez les cuisses contre elle, puis passez l'aiguille à brider garnie de ficelle dans la cuisse, entre les deux os contre l'articulation, traversez la volaille, et faites sortir l'aiguille dans l'autre cuisse, au même point, en suivant le dos, puis passez-la dans l'aileron pour la piquer dans le dos, et la faire sortir à quelques centimètres de là. Ainsi que nous l'indiquons dans la fig. A et B. Opérez de même avec l'autre bout de ficelle, et faites le nœud indiqué fig. B. Piquez l'aiguille à 5 centimètres

Fig. A

du croupion fig. B, faites-la sortir au-dessous de l'os de la cuisse, que vous traversez et traversez de nouveau au-dessus de l'os, pour la sortir de l'autre côté sur l'os de la cuisse, puis dessous, et sortezlà à 3 ou 4 centimètres du point où elle est entrée. Étendez un linge sur la volaille, et avec les mains donnez-lui une jolie forme. Il faut éviter de trop serrer la ficelle, ce qui donnerait une forme longue à la volaille. Les *faisans* et les *gélinottes* se troussent de même.

Pigeon.

Videz les pigeons ainsi qu'il a été dit pour les autres volailles, mais laissez le foie dedans, parce 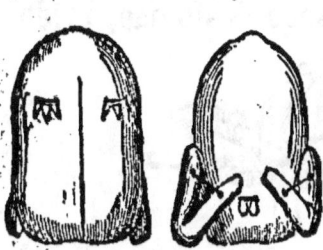 que le pigeon n'a pas de fiel. On ne leur bride que les ailes, et on repousse les pattes pliées sous la peau pour les faire ressortir par deux ouvertures faites avec le couteau à l'endroit indiqué dans la figure.

Volailles rôties.

Elles se troussent de même que celles pour entrées. La différence est que les pattes sont droites au lieu d'être courbées; on doit couper les nerfs au

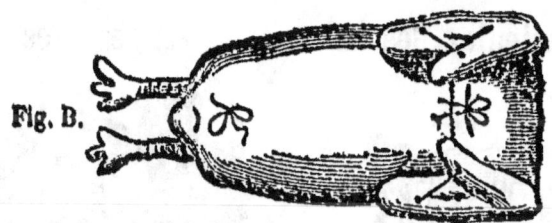

Fig. B.

dedans près des pattes. Si on barde sa volaille, il faut, après l'avoir troussée comme ci-dessus, la couvrir d'une large bande de lard que l'on retient par plusieurs tours de ficelle, ainsi que l'indique la figure ci-dessous.

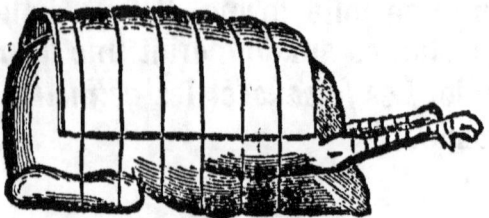

Canard, Oie.

Les bouts des ailes restent libres, comme dans la volaille; refoulez les cuisses sous l'estomac, bridez

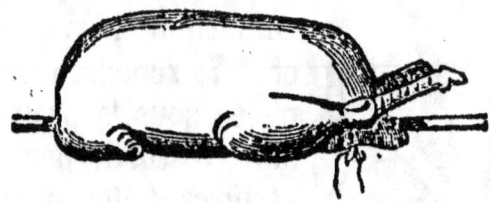

de même, ainsi que le bout des cuisses, et rentrez le croupion

Perdreaux.

On les bride comme les canards, et on laisse libre le bout de l'aile.

On les barde, ou on les pique.

Bécasse.

Désarticulez les ailerons, rangez les pattes

comme pour les entrées; croisez-les, puis, avec le

bec, percez les cuisses en traversant le corps. On les barde.

Alouette.

On trousse l'alouette en passant la cuisse gauche dans l'espèce d'anneau formé par la partie supé‑

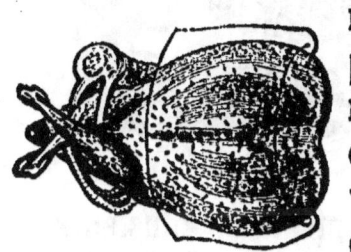

rieure du bec, on croise les pattes entre elles, et on les ramène près de la naissance de la cuisse. On couvre le ventre d'une bande de lard qu'on attache avec du gros fil; l'alouette ne se vide pas, et se sert tout entière.

Mauviette.

Coupez autant de bardes que de mauviettes; avec un hâtelet long et mince, piquez au côté de la barde, puis enfilez la mauviette que vous recouvrez de la

barde en perçant celle-ci de l'autre côté avec le hâtelet, et terminez de même; puis pliez une ficelle, arrêtez le milieu à un bout du hâtelet et passez-en deux bouts sur la viande, croisez-la sous le hâtelet, ficelez la seconde, et ainsi de suite. De cette manière, les bardes seront assez solidifiées; — procédez de même pour tous les petits oiseaux.

Lièvre, Lapin.

Rompez les os des cuisses en les frappant avec le

dos d'un gros couteau; traversez les cuisses avec un hâtelet; si c'est pour piquer, flambez-le un peu ferme pour raidir la peau et vous donner la facilité de l'enlever aisément. On peut laisser les peaux

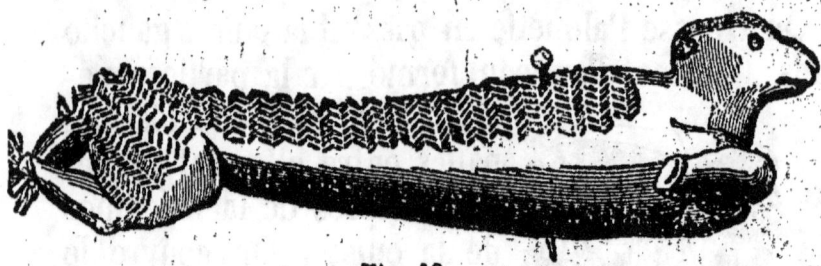

Fig. 59.

après les pattes, en les enveloppant de plusieurs feuilles de papier. La piqûre faite, refoulez les épaules, faites entrer les bouts entre les côtes, et maintenez-les, ainsi que la tête, avec de la ficelle.

CHAPITRE IV.

DÉCOUPAGE.

MANIÈRE DE DÉCOUPER LES VIANDES ET DE SERVIR LE POISSON.

Bœuf.

Bouilli. — On doit toujours couper le bouilli en travers, afin que la viande soit courte; elle en paraît ainsi plus tendre; il faut couper les tranches aussi minces que possible; mais si, cependant, la pièce est trop cuite, il vaudra mieux les tailler un peu plus épaisses, que de s'exposer à les faire tomber en charpie ; il faut joindre à chaque morceau une petite partie de gras.

Bœuf à la mode. — Il doit être coupé en suivant le fil de la viande, de façon à ce que les lardons soient en travers.

Aloyau. — Il est fort rare qu'on le serve en entier, ce n'en est le plus souvent qu'une partie. On commence par diviser le filet du dedans n° 1, on coupe ensuite la partie du dehors par tranches, telle qu'elle est indiquée au n° 2 sur la figure.

Filet de bœuf. — On le coupe en tranches obliques, afin de donner plus d'étendue aux tranches, le bord du morceau étant beaucoup moins tendre, et quelquefois trop rissolé ; on le coupe dans toute la longueur, sur une largeur de 2 à 3 centimètres ; on ne lève les tranches qu'ensuite.

Veau.

Carré de veau. — On commence par lever le

filet et le rognon n° 1, qu'on coupe par morceaux ; ensuite, on sépare les côtes. Pour faciliter cette der-

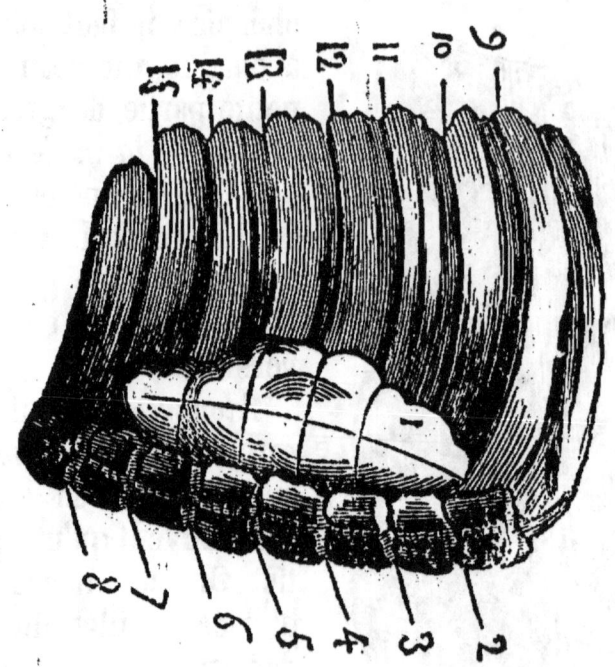

nière opération, on doit avoir le soin de faire donner par le boucher un coup de couperet aux jointures des côtes, n°s 2, 3, 4, 5, 6, 7 et 8.

Lorsque le carré de veau est fort, il vaut mieux, avant de séparer les côtes, enlever par une coupe transversale la chair qui en couvre en dessus la partie inférieure. Cela facilite la division des côtes ; cette chair est ensuite coupée en travers, et fournit des tranches très-présentables.

Rognon de veau. — Le rognon de veau se compose de trois parties, ainsi que l'indique la figure ci-jointe, savoir : le rognon proprement dit, le filet et la noix ; on le découpe, en commençant par

DÉCOUPAGE. 43

trancher le morceau sur lequel le tout est roulé

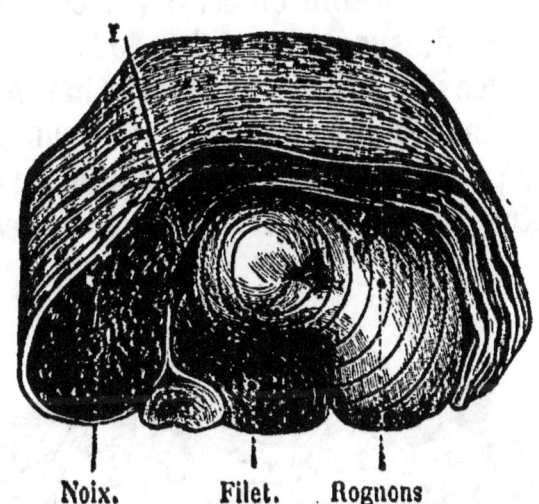

Noix.   Filet.   Rognons

n° 1, puis on coupe par tranches, le filet, la noix et le rognon.

Tête de veau.

Tête de veau au naturel. — Elle se découpe ainsi qu'il est indiqué dans les figures ci-après. Les mor-

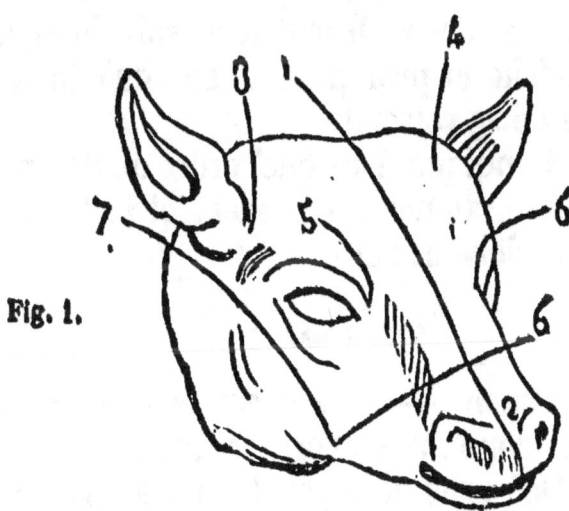

Fig. 1.

ceaux les plus distingués sont : d'abord les yeux,

ensuite les bajoues, puis les tempes, les oreilles, et enfin la langue. On a soin de servir, avec chacun des morceaux ci-dessus, une portion de la cervelle, qu'on puise, avec une cuillère, dans le crâne. Avant de servir, on fend la peau du front de manière à voir l'os à nu ; on introduit alors la pointe du couteau au centre, et en la tournant un peu, les os

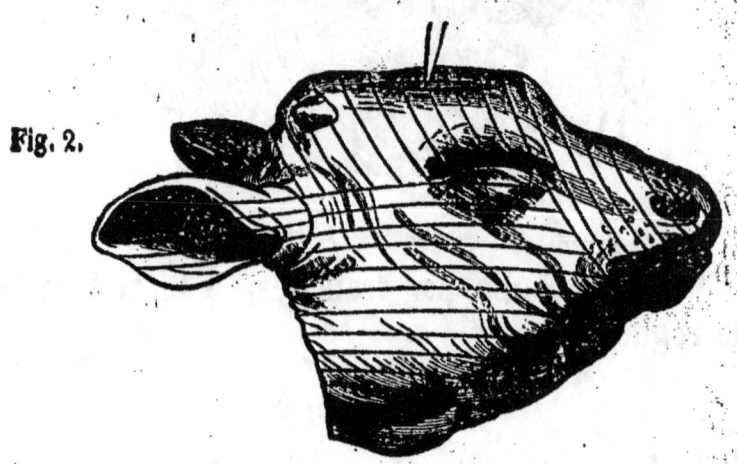

Fig. 2.

s'écartent et permettent d'en retirer la cervelle. On se sert du couteau pour couper proprement toutes les autres parties. Il faut avoir soin de la servir avec dextérité et promptitude, afin qu'elle n'ait pas le temps de se refroidir.

La figure 1 indique dans quel ordre on doit procéder pour lever toutes les parties, et la figure 2 comment elles doivent l'être.

Mouton.

Gigot de mouton. — Il se découpe de deux manières; nous donnons d'abord la première et la plus usitée. On prend le gigot de la main gauche, on enlève d'un seul coup la partie A, appelée souris, puis on coupe en B dans la noix des tranches minces et obliques, en continuant jusqu'à l'os indiqué en C; arrivé là, on glisse le couteau horizontalement sur l'os du milieu, et on enlève toutes les tranches déjà coupées. Pour continuer la dissection, on retourne le gigot, et, le tenant toujours de la main gauche, on enlève de la *sous-noix* la partie D, ainsi qu'on l'a fait primitivement pour la partie

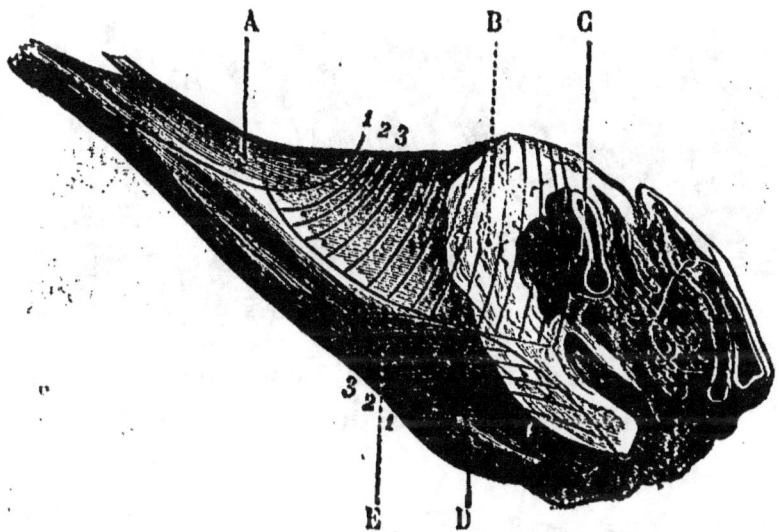

A, et on la coupe comme la noix, par tranches minces et obliques.

La *seconde manière*, dite *anglaise*, consiste à découper le gigot horizontalement; pour cela, on le tient de la main gauche et appuyé sur le côté plat, on enlève *la souris* indiquée en A, puis on coupe *horizontalement* la noix par tranches minces; on retourne ensuite le gigot, puis on ôte la partie indiquée en D, et on découpe la sous-noix par tranches minces, de la même manière que la noix.

Lorsqu'un gigot n'est pas cuit également dans

toute son épaisseur, on doit donner la préférence à cette seconde manière, car les goûts des convives variant beaucoup, en général, sur le degré de cuisson du mouton, chacun trouvera le morceau à sa convenance, l'extérieur du gigot se trouvant très-cuit lorsqu'il est encore sanguinolent vers l'os.

Carré de mouton. — On le découpe en passant le couteau entre chacune des vertèbres et en prolon-

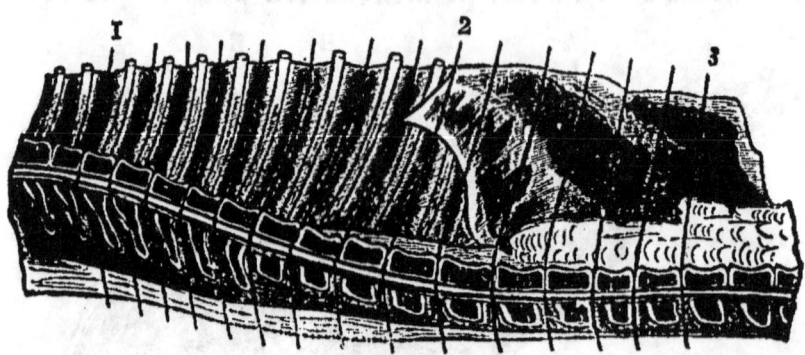

geant l'incision de haut en bas, de manière à servir, soit une côte dans les côtes découvertes, indiquées de 1 à 2, soit une partie du filet dans les côtes couvertes de 2 à 3.

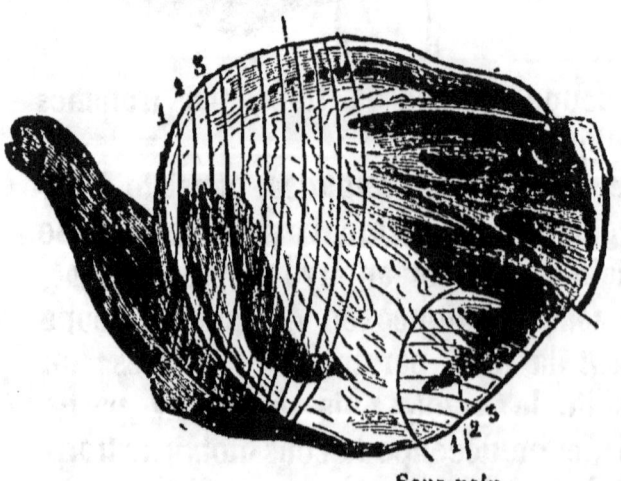

Noix.

Sous noix.

L'épaule de mouton se découpe comme le gigot, en coupant par tranches minces la partie appelée *noix*, en commençant par le n° 1 ; on retourne ensuite la pièce et découpe la *sous-noix* de la même façon. La chair voisine des os est la plus tendre.

Agneau et Chevreau.

On met ordinairement à la broche un quartier entier d'agneau, composé des côtes et de la partie postérieure. On le partage d'abord en deux portions

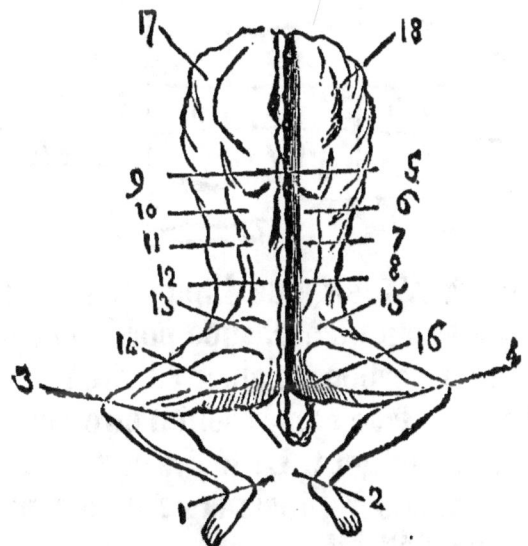

égales dans sa longueur, en suivant l'épine dorsale, puis on le divise par côtelettes ou par doubles côtelettes. On sépare ensuite les gigots, qu'on coupe par tranches. (Voyez la figure ci-dessus.)

Les morceaux les plus délicats sont les côtelettes, dont chacune garde une partie du filet.

Le quartier de chevreau se traite exactement de la même manière, ses parties les plus estimées sont les tranches du gigot.

Cochon de lait.

Aussitôt que le cochon de lait paraît sur la table, il faut se hâter de le découper et de le servir, afin qu'il n'ait pas le temps de se refroidir et de perdre la qualité ferme et croquante de sa peau, qualité qui fait tout le charme de ce mets. On tranche la tête immédiatement n° 1, et on divise le reste de la peau

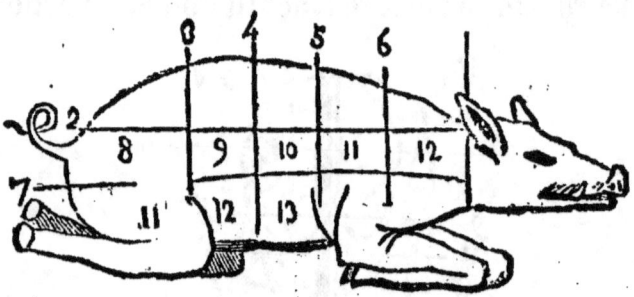

du corps en carrés tels que l'indiquent les autres numéros, ayant soin qu'à chaque portion de peau il y ait une petite portion de chair adhérente. Ce qui reste de chair est fade et a besoin d'être relevé par une sauce de haut goût. La tête trouve ordinairement quelques amateurs, mais la peau du ventre est la partie la plus délicate.

Cochon.

Jambon. — La manière de le découper est très-simple. On le place à plat en prenant l'os de la main gauche, on fait une entaille en obliquant le couteau à droite et à gauche, cela fait près du manche une espèce d'encoche qui sert de point de départ pour découper toute la noix en tranches, ainsi que l'indique la figure. Généralement dans un dîner on ne découpe pas la sous-noix, si cependant on en avait besoin, on retourne le jambon et on coupe des tranches en décrivant avec le couteau une légère

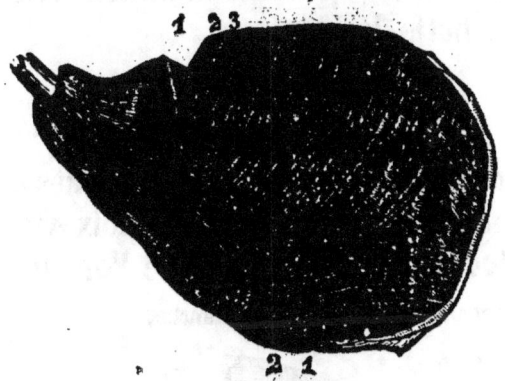

courbe du centre vers les bords. Avant de commencer le découpage d'un jambon, on a soin de relever la couenne afin de ne pas l'entamer; elle sert à recouvrir et à tenir frais l'endroit coupé.

Sanglier.

C'est la *hure* du sanglier qui figure le plus souvent sur nos tables. On la sert froide et désossée.

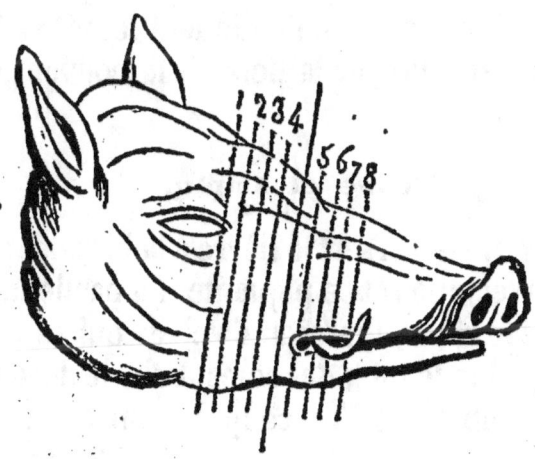

On la divise d'abord de part en part à l'endroit des

défenses, et l'on sert des tranches que l'on coupe en descendant ou en remontant. On rapproche ensuite les deux parties que l'on maintient ensemble avec une brochette de bois.

Chevreuil, Daim.

Quartier de venaison. — Les seules parties comestibles ne sont guère que le filet et la noix. On commence le découpage par le filet que l'on divise en

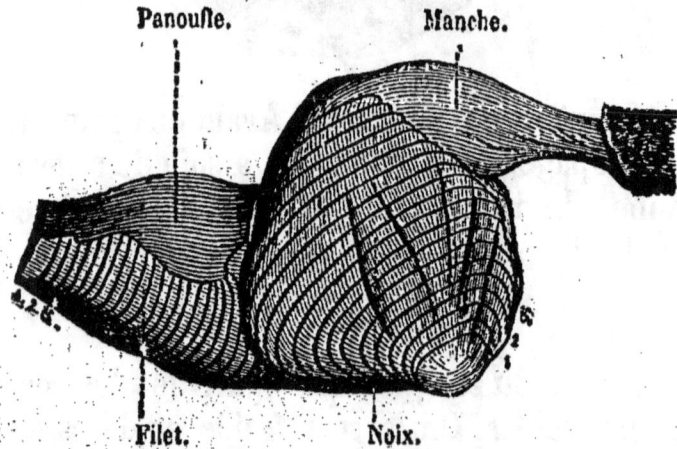

tranches obliques comme l'indiquent les n°ˢ 1, 2, 3, on continue ensuite par la noix en la coupant de la même façon.

Lièvre et Lapin.

Lièvre rôti. — On sert le lièvre à la broche, piqué ou bardé avec une sauce piquante. La partie la plus délicate est le râble, morceau de chair qui se trouve près de l'échine le long des côtes. Pour le découper, on enlève d'abord et d'un coup de couteau la partie de la cuisse comprenant les n°ˢ 1, 2 et 3; on la divise après, puis on enlève l'autre moitié nᵒˢ 4, 5 et 6. On ôte ensuite le filet en partant depuis l'épaule jusqu'à la naissance de la cuisse, en glissant la lame du couteau entre les côtes et la chair, comme il est indiqué de 6 à 10. Le n° 12 s'enlève en désarticulant l'épaule à sa partie la plus étroite et en passant

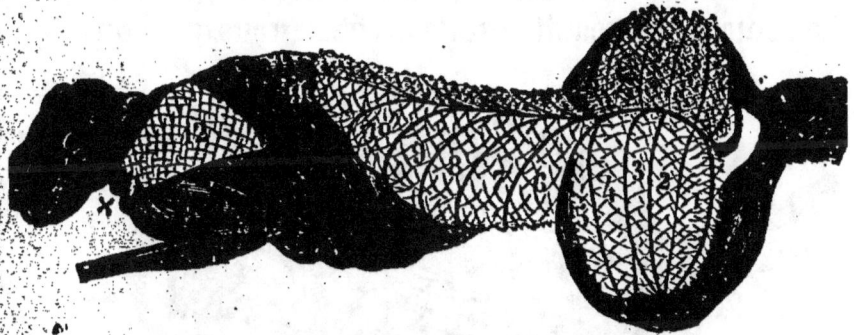

le couteau tout autour et dessous; les 12 autres morceaux se découpent de même de l'autre côté.

Le lapin se découpe absolument de la même manière.

Les petits levrauts et les lapereaux se coupent en travers sans détacher le râble. Les convives reçoivent ainsi, avec le râble, une portion des côtes.

Dindon.

Il y a deux manières de découper la dinde; nous donnons d'abord la première qui consiste à faire ce que l'on appelle le *bonnet d'évêque*. On place le dindon sur le dos, les pattes à gauche, on prend celle de droite de la main gauche et l'on fait une incision en commençant au-dessus du croupion (n° 1), puis on contourne la cuisse en incisant profondément; arrivé à l'aile, on reprend au-dessous du moignon et l'on s'arrête à sa hauteur tel que l'indique le trait noir, on en fait autant pour l'autre coté, puis on retourne la pièce sur le ventre, on appuie fortement sur la ligne du dos au niveau des moignons (n° 2), puis avec la fourchette, tenue de la main gauche, on relève le croupion de manière à briser la ligne du dos à l'endroit où vous avez mis le couteau ; on réunit ensuite les deux traits que l'on

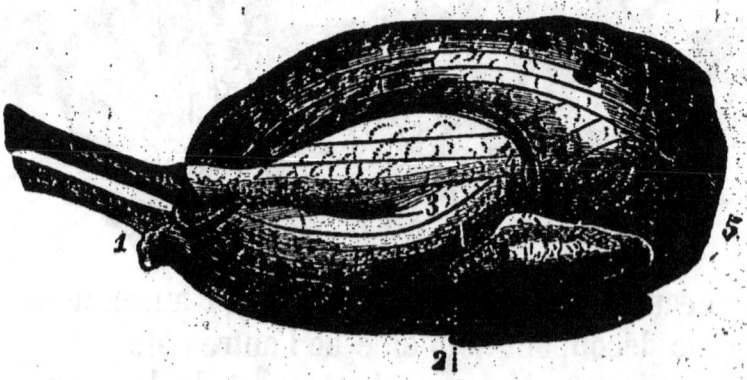

a commencés près du croupion et la pièce se trouve divisée en deux parties. Le morceau tenant aux cuisses s'appelle le *bonnet d'évêque;* on le découpe ainsi : on fait une incision à la cuisse indiquée au n° 3, puis on tranche l'articulation. La cuisse une fois détachée, on la divise par aiguillettes selon les traits indiqués, on fait de même pour la partie du dos tenant au croupion. Les ailes se dépècent en enlevant d'abord un filet de façon que le couteau puisse tomber juste sur l'articulation, l'aile enlevée, on divise les filets transversalement, puis longitudinalement ainsi que l'indique la figure.

La seconde manière qui est aussi très-souvent employée consiste à lever d'abord les cuisses et les ailes. On met les premières à part, si on présume qu'elle ne seront pas consommées dans le repas, et on coupe les secondes en plusieurs morceaux; ensuite on lève les *sot-l'y-laisse* (morceau au-dessous des ailes) et les blancs. Puis, en glissant la lame du couteau sous les deux os plats qui attachent le dos à l'estomac, qu'ils embrassent en formant comme deux clavicules, on les dégage. On pose alors la carcasse sur le flanc, on brise les côtes du dessus avec la lame du couteau, on en fait autant du côté opposé après avoir retourné la carcasse qui se trouve séparée sans effort en deux parties. On brise en deux celle du devant en coupant transversalement l'estomac; puis en quatre le dos, savoir : les deux clavicules qui peuvent être divisées; ensuite le croupion avec le plus de peau et de chair supérieures que l'on peut, et enfin en deux portions le dos proprement dit, qui forment des morceaux délicats, surtout si on a laissé les sot-l'y-laisse.

De quelque manière que la dinde soit farcie, on sert une portion de la farce avec chaque morceau.

Poularde, Chapon, Poulet.

Ces trois pièces se découpent à peu près de la même manière. Nous donnons ici principalement le moyen de découper le poulet. On le sert sur le dos, on l'incline sur le côté gauche, on prend la fourchette de la main gauche et le couteau de la main droite, on passe la fourchette dans la jointure de la cuisse et on l'enfonce solidement. On fait glisser le couteau tout le long de la cuisse en suivant la ligne tracée; on passe après le couteau sous la fourchette à la jointure de la cuisse et l'on donne un coup de couteau un peu fort, puis, par un mouvement vif, on

Fig. 1.

fait pencher la cuisse à gauche et elle s'enlève naturellement. On place ensuite la cuisse sur une assiette, et par un coup de couteau bien ajusté on la coupe en deux.

Les deux cuisses une fois enlevées on passe à l'aile, on enfonce la fourchette fortement sous

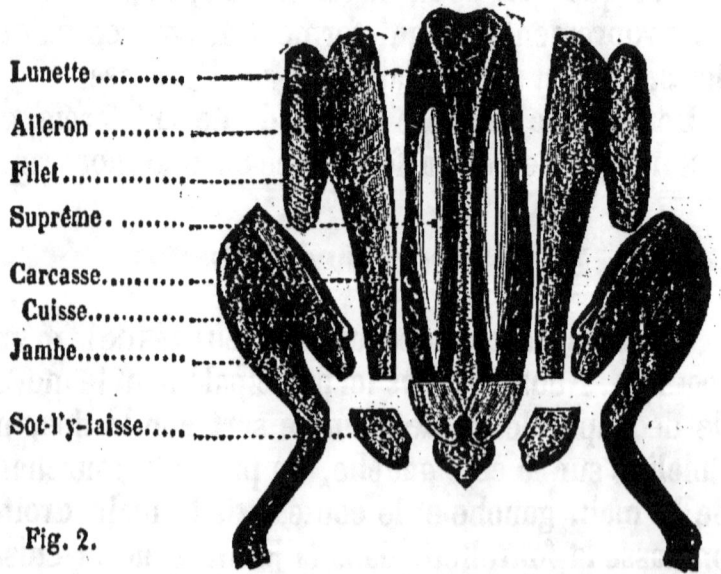

Lunette..........
Aileron..........
Filet..........
Suprême..........
Carcasse..........
Cuisse..........
Jambe..........
Sot-l'y-laisse.....

Fig. 2.

l'aileron, presque horizontalement, d'un coup de couteau on sépare la jointure et l'on glisse le couteau tout le long jusqu'au croupion, ainsi que la cuisse, l'aile s'enlève alors sans peine. On procède de même pour l'autre côté.

Les quatre membres enlevés; d'un seul coup de couteau, on détache la lunette, puis on enlève les deux suprêmes et les sot-l'y-laisse (partie attenante au croupion). Pour diviser la carcasse on fait passer le couteau du croupion jusqu'à la hauteur des ailes, on retourne l'animal, on enlève le croupion et on casse la carcasse en appuyant fortement au milieu avec le couteau et en relevant en même temps avec la fourchette le côté du croupion. La figure n° 2 représente toutes les pièces détachées et la manière dont elles doivent être levées.

Poule au pot.

La cuisse s'enlève comme dans le poulet rôti, mais l'on donne un coup de couteau sur toute la longueur du ventre, ainsi que l'indique la ligne noire, puis presque tous les autres morceaux s'enlèvent à la cuillère. La ligne ponctuée indique la place des suprêmes.

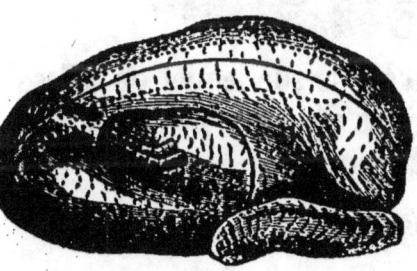

Oie.

On commence par lever des aiguil

lettes tout le long de l'estomac, on en coupe même sur les ailes et les cuisses. Ce n'est qu'après en avoir levé le plus possible qu'on détache les membres; la cuisse, en la contournant avec le couteau, et l'aile, en la coupant à la hauteur de l'articulation qui est toujours indiquée par une petite dépréciation.

L'oie ne peut figurer dans un repas d'étiquette.

Canard.

Le canard se découpe à peu près comme l'oie, en levant des aiguillettes par tranches comme l'indique la figure. Chaque tranche, afin d'être plus

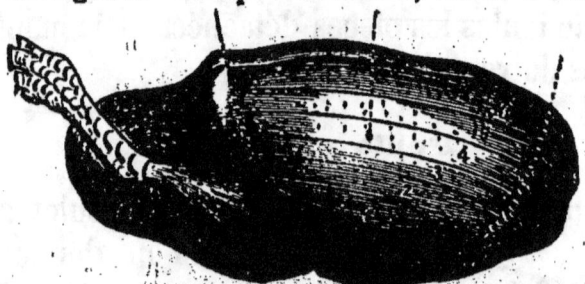

épaisse, doit aller jusqu'à l'os sur lequel on glisse ensuite le couteau pour les séparer. Les membres se lèvent comme ceux du poulet.

Pigeon.

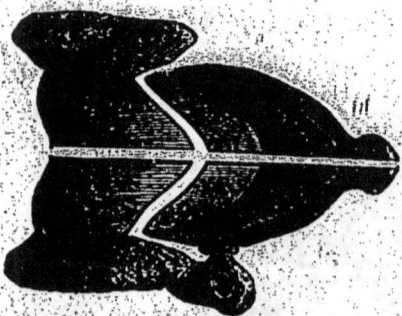

S'il est d'une belle grosseur, on le coupe en quatre parties en le divisant d'abord en deux par la moitié, puis en quatre, de façon que chaque portion ait

DÉCOUPAGE.   57

un membre et une partie du filet de la cuisse.

Perdreau.

Le perdreau, une fois rôti, on lui remet les ailes, a tête et la queue pour le servir, puis on le découpe à peu près comme le poulet en enlevant d'abord la cuisse qui est le morceau des amateurs, on

partage ensuite le filet de façon à couper l'articulation de l'aile, qui est le morceau des dames. De cette façon ils font cinq morceaux, les deux ailes avec une partie du filet, les cuisses et le milieu.

Faisan.

Le faisan se découpe entièrement comme le pou-

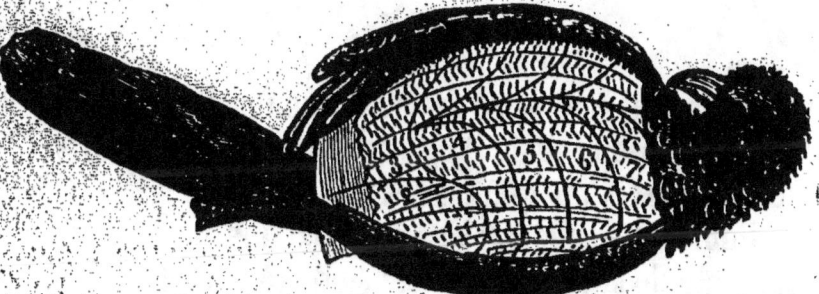

let, ou bien encore par larges aiguillettes transversales comme l'indique la figure; il se sert sur le dos et avec les ailes, la tête et la queue, qu'on lui a replacées après l'avoir débroché.

Bécasse et Bécassine.

La bécasse est un rôti des plus délicats, on lui tranche d'abord la tête et les pattes, puis on détache les cuisses, les ailes avec le filet et on en fait cinq morceaux avec celui du milieu.

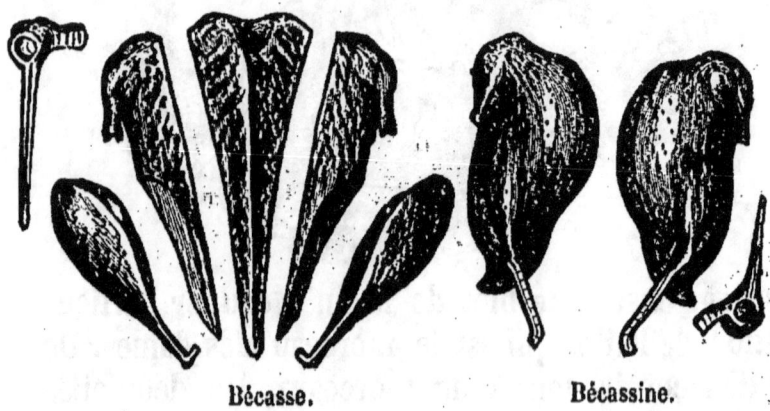

Bécasse.   Bécassine.

La bécassine, beaucoup plus petite, se sert quelquefois entière, mais le plus souvent, on la coupe en deux après lui avoir tranché la tête.

Turbot.

Il ne faut jamais se servir de couteau pour diviser le poisson, mais d'une truelle d'argent : le fer lui donnerait un goût désagréable.

Pour diviser le *turbot*, on trace une ligne longitudinale de la tête à la queue, en tranchant jusqu'à l'arête, puis on tire des lignes transversales depuis cette ligne jusqu'aux barbes. On enlève avec la

DÉCOUPAGE. 59

truelle les morceaux compris entre ces lignes. Après avoir servi le ventre qui est le plus délicat,

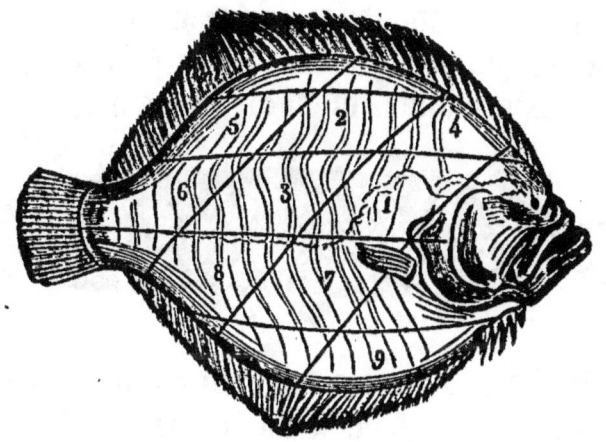

on lève l'arête du milieu et l'on procède de la même manière pour le servir dos.

Barbeau.

Le barbeau se mange généralement à l'huile et au vinaigre, car sa chair a peu de goût. On le coupe en tirant une ligne sur le milieu du dos de la tête

à la queue, on divise ensuite cette ligne par d'autres transversales, les filets sont les morceaux les plus délicats.

Brochet.

Les brochets se servent généralement au court bouillon : on commence par trancher la tête avec la truelle, puis on tire, de la tête à la queue, une ligne assez profonde, et on divise les côtés en tran-

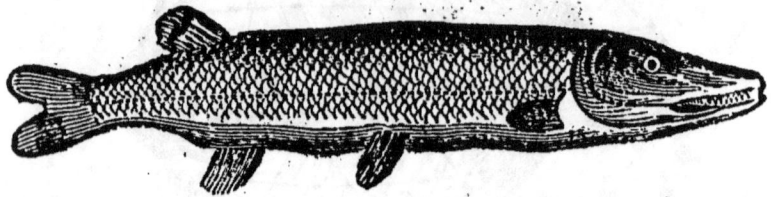

ches de façon à ce que chacun ait une partie du ventre et du dos. Le côté du dessus une fois servi, on le retourne et on procède de même pour celui du dessous. Ce poisson est assez difficile à découper, vu son grand nombre d'arêtes.

Le Saumon.

Le court bouillon est la meilleure manière de faire cuire le saumon, il se sert sur une serviette pliée et placé sur le flanc gauche, le dos tourné du côté de la personne qui découpe.

On fait une profonde incision sur tout le milieu

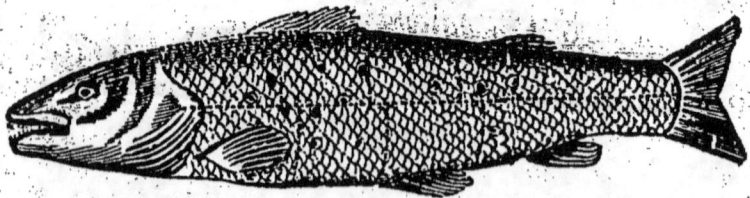

du corps de la tête à la queue, puis, ainsi que l'indique la figure, on le partage par morceaux coupés obliquement. Le premier côté servi on retire l'arête du milieu et on procède de même pour le second, sans le retourner.

Truite.

La truite, généralement plus petite que le saumon, se sert a peu près de même, on la coupe d'un seul coup en trois ou quatre morceaux, à moins qu'elle

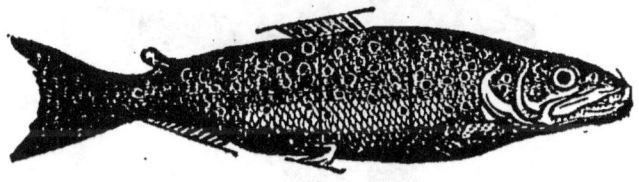

ne soit trop grosse, dans ce cas, on la découperait entièrement comme le saumon.

Carpe.

Ce poisson, se fait presque toujours frire, on commence pour cela, avant de le faire cuire, par le fendre en deux par parties égales dans toute sa lon-

gueur, puis une fois servi on le découpe par portions droites ou obliques. Le dos est la partie la plus délicate, mais le ventre peut aussi être servi.

Rule.

Ce poisson ne se sert jamais entier, on ne mange

guère du reste que ses ailes, on le coupe dans le sens de ses arêtes qui sont longues et très-serrées.

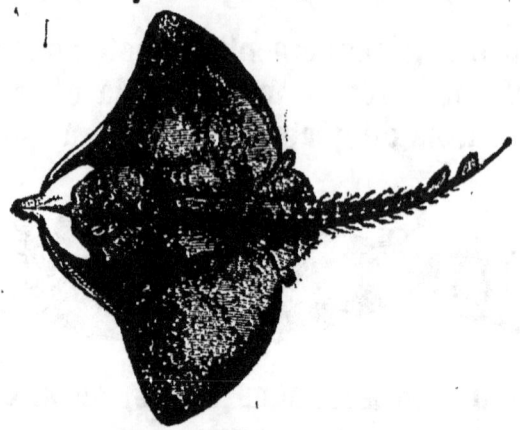

La raie bouclée est préférable à la raie ordinaire, on la reconnaît à sa peau hérissée d'aspérités.

Morue.

La morue est d'un grand secours pour les petites cuisines bourgeoises, elle prend différents noms selon les préparations qu'elle subit. Fraîche, telle quelle sort de l'eau, on l'appelle le plus souvent

Cabillaud, morue verte lorsqu'elle est salée sans être séchée et *morue sèche* lorsqu'elle est salée et séchée. La *morue fraîche* ou cabillaud est beaucoup plus agréable à manger que la morue salée. Le foie et la langue sont des mets très-délicats.

Homard.

Le homard se sert coupé dans toute sa longueur, on divise chacune des deux moitiées en six ou huit

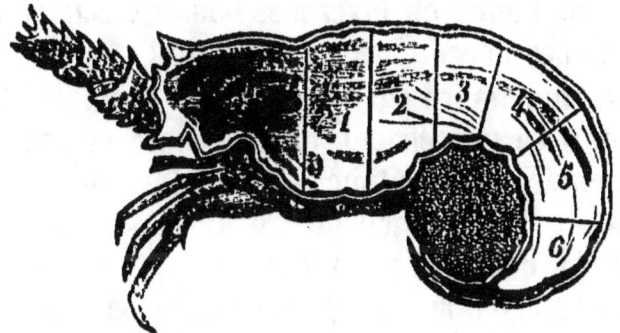

parties suivant sa grosseur, et on les sert avec la cuillère. La *langouste* se découpe la même chose.

CHAPITRE V.

SERVICE DE TABLE.

Le couvert devra être dressé au moins une heure à l'avance, il faut avoir soin si le dîner se donne l'hiver que la salle ait une chaleur modérée de 13 à 16 degrés réaumur. On commencera par garnir la table d'une forte couverture de laine, que l'on fixera par en dessous, au moyen de cordons qui se croisent afin qu'elle soit bien tendue, la nappe mise par-dessus, ne doit faire aucun pli et doit descendre de tous les côtés de 40 centimètres environ, l'usage des napperons a disparu depuis que l'on emploie des brosses à miettes. Il est utile de mettre sous la table, à la place des dames, des petits tabourets, et même en hiver des boules d'eau pour les personnes âgées. Les assiettes sont placées sur la table en nombre égal à celui des convives; et, de façon à ce que chacun ait une place suffisante, il faut environ 60 centimètres par personne. La fourchette se place à gauche près de l'assiette, la cuillère et le couteau, à droite; l'extrémité est généralement appuyée sur un porte-couteau soit en cristal, soit en plaqué : la serviette pliée avec goût mais sans prétention, est placée sur chaque assiette; le pain qui généralement est un petit pain de fantaisie, est mis dans son pli. On disposera d'avance, près de chaque assiette, les différents verres dont on doit se servir à l'exception pourtant, des coupes à champagne qui, par leur largeur sont trop embarrassantes, et que l'on apporte à chaque personne au moment de s'en servir; le plus grand des verres est pour le vin ordinaire : le plus petit, pour le vin de Madère, et les deux autres pour les vins de Bordeaux et de Bourgogne

Entre chaque convive il y aura d'un côté une carafe de vin et une carafe d'eau, si, ce qui arrive souvent l'exiguité de la table ne permettait pas d'en mettre autant; il faudrait toujours s'arranger pour que chaque convive puisse se servir sans avoir recours à son voisin, il en sera de même pour les salières doubles contenant le sel et le poivre. Dans le cas où le vin serait laissé dans les bouteilles au lieu d'être mis dans des carafes, il faut avoir soin de les déboucher, de dégoudronner celles qui sont cachetées, et enfin de les débarrasser du sable qui pourrait salir la nappe, sans pourtant leur ôter leur cachet de vieillesse.

Dans les dîners intimes et composés d'un petit nombre de personnes, les assiettes à soupe sont placées en pile à gauche du maître ou de la maîtresse de maison : mais dans les repas nombreux ou d'étiquettes, le potage est servi par les domestiques à chaque convive. Il est aussi d'usage de placer sur la table des menus du dîner, il en faut à peu près quatre pour douze personnes.

Les repas dits à la *française* se divisent en trois services : le premier que l'on appelle celui des *entrées* est composé du potage, que l'on enlève aussitôt servi, puis du *relevé* n° 1 que l'on met au milieu de la table pour le remplacer, c'est assez souvent un

grand poisson ; de deux ou quatre entrées que l'on place de chaque côté ou en carré n°s 2, 3, 4 et 5, puis des hors-d'œuvre n°s 6, 7, 8 et 9, tels que beurre, radis, olives, anchois, etc. Aussitôt le potage servi on fait circuler les hors-d'œuvre, pe -

dant ce temps on découpe le relevé et l'on sert ensuite les entrées en commençant par les volailles s'il y en a, les autres viandes, le gibier, etc.

Le deuxième service est appelé celui des *entremets*. Au n° 1 et au milieu de la table le rôti, aux quatre coins n°s 2, 3, 4, 5 ou de chaque côté si on n'en met que deux, les entremets ; l'huillier et la salade

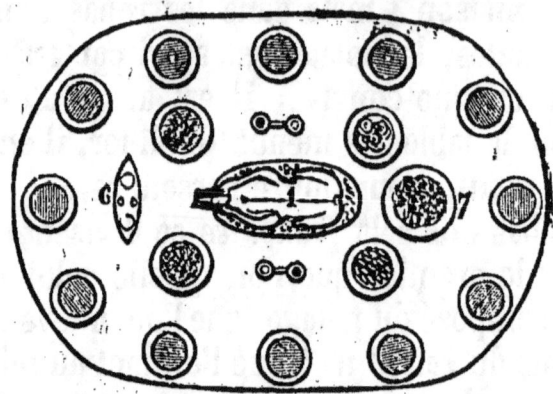

aux deux bouts. N°s 6 et 7, ils ne paraissent sur la table que dans les repas intimes. Il est d'usage de changer de couvert, sinon à chaque plat, du moins chaque fois que l'on aura servi du poisson.

Le *dessert* est le troisième service, il est composé

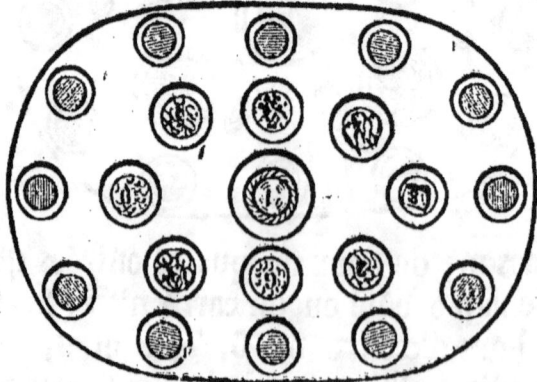

de friandises propres à charmer l'œil et le goût des

convives. Au n° 1 on met une pièce de pâtisserie qui domine le tout et fasse bien milieu, des fruits frais aux n°˚ 3 et 4, des compotes 2 et 5, des petits fours 6 et 7, et au 8 et au 9 le fromage et les confitures.

Les plats des différents services devront être choisis par la maîtresse de maison avec tout le soin possible pour contenter, autant que faire se peut, la généralité des convives ; ils doivent être en harmonie les uns avec les autres, par la couleur de leur sauce ainsi que par leur nature. Par exemple, il faut opposer un civet à une sauce blanche, une sauce tomate à un fricandeau, un poulet à un lièvre, un poisson à un filet et *vice versâ*.

Le premier service doit être entièrement dressé lorsque les convives entrent dans la salle à manger, et des réchauds doivent être placés sous chaque plat, même sous ceux qui seront servis froids, ils ne doivent jamais être chauffés autrement qu'avec des bougies et il ne faut pas non plus les allumer ni les éteindre sur la table.

Nous donnons ici le détail d'un dîner de vingt personnes, parce que comme étiquette surtout il diffère beaucoup d'un dîner moins nombreux. Les soins du couvert sont tout à fait les mêmes que ceux que nous avons déjà indiqués ; mais, ici la table étant beaucoup plus grande, l'éclairage devra être l'objet de soins particuliers, et à moins que la lampe suspendue ne soit entourée de dix-huit bougies, il sera nécessaire de mettre à chaque bout de table une lampe ou un candélabre. Il est d'usage de garnir le milieu de la table d'un surtout ou d'une corbeille de fleurs qui reste tout le temps du dîner. Dans ce service le potage ne paraît presque jamais, il est servi à chaque personne par les domestiques, il y en a généralement deux afin que les convives puissent choisir; les nos 2 et 3 sont occupés par deux relevés différents, soit une barbue et un rosbif garni; les entrées sont disposées aux nos 4, 5, 6 et 7; aux nos 8 et 9 on met deux hors-d'œuvre chauds, tels que bouchées à la reine, coquilles, croquettes diverses, les hors-d'œuvre froids remplissent les espaces vides, il en faut au moins six ou huit.

Service des entrées.

Entre le premier et le second service, on fait passer des sorbets ou du punch à la romaine pour activer la digestion et préparer l'estomac à un nouveau travail, pendant ce temps les nouveaux plats ont été disposés ainsi sur la table : Aux n°° 1 et 2 deux rôtis, soit une dinde truffée et un gigot de chevreuil, six entremets n°° 3, 4, 5, 6, 7 et 8; quant à la salade et à l'huilier indiqués par erreur dans le dessin, ils ne figurent jamais sur la table. Dans ce service on sert d'abord les rôtis que l'on fait suivre de la salade, on passe ensuite aux légumes, buissons d'écrevisses, fritures, puis on arrive aux entremets sucrés qui terminent le service.

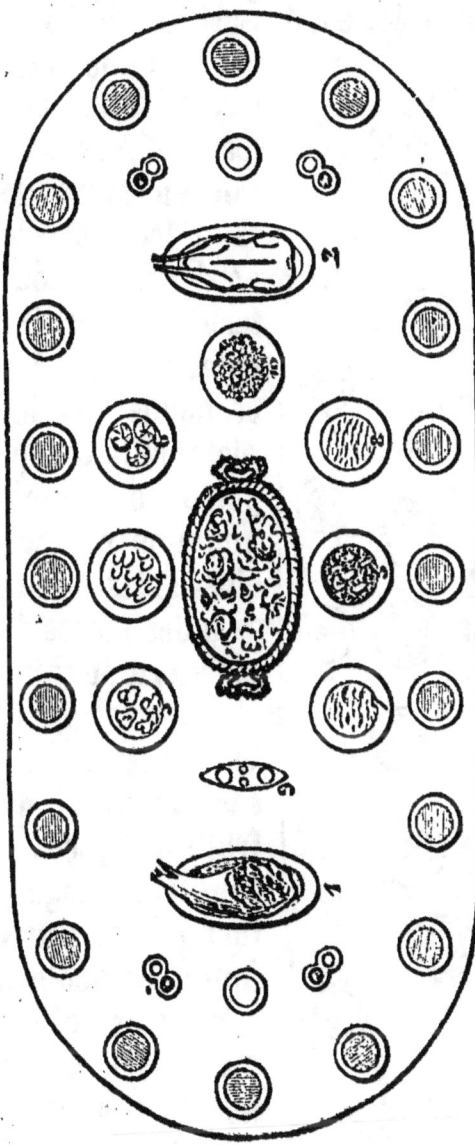

Service des entremets.

Puis vient ensuite le dessert, avant de le servir on débarrassera la table de tout ce qui la couvre, cela doit se faire dans un certain ordre; on enlève d'abord les salières, hors-d'œuvre, couteaux et fourchettes, puis avec la brosse on fait tomber dans une corbeille toutes les miettes, on apporte ensuite à chaque personne une assiette à dessert garnie à l'avance d'une cuillère et d'un couteau en vermeil, mis en croix de saint Jean et séparé par le couteau d'acier. On enlève alors les réchauds et les plats, puis on apporte le dessert que l'on arrange ainsi : les deux grandes pièces de pâtisserie aux n°˚ 1 et 2, seize assiettes hautes et basses garnies de fruits frais, secs et confits, fromages, mendiants, petits fours, compotes; aux deux extrémités de la table on met deux vases de cristal contenant des fruits à l'eau-de-vie.

Dessert.

On commence par faire circuler le fromage, puis

les petits fours et les méringues, ce qui dispose parfaitement le palais à déguster les bons vins, vient ensuite les compotes de fruits frais accompagnées de sucre en poudre, puis les conserves de fruits cuits ou crus; les raisins sont suivis de ciseaux en vermeil. Le fromage glacé ne paraît sur la table qu'au dernier moment, et il est habituellement placé devant la maîtresse de maison, qui le distribue dans les assiettes que le domestique offre à chaque personne en y ajoutant une cuillère. Aussitôt le fromage mangé on pose le *rince-bouche*.

Les domestiques devront avoir le soin de remettre toujours à leur place les assiettes ou compotiers dont ils se seront servis pour offrir ou même ceux qui auraient été dérangés par les convives, ils devront aussi veiller à remplacer les couverts de desserts qui seraient enlevés avec les assiettes.

Service à la russe. — La différence qui existe entre le service à la française et le service à la russe, est que dans ce dernier aucun des plats qui figure aux deux premiers ne paraissent sur la table que l'on garnit d'avance de presque tout le dessert. Les mets sont apportés de la cuisine et placés sur une table de service, d'où ils sont découpés et offerts aux convives. Ce nouveau mode a beaucoup d'avantages sur le service à la française, surtout en ce que tous les plats ne sont pas obligés d'attendre sur des réchauds et peuvent toujours être servis à point. Un service qui est encore plus en usage est le service à la *demi-russe*: il consiste à ne placer sur la table que deux et même qu'un plat à la fois.

L'Ambigu est un repas qui se sert spécialement

SERVICE DE TABLE.

dans les soirées, tous les plats sont placés en même temps sur la table, dont le milieu est garni de corbeilles de fleurs. Ils peuvent être disposés ainsi, n° 1 saumon au bleu, n° 2 pâté de foie gras, n° 4 et 5 faisan et poulet, n°˙ 3, 6, 7 et 12 mayonnaise de homard, buisson d'écrevisses, mayonnaise de volaille, jambon glacé; aux n°˙ 8, 9, 10 et 12, gelées, crèmes, gâteaux d'amandes; les espaces libres seront garnis d'assiettes volantes de dessert, fruits, petits fours, etc.

CHAPITRE VI.

DEVOIRS DE L'AMPHITRYON ET DE LA MAITRESSE DE MAISON. MENUS.

Les devoirs d'une maîtresse de maison lorsqu'elle reçoit sont très-étendus, elle doit tout voir, tout surveiller et tout prévoir; après avoir ordonné son dîner avec sa cuisinière, elle devra sinon préparer, du moins surveiller l'arrangement de son dessert; les fruits frais doivent être placés dans les assiettes hautes, garnies de feuilles de vignes ou de mousse artificielle; on les dispose en pyramide en mettant des feuilles entre chacun. Dans les compotiers on mettra les fruits cuits ou conserves et dans les assiettes plates, les biscuits, macarons, petits fours, mendiants, etc. La maîtresse de maison devra disposer son dessert sur une table de service, de façon à ce que la personne chargée de le mettre sur la table, puisse voir d'avance la place de chaque chose, une assiette doit toujours avoir son assiette correspondante placée diagonalement; ainsi, par exemple : en prenant pour modèle la figure, page 66, on mettra les fruits frais dans les n°ˢ 3 et 4, des fruits secs dans les n°ˢ 2 et 5, des petits fours n°ˢ 6 et 7, le fromage et les mendiants 8 et 9, les sucriers seront de chaque côté du gâteau du milieu.

Les soins à donner au dessert une fois terminés, la maîtresse de maison s'occupera du couvert et regardera si rien n'y manque, puis placera tous ses convives. La méthode des cartes nominatives posées sur chaque couvert est préférable à tout et doit être l'objet de soins attentifs; les deux dames les plus considérées sont toujours placées à droite et à gauche de l'amphitryon, et les deux hommes que l'on veut le plus honorer à droite et à gauche de la maîtresse de maison; on procède ainsi d'après le même principe pour tout le reste des invités.

Pendant le dîner, la maîtresse de maison devra veiller à ce que le service se fasse avec soin et promptitude, et surtout à ce que les désirs des convives soient prévenus. Les dames seront d'abord servies les premières en commençant par celle de droite; dans le cours du dîner on ne peut pas toujours suivre ce cérémonial, mais on l'observe surtout pour le potage. On ne doit jamais louer ni déprécier ce qui paraît sur la table, et l'on ne doit insister qu'avec ménagement pour faire accepter telle ou telle chose. Il faut avoir soin dans le cours du dîner de faire changer les couverts après la poisson; il est même convenable dans un dîner d'étiquette de le faire à chaque service.

L'amphitryon servira lui-même le plus souvent, ou fera offrir par un domestique les vins fins, mais en se gardant bien de les nommer seulement par leur nom, tel que du Pomard, du Bourgogne, etc.; mais bien du vin de Pomard, du vin de Bourgogne; les verres ne devront pas être remplis à ras, mais à un doigt du bord. S'il y a un ou plusieurs domestiques, ils devront observer un grand silence et ne parler que pour le besoin du service; ils auront l'œil à prévenir les besoins ou désirs des convives, tels que changer les assiettes, offrir du pain, remplacer les carafes sans attendre qu'elles soient tout à fait vides. En présentant les mets, ils devront toujours se placer à gauche de la personne à laquelle ils offrent. Il est inutile de dire que le plus grand soin doit être apporté à ne pas répandre de sauce et ne pas faire de tache aux convives.

Avant de donner le signal de quitter la table, la maîtresse de maison devra faire entretenir le feu du salon, car les invités sortant d'une pièce échauffée par les lumières et le monde, sont disposés généralement à avoir froid.

Le café et les liqueurs se servent presque toujours au salon, le tout est rangé sur un guéridon et les tasses sont offertes à chaque personne.

Menus.

Il est fort difficile d'indiquer un menu qui puisse être exécuté tel que nous le présenterons, car son adoption dépend du goût des convives, de la saison et des ressources culinaires que l'on a à sa disposition.

Nous nous bornerons à poser des règles générales qui serviront de guide pour la composition des menus.

MENUS POUR DINER DE 10 A 15 PERSONNES, DU MOIS D'OCTOBRE AU MOIS DE MARS.

Premier service. *Potage.* — Riz à la Crécy. — Potage aux nouilles.

Hors-d'œuvre chaud. — Bouchées à la reine. — Croquettes de volaille.

Relevé. — Filet de bœuf.

Entrée. — Côtelettes jardinière. — Perdrix aux choux. — Canard aux olives. — Riz de veau piqués, à la chicorée.

Deuxième service. *Rôt.* — Chapon au cresson.

Entremets. — Buisson d'écrevisses. — Charlotte russe. — Cardons au jus. — Petits pois au sucre.

Troisième service. *Dessert.* — Assiettes de fruits. — Compotes. — Biscuits glacés. — Meringues à la crème. — Petits fours. — Confitures. — Baba.

AUTRE.

Premier service. *Potage.* — Tapioca. — Purée aux croûtons.

Relevé. — Saumon au bleu.

Entrée. — Poulet à la Marengo. — Côtelettes de chevreuil, sauce madère. — Salmis de perdreaux. — Timbale de macaroni.

Deuxième service. *Rôt.* — Dinde truffée.

Entremets. — Choux-fleurs au beurre. — Gelée au rhum. — Crème au chocolat. — Salade de homard.

DESSERT.

MENUS POUR DINER DE 10 A 15 PERSONNES DU MOIS D'AVRIL AU MOIS DE SEPTEMBRE.

PREMIER SERVICE. *Potage.* — Printanier.
Relevé. — Rosbif garni de pommes de terre nouvelles.
Entrée. — Poularde jardinière. — Pigeons aux petits pois. — Filet de bœuf braisé aux laitues. — Canetons aux navets.
DEUXIÈME SERVICE. *Rôt.* — Poulet au cresson.
Entremets. — Asperges à la sauce blanche. — Artichauts à la barigoule. — Crème à la vanille. — Tartelettes aux fruits.
DESSERT.

AUTRE.

Potage. — Consommé aux œufs pochés.
Relevé. — Cabillaud sauce hollandaise.
Entrée. — Cailles rôties. — Filet de bœuf sauce madère. — Poulet à la tartare. — Lapereau à la Marengo.
Rôt. — Jambon paré.
Entremets. — Épinards au sucre, garnis de croûtons. — Crème au café. — Éperlans frits. — Charlotte aux pommes.
DESSERT.

Pour des dîners plus considérables, il suffira d'augmenter le nombre des entrées et des entremets; la table mise en tête de l'ouvrage servira à trouver promptement tout ce dont on aura besoin.

MENU POUR UN DINER MAIGRE DE 10 A 15 PERSONNES.

Potage. — Printanier.
Relevé. — Turbot sauce aux câpres.
Entrée. — Timbale de macaroni. — Salade de homard. — Vol-au-vent. — Béchamel maigre. — Filets de soles à l'allemande.
Rôt. — Soles frites.
Entremets. — Pois au sucre. — Choux-fleurs à la sauce. — Gelée au kirsch. — Meringues à la crème.
DESSERT.

DÉJEUNER DE 6 A 9 COUVERTS.

Hors-d'œuvre. — Huîtres. — Beurre. — Olives. — Bœuf fumé.
Entrée. — Bifteck aux pommes. — Pieds de cochon truffés. — Petits pâtés au jus. — Tête de veau.
Rôts. — Artichauts à la barigoule. — Salade.

DÉJEUNER DE 12 A 15 COUVERTS.

Huîtres. — Thon. — Canapés d'anchois. — Olives farcies. — Petites raves. — Beurre.
Entrée. — Rognons de mouton sautés. — Jambon glacé à la gelée. — Côte de bœuf aux pommes de terre. — Poulets à la Marengo. — Poitrine de veau farcie au jus. — Salade de homard.
Entremets. — Choux de Bruxelles à la flamande.
DESSERT.

DEUXIÈME PARTIE.

DES SAUCES. — BEURRES. — GRANDES SAUCES, GLACES ET ESSENCES. — PETITES SAUCES. — FARCES, QUENELLES ET PURÉES. — RAGOUTS ET GARNITURES. — POTAGES, POTAGES GRAS, POTAGES DE LUXE, POTAGES MAIGRES.

DES SAUCES.

L'art de bien faire les sauces constitue le talent le plus précieux d'une bonne cuisinière; car c'est d'elles que dépend l'excellence de la plupart des mets.

Nous nous sommes, en conséquence, attachés à donner à cette partie, l'une des plus importantes de la cuisine, beaucoup de développement, et, en même temps, à la rendre aussi facile que possible à comprendre. Nous l'avons, pour cela, divisée en deux parties; les *grandes sauces*, d'un usage généralement restreint aux grandes maisons, et les *petites sauces*, d'un emploi journalier dans toutes les cuisines; nous faisons précéder le tout de quelques renseignements sur les préparations qui doivent se faire à l'avance, afin que la cuisinière ait toujours sous la main ce dont elle a besoin, et qu'elle ne soit pas arrêtée dans l'exécution de son dîner par l'absence de telle ou telle chose indispensable.

Farine. — On fait en cuisine un fréquent usage de farine; c'est celle de gruau qu'on doit préférer.

Fécule. — Celle de pomme de terre est la meilleure; elle s'allie très-bien à toutes les préparations culinaires, parce qu'elle est dépourvue de saveur.

Chapelure. — On en trouve de toute préparée chez les boulangers. On en fait soi-même en râpant la croûte brune d'un pain sur une râpe de fer-blanc.

Sel épicé. — Sel blanc, 1 kilogramme, muscade râpée, 10 grammes, girofle, 10 centigrammes, laurier, 5 grammes; même poids pour les suivants : macis, basilic, piment et poivre. Pilez et passez au tamis.

Kari. — Poivre rouge pilé, une pincée suffit pour une sauce.

Poudre de kari. — 125 grammes piment, 90 grammes de curcuma, 15 grammes poivre blanc, 15 grammes de girofle et 8 grammes de muscade, finement pulvérisés, composent cette poudre qu'on emploie pour assaisonner les viandes cuites au riz, surtout chez les personnes qui ont vécu dans les colonies. Ailleurs, il est rare qu'on ait à l'employer.

Les quatre-épices et la poudre de Kari se trouvent toutes préparées chez les marchands de comestibles.

Poivre de Cayenne ou *Piment rouge.* — Les capsules qui enveloppent la graine ont une saveur brûlante et la graine elle-même est excessivement forte. Réduite en poudre on l'emploie modérément pour donner aux sauces un goût très-relevé. Les Anglais en sont très-amateurs et en font grand usage.

Piment vert. — Il a moins de force que le rouge.

Macis. — Filaments qui sont attachés aux sinuosités de la muscade, et qui forment sa seconde écorce.

Muscade. — Il faut peu de muscade pour donner beaucoup de goût; aussi doit-on l'employer avec parcimonie; elle entre dans la généralité des sauces blanches, principalement pour les légumes, les poissons, et surtout pour les pâtes d'Italie et tout ce qui s'accommode au fromage. Pour les personnes qui n'ont pas l'habitude de la râpe, il vaut mieux la gratter avec le couteau.

Quatre-épices. — Pilez séparément dans un mortier de marbre; ou, ce qui est plus commode, moulez dans un moulin en fer 125 grammes de poivre blanc, 8 grammes de girofle, 15 grammes de muscade et 30 grammes de gingembre; mêlez parfaitement, et conservez dans une bouteille bien bouchée.

Gingembre. — Il sert de hors-d'œuvre en Angleterre, et nous l'employons dans quelques marinades et ragoûts.

Laurier. — Il contient un principe vénéneux; aussi, vu l'usage qu'on en fait journellement et l'arome qu'il communique, on ne l'emploie que modérément.

Thym et basilic. — Ne s'en servir que modérément, sauf dans des marinades ou assaisonnements de haut goût.

Beurres.

Il y a une véritable économie à employer du beurre très-frais. Il en faut moins, et le résultat est meilleur. Il est surtout indispensable dans toutes les sauces blanches. Le beurre fondu et celui qui n'est pas de la première fraîcheur, peuvent être tolérés tout au plus dans les sauces brunes ou au beurre noir.

Beurre d'anchois.

Prenez six anchois, lavez-les bien, ôtez l'arête du milieu, pilez-en les chairs sans mouiller, maniez avec une suffisante quantité de beurre, et faites une pâte du tout.

Le beurre d'anchois peut être servi comme hors-d'œuvre, être ajouté à diverses sauces, et notamment aux bifteck.

Beurre d'ail.

Ce beurre, qui se nomme *ayoli*, ne sert que pour les mets provençaux. On le fait en pilant des gousses d'ail, et en les mouillant peu à peu avec de l'huile d'olive, jusqu'à ce qu'elles forment une pâte consistante.

Beurre de Montpellier.

Lavez et blanchissez à l'eau bouillante une poignée de cerfeuil, une poignée de pimprenelle et d'estragon réunis, une pincée de ciboulette, que vous retirez avec l'écumoire, pour mettre rafraîchir. Égouttez et pressez fortement dans un linge pour en extraire l'eau. Pilez, ajoutez une poignée de câpres, quelques cornichons, 8 anchois, 8 jaunes d'œufs durs et une gousse d'ail. Pilez pendant 5 minutes et ajoutez 500 grammes de beurre fin, sel, poivre et un peu de muscade, le tout bien mélangé;

amalgamez un verre d'huile d'olive fine, et un peu après, un quart de verre de vinaigre à l'estragon, colorez avec le vert d'épinards. Retirez du mortier et mettez dans une terrine.

Beurre d'écrevisses.

Faites sécher les coques des écrevisses, pilez-les le plus fin que vous pourrez, ajoutez 125 grammes de beurre, pilez et mettez le beurre dans une casserole avec de l'eau sur un feu de cendres rouges; que la fonte se fasse sans ébullition. Retirez et passez avec pression dans une serviette, sur une terrine contenant de l'eau froide; lorsqu'il est bien refroidi, vous l'enlevez avec une cuillère et vous le placez au frais dans une terrine. De même pour les beurres de crevettes et homards avec les œufs.

Beurre de ravigote.

Faites blanchir une poignée de persil, un peu moins de cerfeuil, et encore un peu moins de pimprenelle que de cerfeuil, un peu d'estragon et une petite poignée de ciboulette; épongez dans un linge et pilez avec 125 grammes de beurre fin. Vous pouvez ajouter un peu de vert d'épinards, ce qui le rendra plus agréable à l'œil.

Beurre de fines herbes.

De même que le précédent, ajoutez une échalote et moins de ciboulette. Blanchissez, épongez et pilez avec 125 grammes de beurre.

CHAPITRE PREMIER.

GRANDES SAUCES, GLACES, ESSENCES

Les grandes sauces ne sont guère en usage que dans les cuisines de grandes maisons; leur préparation est très-coûteuse et demande généralement beaucoup de temps, aussi doivent-elles être préparées la veille du jour ou l'on doit s'en servir. Autrefois les grandes sauces ou *sauces mères* étaient simplement appelées *coulis*, depuis on leur a donné le nom de *sauce espagnole, jus, velouté, allemand* et *béchamel*; ces sauces sont réduites de façon à concentrer, autant que possible, le jus des viandes, la saveur des légumes et autres ingrédients qu'on y ajoute. Il en résulte qu'au moyen de ces sauces et avec quelques additions on peut, en peu de temps, en confectionner beaucoup d'autres, ce qui, les jours de grands services, simplifie extrêmement le travail.

Sauce espagnole.

Beurrez le fond d'une grande casserole, garnissez-le de rouelles, d'ognons et de carottes, de tranches de lard, de jambon, de bœuf, de débris de veau, de volaille, etc., etc.; mouillez avec du bouillon pour couvrir le tout, placez la casserole sur un feu vif pour faire réduire jusqu'à glace, mouillez de nouveau avec du bouillon, ajoutez un bouquet de persil, ciboule, thym, laurier, faites bouillir et mijoter sur le bord du fourneau pendant au moins deux heures. Dégraissez avec soin, faites un roux brun, en ayant soin de bien le délayer, versez-le dans la sauce en remuant, donnez un peu d'ébullition et passez à l'étamine.

Velouté.

Beurrez et garnissez une casserole comme la précédente; mettez-y une tranche de jambon cru, une sous-noix de veau, deux jarrets de veau dont vous aurez ôté les crosses et une grosse poule; mouillez avec du consommé ou du bouillon à la hauteur du veau. Placez la casserole sur un feu ardent, jusqu'à ce que le liquide soit réduit de moitié, mettez-la sur la cendre rouge et piquez la sous-noix pour en faire sortir le jus. Au bout de 20 minutes environ il doit être à son point de glace, d'une couleur blond-clair; mouillez avec du bouillon; ajoutez des parures de champignons et un bouquet de persil; faites bouillir et retirez la casserole sur l'angle du fourneau, pour lui maintenir un léger bouillonnement pendant 4 heures. Passez à l'étamine.

Faites un roux blond et terminez comme la sauce espagnole.

Suprême.

Mettez dans une casserole un demi-litre de velouté; mouillez avec la moitié de consommé de volaille et réduisez à son point d'un tiers environ.

Si vous n'avez pas de consommé, mettez les

débris des volailles que vous avez, cous, gésiers blanchis et pattes nettoyées; cassez les carcasses, ôtez toutes les parties sanguines; mettez le tout dans une casserole foncée comme les précédentes; mouillez avec de l'eau, faites partir, donnez une légère ébullition de 25 minutes et passez à l'étamine.

Sauce allemande.

Mettez dans une casserole un litre et demi de velouté, quelques cuillerées de consommé, faites réduire jusqu'à ce que la sauce masque la cuillère; retirez la casserole du feu, liez avec 4 jaunes d'œufs délayés avec une cuillerée de crème; donnez un bouillon en remuant, passez à l'étamine, ajoutez un peu de beurre et laissez refroidir.

Jus.

Foncez une casserole largement beurrée avec des rouelles d'ognons et des tranches de carottes, placez dessus 2 kilogr. de tranches de bœuf coupées en lames assez épaisses et tous les débris de chairs que vous aurez, veau, mouton, volaille et lapereau; mouillez avec 2 cuillerées à pot de bouillon, faites partir sur un feu modéré, couvrez la casserole et surveillez la réduction. Lorsque la glace sera d'un blond rougeâtre, mouillez avec 5 litres de bouillon; donnez l'ébullition, écumez avec soin, ajoutez le sel nécessaire et un bouquet de persil; maintenez une ébullition douce durant 5 heures sur l'angle du fourneau. Passez au tamis après avoir retiré les chairs et les légumes. Remettez le jus dans une casserole et clarifiez-le avec une demi-livre de veau haché très-fin, étendu avec un peu de jus, que vous aurez fait refroidir; vous aurez auparavant incorporé un peu de blanc d'œuf dans le veau. Faites bouillir bien doucement pendant un quart d'heure et passez au tamis de soie.

Sauce Mirepoix.

Passez sur un feu doux 350 grammes de lard haché fin, 250 grammes de maigre de jambon, 500 grammes de veau coupé en dés, 2 oignons, 2 carottes émincées, du persil, des champignons, une feuille de laurier, du thym, une gousse d'ail, du basilic, un peu de macis, un peu de mignonnette et 2 clous de girofle; mouillez avec une bouteille de vin blanc et 2 litres de consommé. Faites bouillir; retirez la casserole sur l'angle du fourneau et maintenez une constante ébullition assez forte, pour obtenir la réduction de la moitié à peu près de son volume. Après une heure et demie de cuisson passez avec pression à l'étamine.

Sauce d'Uxelles.

Passez au beurre 3 cuillerées à bouche d'échalotes hachées que vous laisserez réduire à près de moitié; mettez-y 6 cuillerées de champignons crus hachés que vous laisserez réduire de même; ajoutez 4 cuillerées de truffes hachées; puis 4 cuillerées de velouté: la réduction faite à fond, liez avec un jaune d'œuf.

On peut supprimer la truffe dans certains cas.

Glace de viande.

Mettez dans une casserole beurrée et foncée de rouelles d'ognons et de tranches de carottes, une tranche de jambon maigre, un jarret de veau, sans crosse, divisé en morceaux, 2 kilogr. de bœuf et 1 kilogr. de veau coupés en tranches, une vieille poule et les débris de volailles que vous aurez ; mouillez presque à la hauteur des chairs ; ajoutez un bouquet de persil garni, faites partir à grand feu la casserole couverte. Lorsque la réduction se prononcera, piquez les chairs avec une aiguille à brider afin d'en tirer toute l'essence, et vous finirez la réduction sur un feu bien doux, jusqu'à ce que vous ayez une couleur blond clair. Mouillez avec du consommé dans lequel vous aurez mis 2 blancs d'œufs battus avec un peu de consommé froid. Faites partir à feu vif et retirez la casserole sur l'angle du fourneau, maintenez une assez forte ébullition pendant 5 heures. Retirez les chairs, passez à la serviette ; versez ce fonds dans une casserole, mettez-la sur un feu vif jusqu'à ce que la réduction se prononce, modérez le feu en le recouvrant de cendres chaudes, versez la glace dans une terrine.

En trempant une cuillère dedans et la retirant aussitôt, la glace doit la masquer, alors elle est à son point.

Vous pouvez faire de la glace avec les fonds de poêles et autres où auront été cuits les viandes, volailles et gibier, et encore avec ces derniers mouillés et cuits avec du bouillon. L'un et l'autre doivent être clairs avant de réduire.

Glace de volaille.

Mettez dans une marmite 2 kilogr. de sous-noix de veau, un fort jarret de veau sans crosse coupés en morceaux, 4 vieilles poules, 4 oignons, 4 carottes et un bouquet de persil; mouillez avec du consommé, faites partir devant le feu; écumez avec soin, maintenez une ébullition assez forte pendant 5 heures. Sondez le veau, retirez-le aussitôt cuit. Les chairs de volailles vous serviront pour purées. Retirez les chairs et passez à la serviette. Terminez comme le précédent.

Vous pouvez faire de la glace en réduisant ensemble ou séparément le consommé et le blanc de volaille.

OBSERVATION SUR LES JUS, COULIS ET ESSENCES FAITES AVEC DES VIANDES, VOLAILLES OU GIBIER.

Comme il importe de proportionner à ses besoins la quantité qu'on désire de ces préparations, il faut se baser ainsi. On doit obtenir un demi-kilo, ou mieux un demi-litre de jus par kilogramme de viande, volaille, gibier ou débris. Il faut donc que la quantité de vin et de bouillon soit telle pour qu'après réduction on ait en jus la proportion indiquée. On ne doit jamais mettre de sel, le bouillon en fournissant suffisamment.

Essence de gibier.

Mettez dans une marmite, lapin, perdrix, quasi de veau, 250 grammes de tranche de bœuf et du vin blanc. Faites bouillir le tout jusqu'à ce qu'il soit tombé à la glace. Lorsqu'il n'y aura plus de jus dans votre marmite, n'attendez pas que le fond ait pris couleur pour la remplir. Mettez-y de bon bouillon ; ajoutez quatre carottes, trois oignons, deux clous de girofle, un peu de thym, serpolet et basilic. Écumez, et, après cuisson, passez au tamis.

On peut remplacer économiquement les viandes ci-dessus par des parures et des restes de gibier.

Essence de volaille.

On la prépare de la même manière, en substituant de vieilles volailles au gibier.

Essence de légumes.

On met une poule, vingt carottes, autant de navets et d'ognons, quatre pieds de céleri, un bouquet de cerfeuil et trois clous de girofle. On mouille avec du bouillon et on finit comme pour l'essence de gibier.

Essence de poisson.

Rangez dans une casserole beurrée, 2 carpes, 2 tanches, 1 grondin, 1 brochet, 3 merlans et une anguille moyenne coupés en tronçons ; mettez 4 gros ognons, 4 carottes et un fort bouquet de céleri et de poireaux ; mouillez avec de l'eau à la hauteur des chairs, faites partir sur un feu vif, et tomber à glace d'une légère couleur sur la cendre rouge. Mouillez à l'eau bouillante ; ajoutez un peu de sel, du poivre, 2 clous de girofle et un peu de muscade râpée. Donnez 2 heures d'ébullition continue, afin d'obtenir un tiers de réduction, et passez au tamis de soie.

Coulis d'écrevisses.

Faites cuire une douzaine d'écrevisses, en choisissant les plus petites, pilez-en les chairs que vous passerez au tamis; mêlez cette purée à une cuillerée à pot de bouillon et autant de velouté. Ajoutez beurre, poivre, muscade et deux clous de girofle; faites ensuite chauffer sur un feu doux. Le coulis d'écrevisses s'emploie avec le poisson.

CHAPITRE II.

PETITES SAUCES [1].

Roux.

A ce que nous avons dit précédemment sur les grandes sauces, il faut ajouter qu'un roux bien fait, joint à de bon bouillon, peut, dans des mains habiles, suppléer les sauces espagnoles, allemandes et veloutées, qu'on n'a pas toujours à sa disposition. Il importe donc de donner à cette préparation, fort simple cependant, tout le soin possible.

On fait fondre du beurre dans une casserole, et lorsqu'il bout, on y ajoute de la farine en quantité proportionnée à l'épaisseur qu'il doit avoir, et on remue vivement pour que la farine se mêle parfaitement au beurre; cette opération, qui se fait sur

---

[1] Le plus court et le meilleur moyen pour dégraisser une sauce, c'est de retirer la casserole sur l'angle du fourneau et de jeter dedans quelques gouttes d'eau, la graisse se sépare aussitôt de la sauce et vous pouvez, en penchant la casserole, l'enlever avec une cuillère.

un feu vif, se continue jusqu'à ce que le roux ait acquis la couleur voulue, qui est le plus souvent celle de la cannelle. On mouille pour arrêter le roux au point convenable.

On appelle *roux blond* celui qu'on arrête par le mouillement, lorsqu'il a la couleur du café à la crème, et *roux blanc*, celui dans lequel on mêle vivement la farine dès que le beurre est fondu, et qu'on mouille avant qu'il ait pris la moindre couleur. Ces diverses nuances de roux ont pour but de les approprier aux sauces qu'ils sont destinés à lier, et on les rend plus ou moins épais, suivant que ces sauces sont plus ou moins claires.

Le roux brun ou cannelle est le plus généralement employé, et il faut prendre garde de le laisser brûler, ce qui donne un goût âcre et amer à la sauce. On peut, d'ailleurs, lui faire acquérir la couleur nécessaire par l'addition d'une petite quantité de caramel.

En faisant roussir dans une casserole du lard coupé en dés, on peut, après l'avoir retiré et y avoir ajouté un peu de farine, obtenir un roux qui convient parfaitement à toutes les sauces dans lesquelles doit entrer du lard.

Dans la cuisine provençale, on fait des roux en substituant l'huile d'olive au beurre.

Liaisons.

Dans bien des sauces, notamment dans les blanches, et dans quelques potages on ajoute une liaison de jaunes d'œufs. Il est important que ceux-ci soient très-frais. On casse les œufs en deux, on en sépare le blanc en transvasant le jaune d'une demi-coquille dans l'autre, jusqu'à ce qu'il soit bien net et débarrassé de son germe. Délayez alors les jaunes avec une cuillerée à bouche d'eau fraîche; quand le mélange est bien opéré, ajoutez deux cuillerées de la sauce ou du potage que vous devez lier; ils peuvent être très-chauds, mais non bouillants. Remuez pour opérer le mélange que vous versez ensuite dans la sauce ou le potage en tournant toujours, et servez sans remettre sur le feu : soin qu'il faut avoir pour toutes les liaisons, si on ne veut pas qu'elles tournent.

Sauce hollandaise.

C'est la plus simple des sauces. Faites fondre du beurre à très-petit feu, ou mieux, au bain-marie, laissez-le déposer, mêlez-y un jus de citron que vous fouettez, et un peu de sel blanc, passez à travers une passoire fine, ajoutez du sel blanc et servez votre sauce dans une saucière.

Sauce aux cornichons.

Mettez un morceau de beurre et une pincée de fécule dans une casserole; faites lier sur le feu, mouillez avec du bouillon et une cuillerée de jus; ajoutez-y des cornichons hachés, poivre et sel.

Sauce omnibus.

Prenez un demi-litre de bouillon, ajoutez-y un verre de vin blanc, une feuille de laurier, sel, poivre, un filet de verjus et un peu de zeste de citron. Laissez infuser pendant six heures sur de la cendre chaude. Cette sauce convient à toute espèce de préparations.

Sauce à la Béchamel grasse.

Coupez du lard par petits morceaux; joignez-y une carotte, un navet, deux ognons, de la graisse de veau; passez le tout au beurre, mouillez de bouillon, ou mieux de consommé, ajoutez-y deux cuillerées de farine, poivre, sel, muscade, girofle, thym, persil, laurier, laissez cuire une heure, passez au tamis et dégraissez.

Sauce à la Béchamel maigre.

Délayez deux cuillerées à bouche de farine dans un litre et demi de crème, mettez la casserole sur un feu ardent, et remuez la préparation, afin qu'elle ne s'attache pas. Dans une autre casserole, vous mettez deux ou trois échalotes, une carotte émincée, une muscade râpée, une bonne pincée de gros poivre, du sel, un bouquet garni et quelque champignons; faites bouillir le tout dans deux verres d'eau. Quand votre crème est suffisamment réduite et épaissie, vous y incorporez la préparation ci-dessus en la versant peu à peu, de manière à ne pas faire tourner la crème. Passez à l'étamine et tenez chaud au bain-marie.

Les béchamels maigres et grasses peuvent servir à divers mets, ainsi que les sauces suivantes. L'intelligence de la cuisinière doit la guider dans le choix et l'application de ces sauces.

Sauce à la crème.

Mettez un bon morceau de beurre dans une casserole, avec une cuillerée de farine, une forte pincée de persil, une ciboule hachée, sel, poivre et muscado. Lorsque le beurre sera fondu, versez dans la casserole un verre de crème, ou de lait à défaut de crème. Laissez bouillir un quart d'heure en tournant toujours.

Cette sauce convient au turbot, à la truite, au cabillaud, à la morue, aux pommes de terre, etc.

Sauce tomate.

Faites cuire dans une casserole dix ou douze tomates coupées en quatre, avec sel et gros poivre, quatre ou cinq ognons en tranches, une pincée de persil, un peu de thym; un clou de girofle; passez au tamis, puis ajoutez-y 125 grammes de beurre, et remettez la casserole sur le feu, pour la faire bouillir doucement jusqu'à ce que la sauce soit assez épaisse.

Cette sauce sert également pour les viandes, les légumes et le poisson. (Voyez *conserve de tomates*.)

Sauce à la minute.

Elle convient à la volaille rôtie. Après avoir découpé une oie ou un canard, écrasez-en le foie avec une fourchette dans le jus de la volaille; mêlez-y trois cuillerées d'huile fine, le jus d'un citron, sel et poivre. Cette sauce se fait à table.

Sauce blanche.

Mettez dans une casserole du beurre très-frais, une cuillerée à bouche de farine, du sel, du gros poivre, ajoutez un verre d'eau, mettez le tout sur le feu et tournez. Lorsqu'elle bout, vous retirez du feu. Si la sauce se trouve trop épaisse, on y remet un peu de beurre. Si elle est trop claire, du beurre manié de farine. Au moment de servir, on peut ajouter une liaison de jaunes d'œufs et un filet de vinaigre, ou, mieux encore, du jus de citron. On peut y ajouter, selon le cas, des champignons ou des truffes cuits à part.

La sauce aux *câpres* est une sauce blanche à laquelle on ajoute des câpres au lieu de vinaigre.

Sauce blonde.

Faites un roux que vous mouillez de bouillon bien chaud. Faites cuire une demi-heure. Cette sauce, très-délicate, remplace la sauce blanche.

Sauce piquante.

Mettez dans une casserole un verre de vinaigre, thym, laurier, ail, échalotte, poivre, et deux gousses de piment rouge; faites réduire à moitié et mouillez avec du bouillon. Si vous avez des jus et des coulis, mettez-en, passez au tamis et servez.

Sauce au verjus.

Hachez une échalotte, mêlez-la avec trois cuillerées de verjus et autant de coulis, ou, à défaut, avec autant de bouillon, sel et poivre. Faites chauffer dans une casserole, et servez sur des viandes grillées.

Sauce aux groseilles à maquereau.

Ayez du velouté (Voyez *cette préparation*, p. 85.) dans lequel vous mettrez un peu de vert d'épinards pour le colorer. Ajoutez-y ensuite des groseilles à maquereau coupées en deux, dont vous aurez retiré les pépins, et que vous aurez fait blanchir à l'eau de sel bouillante. Cette sauce convient au poisson. On peut remplacer le velouté par un roux au beurre mouillé de bouillon.

Sauce aux échalotes.

Hachez très-fin des échalotes; liez-les dans un linge blanc, et faites-les cuire dans du vinaigre avec du sel et du poivre, jusqu'à ce que le vinaigre soit aux deux tiers tari; retirez vos échalotes et mouillez alors avec du bon bouillon, ou, mieux, avec du consommé ou du coulis.

Sauce hachée.

Hachez menu une poignée de champignons, un peu de persil et quelques échalotes; mettez le tout dans une casserole avec un verre de vinaigre, du poivre, du sel, et faites réduire sur un feu vif, jusqu'à ce que le vinaigre soit presque évaporé. Mettez-y alors un roux mouillé de bouillon et d'un peu de vinaigre, que vous aurez fait à part, et tenez quelques moments sur le feu. Puis hachez une cuillerée de câpres et deux ou trois cornichons que vous joindrez à votre sauce. Au moment de servir, on peut y mettre un ou deux anchois pilés et maniés avec du beurre.

Sauce poivrade.

Faites dans une casserole un roux dans lequel vous mettrez un verre de vinaigre, quelques ciboules hachées, une grosse pincée de persil, deux feuilles de laurier, un peu de thym, une forte carotte, deux ognons coupés par tranches, une pincée de poivre fin, faites réduire votre sauce des deux tiers, puis mouillez de bouillon, et laissez bouillir le tout jusqu'à ce que les légumes soient cuits. On dégraisse ensuite, et l'on passe à l'étamine.

Sauce à la ravigote.

Prenez cerfeuil, estragon, cresson alénois, pimprenelle, en tout une poignée, que vous hacherez très-fin. Mettez dans une casserole du bouillon, poivre, vinaigre, faites bouillir un quart d'heure, retirez du feu; mettez dans votre sauce un morceau de beurre manié de farine, et remuez jusqu'à ce qu'il soit fondu.

On fait une *ravigote* froide en ajoutant, à ce qui précède, des feuilles tendres de céleri, câpres et anchois, également hachés très-fin, puis un jaune d'œuf, un peu d'huile, et en mêlant bien le tout.

Sauce Robert.

Faites roussir à petit feu dans une casserole 125 grammes de beurre et huit ou dix ognons coupés en dés, mettez-y un peu de farine que vous jetez sur les ognons quand ils sont bien fondus, ajoutez-y un verre de bouillon, du sel et du poivre; laissez votre sauce vingt minutes sur le feu; au moment de s'en servir, on y met une cuillerée de moutarde. Cette sauce est bonne pour le porc frais, pour la dinde, le poisson, etc.

On peut remplacer le beurre par du lard, ou de la graisse de volaille.

Sauce remoulade froide.

Prenez cerfeuil, ciboule, une échalote, une

pointe d'ail, hachez le tout très-menu. Ajoutez sel et poivre; délayez avec de l'huile, du vinaigre et quantité suffisante de moutarde; versez sur votre préparation ou servez dans une saucière.

Sauce au blanc.

Prenez deux poignées de farine et 125 grammes de beurre avec un peu de sel. Pétrissez le tout et faites-le fondre à feu doux, dans une casserole. Ajoutez-y trois tranches de citron, deux petites ciboules entières, et un peu de muscade. Délayez votre mélange avec de bon bouillon, faites cuire et servez chaud.

Cette sauce est convenable pour le veau, le mouton, la volaille, le poisson et quelques légumes.

Sauce à la provençale.

Mettez dans une casserole trois cuillerées d'huile fine, de l'échalote, des champignons hachés et trois gousses d'ail, ajoutez-y une forte pincée de farine, sel, poivre et bouquet garni, et mettez sur le feu après avoir mouillé avec moitié bouillon et moitié vin blanc. Faites bouillir cette sauce à petit feu pendant une demi-heure; ôtez l'ail, le bouquet garni, et servez.

Sauce de Kari.

Mettez dans une casserole 125 grammes de beurre, une pincée de safran, cinq gousses de piment rouge, haché ou écrasé, deux cuillerées de farine; mouillez avec du bouillon, laissez réduire sur le feu pendant un quart d'heure; joignez-y de la muscade râpée, et servez bien chaud sans dégraisser et sans passer par l'étamine. Cette sauce est bonne avec la volaille.

Autre.

Prenez une forte pincée de poudre de Kari, jetez-la dans un roux mouillé de bouillon; faites bouillir dix minutes, et servez.

Maître-d'hôtel.

Cette sauce n'est que du beurre fondu avec du persil haché bien menu, sel, poivre, jus de citron, ou, à défaut, un léger filet de vinaigre. Encore le citron et le vinaigre ne sont pas toujours employés.

Maître-d'hôtel liée.

Mettez dans une casserole un verre d'eau, une cuillerée de farine et du beurre, persil et ciboule hachés, sel et gros poivre; faites chauffer le tout presque jusqu'à ébullition en tournant toujours, et ajoutez un peu de jus de citron. Cette sauce doit avoir l'apparence d'une sauce blanche ordinaire.

Sauce pour le poisson.

Faites blanchir et pilez ensuite persil, estragon, cerfeuil, pimprenelle, civette. Mêlez-y les jaunes écrasés de deux œufs durs, et ajoutez peu à peu quatre cuillerées d'huile, deux de moutarde et deux de vinaigre; servez dans une saucière. Cette sauce est froide ainsi que les deux suivantes.

Sauce à la tartare.

Hachez très-fin cerfeuil, estragon et deux échalotes, ajoutez-y de la moutarde, du sel, du poivre, un filet de vinaigre et deux jaunes d'œufs; arrosez ensuite votre sauce de bonne huile, en la remuant continuellement. Si la sauce devenait trop épaisse, ajoutez-y un peu de vinaigre.

Sauce mayonnaise.

Mettez dans une saucière deux jaunes d'œufs, poivre et sel, et un filet de vinaigre; après avoir bien mêlé, ajoutez, en continuant à tourner, de l'huile fine en quantité suffisante. Cette sauce, qu'il faut tourner longtemps pour qu'elle soit très-bien liée, est excellente avec les volailles froides; mais il est essentiel que la quantité de vinaigre soit bien en rapport avec la quantité d'huile.

La *sauce verte* se fait de la même manière, seulement on y ajoute persil et estragon hachés, en même temps que les jaunes d'œufs. On peut y mettre du jus d'épinard.

Sauce salmi.

Pétrissez un morceau de beurre avec de la farine, faites-le fondre et mettez-y quelques échalotes hachées menu. Ajoutez-y un verre de vin blanc ou rouge et un verre de bouillon, sel, poivre, muscade et bouquet garni; laissez bouillir une demi-heure et versez sur un restant de bœuf, de veau ou de volaille.

Sauce macédoine.

Faites un roux foncé; mettez dans une casserole, à part, un peu de beurre, trois cuillerées de vinaigre, poivre, sel, échalotes; faites réduire, puis joignez-y votre roux. Coupez en dés une carotte cuite, trois ou quatre cornichons et deux œufs durs. Ajoutez-y une cuillerée de câpres et les filets bien écrasés de trois anchois. Faites chauffer sans bouillir. Cette sauce est fort bonne sur de la volaille ou des viandes réchauffées.

Sauce au pauvre homme.

Cette sauce, qui sert à accompagner les restes d'un bouilli ou d'un rôti, se fait avec cinq ou six échalotes et du persil hachés, du bouillon, une cuillerée de vinaigre, sel et poivre. On fait bouillir le tout jusqu'à ce que les échalotes soient cuites.

Autre.

Coupez votre bouilli en tranches, rangez-les sur un plat de cuivre bien beurré et saupoudré de chapelure. Mouillez avec de bon bouillon, sel, poivre, persil haché très-fin et une pointe d'ail; couvrez légèrement de chapelure semée de quelques petits morceaux de beurre. Faites bouillir dix minutes sur un feu vif et sous un couvercle à rebord plein de braise embrasée, pour tâcher d'obtenir gratin dessus et dessous.

La première fois, ajoutez du persil haché, thym, laurier, ail, girofle; passez après un ou deux bouillons; mêlez-y un peu de mignonnette, le jus d'une moitié de citron, et versez votre sauce sur les mets.

Sauce aux truffes.

Hachez une ou plusieurs truffes, faites fondre du beurre et passez-les dedans; mouillez avec du consommé, et ajoutez-y le double d'un roux que vous aurez fait à part; faites réduire votre sauce jusqu'à ce qu'elle ait assez de corps.

Sauce espagnole à la bourgeoise.

Lorsque vous aurez occasion d'employer plusieurs pièces de gibier et de volaille, conservez-en les débris et faites-les revenir au beurre en même temps qu'une livre de rouelle et un maniveau de champignons; mêlez-y trois ou quatre cuillerées de farine; ajoutez-y carottes, ognons, thym, laurier, sel, poivre et girofle; laissez bouillir pendant deux heures. Vous passerez au tamis.

Sauce sans beurre.

Elle se fait avec trois jaunes d'œufs, six cuillerées d'huile, sel et poivre; faites chauffer au bain-marie et liez la sauce en la tournant.

Sauce aux écrevisses.

Faites une sauce blanche et ajoutez-y la chair des queues et des pattes pilées, ainsi que les œufs de petites écrevisses préalablement cuites. Ajoutez un jus de citron.

Sauce aux anchois.

Ajoutez à une sauce blanche des filets d'anchois pilés. Joignez-y poivre, muscade, et deux clous de girofle. Laissez bouillir un quart-d'heure et servez avec un jus de citron.

Sauce aux huîtres.

Faites blanchir des huîtres à l'eau bouillante, à laquelle vous ajouterez leur eau. Faites-les égoutter après quelques bouillons, et mêlez-les à une sauce blanche faite à part, en y joignant le jus d'un citron.

Cette sauce convient au poisson grillé ou préparé au court bouillon.

On peut remplacer les huîtres par des moules.

Nota. On peut, pour les trois sauces qui précèdent, remplacer la sauce blanche par un roux blond.

Sauce anglaise froide.

Hachez très-fin une forte pincée de feuilles fraîches de menthe poivrée, que vous mettrez dans une saucière, avec sel, vinaigre, et un bon morceau de sucre. Cette sauce se sert avec le poisson. Nous avons eu occasion d'en faire usage en Angleterre, et nous l'avons trouvée excellente.

Vert d'épinards.

Faites blanchir une poignée d'épinards dans laquelle vous aurez mis quelques ciboules et une pincée de persil. Pressez dans vos mains pour exprimer l'eau surabondante; pilez et passez à l'étamine. Si le vert est trop épais, mouillez de bouillon. Ce vert sert à colorer des sauces et des préparations telles que le pilau.

Court-bouillon.

C'est le liquide assaisonné dans lequel on fait cuire les gros poissons de mer ou d'eau douce, soit qu'on veuille les manger froids à l'huile, ou chauds avec une sauce.

On fait le court bouillon avec du vin rouge ou blanc pur, ou plus ou moins coupés d'eau selon la qualité, des ognons, des tranches de carotte, un fort bouquet garni, clous de girofle, laurier, thym et basilic selon les goûts, sel et gros poivre. On fait bouillir au moins une heure, puis on le passe au tamis. Le mieux est de faire d'abord le court-bouillon, et de n'y faire cuire le poisson qu'après l'avoir passé. Le court-bouillon fait au vin rouge est le véritable *bleu*.

Un mélange d'eau et de vinaigre peut remplacer le vin. Le verjus ou un jus de citron font bon effet dans le court-bouillon.

Un court-bouillon peut servir plusieurs fois.

Marinade cuite.

Faites roussir légèrement dans du beurre des tranches d'ognons et de carottes; mouillez-les avec du vinaigre blanc et le double d'eau; ajoutez-y sel, gros poivre, thym, laurier, basilic, persil en branches, quelques ciboules, et le tiers d'une gousse d'ail; laissez cuire cette marinade, passez au tamis et conservez-la pour le besoin.

Blanc.

Mettez 125 grammes de saindoux et 250 grammes de lard coupé en dés dans une casserole. Ajoutez-y trois cuillerées de farine ou de fécule, un bouquet garni, deux ou trois clous de girofle, une demi-gousse d'ail, sel et gros poivre, deux ou trois tranches de citron et un filet de vinaigre. Mouillez avec de l'eau chaude. Ce blanc sert à cuire des pieds de mouton, tête, fraise et pieds de veau, palais de bœuf, gras-double, etc.

Pâte à frire.

Mettez, avec un litre de farine, six jaunes d'œufs, deux cuillerées à bouche d'huile et un petit verre d'eau-de-vie, sel, poivre et un verre de bière. Délayez votre pâte de manière à ce qu'il ne se forme pas de grumeaux. Si elle était trop épaisse, vous ajouteriez un peu d'eau. Il suffit que ce que l'on trempe dedans en sorte bien couvert. Avant de s'en servir, on ajoute deux blancs d'œufs fouettés en neige.

On fait de bonne pâte à frire en délayant la farine avec de l'eau, de l'huile d'olive et un petit verre d'eau-de-vie;

Ou avec des jaunes d'œufs, du lait et de l'eau-de-vie;

Ou avec des jaunes d'œufs, de l'huile et du vin blanc. Dans tous les cas, la pâte doit être bien battue. On remarquera qu'il faut très-peu de sel dans toute pâte destinée à la friture d'entremets sucrés.

Fonds de poêle.

Mettez dans une casserole 200 grammes de jambon, vos débris de lard et de couennes, 200 grammes de veau haché très-fin, 3 carottes, 3 gros oignons coupés en dés, une demi-feuille de laurier, du thym, un bouquet de persil, des grains de poivre, du basilic et un peu de macis. Passez ces ingrédients sur un feu modéré, en ayant toujours soin de remuer avec la spatule, pendant un quart d'heure; mouillez avec 2 litres de bouillon. Faites partir sur un feu vif, retirez la casserole sur l'angle du fourneau pour lui donner une bien faible ébullition pendant 2 heures, et passez au tamis.

CHAPITRE III.

FARCES, QUENELLES ET PURÉES.

Ces sortes de préparations peuvent être servies seules, ou s'ajoutent comme accessoires à d'autres plus importantes, et particulièrement aux entrées. Dans le premier cas il est bien de les décorer de croûtons passés au beurre et taillés en triangle.

Farces.

On appelle farces, en cuisine, des viandes ou autres choses qu'on hache pour en farcir ensuite quelques volailles ou autres pièces, tant en gras qu'en maigre. Nous nous bornerons à décrire deux espèces de farces.

Farce cuite. — Coupez en petits morceaux et mettez, dans une casserole, des blancs de volaille crus, ajoutez-y un peu de beurre, sel, gros poivre et muscade; passez le tout à petit feu durant dix minutes, égouttez vos blancs et laissez-les refroidir. Dans la même casserole, mettez un morceau de mie de pain, avec du bouillon et un peu de persil haché très-fin. Écrasez votre pain et réduisez-le en panade, en laissant réduire le bouillon. Pilez séparément vos blancs de volaille, ajoutez-y votre mie de pain et un bon morceau de beurre, achevez de piler et de mêler ces trois choses; mettez ensuite cinq ou six jaunes d'œufs, et pilez de nouveau, afin que le tout soit bien incorporé. Cette farce s'emploie avec les gratins et pour toutes sortes de viandes.

Farce de poisson.

Prenez de la chair de poisson, n'importe duquel; mais il ne faut pas mêler ensemble les chairs de deux poissons différents; hachez-la avec des champignons cuits et des jaunes d'œufs durs. Ajoutez-y de la mie de pain cuite dans du lait, un bon morceau de beurre frais, du sel, un peu de muscade râpée, du persil haché et trois jaunes d'œufs non cuits. Pilez bien et finissez votre farce en y incorporant trois blancs d'œufs fouettés. Cette farce s'emploie à tout ce qu'on veut.

Hachis de viande.

Prenez des restants de viande de boucherie, de gibier, volaille, etc., cuite à la broche ou autrement; ôtez les peaux et les nerfs, ajoutez ce que vous voudrez de chair à saucisses, hachez le tout très-fin; assaisonnez avec persil, ciboule, mie de pain et deux ou trois œufs battus, suivant la quantité de hachis; mettez-le dans une casserole et passez au feu avec un morceau de beurre et une pincée de farine; mouillez de bouillon et laissez mijoter le tout une demi-heure sur un feu doux.

On peut farcir avec ce hachis une dinde ou une oie. On peut également le servir en entrée. Dans ce cas, on exprime quelquefois le jus d'un demi-citron sur le hachis, ou bien on l'accompagne d'une sauce quelconque.

On peut également le mettre en boulettes de la grosseur d'un petit œuf, qu'on fait frire et qu'on sert également comme entrée.

La chair à saucisses seule forme une garniture moins délicate et moins saine que lorsqu'elle est mêlée avec une quantité égale de hachis de veau. (*Voy*. page 23, la figure du hachoir à quatre lames.)

Godiveau.

Prenez un demi-kilogramme de veau, retirez-en les nerfs et les peaux; hachez bien fin. Ayez un kilogramme de graisse de bœuf, surtout du rognon, que vous hacherez également; mêlez dans le mortier la viande et la graisse, et ajoutez-y du sel, du gros poivre, des fines herbes, six œufs en trois fois différentes et en continuant de piler. Lorsque la viande sera totalement incorporée à la graisse, versez un peu d'eau, s'il est nécessaire, pour amollir la pâte, et vous en ferez des boulettes que vous mettrez cuire avec vos tourtes ou vos préparations de viande. Il est prudent d'en faire cuire une d'avance dans l'eau, pour s'assurer si la préparation est d'un bon sel.

Quenelles.

Ce sont des boulettes oblongues, préparées de la même manière que les godiveaux, mais en employant des viandes plus délicates que le veau, telles que de la chair de perdrix, de faisan, d'alouette, de bécasse, de lièvre, etc.

On peut les faire d'une manière plus économique en employant la chair d'un poulet commun, et en y ajoutant la même quantité de tétine de veau, cuite et refroidie.

On fait aussi des quenelles maigres avec du poisson de mer ou d'eau douce, du beurre et de la mie de pain trempée dans du lait, etc.

Purées.

Il faut remarquer que les purées qui sont servies sous des viandes, doivent être repassées au feu avec du beurre ou du jus.

Purée de pois nouveaux.

Faites bouillir de l'eau dans un chaudron, salez, mettez un bouquet de persil; versez dedans un litre et demi de petits pois fraîchement écossés. Une fois cuits, égouttez-les, ôtez le bouquet, pilez et passez cette purée à l'étamine, après y avoir ajouté un peu de consommé de volaille. Mettez dans une terrine et couvrez de papier beurré.

Purée de pois secs.

Mettez dans une casserole ou une petite marmite un litre et demi de pois et 375 grammes de petit lard salé, ôtez le lard lorsqu'il est cuit. La cuisson terminée, égouttez, pilez et mettez dans une terrine.

Même manière pour les haricots et les lentilles. Pour les légumes secs, il faut, la veille de les faire cuire, les faire tremper dans l'eau pendant 24 heures.

Purée de carottes.

Prenez une botte de carottes (ou 2 bottes de carottes nouvelles); coupez-les en lames sans attaquer le jaune; mettez-les dans une casserole beurrée avec un ognon, un bouquet de persil, un de poireaux, un peu de céleri en branches; passez le tout au feu pour lui faire prendre un peu de couleur. Mouillez avec du bouillon; ajoutez 250 grammes de petit lard, laissez un peu réduire. Otez le lard lorsqu'il est cuit, et la cuisson terminée, ôtez les bouquets et passez à l'étamine.

Même procédé pour les *purées de navets* et *de céleri*.

Purée de potiron.

Prenez le quart d'un potiron ordinaire, enlevez l'écorce et toute la partie qui adhère aux graines; coupez-le en tranches que vous ferez blanchir quelques minutes à l'eau bouillante; égouttez, mettez-les dans une casserole avec un bon morceau de beurre, sel et poivre, faites un roux blanc avec 100 grammes de farine et 150 grammes de beurre; ajoutez quelques cuillerées de bouillon. Faites partir, puis mijoter en remuant souvent avec la spatule. Lorsque le potiron est cuit, retirez et passez à l'étamine.

Purée de marrons.

Otez l'enveloppe d'un kilo de marrons; mettez-les dans une casserole, mouillez grandement avec du bouillon; ajoutez un peu de sel et une branche de céleri. Couvrez la casserole, faites bouillir à grand feu, retirez sur l'angle du fourneau pour lui continuer toujours une assez forte ébullition. Lorsque les marrons sont cuits, égouttez-les, recouvrez-les d'un linge, afin de les tenir chauds et faciliter l'enlèvement de l'épiderme avec la pointe d'un couteau. Pilez-les, en les mouillant par intervalles avec un peu de bouillon, passez-les à l'étamine ou au tamis à quenelles.

Pour quelques préparations, ils se cuisent de même, en les mouillant avec de l'eau ou du lait.

Purée de champignons.

Hachez les parures d'un certain nombre de champignons, pressez-les dans un torchon pour en extraire l'eau, puis mettez-les dans une casserole avec une feuille de laurier, une gousse d'ail, un peu de sel et de mignonnette ; faites cuire sur un feu doux. Écrasez les chairs de quelques pommes de terre cuites sous la cendre, amalgamez-les avec les champignons après avoir ôté le laurier et l'ail, mouillez un peu, passez à l'étamine, puis travaillez la purée avec quelques cuillerées de velouté ou de béchamel, employez une quantité de pommes de terre en rapport avec celle des champignons.

Purée d'ognons.

Épluchez et coupez en tranches autant d'ognons que vous voudrez ; mettez-les dans une casserole avec du beurre, et faites-leur prendre une belle couleur. Saupoudrez alors d'un peu de farine, laissez roussir en remuant. Ajoutez du bouillon et un demi-verre de vin blanc. Laissez mijoter et réduire sur un petit feu. On peut l'employer telle ; mais on peut aussi la passer au tamis en exprimant avec une cuillère de bois.

On obtient la même purée blanche en ne faisant pas roussir les ognons, et ajoutant de la crème au mouillement.

Purée d'oseille.

Coupez grossièrement une quantité suffisante d'oseille, et une poignée de cerfeuil, mettez-les dans une casserole avec un bon morceau de beurre. Lorsque le tout est bien fondu, ajoutez du bouillon et l'assaisonnement nécessaire en sel et poivre, passez au tamis. Cette purée se sert sous un fricandeau, sous une alose, etc. On l'arrose avec le jus des viandes avec lesquelles on la sert, et quand il n'y en a pas, on y ajoute un petit roux blond de beurre et de farine.

Purée de volaille.

Désossez une volaille rôtie ; hachez les chairs et pilez-les dans un mortier ; mettez cette sorte de farce dans une casserole, avec bouillon et jus blond de veau ou de volailles, sel, poivre et un bouquet garni ; faites réduire sur le feu et passez au tamis.

CHAPITRE IV.

RAGOUTS ET GARNITURES.

Ragoût de ris de veau.

Lavez les ris à l'eau bouillante; mettez-les à l'eau froide et essuyez-les. Faites-les revenir sur le feu avec du lard fondu. Lorsqu'ils le sont suffisamment, ajoutez une pincée de farine, puis mouillez avec du bouillon et un verre de vin blanc. Ajoutez sel, poivre, bouquet garni et des champignons passés au beurre; faites cuire à petit feu et liez la sauce, si elle est trop claire, avec un morceau de beurre manié de farine. On peut le servir ainsi; mais lorsqu'on le destine pour garniture, on le coupe par morceaux après l'avoir lavé et essuyé.

Salpicon.

Sorte de ragoût que l'on compose de diverses viandes, comme ris de veau, foies gras, jambon, veau, chairs de volailles et de gibier, champignons et truffes, chaque chose cuite séparément pour l'être à point. Le tout doit être coupé en dés, de grosseur égale. C'est la condition du salpicon. On réunit les diverses préparations dans une casserole, on y ajoute du jus ou du bon bouillon, un verre de vin blanc, et on fait chauffer sans bouillir.

Il va sans dire qu'on peut faire un salpicon avec

moins de choses que nous n'en avons indiquées, de même qu'on peut en ajouter d'autres, comme godiveau, quenelles, culs d'artichauts en morceaux, marrons rôtis, etc.

Ragoût de laitances.

Nettoyez et lavez vos laitances à l'eau froide. Jetez-les dans l'eau bouillante, avec une pointe de vinaigre, retirez-les presque aussitôt, faites égoutter. Mettez les laitances dans une casserole avec du jus de viande ou du bon bouillon et un demi-verre de vin blanc; assaisonnez de sel, poivre, muscade râpée, et d'un bouquet garni. Faites bouillir un quart d'heure. Retirez les laitances; faites réduire la sauce que vous liez avec un morceau de beurre manié de farine. Versez sur les laitances. Servez avec un jus de citron.

Ragoût de laitances au maigre.

Préparez vos laitances comme ci-dessus. Faites dans une casserole un roux blond avec beurre, ognons et farine, mouillez avec moitié eau et vin blanc. Assaisonnez comme ci-dessus. Faites bouillir vos laitances un quart d'heure; retirez-les, passez la sauce, faites-la réduire, versez-la sur les laitances, et au moment de servir, ajoutez une liaison de jaunes d'œufs délayés avec de la crème.

Ragoût de mousserons.

Épluchez, lavez et égouttez les mousserons. Faites un roux blond avec beurre et farine, ajoutez du jus ou du bon bouillon, sel, poivre et bouquet garni. Laissez mitonner à petit feu. Retirez le bouquet garni, ce qui est de rigueur pour tous les mets où l'on en met un. Si la sauce est trop claire, ajoutez un peu de beurre manié de farine.

Ragoût de laitues.

Épluchez des laitues ou des romaines, faites-les blanchir à l'eau bouillante pendant quelques minutes, passez à l'eau froide et égouttez. Faites un roux avec du lard, en petits dés, quelques tranches d'ognon et du beurre ; quand tout a pris belle couleur, saupoudrez de farine, laissez-le roussir en le tournant, mouillez avec du jus ou du bouillon, ajoutez sel, poivre, un clou de girofle et un bouquet garni. Quand la sauce a jeté quelques bouillons, passez-la ; remettez-la dans la casserole, ajoutez y vos laitues hachées grossièrement. Faites cuire en tenant la casserole découverte pour faire évaporer la sauce qu'augmente l'eau des laitues. Quand elles sont cuites, s'il y a trop de sauce, égouttez-les, et liez avec un morceau de beurre manié de farine.

Excellente garniture pour rôtis et viandes grillées ou braisées, dont le jus sert à l'arroser.

Ragoûts de navets.

Prenez de préférence des navets de Fresneuse. Épluchez-les proprement. Coupez en deux les plus gros. Mettez dans une casserole du beurre et une demi-cuillerée à bouche de sucre en poudre, passez-y vos navets pour leur faire prendre couleur. Mouillez avec du bouillon, ajoutez sel, poivre et un bouquet garni ; laissez cuire doucement, retirez le bouquet et servez.

Ognons glacés.

Prenez des ognons moyens, épluchez-les, coupez légèrement la tête et la queue pour qu'ils se conservent entiers : mettez-les dans une casserole avec un morceau de beurre et du sucre. Faites-leur prendre une belle couleur en les retournant avec précaution ; mouillez-les avec du bouillon que l'on fait réduire des trois quarts ; alors on les tient à petit feu jusqu'à ce qu'ils soient bien glacés.

Ragoût d'olives.

Passez au beurre un peu de ciboules et de persil hachés fin ; mouillez avec du jus, de bon bouillon, un verre de vin blanc, des câpres et un anchois pilé dans une cuillerée d'huile d'olives ; mettez dans cette sauce des olives tournées, c'est-à-dire séparées de leur noyau, en coupant la chair en spirale avec un couteau à lame étroite ; faites jeter un bouillon, et liez la sauce avec un petit roux blond de beurre et de farine, fait à part.

On peut, si on le veut, remplacer le noyau par une farce cuite.

Croûtons frits.

Vous coupez en carré, en losange ou de toute autre forme des morceaux de mie de pain d'un demi-centimètre d'épaisseur, vous les jetez dans le beurre bouillant et les retournez jusqu'à ce qu'ils soient bien frits. On les retire et les égoutte. On en garnit des épinards, de la chicorée, de l'oseille, des purées, des matelotes, etc. Quand on veut en garnir les bords d'un plat, on les y fait tenir avec

de la colle composée d'un blanc d'œuf et de farine.
On prépare de même pour potages ou pour dessous de matelotes, de gibier rôti, des croûtons plus grands et frits de la même façon. On peut remplacer ces derniers par des tranches de pain grillées.

CHAPITRE V.

POTAGES.

Pot au feu.

La viande de bœuf est celle qui donne le meilleur bouillon ; ensuite, celle du mouton, pourvu qu'elle ne soit pas trop grasse, à moins qu'elle n'ait été préalablement rôtie ou grillée. Le veau ne s'emploie que pour le bouillon de malade.

Les volailles ajoutent peu de sapidité au bouillon. Si on met une poule au pot, elle doit être vieille ; car elle a plus de goût.

Un vieux pigeon, une perdrix, un lapin, augmentent l'arôme du bouillon. Les os de viandes rôties, quelles qu'elles soient, y font aussi un bon effet.

Les meilleurs morceaux de bœuf pour faire de bon bouillon sont la tranche, la culotte et le gîte à la noix. Les côtes d'aloyau peuvent être employées pour bouilli en famille, et en y ajoutant un chou.

La viande doit être bien fraîche ; on la sépare de

ses os et on la ficelle. On la met dans la marmite à l'eau froide, les os au fond. Ceux qui conseillent de mettre la viande à l'eau bouillante ignorent que sa chaleur coagule l'albumine dans la viande, et qu'elle y retient le jus qui doit donner la saveur au bouillon; tandis que se dissolvant peu à peu dans l'eau froide et tiède, elle se coagule ensuite, monte à la surface sous forme d'écume, et débarrasse ainsi le bouillon de toutes sortes d'impuretés qui ne lui communiquent aucun bon goût. On fait chauffer la marmite lentement, après y avoir jeté une poignée de sel. Plus elle chauffe lentement, plus l'écume, qu'on a grand soin de retirer, est abondante. Lorsque le feu est trop vif, on est obligé de rafraîchir la marmite en y ajoutant de l'eau froide pour faire remonter l'écume qui se précipiterait au fond et troublerait la transparence du bouillon.

Lorsque le feu a été bien conduit et que la marmite est soigneusement écumée, on met les légumes qu'on a préparés et épluchés. Il ne faut pas craindre d'en mettre, parce qu'ils donnent au bouillon un arôme plus agréable. Ces légumes sont des carottes, des navets, un panais, des poireaux et céleri ficelés, un oignon piqué de deux clous de girofle. Un oignon brûlé ou une carotte torréfiée pour donner couleur, ou un peu de caramel, l'un de ces trois derniers.

Cinq ou six heures d'ébullition lente et toujours égale sont nécessaires pour faire acquérir au bouillon la perfection que l'on désire. Cette ébullition ne peut se régulariser facilement qu'au moyen d'un fourneau économique.

Une heure avant de retirer le pot au feu, on ajoute au bouillon un bouquet de persil. Quelques personnes mettent une gousse d'ail, un peu de thym et une feuille de laurier.

L'ail ne doit être employé qu'en hiver; en été il accélère la décomposition du bouillon. Quant au thym et au laurier, nous ne le conseillons pas; mais c'est une affaire de goût.

Il faut une livre de viande par litre d'eau.

Si on peut casser les os frais ou de réserve qu'on ajoute au pot au feu, on fera bien, parce que, plus ils sont brisés, plus ils fournissent de gélatine, principe nutritif du bouillon.

On passe le bouillon au tamis, ou dans une passoire de ferblanc à petits trous.

Bouillon fait en une heure.

Prenez une livre de bœuf que vous coupez en morceaux assez menus, mettez-les dans une casserole avec oignons, carottes, un peu de lard et un demi-verre d'eau; laissez mijoter et suer le tout pendant un quart d'heure, jusqu'à ce qu'il commence à s'attacher à la casserole; versez ensuite environ un demi-litre d'eau bouillante, un peu de sel, faites bouillir trois quarts d'heure, passez au tamis et servez.

Bouillon à la minute.

Mettez dans un litre d'eau bouillante 200 grammes de jus ou de glace de viande, salez et employez-le pour tout ce dont vous aurez besoin.

Bouillon de poulet.

Prenez un poulet maigre, ajoutez-y une livre de bœuf, ognons, carottes, fines herbes, quelques grains de sel; mettez trois litres d'eau, laissez bouillir le tout et se réduire lentement dans une marmite bien fermée.

Bouillon de veau.

Faites bouillir une livre de rouelle de veau, avec quelques feuilles de laitue et cerfeuil dans un litre d'eau. Si ce bouillon est pour un malade, un litre et demi d'eau est nécessaire.

Bouillon maigre.

Ce bouillon peut servir à faire presque tous les potages au maigre, et à mouiller les sauces des mets préparés au maigre. On peut néanmoins s'en passer. Mettez dans une marmite dix carottes, autant de navets et d'oignons coupés en rouelles, deux laitues, deux pieds de céleri, une poignée de cerfeuil, une moitié de chou et un panais émincé en filets; ajoutez à ces légumes deux hectogrammes et demi de beurre, et un demi-litre d'eau; faites bouillir jusqu'à ce qu'il n'y ait presque plus de liquide dans la marmite; alors, remplissez-la d'eau, et ajoutez un litre de pois, deux clous de girofle, du sel et du poivre. Continuez à faire bouillir pendant trois ou quatre heures, et passez le bouillon au tamis.

Bouillon aux herbes.

Prenez des feuilles d'oseille, de laitue, de cerfeuil, une poignée de chaque chose; lavez et épluchez avec soin, et coupez assez menu ; ajoutez sel, beurre frais et un litre d'eau, laissez bouillir jusqu'à ce qu'il se réduise de moitié, puis passez, soit à la serviette ou à l'étamine.

Potages aux gras.

Potage au naturel.

On coupe en rouelles longues de 5 centimètres le pain mince, dit pain à soupe. On divise ces rouelles, en deux portions égales sur leur longueur. On les range dans la soupière, et on verse dessus autant de bouillon qu'il en faut pour les tremper. Quand elles sont renflées, on achève de verser dessus le bouillon nécessaire. La soupe, ainsi trempée, ne doit pas être mise sur le feu. On sert à part sur une assiette les légumes qui ont cuit avec le pot au feu, en déliant le bouquet de poireaux et retirant les ognons blancs et brûlés, la carotte torréfiée et le bouquet de persil. On emploie aussi des croûtes de pain à café séchées au four, et des biscottes de Bruxelles. Cela dépend du goût des maîtres.

Croûte au pot.

Ayez des croûtes de pain bien cuit, ou faites griller des tranches de pain ; mettez-les au fond d'un plat creux avec un peu de bouillon, laissez tarir, en sorte que vos croûtes commencent à gratiner ; dressez-les dans une soupière. Versez du bouillon dessus et servez.

Potage au vermicelle.

Mettez dans une casserole, sur le feu, assez de

bouillon pour huit assiettées de potage. Lorsqu'il sera bouillant, jetez-y une demi-livre de vermicelle, que vous aurez un peu brisé dans vos mains, afin qu'il n'y ait point de filaments trop longs, remuez le vermicelle avec une cuillère, et faites bouillir vingt minutes.

Potage au riz.

Après avoir bien épluché le riz, qui contient souvent des graviers, lavez-le plusieurs fois à l'eau froide en le frottant entre les mains. Faites-le bouillir ensuite dans une petite quantité de bouillon, et mouillez-le toujours avec ce bouillon, à mesure qu'il crèvera. Il faut qu'il soit bien crevé, et que les grains s'écrasent sans effort entre les doigts; mais il ne faut pas qu'il se réduise en bouillie. Ajoutez ensuite une quantité de bouillon telle, que votre potage ne soit ni trop clair, ni trop épais. Il faut, par personne, une cuillerée de riz. Quand on veut que le riz ne soit que crevé, il faut le faire cuire dans la totalité du bouillon qu'on destine au potage.

Potage à la semoule.

La semoule est une pâte en très-petits grains, faite avec de la farine de riz ou avec de la fleur de froment. On la jette dans le bouillon quand il bout, et l'on remue sans cesse avec une cuillère, de crainte qu'elle ne forme des grumeaux, ce qui arrive facilement lorsqu'on n'y prend pas garde. Il faut deux cuillerées de semoule par assiettée.

Potage aux pâtes d'Italie.

Jetez-les dans du bouillon gras et laissez cuire environ trois quarts d'heure.

Potage aux nouilles.

Faites une pâte solide avec un demi-litre de farine, cinq jaunes et deux blancs d'œufs, sel, poivre et muscade râpée. Etendez votre pâte très-mince, et coupez-la par filets que vous soupoudrerez de farine, afin qu'ils ne se collent pas ensemble ; mettez-les peu à peu dans votre bouillon lorsqu'il bout, et laissez cuire pendant une demi-heure.

On peut ajouter à tous les potages précédents une purée de légumes faite à part. Au reste, une purée de légumes peut s'ajouter à volonté à tous les potages gras ou maigres, excepté à ceux au lait.

Potage au sagou.

C'est une substance analogue à la fécule. On le lave à l'eau bouillante, et on le fait cuire dans du bouillon qu'on ajoute peu à peu, jusqu'à ce qu'il soit en gelée. On met alors le bouillon nécessaire pour lui donner la consistance qu'on désire.

Potage au tapioca.

Dans du bouillon en ébullition, mettez une cuillerée à bouche, par personne, de tapioca, et continuez de faire bouillir en remuant jusqu'à ce qu'il soit complétement dissous et en gelée. On peut servir alors.

Potage à l'orge perlée.

On la fait tremper dans l'eau dès la veille. Lorsqu'elle est bien égouttée, on la fait cuire dans le bouillon, de la manière indiquée pour le riz.

Potage au gluten.

Même préparation que pour le potage à l'orge perlée.

Potage à la purée de marrons.

Prenez un quarteron de marrons, enlevez la première peau, mettez-les sur le feu dans une casserole avec de l'eau que vous ferez chauffer sans bouillir, jusqu'à ce que la seconde peau puisse s'enlever facilement. Lorsqu'ils sont épluchés, on les pile dans un mortier avec un morceau de mie de pain trempé dans du bouillon. On délaie cette pâte dans du bouillon chaud, et lorsque cette opération est bien faite, on passe dans une passoire de ferblanc, avec expression ; on ajoute du bouillon, s'il est nécessaire, et on fait cuire environ trente minutes. On verse bouillant sur des croûtons passés au beurre.

Potage au blé de Turquie.

Il se fait avec de la farine de maïs ou gaude qu'on délaie dans du bouillon gras et qu'on fait cuire une heure en la remuant, afin qu'elle ne forme point de grumeaux.

Potage à la fécule.

Délayez, avec un verre de bouillon froid, neuf cuillerées de fécule pour six assiettées de potage, mettez une quantité suffisante de bouillon dans une casserole, et lorsqu'il sera bouillant, retirez la casserole du feu, et versez dedans la fécule, en tournant toujours avec une cuillère, afin qu'il ne se rassoie pas au fond. Remettez ensuite le bouillon au feu, et continuez à le remuer jusqu'à ce qu'il soit épaissi. Retirez-le du feu après quelques bouillons, et servez.

Potage aux pointes d'asperges.

Prenez des pointes d'asperges, c'est-à-dire ce qui est tendre et mangeable; coupez-les de façon qu'elles ne dépassent pas deux centimètres de longueur; faites-les blanchir dans l'eau et bouillir ensuite dix minutes dans du bouillon gras. Au moment de servir, versez le tout sur des croûtes de pain.

Potage aux choux.

Mettez dans une marmite un bon morceau de lard ou de petit salé, laissez bouillir une heure, et ajoutez un chou, des carottes, des navets, céleri, poireaux, et faites cuire quatre heures. Une heure avant la cuisson parfaite, on peut ajouter des pommes de terre si l'on veut.

Potage aux œufs pochés.

Prenez autant d'œufs frais que vous avez de personnes à dîner, cassez-les dans une assiette, en ayant soin qu'ils soient parfaitement entiers; faites bouillir dans une casserole trois cuillerées à pot de bouillon, et lorsqu'il sera en pleine ébullition, faites-y glisser vos œufs avec précaution; couvrez la casserole, et lorsque l'ébullition recommencera, retirez-la sur l'angle du fourneau, afin que le bouillon ne fasse que frémir. Laissez vos œufs se pocher pendant deux minutes au plus. Retirez-les ensuite l'un après l'autre avec une petite écumoire, posez-les sur un linge et enlevez toutes les bavures des blancs, puis mettez-les dans une soupière et versez dessus le bouillon dans lequel vous les aurez fait pocher.

Quel que soit le nombre d'œufs que l'on ait à employer, il est bon de n'en pas pocher plus de cinq à la fois, afin d'éviter d'en crever ; si cela arrivait, il faudrait les enlever et les remplacer.

Potage aux poireaux.

Prenez sept ou huit poireaux que vous coupez en filets de trois centimètres de longueur, passez-les au beurre ; lorsqu'ils sont suffisamment roux, versez dessus du bouillon, laissez bouillir une demi-heure, et versez le tout dans la soupière, sur le pain coupé à l'avance.

Ce potage peut se faire au maigre, en remplaçant le bouillon par de l'eau et en ajoutant sel, poivre et du beurre.

Potage à la Condé.

Faites une purée de haricots rouges bien cuits avec du bouillon gras ou maigre, passez-la au tamis, ajoutez le bouillon nécessaire et versez dans la soupière sur des petits croûtons de pain passés au beurre.

Potage à la Crécy.

Choisissez des carottes de Crécy, aussi rouges que possible, réduisez-les en purée avec quelques navets, un poireau et un ognon ; mouillez de bouillon, passez à la passoire et remuez sur le feu sans laisser bouillir ; écumez et versez sur des croûtons frits au beurre, que vous aurez disposés dans la soupière.

Potages de luxe.

Potage à la tortue.

Voici comment on prépare ce potage tellement substantiel qu'il peut tenir lieu de tout un repas. Faites cuire à demi, dans de l'eau et du sel, un morceau de tête de veau, n'en prenant que la partie maigre. Coupez-la en petits morceaux, de la forme d'un dé à jouer. Faites-les revenir dans du beurre, en y joignant persil, thym, basilic, laurier, petits ognons, champignons, clous de girofle, poivre, muscade, gingembre et du maigre de jambon, également coupé en petits morceaux. Votre tête de veau étant à point, retirez-la, et puis faites un roux, où vous la remettrez avec tout son accompagnement, en y ajoutant la quantité d'eau nécessaire pour votre potage. Vous y joindrez du jus, du coulis, si vous en avez, de petites boulettes de viande ou de godiveau, du jus de citron, et enfin du piment. Laissez bouillir deux heures, écumez et passez votre potage, qui sera presque épais comme une sauce de gibelotte. Remettez-y les morceaux de tête de veau, de jambon, les boulettes et les champignons.

Potage à la bisque d'écrevisses.

Prenez 50 écrevisses, retirez-en la nageoire du milieu de la queue et le boyau noir qui y tient, faites-les cuire dans un peu d'eau assaisonnée de sel, mignonnette, persil, ognon. Une fois cuites, retirez la chair des queues et des pattes, pilez ensuite le reste dans un mortier de marbre, réduisez-les en pâte très-fine, en y ajoutant un quart de beurre. Mettez cette pâte dans une casserole avec un peu d'eau, faites bouillir et passez dans une passoire très-fine. Ajoutez la quantité nécessaire de bouillon gras ou de bouillon de poisson, remettez sur le feu pour lui donner l'ébullition. Au moment de servir, passez au beurre des petits croûtons de pain coupés en dés, et jetez-les dans la soupière; versez ensuite la purée, et mettez dessus la chair des queues d'écrevisses.

Potage à la reine.

Ayez une poule, faites-la cuire à la broche, prenez-en toute la chair après l'avoir séparée de tous les nerfs et de toutes les parties dures ou trop colorées, pilez-la dans un mortier de marbre, avec cinq ou six belles amandes dépouillées de leur pelure, faites tremper dans du bouillon un morceau de mie de pain de la grosseur d'un œuf, et mettez-le dans le mortier pour l'incorporer avec la purée de volaille, humectez avec un peu de bouillon, de façon à ce qu'elle soit assez claire pour passer facilement à travers une passoire fine. Au moment de servir, faites réchauffer la purée au bain-marie; car elle ne doit pas bouillir, puis ajoutez le bouillon nécessaire, et versez dans la soupière en y mêlant des croûtons passés au beurre. On doit employer de préférence de bouillon de poulet.

Potage aux quenelles de volaille.

Faites de la farce à quenelles, ainsi que nous l'avons indiqué page 109, avec de la volaille ou du gibier, moulez ces quenelles dans une cuillère à café, et déposez-les dans un vase. Ayez de la pâte ordinaire, faites-en une abaisse aussi mince que possible, mouillez-la avec un doroir, puis, posez de distance en distance vos quenelles sur la moitié de cette abaisse. Lorsque tout sera employé, ramenez l'autre moitié de l'abaisse sur la première, marquez les endroits où se trouvent vos quenelles, puis découpez-les avec votre coupe-pâte, de façon que chaque quenelle soit entourée de pâte de tous côtés. Lorsque tout sera découpé, faites blanchir vos quenelles dans du bouillon, puis, après les avoir bien égouttées, mettez-les dans un bon consommé et servez très-chaud.

Potage à la Colbert.

Faites cuire dans de l'eau et du sel des légumes de la saison, tels que carottes, navets, haricots, asperges, choux-fleurs, etc., que vous aurez. Coupez-les, comme pour la julienne, en donnant à tous une forme élégante. Lorsqu'ils seront suffisamment cuits, servez assez clair-semé dans du bouillon où vous aurez mis un œuf poché pour chaque convive.

Potages maigres.

Soupe maigre aux choux.

Mettez votre chou dans une marmite d'eau boulante, avec ognon piqué d'un clou de girofle, navets, poireaux, carottes, céleri, quelques pommes de terre pelées, sel et poivre.

Si vous voulez un potage *aux choux et au lait*, coupez votre bouillon avec moitié lait.

Potage aux herbes.

Prenez une quantité égale de cerfeuil, poirée, oseille et laitue; lavez et hache grossièrement, puis passez au beurre. Lorsqu'elles sont réduites, mettez-y de l'eau, salez et faites bouillir pendant vingt minutes. Faites ensuite une liaison de jaunes d'œufs, et versez le tout sur du pain émincé.

Quelques personnes mettent beaucoup plus de cerfeuil que des autres herbes : cela dépend des goûts. Quelquefois on ne met pas de liaison.

Potage à l'oseille.

Lavez, épluchez et hachez grossièrement une poignée d'oseille, mettez sur le feu dans une casserole avec du sel et un morceau de beurre; mouillez peu et laissez cuire doucement pendant un quart d'heure en remuant, afin de ne pas laisser rissoler. Quand les herbes sont cuites, ajoutez la quantité d'eau nécessaire, salez et laissez prendre un bouillon, puis versez dedans peu à peu et en l'agitant, une liaison de deux ou trois jaunes d'œufs que vous aurez délayés avec un peu d'eau. Versez ensuite sur le pain et couvrez la soupière. Il faut à peu près deux jaunes d'œufs pour six convives; tout bouillon de légumes peut être employé avec avantage.

Julienne.

Coupez par petits morceaux, en forme de filets, des carottes, des navets; émincez des ognons et poireaux, ajoutez-y de la laitue, de l'oseille, du céleri, des pois verts, des haricots frais en gousses ou en grains, des pointes d'asperges; enfin, tous les légumes de la saison. Mettez le tout dans une casserole avec un bon morceau de beurre, un peu de sel et de sucre, couvrez et laissez suer quelques minutes, puis ajoutez de l'eau et laissez cuire; versez ensuite dans la soupière où vous aurez préparé le pain. Quelques personnes le suppriment entièrement.

On préfère quelquefois la julienne en purée; dans ce cas, on laisse cuire les légumes un peu plus, afin qu'ils puissent facilement passer à travers la passoire. La julienne en purée est servie avec des petits croûtons de pain passés au beurre.

Soupe à l'ognon.

Coupez en filets une douzaine d'ognons moyens, faites-les revenir sur le feu avec un bon morceau de beurre, en les retournant de temps en temps, jusqu'à ce qu'ils soient cuits et suffisamment colorés. Ajoutez une cuillerée de farine, laissez-la prendre couleur. Mouillez avec de l'eau, mettez-y du sel et du gros poivre, et donnez quelques bouillons. Ajoutez-y ensuite du pain, faites mitonner et servez. On peut passer le bouillon pour en séparer les ognons; on peut aussi remplacer l'eau par du lait, et l'on a alors une *soupe à l'ognon et au lait.*

Potage au riz et aux ognons.

Préparez vos ognons comme ci-dessus, mouillez-les de l'eau bouillante et passez les ognons; mettez ensuite du riz au lieu de pain, et laissez-le cuire. Ce potage est fort bon.

Potage aux petits ognons blancs.

Épluchez avec soin. des petits ognons blancs, faites-les blanchir dans du beurre et du sucre; lorsqu'ils auront acquis une belle couleur, versez dessus la quantité nécessaire de bouillon maigre; faites bouillir, ajoutez sel et poivre, et versez dans la soupière sur des croûtons passés au beurre.

Potage au potiron.

Prenez un quartier de citrouille, ôtez-en la peau et les pépins; coupez-le en morceaux de la grosseur d'une noix, et mettez-les sur le feu, dans une marmite avec de l'eau. Lorsque la citrouille est complétement réduite en marmelade, mettez-y soixante-deux grammes (un demi-quarteron) de beurre et un peu de sel. Donnez encore quelques bouillons. Faites bouillir un litre de lait, ajoutez-y un peu de sucre, ou du sel, si vous le préférez, et mêlez avec la purée de citrouille. Mettez du pain émincé dans la soupière, et versez dessus le mélange de citrouille et de lait.

Potage aux choux-fleurs.

Ajoutez à l'eau qui a servi à faire cuire des choux-fleurs une pincée de persil haché et du beurre très-frais. Assaisonnez à point, faites bouillir quelques instants et versez sur le pain. Un roux fait avec des ognons et de la farine peut être ajouté à l'eau des choux-fleurs, si on préfère cette manière à la précédente. Dans l'un et l'autre cas, on peut laisser dans l'eau quelques branches de choux-fleurs.

Potage aux carottes nouvelles.

Tournez en olive des carottes nouvelles, blanchissez-les à l'eau bouillante, égouttez-les et faites-les cuire dans du bouillon maigre. Versez ensuite sur le pain coupé en tranches.

Potage aux poireaux et aux pommes de terre.

Coupez par petits morceaux huit beaux poireaux, mettez-les dans une casserole avec de l'eau, du sel, du poivre et deux pommes de terre jaunes coupées par morceaux, laissez bouillir jusqu'à ce que le tout soit cuit et que les pommes de terre puissent s'écraser facilement. Ajoutez un bon morceau de beurre, mêlez bien et versez le tout sur des tranches de pain très-minces, et servez.

Potage à l'oseille et à la purée de pommes de terre.

Faites cuire dans du beurre une bonne poignée d'oseille, ajoutez-y ensuite de l'eau et des pommes de terre, d'une nature farineuse, coupées par morceaux. Salez, poivrez et laissez cuire; puis joignez-y quelques tranches minces de pain, si vous le voulez, et servez.

Potage à la purée de navets et de pommes de terre.

Faites roussir deux ognons, ajoutez-y une quantité suffisante d'eau ou de lait, autant de navets que de pommes de terre et quelques tranches minces de pain. Lorsque le tout est cuit, passez à la passoire, faites jeter un bouillon et servez.

Potage au pain ou panade.

Mettez dans une casserole des tranches de pain coupées très-minces ou cassées, avec de l'eau, du poivre, du sel. Faites bouillir sur un feu doux sans remuer jusqu'à ce que le pain soit bien fondu. Ajoutez alors un bon morceau de beurre frais et mélangez bien le tout. Servez sans remettre sur le feu. On peut ajouter une liaison de jaunes d'œufs, de la crème ou du lait, en même temps que du beurre. Quelques personnes rejettent la croûte de pain, mais la panade faite avec la croûte est plus stomachique que celle qui n'est faite qu'avec de la mie.

Potage aux petits pois.

Faites bouillir de l'eau, jetez-y vos petits pois, salez. Quand ils sont cuits, ajoutez un morceau de beurre et de sucre, puis versez sur des croûtons ou lames de pain.

Potage au lait.

Faites bouillir la quantité de lait dont vous aurez besoin, mettez-y un grain de sel et du sucre, puis versez-le bouillant sur les tranches de pain que vous aurez fait griller.

Observation. — Chaque fois que vous ferez bouillir du lait ayez toujours soin de passer un peu d'eau dans la casserole et d'en laisser quelques gouttes, cela empêchera le lait de brûler, car le peu d'eau restant donnera une certaine humidité au fond de la casserole et empêchera la crème de s'y attacher et de brûler.

Potages au lait, à la semoule, au sagou, au vermicelle, au tapioca.

Ces potages se font par les mêmes procédés qu'avec le bouillon gras, le lait remplaçant le bouillon ; mais on y ajoute du sucre et un peu de sel. On peut à volonté ajouter à ces potages une liaison de jaunes d'œufs.

Riz au lait.

Il se fait comme le riz au gras, excepté qu'on met du lait au lieu de bouillon ; on y ajoute du sucre et une feuille de laurier amande et deux jaunes d'œufs. Il faut environ un litre et demi de lait pour cinq cuillerées de riz.

Potage à la monaco.

Taillez des tranches de mie de pain auxqu'elles-vous donnerez une forme semblable, saupoudrez les de sucre ; faites les griller d'une couleur blond clair, rangez les dans une soupière avec un peu de sel, versez dessus du lait ou de la crème bouillante et faites une liaison avec des jaunes d'œufs.

Potages au maigre.

Tous les potages de pâtes, tels que semoule, vermicelle, nouille, gluten, riz, etc., se font par les mêmes procédés que ceux au gras, avec la seule différence qu'on remplace le bouillon ou le lait par de l'eau et du beurre. Une liaison de jaune d'œufs est utile.

Potages à la purée de pois, de haricots, de lentilles.

Faites cuire les légumes dans de l'eau avec sel, ognons, carottes ; une fois cuits, réduisez-les en purée, passez-les au tamis et ajoutez-y avec un morceau de beurre une quantité suffisante du bouillon dans lequel ces légumes auront cuit, faites bouillir, puis versez sur le pain taillé en croûtons et passés au beurre.

Potage au fromage.

Pour bien faire ce potage, il faut se procurer du bouillon maigre. Prenez du fromage de gruyère nouveau, deux hectogrammes et demi (une demi-livre), par exemple. Râpez-en la moitié et coupez l'autre moitié par tranches très-minces. Dans le fond d'une soupière qui puisse aller au feu, mettez un peu de beurre, puis une couche légère de fromage râpé, couvrez avec des tranches de pain minces ; sur ce pain faites une couche de tranches de fromage, puis une couche de pain, ensuite du fromage râpé ; continuez ainsi en alternant le fromage râpé, le pain et le fromage en tranches, jusqu'à ce que votre gruyère soit tout employé. Sur la dernière couche, qui doit être de fromage en tranches, mettez quelques morceaux de beurre ; mouillez avec une partie de votre bouillon et faites mitonner sur le feu jusqu'à ce qu'il se forme un gratin dans le fond du plat et que tout le bouillon soit tari. Remettez alors du bouillon et servez bien chaud. Ce potage doit être un peu épais. A défaut de bouillon maigre, on peut employer de l'eau avec un roux sans farine fait avec des ognons.

Potage au macaroni.

Il se fait de la même manière que le précédent, si ce n'est qu'on remplace le pain par du macaroni cuit à part, comme on le fait pour le vermicelle. Lorsqu'on veut faire ce potage dans toutes les règles, on substitue au fromage de gruyère, du fromage de parmesan, ou plutôt, on mêle moitié parmesan avec moitié gruyère.

Les potages au fromage et au macaroni sont très bons faits avec du bouillon gras.

Potage aux grenouilles.

Mettez dégorger dans de l'eau des cuisses de grenouilles dont vous aurez enlevé la peau, au bout d'une heure versez-les dans une marmite avec de l'eau en suffisante quantité, ajoutez carottes, navets, poireaux, céleri, ognon brûlé, sel et poivre, maintenez en douce ébulition pendant cinq heures. Au moment de servir ajoutez un bon morceau de beurre et versez dans la soupière sur du pain coupé en tranches.

Potage à la provençale.

Faites bouillir dans une casserole de l'eau dans laquelle vous mettez sel, six ou huit gousses d'ail et un petit rameau de sariette, Coupez dans une soupière le pain nécessaire en tranches minces, soupoudrez-le d'une pincée de poivre en poudre, arrosez d'huile d'olive en proportion avec le pain, versez dessus le bouillon sans l'ail et la sariette, et servez.

Bouillabaisse.

Plus on met d'espèces différentes de poisson dans une bouillabaisse plus elle est bonne. Parmi les espèces préférées généralement et qui sont pour ainsi dire de rigueur, il faut mettre en première ligne le merlan, le loup, la sole et la carpe. Pour une bouillabaisse de six personnes il faut prendre cinq livres de poisson et deux douzaines de moules, un morceau de zeste d'orange, ognon fendu en quatre, feuille de laurier, ail, persil, clous de girofle, safran, sel, poivre, ajoutez un demi verre de vin blanc par personne, après avoir bien nettoyé, limoné et coupé le poisson par morceaux. Mettez le tout dans une casserole ou dans un poêlon, ce qui est préférable, ajoutez de l'huile d'olive pour recouvrir le tout et mettez sur un feu très-vif pendant trois quarts d'heure. Coupez des tranches de pain, passez-les au beurre, versez tout dessus et servez très-chaud.

Nous pourrions multiplier considérablement les recettes de potages, car on peut en faire à l'infini, mais nous croyons en avoir dit assez pour qu'une cuisinière intelligente sache faire tous ceux qu'on pourrait lui demander.

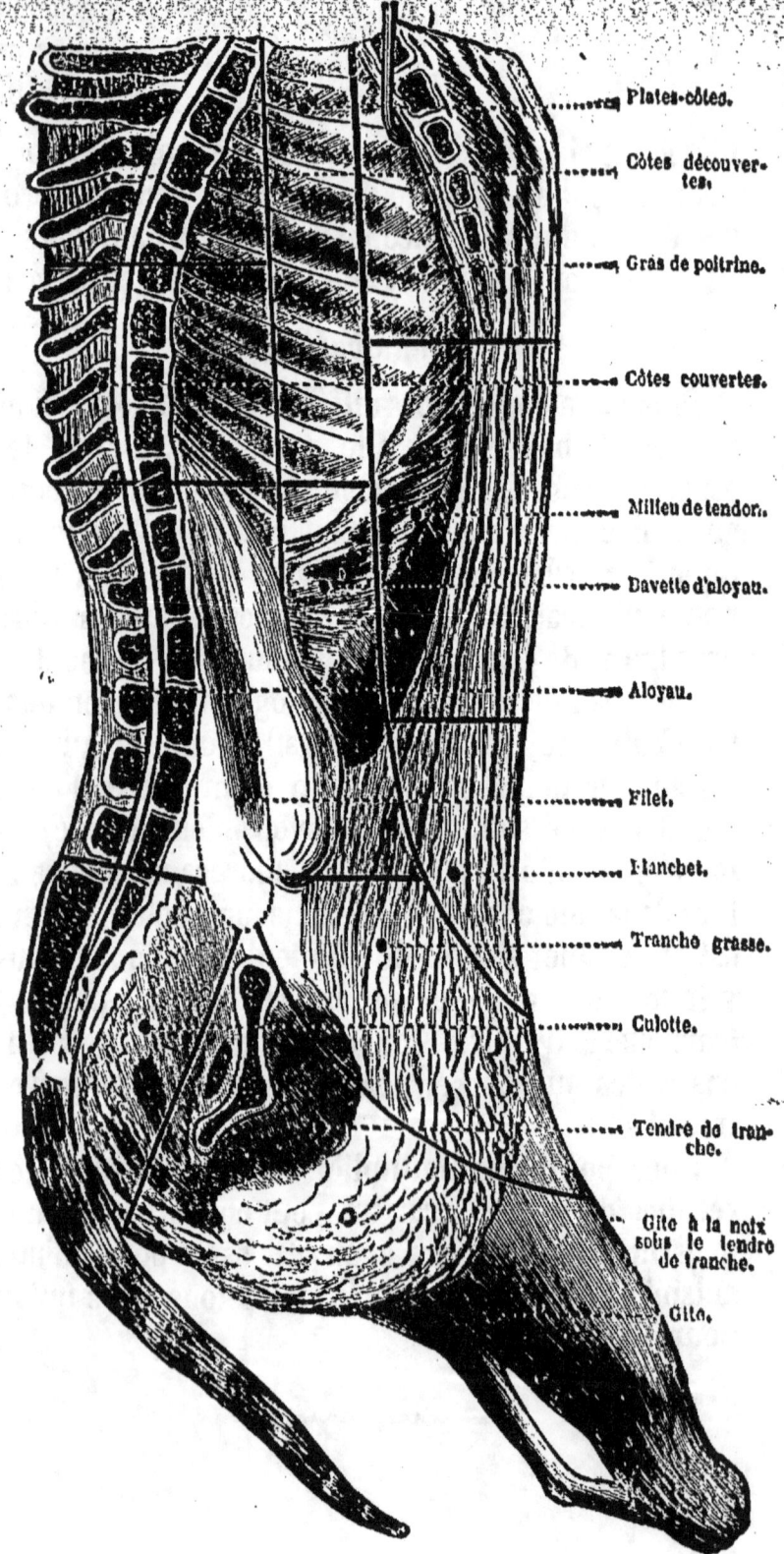

TROISIÈME PARTIE.

GROSSES VIANDES.

BŒUF, VEAU, MOUTON, AGNEAU, COCHON ET SANGLIER.

CHAPITRE PREMIER.

DU BŒUF.

La chair du bœuf doit être fine et d'un rouge cramoisi marbré de veines blanches, la graisse d'un blanc jaunâtre. Les meilleurs viennent du Contentin, de l'Auvergne et de la Normandie ; pour être dans les meilleures conditions, la chair doit provenir d'un individu de quatre à six ans, ni trop gros, ni trop gras, ni trop maigre. La vache a la chair moins rouge que celle du bœuf, et la graisse moins blanche.

Les parties du bœuf que l'on emploie dans la cuisine bourgeoise sont la langue, la cervelle, le palais, les rognons ; la cuisse, qui fournit la culotte, la pièce ronde, le gîte à la noix, et la moelle. Après la cuisse viennent l'aloyau, les charbonnées, les flanchets et les entre-côtes, la poitrine, les tendons de poitrine, les palerons et le gros bout.

La figure ci-jointe fera parfaitement connaître toutes les parties du bœuf, en indiquant leur position.

Bœuf en persillade (entrée).

Coupez votre bœuf bouilli en tranches petites et minces; dressez-les en forme de couronne dans le fond d'une casserole; mettez sel et poivre, mouillez avec une cuillerée de jus et de bouillon, et laissez mijoter une demi-heure; ensuite faites une sauce avec fines herbes, poivre, sel, deux ou trois cuillerées de bouillon et un filet de vinaigre; laissez bouillir cinq minutes, puis renversez votre bœuf sur le plat, la sauce au milieu.

Bœuf bouilli au gratin (entrée).

Prenez un plat qui aille sur le feu, mettez-y un bon morceau de beurre, saupoudrez de chapelure et assaisonnez avec poivre, sel, épices et persil. Posez dessus vos tranches de bœuf que vous recouvrirez également de votre chapelure assaisonnée. Faites gratiner dessus au moyen d'un couvercle de tôle couvert de braise bien chaude.

Bœuf à la poulette (entrée).

Faites revenir une ciboule hachée dans un peu de beurre, ajoutez votre bœuf et mouillez avec du bouillon; mettez sel et poivre. Au moment de servir, liez votre sauce avec des jaunes d'œufs.

Bœuf en miroton (entrée).

Prenez une dizaine d'ognons, coupez-les par tranches; faites-les revenir sur le feu avec un morceau de beurre, jusqu'à ce qu'ils soient presque cuits. Ajoutez une pincée de farine; mouillez avec du bouillon et du vin blanc; ajoutez sel et poivre, et faites bouillir jusqu'à ce que l'ognon soit cuit et la sauce tarie. Mettez votre bœuf bouilli, coupé par petites tranches, sur l'ognon ; faites chauffer, pour qu'il prenne le goût de l'ognon, et servez.

Bœuf en vinaigrette (entrée).

Otez les peaux et tendons de votre bœuf. Coupez-le en tranches minces que vous dresserez dans un saladier. Ornez-le de filets d'anchois ou de filets de harengs saurs de Hollande ; mettez cerfeuil, ciboule, estragon, pimprenelle, hachés ; joignez-y des cornichons coupés, et assaisonnez de poivre, sel, huile et vinaigre, comme une salade.

Bœuf en grillade (entrée).

Faites revenir à la poêle de petits lardons, jusqu'à ce qu'ils aient pris couleur, puis mettez ici des tranches de bœuf bouilli et deux cuillerées de bouillon, laissez chauffer doucement, remuez et retournez de temps en temps ; lorsqu'il est bien chaud et au moment de servir, ajoutez un filet de vinaigre.

Bœuf bouilli et desservi.

On peut se servir pour le bœuf bouilli de toutes sortes de sauces, telles que la sauce tomate, remoulade piquante, etc., etc.

Bœuf bouilli en hachis (entrée).

Épluchez la desserte de bœuf, ôtez avec soin les os, les peaux et les nerfs ; hachez aussi fin que possible, avec deux ognons et une pincée de persil ; pour donner du goût, on ajoute quelquefois un peu de chair à saucisse. Faites fondre dans la casserole un peu de beurre ou de graisse, ajoutez autant de farine que le beurre pourra en boire, laissez cuire en remuant, mouillez avec un peu de bouillon. Cette sauce doit être très-courte et très-épaisse; car le bœuf ne doit pas y tremper, mais seulement en être imbibé. Versez votre hachis dans la casserole, remuez et assaisonnez de sel et poivre, puis beurrez le fond d'un plat qui aille au feu, mettez-y le hachis, égalisez-le avec un couteau, semez dessus un peu de chapelure, parsemez-y quelques petits morceaux de beurre, et recouvrez le plat d'un couvercle garni de cendre rouge, et servez lorsqu'il est bien gratiné.

Boulettes de hachis de bœuf frites (entrée).

Préparez le bœuf en hachis comme ci-dessus, ajoutez-y seulement deux ou trois œufs entiers, afin que le tout soit plus lié. Versez le hachis dans un plat, et lorsqu'il sera un peu refroidi, faites-en des boulettes rondes et longues de 5 à 6 centimètres, roulez-les dans la farine, trempez-les ensuite dans des œufs battus, roulez-les au feu et à mesure dans la chapelure, et posez-les sur une assiette.

Faites chauffer la friture, et lorsqu'elle fume, faites-y glisser vos boulettes; retournez-les de temps en temps avec un écumoir, et retirez-les lorsqu'elles ont pris une belle couleur. Égouttez-les et dressez-les en pyramide sur un plat avec quelques brins de persil frit entre chaque.

Boulettes de hachis de bœuf au four (entrée).

Préparez le hachis et les boulettes comme ci-dessus ; seulement, ne les trempez pas dans les œufs battus, mettez-les, les unes contre les autres, dans un plat allant au feu, saupoudrez de chapelure, mouillez avec un peu de bouillon, mettez une petite noisette de beurre sur chaque boulette, recouvrez d'un couvercle de tôle avec de la cendre rouge pour faire gratiner, et servez dans le plat où elles ont cuit.

Bœuf à la mode (entrée et relevé).

Prenez le meilleur morceau du côté de la cuisse, piquez-le de lard, que vous aurez assaisonné de gros poivre, sel, épices et persil. Le lard doit être piqué en travers. Mettez-le dans une casserole bien juste et fermant hermétiquement, avec ognons, carottes, un bouquet garni, un pied de veau, un bon verre d'eau ; vous laissez tomber à glace, en faisant attention que votre viande ne brûle pas ; vous finirez de la mouiller en ajoutant un demi-verre d'eau-de-vie ou un verre de vin blanc et un peu de sel. Laissez mijoter pendant six heures. Dressez sur un plat quand il est refroidi. Parez votre pièce de carottes en tranches, et de gelée. Il peut être servi chaud arrosé de son jus dégraissé et passé.

Culotte à la braise aux ognons (entrée).

Désossez une belle culotte ; ficelez-la, et faites-la cuire dans une bonne braise faite avec vin blanc, de bon bouillon, tranche de veau, barde de lard, un gros bouquet garni, sel et poivre. Quand elle est cuite à moitié, vous y mettez environ trente ognons. La pièce de bœuf étant entièrement cuite, dégraissez et dressez-la dans un plat, les ognons autour, et servez dessus une bonne sauce de belle couleur.

Culotte de bœuf aux ognons glacés (relevé).

Faites braiser comme ci-dessus; préparez une garniture d'ognons glacés (*voyez* page   ); ajoutez-y la cuisson de votre bœuf, garnissez-le avec les ognons, et couvrez le tout du jus détaché de dessous les ognons.

Culotte de bœuf au four, à la broche, en pâté (entrée).

Désossez une culotte ou simplement un morceau de culotte de bœuf; lardez-le avec du gros lard pétri, comme celui indiqué pour le bœuf à la mode; assaisonnez de sel et de fines épices; mettez-le dans une casserole proportionnée à sa grandeur, avec du vin blanc; couvrez bien avec un couvercle dont vous enduirez les bords avec de la pâte; mettez cuire au four pendant cinq ou six heures, dégraissez et servez avec la sauce.

On prépare de même la culotte qu'on veut mettre soit en pâté, soit à la broche.

Bœuf à l'écarlate (entrée).

Laissez mortifier un morceau de culotte de bœuf autant que possible; désossez-le et lardez de gros lard; frottez-le de sel fin mêlé avec du salpêtre purifié, et, après l'avoir mis dans une terrine de grès, assaisonnez-le de gros poivre, d'épices fines, de genièvre, de persil et de ciboules hachés, d'ail, de girofle et de thym. Ajoutez quelques ognons coupés en tranches ; couvrez le tout d'un linge blanc, puis d'un couvercle convenable. Vous pouvez laisser mariner votre bœuf quinze jours, savoir : les huit premiers jours, sans y toucher, et le reste du temps, en ayant soin de le retourner chaque jour. Faites bouillir ensuite de l'eau avec des carottes, des ognons, un bouquet de persil, des ciboules, et mettez dedans votre pièce de bœuf, enveloppée d'un linge blanc et ficelée. Quand elle sera cuite, faites-la refroidir dans son assaisonnement ; ensuite vous l'en retirerez pour la servir froide avec du persil autour, comme un jambon. Vous pouvez aussi la servir chaude avec des légumes ou de la purée de pois.

Aloyau à la broche (rôt et relevé).

On prend l'aloyau entier ; c'est-à-dire depuis le gros bout du filet mignon jusqu'à la première côte. Parez-le en supprimant la graisse et les peaux ; piquez-le de gros lard ; faites-le mariner pendant 24 heures, ensuite mettez-le cuire à grand feu. Une heure et demie suffit ordinairement. On sert à part une sauce hachée ou toute autre, pourvu qu'elle soit relevée.

Rosbif.

Vous faites mariner un rosbif, vous le mettez à la broche enveloppé d'un papier beurré, vous le glacez au moment de servir, ou vous l'arrosez d'une sauce tomate.

Filet de bœuf aux champignons (entrée).

Trempez des tranches de filet de bœuf dans du

beurre fondu, et faites prendre couleur sur un feu ardent, puis retirez-les. Mettez dans une casserole une cuillerée de farine avec du beurre, faites prendre couleur en tournant, et mouillez avec du bouillon; ajoutez de petits champignons entiers ou de gros champignons coupés; assaisonnez convenablement; remettez vos filets dans la casserole, et lorsqu'ils seront cuits, servez avec un citron.

Filet de bœuf aux croûtons (entrée).

Lorsqu'il vous reste du filet rôti de la veille, coupez-le par tranches que vous faites chauffer, sans les laisser bouillir, dans du bouillon ou mieux du jus. Faites roussir dans du beurre des croûtons de même grandeur que vos tranches, et dressez sur le tour d'un plat un croûton, une tranche de filet, puis un croûton, et ainsi de suite, en alternant jusqu'à ce que le tour du plat soit fait. Ajoutez au milieu un peu de beurre manié de persil, avec du jus de citron.

Filet de bœuf à la chicorée (entrée).

Vos filets étant préparés comme ci-dessus, dressez-les sur la de chicorée au gras. — On peut également servir ces filets de bœuf sur une sauce tomate au lieu de chicorée.

Filet de bœuf à la broche (rôt et relevé).

Enlevez la peau nerveuse, la graisse, et parez proprement votre filet, dont vous couperez la pointe; piquez-le de lard en dessus, aux deux extrémités, et laissez le milieu sans être piqué, car il y a des personnes qui n'aiment pas le lard. Faites-le mariner pendant plusieurs jours avec vinaigre, ognons, persil, jus de citron, thym, laurier, clous de girofle, sel et poivre. Vous le faites cuire à la broche, d'une belle couleur, en l'arrosant avec une portion de la marinade. Vous servez dans une saucière une sauce hachée, ou bien vous en faites une avec le jus de votre filet, des échalotes hachées, sel et poivre.

Beaucoup de personnes préfèrent le *filet de bœuf au naturel* au filet de bœuf mariné. Il se prépare de la même manière, sauf la marinade. Il doit, en tous cas, être cuit de façon qu'il y ait des tranches d'une cuisson peu avancée, ce sont les plus tendres.

Filet de bœuf aux légumes (entrée).

Préparez votre filet comme ci-dessus et mettez-le cuire dans une casserole avec quelques carottes et ognons, bardes de lard, bouquet de persil, vin blanc, bouillon et un peu de sel ; faites-le partir sur un bon feu ; couvrez votre casserole, chargez-la de charbons ardents, en diminuant le feu de dessous. Lorsque votre viande sera cuite, passez le fond, prenez-en une partie que vous ferez réduire, après y avoir mêlé un peu de farine et de bouillon, mettez dedans vos légumes, qui doivent avoir été cuits séparément.

Ce filet peut aussi se servir avec une sauce tomate, et sur un lit de chicorée.

Filet de bœuf jardinière (entrée).

On peut, en préparant le filet comme ci-dessus, en faire un plat de luxe ; on prend alors un très-fort morceau dont on garnit le pied de différents légumes, tels que choux-fleurs, asperges, carottes,

truffes, et on peut surmonter le tout de crêtes de coq et truffes enfilées dans un hâtelet, comme ceux dont nous avons donné le dessin page 22.

Filet de bœuf à la napolitaine.

Vous piquez un morceau de filet de bœuf, vous le faites cuire à la braise. Dans une autre casserole, vous mettez du jus, de la confiture de groseilles, ou d'autres, selon le goût, et des grains de raisin mûr. Vous faites réduire et passer à l'étamine. Vous versez cette sauce sur votre filet, vous saupoudrez de raifort râpé très-fin, et vous servez chaud.

Sautés de filet de bœuf (entrée).

Faites fondre du beurre dans une poêle et mettez-y votre filet coupé en tranches épaisses d'un centimètre et assaisonnées. Laissez votre poêle sur le feu jusqu'à ce que le beurre crie; jetez-y une cuillerée à bouche de farine; remuez et ajoutez plus ou moins de bouillon, suivant que votre sauce est plus ou moins épaisse.

Châteaubriant (entrée).

Donnez à un bifteck le triple de l'épaisseur ordinaire, environ 6 centimètres, faites-le griller avec soin sur un feu doux et continuel; changez le côté plusieurs fois, pour avoir une cuisson égale. Son grand mérite est lorsqu'il garde toute sa tendreté à l'intérieur.

Biftecks de filet de bœuf (entrée).

Coupez votre filet de bœuf en tranches d'un doigt d'épaisseur; battez pour les aplatir; parez-les, coupez les tours, ôtez les peaux, assaisonnez de sel et de gros poivre; faites-les cuire sur le gril à grand feu. Pendant ce temps, mettez dans un plat un morceau de beurre proportionné à la quantité de biftecks que vous aurez préparés; assaisonnez de sel, poivre, avec un peu de persil haché très-fin et un jus de citron; dressez vos biftecks dessus. Il faut éviter de les laisser trop cuire, et servez chaud.

Biftecks aux pommes de terre (entrée).

Ils se préparent comme les précédents, seulement on y ajoute des pommes de terre frites. — *Au cresson*, on y joint du cresson assaisonné de vinaigre et de sel. — *Au beurre d'anchois*, on y ajoute un beurre d'anchois.

Observation. On fait bien cuire les bifteks à la poêle, avec gros comme une noisette de beurre. Qu'on les fasse cuire sur le gril ou à la poêle, on est sûr qu'ils sont à point, lorsque après les avoir retournés pour faire griller le second côté, on voit le jus sortir en gouttelettes par-dessus. Il faut alors s'empresser de les retirer.

Entre-côte sur le gril (entrée).

Aplatissez avec un couperet la côte du bœuf qui se trouve sous le paleron; battez-la plusieurs fois pour qu'elle soit tendre, et en prenant garde de la déchirer. Assaisonnez de sel et poivre; faites cuire sur le gril, à petit feu, pendant une demi-heure ou trois-quarts d'heure, suivant l'épaisseur de la côte; ensuite vous la poserez sur un plat, et verserez dessus une sauce piquante ou du jus avec des cornichons.

Vous pouvez aussi la servir avec une sauce à la maître d'hôtel et des pommes de terre frites.

Manière de faire réchauffer les rôtis.

Enveloppez votre restant de rôti avec des feuilles de papier beurré; mettez-le au four ou à la broche, avec une chaleur douce pour qu'elle ait le temps de pénétrer; augmentez graduellement, et lorsque vous serez assuré que le morceau est atteint, développez-le, glacez avec du jus et servez.

Entre-côte au jus (entrée).

Mettez votre entre-côte désossée dans une casserole où vous aurez fait fondre un morceau de beurre.

Lorsqu'elle aura pris une belle couleur, ajoutez quelques cuillerées de bouillon, un bouquet garni, poivre, sel, et achevez la cuisson à petit feu.

Entre-côte aux champignons (entrée).

Faites fondre un morceau de beurre dans une casserole, mettez-y une entre-côte désossée. Lorsqu'elle aura pris couleur, retirez-la et mettez dans la casserole une bonne cuillerée à bouche de farine, laissez-la roussir, mouillez avec du bouillon, remettez l'entre-côte et ajoutez des champignons; laissez cuire une heure et demie ou deux heures à petit feu.

Entre-côte aux olives (entrée).

Elle se prépare comme la précédente, mais on remplace les champignons par des olives qu'on met au moment de servir.

Charbonnée de bœuf en papillotes (entrée).

Prenez une charbonnée ou côte de bœuf, prenez-la et mettez-la cuire à petit feu, avec un demi-litre de bouillon ou d'eau, du poivre et du sel. Quand elle sera cuite, faites réduire la sauce afin qu'elle s'attache toute après la côte. Ensuite vous mettrez celle-ci mariner avec de l'huile ou du beurre fondu, persil, ciboules, échalotes, champignons, le tout haché très-fin. Mettez la côte dans une feuille de papier blanc avec toute la marinade, pliez le papier comme une papillote, graissez-la en dessous et mettez-la sur le gril; faites griller à petit feu des deux côtés. Servez avec le papier.

9.

Langue de bœuf en paupiettes (entrée).

Otez le cornet à une langue de bœuf; faites-la blanchir à l'eau bouillante un quart-d'heure; mettez-la ensuite cuire dans la marmite où se fait le pot au feu, jusqu'à ce que la peau puisse s'enlever facilement. Mettez refroidir, puis coupez-la en tranches minces dans toute sa longueur et sa largeur; couvrez chaque morceau avec de la farce de godiveau, ou autre farce de viande, de l'épaisseur d'une pièce de 5 francs; passez un couteau trempé dans de l'œuf battu sur la farce pour l'unir et la consolider; roulez ensuite vos tranches, et embrochez-les dans un hâtelet, après avoir mis à chacune une petite barde de lard; faites-les cuire à la broche. Quand elles seront presque cuites, jetez de la mie de pain sur les bardes; faites-leur prendre, à feu clair, une couleur dorée, et servez avec une sauce piquante.

Langue à l'écarlate (entrée).

Lorsque la langue est préparée comme la précédente, mettez-la dans un vase de terre qui ferme bien, après l'avoir frottée de poivre et de salpêtre raffiné, et avoir mis dans le fond du vase un lit de sel blanc dans lequel on la roule pour qu'elle prenne le sel partout. Ajoutez encore quelques clous de girofle, peu de thym et de laurier. Au bout de vingt-quatre heures, roulez de nouveau la langue dans du sel et frottez-la bien. Vous continuerez ainsi à en remettre tous les jours dessus et dessous jusqu'à ce que la langue baigne dans le sel fondu. Vous la laissez douze à quinze jours dans cette espèce de saumure. Au bout de ce temps, on la fait cuire, ou bien on la met sécher et fumer dans la cheminée, après l'avoir enfermée dans un boyau de bœuf bien propre, dont on ferme les deux bouts.

Pour la faire cuire, mettez-la dans une marmite pleine d'eau, avec quelques ognons et deux clous de girofle, très-peu de thym et de laurier, mais point de sel ni de poivre. Laissez cuire doucement pendant six ou sept heures. Laissez refroidir dans la cuisson, ensuite faites-la égoutter. Cette langue se sert comme hors-d'œuvre froid.

Langue de bœuf au gratin (entrée).

Préparez la langue comme ci-dessus. Hachez, persil, ciboule, estragon, trois échalotes, câpres ou cornichons; prenez gros comme un œuf de mie de pain, que vous mêlez avec la moitié de son volume de beurre et une partie de ce que vous avez haché. Vous mettez le tout ensemble dans le fond d'un plat allant au feu : coupez la langue par tranches; arrangez la moitié de ces tranches sur la couche de hachis que vous avez mis dans votre plat; assaisonnez ces tranches de sel, gros poivre et du restant de vos petites herbes. Faites une seconde couche des tranches de la langue, sel et gros poivre; panez ensuite, mouillez avec trois ou quatre cuillerées de bouillon et un demi-verre de vin, et faites bouillir jusqu'à ce qu'il se forme du gratin. Si la sauce est trop courte, ajoutez un peu de bon bouillon avant de servir.

Autre langue au gratin (entrée).

Préparez la langue comme ci-dessus ; prenez de

la farce à quenelles, faites-en un turban sur lequel vous rangez les tranches de langue, saupoudrez de mie de pain ; faites gratiner en arrosant avec du beurre, et au moment de servir, ajoutez du jus, et servez bouillant.

Langue de bœuf aux cornichons (entrée).

Faites dégorger la langue, puis faites-la blanchir pendant une demi-heure. Lorsqu'elle sera refroidie, piquez-la avec du lard assaisonné de sel, gros poivre, épice, persil et ciboules hachés. Faites-la cuire ensuite dans une casserole, avec assaisonnement de fines herbes, bardes de lard, tranches de veau et de bœuf, carottes, ognons, épices diverses ; mouillez avec du bouillon, et laissez cuire à petit feu pendant quatre heures. Au moment de servir, parez votre langue, ôtez-en la peau, passez votre sauce au tamis, ajoutez-y un roux blond de beurre avec plus ou moins de farine, remettez-y la langue, goûtez la sauce pour juger si l'assaisonnement est suffisant, et au moment de servir, mettez des cornichons coupés en tranches.

Langue de bœuf rôtie (entrée).

Vous la préparez d'abord comme la précédente, mais vous ne la laisserez cuire que trois heures, dans un peu de bouillon avec des morceaux de lard, un bouquet garni, des ognons et des clous de girofle. Retirez-la et piquez-la de lard lorsqu'elle sera refroidie, puis faites-la cuire une heure à la broche. Servez avec une sauce piquante, une sauce tomate, une sauce aux câpres, ou avec la sauce indiquée ci-dessus.

Langue de bœuf en papillotes (entrée).

La langue étant cuite comme il est dit ci-dessus, coupez-la par tranches en long, en forme de côtelettes. Arrangez-les sur un plat et versez dessus une sauce hachée ; mettez une barde de lard dessus et dessous chaque morceau de langue, enveloppez-le ainsi dans un carré de papier huilé dont vous plissez tout autour les bords le plus serré possible, afin que la sauce dont vous l'arrosez ne s'en aille pas sur le gril. Il faut un feu doux pour griller ces papillotes. Vous les dresserez autour du plat avec un citron.

Langue de bœuf aux champignons (entrée).

La langue étant préparée comme ci-dessus, vous tournez des champignons et les faites sauter dans le beurre avec un jus de citron. Faites un roux, dont vous mettrez deux ou trois cuillerées et six cuillerées de bouillon ; faites réduire cette sauce, dégraissez-la et la versez sur la langue fendue en deux.

Palais de bœuf à la ménagère (entrée).

Il faut d'abord bien le nettoyer ; on le passe à l'eau bouillante, afin d'enlever facilement la peau et les parties noires, lavez ensuite à plusieurs eaux ; coupez-le par morceaux carrés de la largeur de deux doigts ; mettez-les dans une casserole avec des bardes de lard, poivre, sel, ognons, thym, laurier ; faites cuire lentement pendant six ou sept heures, faites égoutter, dressez en couronne sur un plat et versez dans le milieu une sauce piquante ou toute autre sauce.

Palais de bœuf à la lyonnaise (entrée).

Faites cuire vos palais de bœuf dans du bouillon, coupez-les en morceaux de la forme que vous voudrez. Faites une purée d'ognons brune, dans laquelle vous les mettrez; faites chauffer le tout ensemble, mais sans le faire bouillir.

Palais de bœuf en allumettes (entrée).

Coupez vos palais en filets de la grosseur des allumettes; laissez-les mariner deux heures dans une marinade (Voyez page   ), tenue pendant ce temps sur le feu sans bouillir, laissez égoutter vos filets, trempez-les dans une pâte à friture : faites frire dans le saindoux et servez chaud. Il faut qu'ils soient bien blonds et garnis tout autour de persil frit.

On peut simplifier cette recette, en faisant mariner simplement les allumettes dans une marinade froide. On les fait frire ensuite.

Palais de bœuf au beurre d'anchois (entrée).

Vos palais cuits dans le bouillon, vous les égouttez et les coupez en morceaux de moyenne grandeur; faites un roux, mettez-y vos palais, que vous ferez sauter, et ajoutez du beurre d'anchois gros comme la moitié d'un œuf. Ne laissez pas bouillir et servez chaud.

Croquettes de palais de bœuf (entrée).

Prenez deux palais de bœuf cuits à l'eau après les

avoir épluchés, comme il est dit ci-dessus, coupez-les en tranches minces ; faites-les mijoter sur un petit feu dans du bouillon avec une gousse d'ail, deux clous de girofle, sel, poivre, thym et laurier. Mettez-les égoutter ; couvrez ensuite chaque morceau d'une farce de viande bien assaisonnée, de l'épaisseur d'une pièce de cinq francs ; roulez les tranches et trempez-les dans une pâte ; faites frire et servez vos croquettes bien chaudes et garnies de persil également frit.

Cervelle de bœuf.

Voyez cervelle de veau.

Rognon de bœuf à la bourgeoise (entrée).

Coupez votre rognon en filets minces, passez-le sur le feu avec un morceau de beurre, sel, poivre, ciboule, une pointe d'ail, le tout haché très-fin ; quand votre rognon est cuit, on y met un filet de vinaigre ou le jus d'un demi-citron et un peu de coulis, ou, à défaut, du bouillon qu'on a fait réduire, ayant soin de ne plus laisser bouillir, de crainte que le rognon ne se racornisse.

Rognon de bœuf sauté (entrée).

Émincez un rognon de bœuf en petites tranches ; mettez-les dans une poêle avec un morceau de beurre, persil haché, échalotes, champignons, sel, poivre et muscade. Faites sauter vos rognons à grand feu, afin qu'ils ne perdent pas leur jus ; liez avec une pincée de farine, et mouillez avec un demi-verre de vin blanc et deux cuillerées de bouillon ; retirez-les du feu sans les laisser bouillir; liez avec un morceau de beurre fin, mettez du jus de citron et servez chaud.

Rognon de bœuf sauté au vin (entrée).

Émincez votre rognon, passez les émincés au beurre dans une sautoire; quand ils sont revenus, saupoudrez-les de farine, mettez ensuite des fines herbes hachées, mouillez avec un demi-verre de vin blanc et autant d'eau, ou du bouillon et un jus de citron, sel, poivre, et un peu de muscade râpée, faites bouillir deux ou trois minutes et servez.

Cœur de bœuf à la poivrade (entrée).

Coupez un cœur de bœuf par tranches et faites-le mariner (Voyez page   ), durant plusieurs jours; faites-le griller et servez sur une sauce poivrade.

Foie de bœuf sur le gril (entrée).

Coupez-le par tranches minces, mettez-les sur le gril, saupoudrez de sel et poivre, retournez; laissez peu cuire et dressez dans un plat en mettant deux couches de tranches l'une sur l'autre, et du beurre manié de persil entre.

Côte de bœuf braisée (entrée).

Aplatissez et lardez une côte de bœuf que vous faites cuire dans une braise ou daube. Passez la sauce et servez avec sa garniture.

On peut également dresser la côte sur une macédoine de légumes ou sur un ragoût de choux, accommodé avec la sauce de la braise.

On prépare et on dresse de la même manière l'EN-
TRE-CÔTE BRAISÉE.

Côte de bœuf à la bonne femme (entrée).

Parez votre côte et piquez-la de gros lardons bien épicés; mettez cent vingt-cinq grammes de beurre dans une casserole, faites-le fondre et mettez-y votre côte assaisonnée de sel et de gros poivre. Votre casserole doit être posée sur un feu un peu ardent; retournez votre côte deux ou trois fois; quand elle sera bien chaude, vous la poserez sur un feu doux, et vous mettrez aussi du feu sur le couvercle. Au bout d'une heure et demie, elle sera cuite. Vous servirez le fond pour sauce

Bœuf au four.

Prenez de la tranche de bœuf, hachez-la avec moitié moins de graisse de bœuf; mettez la viande dans une casserole avec du lard maigre coupé en petits dés, persil, ciboule, champignons, deux échalotes, le tout haché très-fin, du poivre et du sel, un décilitre d'eau-de-vie, quatre jaunes d'œufs; mêlez bien le tout ensemble. Foncez une casserole avec des bardes de lard, mettez-y la viande en la serrant bien, couvrez avec un couvercle et bouchez les bords avec de la pâte. Mettez cuire au four pendant trois ou quatre heures. Otez les bardes de lard, et dégraissez la sauce. Cette préparation peut se servir froide comme entre-mets.

Bœuf fumé de Hambourg (entrée et relevé).

Mettez dix kilogrammes de bœuf dans un petit baril; prenez 3 kilogrammes et demi de sel, 4 hectogrammes de salpêtre, clous de girofle, laurier et thym; faites bouillir dix minutes dans une quantité d'eau suffisante pour remplir le baril, moins la place qu'occupe la viande. Passez votre saumure; lorsqu'elle sera froide versez-la sur la viande, et fermez bien votre baril. On peut employer cette préparation au bout de quinze jours. Lorsqu'on veut fumer sa viande il faut la laisser le double de temps; alors on l'égoutte bien et on la pend dans la cheminée.

Le bœuf fumé de Hambourg se fait cuire comme un jambon, il s'emploie de la même manière.

Queue de bœuf à la purée de légumes (entrée).

Après l'avoir fait dégorger à l'eau tiède, garnissez une casserole de bardes de lard, carottes, navets, céleri, ognons, sel, poivre et épices, puis faites-y cuire la queue pendant cinq heures, passez ensuite au tamis la sauce dans laquelle elle a cuit, ajoutez-y un roux blond, fait de beurre et d'un peu de farine, puis dressez la queue sur une purée épaisse de légumes à votre choix, et arrosez avec la sauce qui ne doit pas être trop claire.

Queue de bœuf en hochepot (entrée).

Coupez votre queue par morceaux; faites-la blanchir et cuire avec de bon bouillon, un bouquet garni et un peu de sel, pendant cinq heures. A moitié de la cuisson, mettez ognons, carottes, panais, navets et chou, le tout blanchi et coupé proprement; quand le tout est cuit, dégraissez-le soigneusement et arrangez les légumes avec la viande dans un plat creux. Dégraissez aussi la sauce dans laquelle a cuit la viande, passez-la au tamis, ajoutez-y du coulis, faites réduire, et servez sous la viande. On peut remplacer le coulis par un roux.

Queue de bœuf à la Sainte-Ménehould (entrée).

On la fait cuire entière dans de bon bouillon; trempez-la ensuite deux fois dans du beurre fondu, panez et faites griller d'une belle couleur. Pour sauce, on se sert du bouillon de la cuisson, qu'on fait réduire et qu'on passe au tamis.

Gras-double à la provençale (entrée).

On achète ordinairement le gras-double nettoyé et tout cuit chez les tripiers. On n'a plus qu'à le préparer d'une manière quelconque. Si on ne peut se le procurer ainsi, il faut le nettoyer, le gratter, le laver à plusieurs eaux et le faire cuire à l'eau.

Dans l'un ou l'autre cas, mettez dans une casserole du lard râpé, des carottes, des ognons, laurier, thym, persil, ail, girofle, piment, sel et gros poivre; ajoutez-y votre gras-double coupé par morceaux, mouillez avec du bouillon ou du consommé, si vous en avez. Tout cela doit bouillir lentement pendant six heures; laissez refroidir, coupez des ognons en filets, faites-les frire dans l'huile avec du persil haché, et mettez votre gras-double avec, en y joignant des croûtes de pain trempées dans de l'huile, salées, poivrées et grillées.

Autre gras-double à la provençale.

Faites cuire le gras-double bien nettoyé et coupé

en morceaux dans du bouillon, un verre de vin blanc, une moitié de citron coupé en tranches, sel, poivre, un bouquet garni, deux gousses d'ail et deux ognons piqués de clous de girofle. Quand il est cuit, prenez un plat large, peu creux, allant au feu; beurrez-en le fond, versez, en outre, une cuillerée d'huile, couvrez de mie de pain et de persil avec une gousse d'ail hachés très-fin. Rangez ensuite un lit de gras-double, couvrez également de mie de pain et de persil, puis rangez un second lit de gras double recouvert de même, arrosez d'une cuillerée d'huile. Couvrez d'un couvercle à rebord. Mettez le plat sur un feu vif, et chargez le couvercle de charbons ardents; faites bouillir une demi-heure pour gratiner dessous et dessus, enlevez le couvercle, et servez dans le plat, avec un citron.

Gras-double à la lyonnaise (entrée).

Faites cuire votre gras-double à l'eau ou procurez-vous-en de tout cuit; coupez des ognons en tranches et faites-les frire dans une casserole avec sel et gros poivre; mettez-y ensuite le gras-double coupé en petits morceaux, faites-le revenir jusqu'à ce qu'il ait pris une belle couleur, et servez avec un citron.

On fait très-bien ce mets à la poêle en y faisant frire à la fois dans du beurre les ognons et le gras-double cuit et coupé par petits dés.

Gras-double à la poulette (entrée).

Le gras-double étant cuit comme ci-dessus, coupez-le en petits morceaux; mettez-le dans une casserole avec du beurre, des champignons, persil haché, sel, poivre et muscade; faites bouillir le tout, puis liez-le avec des jaunes d'œufs; ajoutez-y le jus d'un citron.

Gras-double grillé (entrée).

Votre gras-double étant cuit, coupez-le en languettes de 8 centimètres de longueur sur 4 de largeur, trempez-les dans du beurre fondu, assaisonnez de poivre, sel, panez, faites griller et servez avec telle sauce qu'il vous plaira.

Gras-double à la mode de Caen (entrée).

Nettoyez à plusieurs eaux votre gras-double, faites-le blanchir à l'eau bouillante et laissez-le dégorger à l'eau froide durant vingt-quatre heures au moins.

Foncez une braisière de lard, ognons, carottes, clous de girofle, poivre, gousses d'ail, thym, laurier, persil, sel, muscade râpée, et mettez-y les tripes bien égouttées, avec un morceau de jarret de jambon au milieu. Versez dans la braisière deux tiers de vin blanc et un tiers d'eau, en sorte que le gras-double en soit recouvert; fermez avec un couvercle dont vous enduirez les bords de pâte. Mettez ensuite votre braisière au four pendant six heures. Ce mets doit se servir très-chaud, dans la sauce de la cuisson.

On accommode la *tétine de vache* de la même manière.

CHAPITRE II.

DU VEAU.

Le veau doit être tué à l'âge de six semaines, plus jeune, sa chair est flasque, fade et sans goût; à cet âge il a acquis le degré de force convenable.

On distingue dans le veau, le *cuisseau*, la *noix*, le *filet*, le *rognon*, les *côtelettes couvertes* et *découvertes* et enfin le *collier*. Les morceaux les plus estimés sont le *rognon*, le *filet* et la *longe;* la noix et les côtelettes viennent ensuite. La figure ci-jointe indique la place de ces différents morceaux.

Tête de veau au naturel (relevé et entrée).

Faites-la dégorger une nuit entière dans de l'eau; ensuite faites-la blanchir dans un chaudron plein d'eau bouillante; retirez quand elle a bien écumé et mettez-la à l'eau froide. Égouttez-la sur un linge. Otez les deux côtés de la mâchoire inférieure; désossez le mufle jusqu'aux yeux, en prenant garde d'endommager la peau; coupez le museau, sans blesser la langue, que vous dépouillez de sa peau dure; frottez la tête avec du jus de citron, enveloppez-la d'un linge blanc, et faites-la cuire dans de l'eau blanchie par deux ou trois cuillerées de farine, avec sel, poivre, un demi-verre de vinaigre et un bouquet garni; faites bouillir à petit feu durant quatre heures. Veillez à ce qu'elle trempe bien dans l'eau. Au bout de ce temps, retirez-la, fendez avec

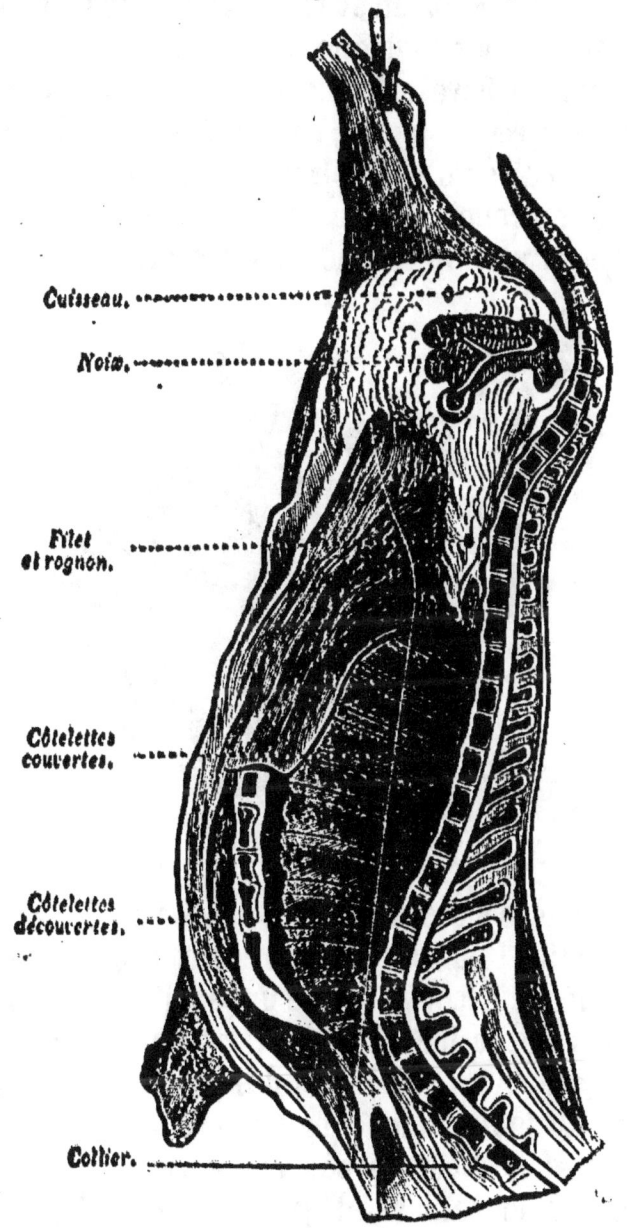

soin la peau, ôtez les deux os du crâne, en sorte que la cervelle soit découverte, recouvrez-la avec la peau, et servez chaud avec une sauce piquante, une poivrade ou une ravigotte, dans une saucière.

Avant de faire cuire la tête de veau, on commence par retirer les os ; cette opération se fait de la manière suivante : On place la tête, le front sur la table et on coupe la peau au milieu, de haut en bas, jusques et y compris la lèvre inférieure.

On soulève alors de la main gauche un des bords de la section ; puis on glisse le couteau sous la peau, de manière à découvrir toute une moitié de la partie inférieure de la tête ; l'os de la mâchoire inférieure étant à découvert, on l'isole des chairs, en passant le couteau tout autour et on l'enlève.

On en fait autant du côté opposé.

On commence alors à dégager également les os du nez, en glissant le couteau sous ces os, à partir du coin de la bouche jusqu'à l'endroit indiqué en A et sur toute la surface. On retourne alors la tête, on retrousse toute la partie charnue par-dessus les yeux, puis l'on tranche carrément toute la partie osseuse qui dépasse.

Tête de veau farcie (entrée).

Votre tête de veau étant bien blanchie et bien échaudée, enlevez la peau de dessus la tête, et prenez garde de la couper ; vous désosserez ensuite la tête pour en prendre la cervelle, la langue, les yeux et les bajoues. Faites une farce avec la cervelle, de la rouelle de veau, de la graisse de bœuf, le tout haché très-fin ; assaisonnez avec du sel, gros poivre, persil et ciboule hachés, une demi-feuille de laurier, thym, basilic, hachés comme en poudre ; mettez-y deux cuillerées à bouche d'eau-de-vie, liez cette farce avec trois jaunes d'œufs, et les trois blancs fouettés ; prenez la langue, les yeux, dont vous ôterez tout le noir, les bajoues ; épluchez le tout proprement après l'avoir fait blanchir à l'eau bouillante. Coupez-les en filets ou en gros dés, et les mettez dans votre farce ; mettez la peau de la tête de veau, sans être blanchie, dans une casserole, les oreilles en dessous, et remplissez-la avec votre farce ; ensuite vous la cousez en la plissant comme une bourse ; ficelez-la tout autour, en lui redonnant, autant que possible, sa forme naturelle ; mettez-la cuire dans un vaisseau juste à sa grandeur, avec un quart de litre de vin blanc, deux fois autant de bouillon, un bouquet de persil, ciboule, une gousse d'ail, deux racines, ognons, sel, poivre ; faites-la cuire à petit feu pendant trois heures. Lorsqu'elle est cuite, mettez-la égoutter de sa graisse, et essuyez-la bien avec un linge après avoir ôté la ficelle; passez une partie de la cuisson au tamis, ajoutez-y un peu de coulis, un filet de vinaigre, faites réduire sur le feu au point d'une sauce, et servez sur la tête de veau.

Si vous voulez employer cette tête de veau froide, vous mettrez un peu plus de vin et moins de bouillon. Laissez-la refroidir dans sa cuisson, et servez sur une serviette.

Tête de veau en tortue (entrée).

La tête de veau étant cuite comme pour le naturel, préparez un blanc, en mettant dans une grande casserole 125 grammes de beurre, un demi-kilogramme de lard, trois cuillerées de farine, sel, poivre, mouillez avec de l'eau et une bouteille de bon vin blanc. Ajoutez-y un bouquet garni et deux ognons, dont un piqué de clous de girofle. Préparez les garnitures qui doivent nécessairement accompagner une tête de veau en tortue, telles que quenelles de veau, crêtes et rognons de coq, morceaux de langue et de cervelle de veau, petites noix de veau, riz de veau en morceaux, champignons tournés, etc. Mettez ces garnitures dans la sauce, et lorsque le tout est cuit, retirez le bouquet garni et les deux ognons, mettez-y la tête de veau entière, et faites-lui jeter deux ou trois bouillons. Dressez-la alors sur un plat proportionné et versez votre sauce et vos garnitures dessus en y joignant encore des cornichons tournés, des graines de capucine confites au vinaigre, et surtout des écrevisses. Le tour du plat peut être orné de petits gâteaux en losange feuilletés ou de croûtons frits. Une demi-tête de veau fait un beau plat. On la prépare de la même manière, seulement on la coupe en morceaux qu'on dresse en pyramide au milieu du plat, l'oreille au sommet, et sur lesquels on verse les garnitures qu'on peut varier à l'infini. Ce mets doit être servi très-chaud, et la sauce assez fortement assaisonnée.

Tête de veau frite (entrée).

Vous coupez les restes d'une tête de veau en morceaux moyens, vous les faites mariner (Voyez p.   ), les mettez dans une pâte à frire, après les avoir fait égoutter. Vous faites frire, et servez en les couronnant de persil également frit.

Tête de veau à la poulette (entrée).

Passez des fines herbes dans du beurre avec un peu de farine, vous mouillerez avec du bouillon, très-peu de sel, du gros poivre. Vous ferez bouillir votre sauce un quart d'heure ; vous mettrez vos morceaux de tête dedans ; vous les ferez mijoter un instant, afin qu'ils soient chauds ; au moment de servir, vous ferez une liaison de deux ou trois œufs, suivant que votre plat sera fort, vous ne laisserez pas bouillir, et vous joindrez le jus d'un citron ou un filet de vinaigre.

Langue de veau.

La langue de veau s'accommode de la même manière que la langue de bœuf, seulement elle est plus délicate.

Cervelles de veau.

Tout ce que nous dirons des différentes manières d'accommoder la cervelle de veau peut s'appliquer à la cervelle de bœuf aussi bien qu'aux amourettes ou moelle allongée tant du bœuf que du veau. La cervelle de veau est plus estimée et plus délicate que celle du bœuf. Il faut faire dégorger les cervelles dans de l'eau froide; ensuite on les fait blanchir et on achève d'ôter la peau mince, les vaisseaux sanguins et les caillots de sang qu'on n'a pu ôter d'abord. La cervelle de bœuf demande surtout à être nettoyée avec soin. Dans toutes les préparations suivantes, nous supposons les cervelles nettoyées et blanchies, comme nous venons de l'indiquer.

Cervelles de veau à la poulette (entrée).

Prenez quatre cervelles, faites fondre du beurre, dans lequel vous délaierez une cuillerée de farine; mettez-y de suite une cuillerée à potage de bouillon ou la même quantité d'eau et de vin blanc coupés par moitié; joignez-y champignons et petits ognons, que vous laisserez cuire une heure; mettez-y sel, poivre et muscade, puis vos cervelles, qui seront cuites au bout de dix minutes; faites une liaison de jaunes d'œufs, relevez avec un jus de citron, et servez très-chaud.

Cervelles de veau à la maître-d'hôtel (entrée).

Faites cuire vos cervelles une demi-heure dans un blanc. Lorsqu'elles seront cuites, égouttez-les et dressez-les sur votre plat. Mettez du beurre fin dans une casserole; ajoutez-y les trois quarts d'une cuillerée à bouche de farine; pétrissez le tout ensemble avec une cuillère de bois; mettez-y sel, poivre, un filet de vinaigre et un peu d'eau; posez votre casserole sur le feu; tournez votre sauce, et liez-la assez pour masquer vos cervelles. On remplace avantageusement le vinaigre par le jus d'un citron.

Cervelles de veau en mayonnaise (entrée).

Mettez vos cervelles dans une casserole avec des bardes de lard, un bouquet garni, quelques tranches de citron dont vous aurez retiré le zeste, un ognon, deux clous de girofle et un peu de bouillon. Vous laissez mijoter vos cervelles pendant une heure. Lorsqu'elles sont refroidies, dressez-les sur une salade de laitue assaisonnée avec quelques quartiers d'œufs durs, puis versez dessus une mayonnaise.

Cervelles de veau frites (entrée).

Vos cervelles étant cuites, coupez-les en six morceaux, que vous mettrez dans un vase avec du sel fin, un peu de poivre et du vinaigre. Au moment de servir, égouttez-les, passez-les dans la pâte à frire, et mettez-les dans la friture, qui ne doit pas être trop chaude. Servez avec du persil frit autour.

Cervelles de veau au beurre noir (entrée).

Faites bouillir de l'eau, où vous mettrez un demi-verre de vinaigre, du sel, du poivre, un bouquet garni et deux ognons; laissez cuire les cervelles pendant une demi-heure au plus dans cette marinade, et au moment de servir, versez sur vos cervelles du beurre noir et du persil frit autour.

Cervelles de veau en matelote (entrée).

Mettez-les cuire avec du bouillon, vin blanc, sel, poivre, bouquet garni et champignons; faites revenir des petits ognons dans du beurre, et ajoutez-y de la farine pour faire un roux; mettez ces ognons et ce roux avec vos cervelles; achevez de cuire durant dix minutes, et servez.

Cervelles de veau à la sauce piquante (entrée).

On les prépare comme les cervelles au beurre noir; on les fait cuire de même, on les égoutte, on les dresse sur un plat, et on verse dessus une sauce piquante.

Amourettes de veau (entrée).

Les amourettes forment la moelle épinière du veau ou du bœuf. On les prépare de la même manière que les cervelles; mais il faut avoir grand soin d'ôter la membrane qui leur sert d'enveloppe.

Oreilles de veau au naturel (entrée).

Prenez quelques oreilles de veau, que vous ferez cuire de la même manière que la tête de veau. Ciselez en frange les bords des oreilles, et rangez-les autour du plat; mettez au milieu une sauce hachée, une sauce piquante, une sauce à la ravigotte, ou toute autre sauce convenable.

On les sert aussi sans sauce, avec de l'huile et du vinaigre.

Oreilles de veau, frites (entrée).

Après les avoir fait cuire comme ci-dessus, coupez-les en deux dans leur longueur, trempez-les dans du jaune d'œuf battu avec de l'huile fine ; roulez-les dans de la mie de pain ou panez-les, et faites frire. Joignez-y du persil frit, et dressez en buisson. On peut encore les accompagner d'une sauce tomate.

Fraise de veau à la vinaigrette (entrée).

On commence par la bien laver, et on la fait cuire à grande eau, avec sel, poivre, thym, laurier, ail, ognons, bouquet garni. Étant cuite, on l'égoutte et on la sert. Il faut remarquer que la fraise de veau doit être servie très-chaude.

Fraise de veau frite (entrée).

On la fait cuire comme ci-dessus, on l'égoutte, on la coupe par morceaux, et on la fait frire, après l'avoir trempée dans la pâte à frire. Persil frit autour.

Foie de veau à la maître-d'hôtel (entrée).

Faites cuire dans du beurre, des tranches de foie de veau, d'un doigt d'épaisseur, mettez-les sur un plat chaud, dans lequel vous aurez mis un bon morceau de beurre, persil et ciboule hachés, poivre et sel. Ajoutez un jus de citron.

Foie de veau en papillotes (entrée).

Mettez mariner (voyez page   ) des tranches de

foie de veau, et placez-les dans une papillote huilée, entre deux tranches minces de lard, avec des fines herbes. Mettez vos papillotes sur le gril, et servez, lorsqu'elles auront pris une belle couleur.

Foie de veau à la bourgeoise (entrée).

Choisissez un foie de veau bien blond et bien gras ; après l'avoir essuyé, ôtez-en les peaux. Lardez-le de gros lard bien assaisonné de sel et d'épices fines, de persil et de ciboules hachés menu. Mettez-le dans une petite marmite foncée de bardes de lard, avec des ognons, toutes sortes de racines et des fines herbes en paquet ; mouillez-le d'un peu de bouillon, et faites cuire doucement. A la moitié de la cuisson, ajoutez-y un verre de bon vin blanc. Lorsque le foie sera cuit, passez la sauce, dégraissez, et liez-la avec un roux blond fait de beurre et de farine. Versez votre sauce sur le foie, et servez.

Foie de veau sauté ou Foie de veau à la poêle (entrée).

Coupez un foie de veau par tranches que vous mettrez dans une poêle avec échalotes, persil et ciboules hachés ; mettez-y un morceau de beurre, et passez sur un feu vif. Lorsque le beurre sera fondu, mêlez-y une pincée de farine. Quand le foie se sera raffermi, retournez-le, mouillez-le avec du vin rouge, assaisonnez de sel, gros poivre, et retirez-le du feu lorsqu'il aura bouilli dix minutes. Si la sauce se trouvait trop courte, allongez-la avec du bouillon.

Foie de veau à la broche (rôt).

Lardez un foie de gros lard, faites-le mariner (Voyez page ·) six heures. Retirez-le de la marinade pour le mettre à la broche, en faisant attention que sa surface soit bien nette, et qu'il n'y reste rien des ingrédients de la marinade. Assujettissez-le bien sur la broche, afin qu'il ne tourne pas; enveloppez-le d'un papier beurré, et faites-le cuire une heure et demie au plus. On est assuré qu'il est cuit lorsqu'il ne rend plus de sang. On ôte le papier beurré quelques moments avant que le foie soit cuit, pour lui faire prendre couleur. On sert avec une sauce piquante ou toute autre qui convient.

Foie de veau à l'italienne (entrée).

Coupez un foie de veau en filets fort minces : ayez persil, ciboules, champignons, deux échalotes, une demi-gousse d'ail, le tout haché très-fin, une demi-feuille de laurier, thym, basilic, hachés comme en poudre; mettez dans le fond beurré d'une casserole une couche de filets de foie de veau, répandez dessus du sel, gros poivre, des fines herbes et du beurre. Continuez de cette façon, en alternant les couches de foie et celles d'assaisonnement, jusqu'à ce que vous ayez employé tout le foie; faites-le cuire à petit feu pendant une heure; retirez-le ensuite de la casserole avec une écumoire; mettez-y un petit morceau de bon beurre manié de farine, avec le jus d'un demi-citron ou un filet de vinaigre; faites lier la sauce sur le feu en la tournant avec une cuillère. Si elle est trop courte, vous y ajouterez un peu de jus, ou même de bouillon. Remettez le foie dans la sauce pour le faire chauffer, puis dressez-le dans un plat. Quelques personnes remplacent le beurre par de l'huile d'olive.

Autre foie à l'italienne.

Faites fondre du beurre dans une casserole, passez-y vos tranches de foie bien soupoudrées de farine, avec un peu de sel et de poivre; ne laissez pas trop cuire, car le foie durcit. Dressez vos tranches sur un plat et arrosez-les du jus d'un citron.

Des tranches minces de rouelle de veau se préparent de même à l'italienne, mais doivent cuire davantage.

Mou de veau à la poulette (entrée).

Il faut le couper en morceaux moyens et de forme carrée, le faire dégorger à l'eau tiède, et blanchir à l'eau bouillante. On le raffermit et on l'égoutte. On fait fondre ensuite dans une casserole un morceau de beurre; on y met le mou de veau, et on le remue pour qu'il ne s'attache pas. Étant revenu, on y met un peu de farine, on le mouille avec du bouillon, et on y ajoute des champignons, un bouquet garni et un peu de sel. On peut aussi y mettre des petits ognons. On dégraisse, et on finit avec une liaison de trois jaunes d'œufs et un filet de vinaigre.

Mou de veau au roux (entrée).

Préparez-le comme ci-dessus, faites-le revenir dans un roux; mouillez avec du bouillon et de l'eau; mettez-y des champignons, du sel et des petits ognons. Lorsqu'il sera cuit, dégraissez et servez.

Mou de veau en matelote (entrée).

On le fait cuire à moitié dans de l'eau et du sel, on fait revenir du lard avec des petits ognons et une cuillerée de farine pour faire un roux ; ajoutez-y un verre de vin et autant d'eau, un bouquet garni, des champignons ; mettez-y le mou, et, lorsqu'il est cuit, dégraissez la sauce et servez.

Pieds de veau (entrée).

On les fait cuire comme la fraise. Si on les veut au *naturel*, on les sert chaudement, lorsqu'ils sont cuits et égouttés, avec sel, gros poivre et vinaigre. — En *fricassée de poulet*, on les coupe par morceaux, après qu'ils sont cuits, et on les met dans une casserole avec un bon morceau de beurre, un bouquet garni, des champignons, ciboule, deux échalotes et une gousse d'ail ; passez sur le feu, mettez une pincée de farine, mouillez avec du bouillon, quelques personnes y ajoutent un verre de vin blanc ; assaisonnez de sel et poivre, et faites bouillir une demi-heure à petit feu. Retirez ensuite le bouquet, et liez la sauce avec trois jaunes d'œufs, auxquels vous ajoutez une cuillerée de vinaigre et autant de bouillon.

Pieds de veau frits (entrée).

Etant cuits et marinés (Voyez page   ), vous les faites frire, après les avoir trempés dans la pâte à friture. On peut encore les faire frire comme les oreilles. (Voyez page 175.)

Pieds de veau à la Saint-Ménehould (entrée).

On les prépare comme les pieds de mouton.

Ris de veau en fricandeau (entrée).

On les fait dégorger à plusieurs reprises dans de l'eau tiède, et blanchir un quart d'heure dans de l'eau bouillante. Piquez-les ensuite de menu lard; passez-les à la casserole, le lard en dessous; mouillez avec du bouillon, et faites-les cuire avec l'assaisonnement convenable. Le bouillon étant réduit, et les ris bien colorés, dressez-les sur de l'oseille, de la chicorée, ou sur une sauce tomate, et arrosez-les avec la sauce réduite que vous aurez passée au tamis.

Ris de veau aux fines herbes (entrée).

Hachez très-fin persil, ail, échalotes et champignons; maniez le tout avec un peu de bon beurre et gros poivre, faites blanchir trois ou quatre ris de veau; piquez-les dessus pour y faire entrer votre mélange; recouvrez-les de quelques bardes de lard, joignez-y un demi-verre de vin blanc, autant de bouillon; faites mijoter à petit feu; quand vos ris seront bien cuits, retirez-les, dégraissez la sauce, que vous allongerez avec du coulis, ou même avec du bouillon, si elle est trop réduite, et vous la verserez sur les ris.

Noisettes de veau aux pointes d'asperges en croustade (entrée).

Elles se font avec la sous-noix de la cuisse ou avec la noix de l'épaule, on en fait 5 de 10 centimètres de largeur; rangez-les après les avoir piquées dans le sens du fil de la chair; faites-les cuire comme la noix de veau. Épluchez une botte d'asperges, coupez les têtes à 5 centimètres au-dessous et le reste en petits pois; faites-les cuire à l'eau salée. Réduisez de moitié 7 cuillerées de velouté avec 3 cuillerées de blond de veau ou de bouillon et un peu de glace blonde; jetez-y les asperges; tenez les têtes chaudes. Faites avec un

pain de mie une croustade que vous colorerez dans une friture neuve avec un peu de blanc d'œuf, délayez une forte pincée de farine, collez-la au milieu du plat en le tenant un peu chaud sur un fourneau, pour activer la dessiccation. Versez les asperges en petits pois dans la croustade et piquez les têtes dedans, le surplus alentour. Égouttez les noisettes et dressez-les s'appuyant sur la croustade, ou en couronne (Voyez le dessin); glacez.

Ris de veau en caisses (entrée).

Vos ris préparés comme ci-dessus, vous les coupez en petites tranches et les mettez dans une marinade (Voyez page 8). Faites avec du papier fort, suivant le nombre de vos ris, six ou huit caisses, de quatre doigts de longueur; frottez-les d'huile en dessous; mettez-y vos ris avec votre marinade, et posez vos caisses sur un gril avec une feuille de papier huilé dessous ; vous les ferez cuire sur un feu de cendres chaudes pendant une demi-heure, en faisant attention à ce que le feu ne prenne pas au papier. Lorsque vos ris seront cuits, exprimez dessus un jus de citron. Vous pouvez encore les couvrir d'une sauce financière.

Ris de veau à la poulette (entrée).

Vos ris étant cuits comme ceux aux fines herbes, mettez-les dans une casserole avec du bouillon et des champignons cuits d'avance ; laissez réduire, et liez avec des jaunes d'œufs ; ajoutez-y du persil blanchi et haché, et du jus de citron.

Carré de veau à la broche (rôt).

Les parties du veau que l'on rôtit ordinairement sont le carré, ou longe, et le quasi. Prenez un carré de veau, parez-le, en supprimant les peaux et les nerfs ; ôtez la côte placée sous le rognon et l'os qui est au bout opposé ; faites donner un coup de couperet dans les jointures des côtes ; couchez-le sur la broche, afin de ne pas percer le filet, et fixez-le avec un gros hâtelet. Au bout d'une heure et demie de cuisson, vous débrocherez et servirez avec le jus de la léchefrite dégraissé[1].

---

[1] Pour faire rôtir un morceau de veau de 2 kilos il faut :
A la broche devant une cheminée . . . 2 heures.
Dans la cuisinière devant une cheminée . 1 heure 30 minutes.
Dans la   »   devant la coquille . . . 1 heure 15 minutes.
Et pour un kilo à la broche devant une cheminée . . . . 1 heure.
Dans la cuisinière devant une cheminée . »   45 minutes.
Dans la   »   devant la coquille . . »   40 minutes.

Veau réchauffé à la casserole ou au four.

Mettez le morceau de veau rôti dans une casserole, après l'avoir un peu paré, ajoutez un morceau de beurre et laissez chauffer lentement avec du feu dessus et dessous; retournez de temps en temps, et lorsqu'il sera chaud, dressez et glacez avec un peu de jus.

On peut aussi employer le procédé indiqué pour le bœuf (page 152).

Carré de veau à la bourgeoise (entrée).

Lardez un filet de carré de veau avec du lard manié de fines herbes; mettez-le dans une braisière foncée de bardes de lard; ajoutez-y quelques tranches d'ognons, carottes et panais émincés; faites suer une demi-heure sur un petit feu; mouillez avec un verre de bouillon et trois cuillerées à bouche d'eau-de-vie; faites cuire à petit feu; la cuisson faite, dégraissez et servez sur le carré.

Carré de veau à la monglas (entrée).

Une fois le morceau préparé comme ci-dessus, mouillez-le avec du vin blanc; lorsqu'il est cuit ajoutez une ou deux cuillerées de jus; passez la sauce et après l'avoir versée sur votre veau, servez chaud.

Côtelettes de veau au naturel (entrée).

Après avoir paré vos côtelettes, saupoudrez de poivre et de sel, mettez-les sur le gril, retournez et servez ainsi avec une sauce piquante, ou toute autre, selon le goût.

Côtelettes de veau panées (entrée).

Arrangez-les comme les précédentes, en ayant soin de les paner.

Côtelettes de veau en papillotes (entrée).

Garnissez les deux côtés de vos côtelettes d'une farce composée de mie de pain, petit lard, persil, ciboules et champignons hachés menu. Bardez le tout avec du lard très-mince; beurrez un papier, enveloppez-y vos côtelettes, et mettez-les sur le gril trois quarts d'heure, avec petit feu. Servez avec un citron sans ôter le papier.

Côtelettes de veau glacées (entrée).

Piquez-les de petit lard, faites-les revenir dans une casserole et cuire à petit feu avec deux verres de bouillon, carottes, ognons, un morceau de jarret de veau, sel et poivre. Vos côtelettes étant cuites, faire réduire la gelée, et après l'avoir passée, glacez-en vos côtelettes.

Côtelettes de veau sautées (entrée).

Mettez vos côtelettes sur un plat à sauter, avec sel, poivre, persil, échalotes hachés bien menu; arrosez le tout avec du beurre fondu, et mettez votre plat sur un feu très-ardent. Quand les côtelettes sont cuites d'un côté, vous les retournez de l'autre, et vous les retirez ensuite. Ajoutez un peu de farine au beurre, mouillez avec du bouillon et du vin blanc; faites bouillir, et versez cette sauce sur vos côtelettes.

Côtelettes de veau, farcies (entrée).

Faites une farce avec du lard, débris de veau, mie de pain, poivre, muscade, sel, échalotes et persil hachés, et couvrez-en chaque côtelette que vous dorez avec de l'œuf battu. Posez-les dans une tourtière beurrée, et faites cuire sous le four de campagne. Retirez ensuite vos côtelettes de la tourtière où vous verserez un peu de bouillon et un jus de citron. Arrosez vos côtelettes avec cette sauce.

Grillades de veau (hors-d'œuvre).

Coupez des tranches de rouelle de la largeur de quatre doigts, préparez-les et faites-les cuire comme les côtelettes en papillotes.

Fricandeau de veau (entrée).

Prenez une tranche de rouelle de veau, épaisse de deux doigts; piquez-la d'un côté de petit lard; mettez-la dans de l'eau avec beurre, gros ognons, carottes et bouquet garni. Faites cuire doucement durant quatre ou cinq heures. Retirez la viande de la casserole; dégraissez votre sauce, passez-la, faites-la fortement réduire; liez avec de la fécule et un peu de caramel, et remettez-y votre fricandeau pour le glacer et le dorer. Dressez le fricandeau sur un plat, et servez dessous la sauce que vous aurez détachée de la casserole, avec un peu de bouillon.

Le fricandeau se sert également sur de la *chicorée*, de l'oseille, des épinards, des purées, etc.

Blanquette de veau (entrée).

Lorsqu'il vous reste du veau rôti de la veille, coupez-le en morceaux petits et minces, n'y laissez point trop de gras et ôtez les peaux. Faites fondre du beurre frais dans une casserole; mettez-y une pincée de farine, sans la faire roussir, sel, poivre et bouquet de persil. Faites chauffer votre veau dans cette sauce; mouillez avec du bouillon, faites une liaison de jaunes d'œufs, mettez le jus d'un demi-citron ou un filet de vinaigre et servez.

Lorsqu'on n'a pas de rôti de la veille, la blanquette se fait avec de la poitrine de veau. Voyez ci-dessous, *Poitrine de veau à la poulette.*

Les *blanquettes de volailles* se font de même.

Poitrine de veau farcie.

La poitrine et le tendron de veau sont des pièces assez recherchées. Il y a un grand nombre de manières de les accommoder : nous donnerons les principales.

Pour la poitrine farcie on coupe le bout des os des côtes, on sépare la chair de dessus de celle des côtes, et on y met une farce composée de rouelle de veau, de chair à saucisses, persil, échalotes, sel, gros poivre et muscade, le tout haché fin ; joignez-y trois jaunes d'œufs crus, et amalgamez bien. Cousez les chairs avec une grosse aiguille et de la ficelle, de manière que la farce ne puisse sortir ; bardez une casserole avec du lard, et mettez-y cuire votre poitrine avec bouillon, sel, poivre et un bouquet de persil. Au bout de trois heures, retirez-la, ôtez la ficelle, dégraissez la sauce, passez-la, mettez-y une pincée de farine, et faites réduire. Si vous avez du jus, ajoutez-le, et versez cette sauce sur votre poitrine.

La poitrine de veau farcie se met également à la broche. Cette préparation est plus délicate et plus distinguée.

Poitrine de veau à la poulette (entrée).

Vous la coupez par morceaux carrés que vous faites dégorger dans l'eau, et blanchir. Mettez-les dans une casserole avec un morceau de beurre, champignons, bouquet garni et une pincée de farine ; mouillez avec du bouillon. Lorsque la viande est cuite, dégraissez la sauce, liez-la avec trois jaunes d'œufs délayés, et ajoutez du jus de citron ou un filet de vinaigre en servant.

Tendrons de veau à la poulette (entrée).

Levez les tendrons d'une poitrine de veau, et, après les avoir fait dégorger et blanchir, faites-les cuire comme la poitrine ci-dessus.

Tendrons de veau en matelotte (entrée).

Faites revenir vos tendrons dans un roux ; mettez-y la quantité d'un verre d'eau ou de bouillon, autant de vin, sel, poivre, ail, bouquet garni, clous de girofle. Lorsqu'ils sont presque cuits, ajoutez-y des petits ognons roussis dans du beurre, et des champignons, puis servez.

Tendrons de veau panés et grillés (entrée).

Panez des tendrons cuits à la poulette ; faites-leur

prendre une belle couleur sur le gril, et dressez-les avec une sauce poivrade ou une autre sauce.

Tendrons de veau aux petits pois (entrée).

Mettez un morceau de beurre dans une casserole, et faites revenir de la poitrine de veau coupée par morceaux ; ajoutez un peu de farine et mouillez avec un verre d'eau ; assaisonnez de sel, poivre et bouquet de persil. Au bout d'une bonne heure de cuisson, ajoutez des pois d'une grosseur moyenne.

Rognons de veau en escalopes (entrée).

Ce mets se prépare comme l'escalope à la provençale, mais à la place de la sauce tomate, on met du bouillon, de la chapelure et du persil haché. On fait mijoter, et on sert avec un jus de citron.

Rognons sautés (entrée).

On les prépare de la même manière que ceux de bœuf (voyez page 159).

Cœur de veau (entrée).

Il se prépare comme celui de bœuf (voyez page 160).

Queues de veau aux choux ou à la flamande (entrée).

Faites-les cuire avec un chou que vous aurez fait blanchir, et que vous ficellerez en y joignant un peu de lard de poitrine, du bouillon, sel et poivre. Servez avec le lard et les choux.

Queues de veau à la poulette (entrée).

Coupez vos queues de veau par tronçons ; faites-les dégorger dans l'eau tiède et blanchir ensuite ; achevez comme la poitrine de veau.

Queues de veau remolade (entrée).

Faites-les préalablement cuire avec de l'eau à laquelle vous joindrez un peu de vinaigre, sel, poivre et bouquet garni. Lorsqu'elles seront presque cuites, retirez-les, trempez-les dans du beurre fondu, panez, trempez-les derechef, panez une seconde fois, puis faites-les griller, et servez avec une sauce remolade ou toute autre.

Noix de veau à la bourgeoise (entrée).

Piquez votre noix de veau de gros lardons bien assaisonnés d'épices, ciboules et thym, hachés bien menu ; ficelez votre noix, et mettez-la dans une casserole avec un morceau de beurre ; faites-la revenir d'une belle couleur ; ajoutez-y deux carottes, quatre ognons coupés en morceaux, une feuille de laurier et deux verres de bouillon. Quand votre noix bouillira, vous la mettrez sur un feu doux pendant deux heures, avec du feu sur le couvercle de la casserole. Au bout de ce temps, retirez votre viande, qui doit être cuite, égouttez-la et débridez ; dégraissez la sauce ; si elle est trop claire, faites-la réduire, liez-la avec un peu de fécule, et servez. Ainsi cuite, la noix de veau peut se servir sur une sauce tomate, une purée de laitue, d'oseille ou de chicorée.

Longe de veau à la broche (rôt).

La longe de veau sert pour grosse pièce du milieu. On la fait cuire à la broche, après l'avoir piquée en dessus de petit lard. Quand elle est bien cuite on la sert avec une poivrade ou une sauce piquante.

Le *quasi de veau* se prépare de la même manière.

Rouelle de veau braisée (entrée).

Mettez avec un peu de beurre votre rouelle dans une casserole, ainsi que quelques bardes de lard gras et maigre. Faites-lui prendre couleur des deux côtés; salez peu à cause du lard, poivrez. Couvrez la casserole d'un papier et du couvercle par-dessus. Faites cuire à petit feu. Servez avec le jus et les bardes de lard autour.

Étouffée de longe de veau (entrée).

Désossez votre longe, en lui donnant la forme d'un carré long; assaisonnez son intérieur de sel et de poivre; ficelez-la, faites cuire et servez comme la rouelle braisée. L'une et l'autre doivent cuire de trois à quatre heures.

Veau à la provençale (entrée).

Préparez une sauce avec un peu de beurre, une demi-cuillerée à bouche de farine; un demi-verre d'huile, poivre et sel, persil, échalotes hachés. Faites lier le tout sur le feu, puis mettez-y des morceaux de veau, rôtis de la veille et coupés en tranches minces; ne laissez pas bouillir votre viande, et au moment de servir, ajoutez le jus d'un citron.

Escalopes à la provençale (entrée).

Coupez de la rouelle de veau, en tranches carrées

de l'épaisseur d'un centimètre et de la largeur de trois doigts, puis aplatissez chaque morceau avec le couperet.

Faites chauffer dans une casserole, sur un feu ardent, de bonne huile d'olive, et mettez-y vos morceaux de veau ; lorsqu'ils sont bien saisis des deux côtés, ajoutez un peu de sauce tomate, et laissez mijoter quelques instants.

On sert les escalopes en couronne, la sauce au milieu.

Cuisseau ou quasi de veau à la bourgeoise (entrée).

Mettez dans une casserole, avec votre quasi, du beurre, des ognons, des carottes, une feuille de laurier et du bouillon, faites mijoter le tout pendant deux heures, et servez avec les légumes.

Cuisseau ou quasi de veau aux champignons (entrée).

Faites-lui prendre couleur sur un feu doux avec un peu de beurre, sel, poivre, thym et laurier. Laissez cuire trois heures. Le quasi étant cuit, retirez-le, liez le jus avec de la fécule, servez entouré d'ognons que vous aurez fait cuire à part dans du beurre, et auxquels vous ajoutez des champignons entiers, un peu de vin, du jus, et que vous laissez mijoter.

Braisolles de rouelle de veau (entrée).

Émincez de la rouelle de veau en tranches, de la largeur du doigt. Ayez ciboules, persil, échalotes, hachés très-fin ; joignez-y, si vous le voulez, des champignons également hachés; mettez dans le fond d'une casserole du beurre avec des fines herbes hachées; arrangez dessus un lit très-mince de rouelle de veau, puis un lit de fines herbes, sel, poivre et beurre; arrangez un second lit de rouelle dessus, et recommencez à mettre des fines herbes; continuez jusqu'à ce que vous ayez employé tout votre émincé de rouelle; finissez par des bardes de lard; couvrez la casserole; faite cuire à petit feu pendant une heure et demie; à moitié de la cuisson, mouillez avec un demi-verre de vin blanc, et servez avec le fond de sauce bien degraissé.

Épaule de veau à la broche (rôt).

Elle se sert dans son jus ou avec une sauce poivrade liée.

Épaule de veau à la bourgeoise (entrée).

Même préparation que pour la rouelle de veau braisée.

Voici une autre manière de préparer l'*épaule de veau* à la *bourgeoise*.

Désossez votre épaule, roulez-la, et après l'avoir assaisonnée de poivre, sel et muscade, ficelez-la, mettez-la dans une casserole ovale avec un morceau de beurre, et faites-lui prendre, sur un petit feu, une belle couleur; mouillez d'un verre d'eau ou de pareille quantité de bouillon, ajoutez un peu de sel et une feuille de laurier, puis faites du feu dessus et dessous jusqu'à ce que la sauce soit formée en glace. Dressez l'épaule sur un plat, arrosez-la avec le jus qui reste dans la casserole, et servez après avoir ôté la ficelle. On peut farcir l'épaule avant de la rouler.

L'épaule de veau peut se faire cuire en daube.

Cuisseau de veau.

Le *cuisseau* comprend la rouelle et le jarret. Cette partie du veau est exclusivement employée dans les grandes cuisines des restaurants, pour en tirer du jus de veau, des coulis, des sauces de toute espèce. Le *quasi* sert également aux mêmes usages. Le *jarret* sert à faire de la gelée de viande pour les malades.

Cuisseau de veau mariné (entrée).

Laissez mariner (Voyez page 8) pendant trois jours un cuisseau de veau, en le retournant deux ou trois fois par jour. Retirez-le, piquez la surface opposée à la noix; mettez votre cuisseau à la broche, et laissez cuire pendant quatre heures. Préparez un roux, que vous mêlerez au jus du cuisseau, et servez dessus.

Galantine de veau (relevé).

Elle se prépare comme la galantine de volaille. On peut y ajouter des truffes.

CHAPITRE III.

DU MOUTON.

La chair de mouton doit être très-foncée, et il est utile de la laisser mortifier pour qu'elle soit tendre. Les parties les plus estimées du mouton sont, en termes de cuisine, les filets mignons, la selle (pièce entre les côtes et le gigot), les côtelettes, le gigot et la poitrine.

La figure ci-jointe indique la place de chaque morceau.

Gigot rôti (rôt).

Le gigot rôti n'est tendre que lorsqu'il a été suffisamment mortifié. Il ne faut le faire cuire que trois à cinq jours après que le mouton a été tué, et cela suivant la saison : trois jours suffisent dans les chaleurs de l'été. Mettez-le à la broche devant un feu très-vif, afin de saisir et de resserrer les pores de la viande, qui conserve ainsi son jus; arrosez-le souvent pendant une heure, et veillez à ce qu'il ne soit pas trop cuit. Mettez dans la lèchefrite deux cuillerées d'eau et du sel. Cet arrosement l'attendrit. Le jus sert à assaisonner les haricots, la chicorée, les épinards, qu'on mange fréquemment avec, ou bien on le sert dans une saucière. On garnit ordinairement le manche d'une ou plusieurs

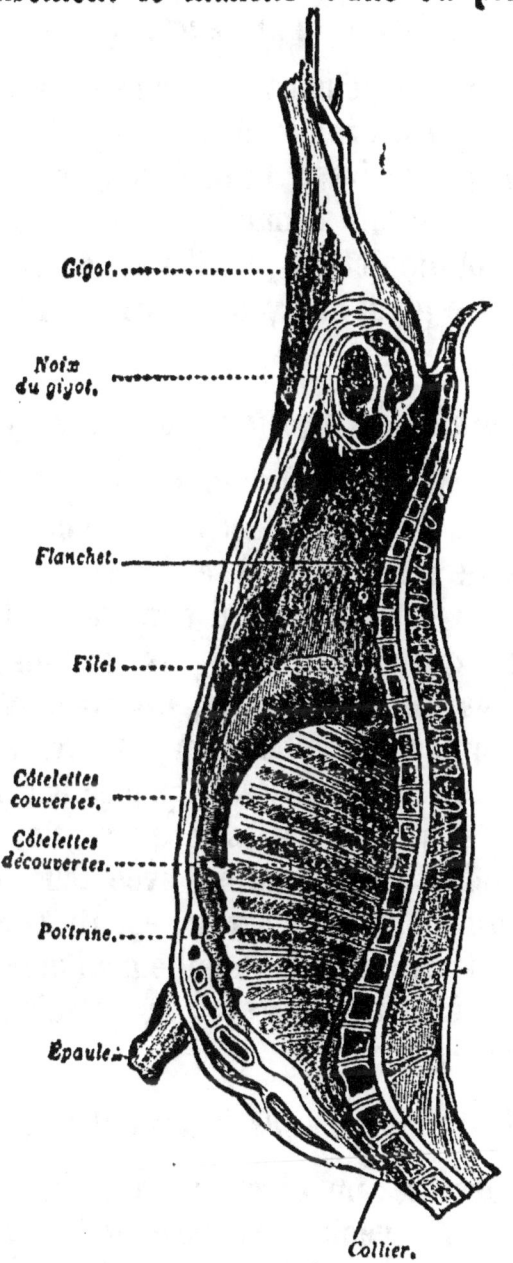

Les lignes ponctuées indiquent les parties comestibles;
les lignes noires indiquent les parties non comestibles.

gousses d'ail, selon le goût.

On peut faire mariner le gigot un jour ou deux avant de le mettre à la broche.

Gigot à la provençale (rôt).

Piquez douze gousses d'ail dans un gigot. Faites blanchir à plusieurs bouillons un bon litre de gousses d'ail, passez-les à l'eau fraîche et mettez-les, quand elles seront égouttées, dans une casserole avec du bouillon et du jus. Faites réduire et servez dessus votre gigot que vous aurez fait rôtir comme ci-dessus.

Gigot braisé ou gigot de sept heures (entrée).

Désossez un gigot de mouton jusqu'à la moitié du manche. Piquez le dedans de votre gigot, et ficelez-le de manière à lui rendre sa forme. Mettez ensuite des bardes de lard dans le fond de votre braisière, quatre carottes, six ognons, laurier, thym, trois clous de girofle, un bouquet garni et une cuillerée à pot de bouillon ; couvrez votre gigot de bardes de lard, mettez un papier beurré sur la casserole et par-dessus, son couvercle, et faites cuire pendant sept heures, avec feu dessous et dessus. Au moment de servir, égouttez-le, ôtez la ficelle, et servez avec le mouillement dans lequel il a cuit, après l'avoir passé à la passoire où l'on écrase les légumes.

Gigot dans son jus (entrée et relevé).

Vous désossez un gigot que vous piquez d'ail. Faites-le bien revenir dans la casserole avec un peu de beurre ; ajoutez sel et poivre ; laissez cuire à petit feu et servez. Vous pouvez mettre dessous des pommes de terre frites, des haricots ou toute autre garniture, comme légumes à la jardinière. Voyez *Côtelettes à la jardinière*.

Gigot à l'eau (entrée).

Il se cuit de la même manière que le gigot braisé, mais on le mouille avec de l'eau au lieu de bouillon, et l'on n'y met d'autre assaisonnement que du sel, trois gousses d'ail, trois carottes et quatre ognons. On supprime les bardes de lard, qu'on remplace par un peu de beurre.

Mouton aux haricots (entrée).

Prenez une épaule de mouton ou de la poitrine; coupez-la en morceaux, faites-les revenir dans une casserole et mouillez peu à peu avec de l'eau chaude. Ajoutez-y vos haricots, poivre, sel, thym et laurier, une pointe d'ail, et laissez mijoter pendant trois ou quatre heures. Ce plat très-simple est fort bon.

Haricot de mouton (entrée).

Coupez un carré de mouton par morceaux; faites-les revenir dans une casserole avec du beurre, sur un feu vif. Lorsqu'il aura pris une couleur dorée; égouttez-le. Pelez ou ratissez ensuite des navets, et coupez-les par morceaux s'ils sont gros; passez-les au beurre dans une poêle, et faites-leur prendre une belle couleur; mettez-les dans votre haricot, mouillez avec du bouillon; joignez-y sel, poivre, bouquet de persil, oignons, clous de girofle, laurier; laissez cuire une demi-heure, et dégraissez. Si la sauce est trop longue, faites-la réduire, dressez votre haricot que vous entourerez de navets, et servez.

La poitrine, le col, les épaules, etc., peuvent s'employer en haricot.

Haricot de mouton aux salsifis (entrée).

Préparez votre mouton comme il est dit ci-dessus, et remplacez les navets par des salsifis bien ratissés et coupés par tronçons. On peut remplacer les salsifis par des pommes de terre, ou par des carottes. Le reste comme ci-dessus.

Carré de mouton sur le gril ou côtelettes panées (entrée).

Coupez-le en côtelettes, que vous parerez bien, salez et poivrez-les; panez de mie de pain, et faites cuire sur le gril. Dressez-les sur un plat, et servez-les à sec ou avec une sauce piquante, etc.

Carré de mouton à la Conti (entrée).

Parez un carré de mouton en levant les peaux qui se trouvent sur le filet; piquez-le de petit lard bien entrelardé, et de deux anchois lavés, débarrassés de leur arête et divisés en filets. Ajoutez deux échalotes, persil, ciboules hachés, un peu de laurier, de basilic et d'estragon hachés comme en poudre, mettez le carré et les fines herbes dans une casserole, mouillez avec un verre de vin blanc, autant de bouillon, et faites cuire à petit feu. Assaisonnez de sel et de poivre. Lorsque votre carré est cuit, dégraissez la sauce, et mettez-y gros comme une noix de beurre manié avec une pincée de farine, faites lier la sauce sur le feu, et servez.

Carré de mouton aux légumes (entrée).

Après l'avoir désossé, piquez-le de lard, faites-le cuire à la broche, et servez sur des épinards, chicorée, haricots verts ou blancs, oseille, ou pommes de terre.

Carré de mouton à la bourgeoise (entrée)

Parez un carré de mouton, faites-le cuire avec du bouillon, un bon verre de vin blanc, bouquet garni, ail, clous de girofle, poivre et sel. Dégraissez la sauce et passez-là. Faites-la lier sur le feu avec un peu de fécule, et ajoutez un filet de vinaigre.

Côtelettes de mouton grillées (entrée).

C'est l'une des préparations les plus simples de la cuisine. Aplatissez vos côtelettes en les frappant fortement avec le plat d'un couperet, saupoudrez-les de poivre et de sel, et mettez-les sur le gril, sur un feu vif, pendant six minutes, ayant le soin de les retourner.

Côtelettes de mouton sautées à la poêle (entrée).

Faites-les cuire à petit feu dans la poêle avec un morceau de beurre ; faites égoutter la graisse, quand elle seront cuites. Otez une partie de la graisse, qui est dans votre poêle, si vous trouvez qu'il y en ait trop ; ajoutez quelques cuillerées de bouillon, échalotes, fines herbes hachées, sel et poivre. Donnez un bouillon, dressez vos côtelettes, versez la sauce dessus; ajoutez-y des cornichons coupés en tranches, et mettez un filet de vinaigre.

Côtelettes de mouton au gratin (entrée).

Prenez un carré de mouton, que vous couperez en côtelettes; mettez-les dans une casserole avec du beurre, persil, ciboule, deux échalotes, le tout haché. Faites-les cuire à petit feu en les mouillant de bouillon assaisonné de sel et poivre. Lorsqu'elles sont cuites, dégraissez la sauce. Prenez ensuite le plat sur lequel vous devez dresser les côtelettes, couvrez-le d'une couche de mie de pain passée à la passoire et mêlée avec cinquante grammes de bon beurre, trois jaunes d'œufs, du persil, de la ciboule, hachés très-fin, et très-peu de sel. Mettez votre plat sur la cendre chaude, jusqu'à ce que le gratin soient bien attaché après le plat; égouttez ce qu'il y aura de trop de beurre, et servez dessus votre ragoût de côtelettes.

Côtelettes de mouton à la jardinière (entrée).

Faites cuire dans du consommé, ou de bon bouillon, des haricots, des pois nouveaux, toutes sortes de racines tournées, et des champignons. Quand ils seront cuits, jetez-les dans une casserole où vous aurez préparé un roux; faites-les mijoter et réduire suffisamment. Vous aurez, pendant ce temps, fait cuire des côtelettes dans une autre casserole, avec un peu de beurre; dressez vos côtelettes sur un plat, et versez au milieu votre ragoût de légumes. Il va sans dire qu'il ne faut faire cuire ensemble que les légumes qui ne demandent que le même temps pour la cuisson. Les autres doivent être cuits à part. — On prépare de même les légumes pour un *gigot à la jardinière*.

Côtelettes de mouton à l'italienne (entrée).

Faites revenir vos côtelettes dans du beurre; mouillez avec de l'eau et du bouillon. Délayez dans un peu d'eau une petite cuillerée à bouche de fécule; versez-la sur vos côtelettes; joignez-y une pointe d'ail, du persil haché menu, et des champignons coupés par morceaux. Laissez cuire le tout ensemble pendant trois quarts d'heure, et mettez du jus de citron avant de servir.

Côtelettes à la purée (entrée).

On fait cuire les côtelettes dans une braise. On dégraisse la sauce, et on fait réduire à glace. On sert ces côtelettes en couronne. Au milieu on met une purée de pommes de terre ou toute autre.

Lorsqu'on pique les côtelettes avec des lardons de jambon et qu'on les dresse en les alternant avec des croûtons frits, on a des *côtelettes à la Soubise*.

Épaule de mouton.

Ce que nous avons dit du gigot de mouton rôti et du gigot de mouton braisé peut s'appliquer à l'épaule de mouton; mais la cuisson n'exige pas autant de temps. Trois heures et demie suffisent pour l'épaule de mouton braisée.

Épaule de mouton à la Sainte-Ménehould (entrée).

Désossez une épaule de mouton, et faites-la

cuire avec un peu de bouillon, un bouquet de persil, des ciboules, une gousse d'ail, deux clous de girofle, une feuille de laurier, du thym, des ognons, des racines, du sel et du poivre; quand l'épaule sera cuite, vous l'ôterez de la casserole, vous l'égoutterez et la dresserez sur un plat ; mettez dessus un peu de coulis bien assaisonné et bien réduit, ou, si vous n'en avez pas, prenez de la cuisson que vous dégraisserez; panez avec de la mie de pain, délayez trois jaunes d'œufs avec du beurre fondu, arrosez-en votre épaule et panez une seconde fois. Mettez-la dans un four qui ne soit pas trop chaud, ou sous un four de campagne, en l'arrosant de temps en temps avec du beurre fondu; quand elle a pris couleur, retirez-la et servez avec son fond clarifié et réduit.

Filets de mouton en chevreuil (entrée).

On pare proprement douze filets mignons de mouton; on les pique de lard, on les fait mariner deux ou trois jours. On les retire de la marinade (*Voyez* p. 8) au moment de les faire cuire. On les met, à cet effet, dans une casserole avec un peu de beurre, et on les laisse prendre une belle couleur. Quand ils sont cuits, on les dresse avec une sauce poivrade, ou toute autre d'un goût relevé.

Filet de mouton en paupiettes (entrée).

Coupez un filet entier, que vous parerez de ses filandres, en tranches de toute sa largeur; aplatissez-les, et mettez dessus une farce faite de blanc de volaille cuite, de graisse de bœuf, persil, ciboule, champignons, le tout haché ensemble avec sel, poivre et quatre jaunes d'œufs. On roule les paupiettes, et on les fait cuire à la broche, enveloppées de bardes de lard et de papier. On sert dessous une bonne sauce.

Filet de mouton en braisolles (entrée).

Prenez un filet entier que vous parerez comme ci-dessus, et que vous couperez en morceaux très-minces; et faites-les cuire comme les *braisolles de rouelle de veau* (*Voyez* p. 191), ajoutez une pointe d'ail.

Langues de mouton à la purée (entrée).

Faites cuire des langues dans le pot au feu, et servez-les sur une purée de pois, lentilles, haricots ou pommes de terre.

Langues de mouton en papillotes (entrée).

Faites blanchir et cuire dans une braise les langues que vous voulez servir. S'il n'y en a qu'une ou deux, vous pouvez les faire cuire dans le pot au feu. Lorsqu'elles seront cuites, ouvrez-les en deux, et laissez-les refroidir. Maniez des fines herbes hachées avec de bon beurre, assaisonnez-les avec poivre, sel, épices; enveloppez chacune d'elles dans un papier huilé. Faites cuire sur un feu doux, et servez-les bien chaudes sans les tirer du papier.

Langues de mouton braisées (entrée).

Prenez quelques langues et piquez-les avec de petits lardons. Faites cuire pendant cinq ou six heures dans une bonne braise; égouttez-les pour en ôter la peau, faites les mijoter ensuite dans une demi-glace, et servez chaudement avec une sauce poivrade. Si vous n'avez pas de glace, faites-les cuire dans du bouillon.

Cervelles de mouton.

Elles s'accommodent comme celles de veau. (*Voyez* page 172).

Queues de mouton braisées (entrée).

Mettez vos queues de mouton dans une casserole ou braisière avec des bardes de lard, des parures de viande, carottes, ognons, bouquet garni, céleri, sel et poivre; mouillez avec du bouillon, et faites cuire à petit feu pendant quatre heures. Quand vos queues sont cuites, vous faites réduire votre sauce à glace, et glacez vos queues que vous servez sur une purée quelconque ou sur un ragoût de choux, de chicorée ou d'oseille.

Queues de mouton frites (entrée).

Vos queues de mouton étant braisées, laissez-les refroidir, coupez-les en trois; panez-les en les trempant successivement dans des œufs battus et dans de la mie de pain; faites-les frire, et servez avec du persil frit dessus.

Queues de mouton grillées (entrée).

Faites-les cuire comme ci-dessus; panez-les à deux fois en les passant la seconde fois dans l'huile, puis dans la mie de pain. Mettez-les ensuite sur le gril, et faites-les cuire à petit feu. Quand elles seront de belle couleur, servez avec une sauce piquante ou une sauce tartare.

Rognons de mouton à la brochette (entrée).

Prenez des rognons de mouton, trempez-les cinq minutes à l'eau froide, afin de pouvoir les dépouiller de leur peau; fendez-les à l'opposé du nerf, passez au travers, de quatre en quatre, une brochette de bois, de manière à ce qu'ils ne se referment pas; faites-les griller, ayant soin de les retourner à propos. Quand ils sont cuits, retirez-en les brochettes, dressez-les sur un plat, et mettez dans chacun gros comme la moitié d'une noix de beurre manié de fines herbes, et servez chaudement; si on a des brochettes d'argent, on les laisse en servant.

Rognons de mouton au vin de Champagne (entrée).

Après avoir ôté les peaux de vos rognons, émincez-les et mettez-les dans une casserole avec gros comme un œuf de beurre pour douze rognons. Assaisonnez-les de sel, poivre, muscade, persil haché et champignons; faites-les sauter à grand feu, et lorsqu'ils sont raffermis, vous y mettez une cuillerée à bouche de farine et un demi-verre de vin de Champagne ou de bon vin blanc ordinaire, si vous n'avez pas de vin de Champagne (cela revient au même). Remuez-les sur le feu, et ne les y laissez que cinq minutes; au moment de servir, ajoutez-y gros comme une noix de beurre frais et un jus de citron.

Pieds de mouton à la poulette (entrée).

Les pieds de mouton étant bien échaudés, désossez-les jusqu'à la jointure ; faites-les blanchir, rafraîchissez et ôtez un amas de poils qui est dans la fourche. Mettez-les cuire dans un blanc, durant quatre heures. Coupez ensuite chaque pied en trois parties ; séparez le pied en deux dans sa longueur, et n'ôtez que les os détachés ; mettez dans une casserole du beurre avec une cuillerée de farine ; placez-y les pieds avec champignons, sel, poivre, muscade et fines herbes, mouillez avec du bouillon, faites une liaison de jaunes d'œufs avant de servir, et ajoutez un peu de citron.

Pieds de mouton à la Sainte-Ménehould (entrée).

Quand ils sont cuits à l'eau et épluchés, vous en ôtez les gros os, et les laissez entiers. Vous les mettez dans une casserole avec un bon morceau de beurre, persil, ciboule et ail hachés, sel, poivre ; vous les faites cuire jusqu'à ce qu'il n'y ait presque plus de sauce. Vous avez soin alors de les remuer, de crainte qu'ils ne s'attachent. Quand ils sont refroidis, vous les trempez dans le restant de sauce, vous les panez, vous les faites griller, et vous les servez à sec ou avec une sauce piquante claire.

Pieds de mouton en marinade (entrée).

Les pieds de mouton étant cuits à l'eau et désossés comme ci-dessus, faites-les mariner (Voyez p. 8) et ensuite égoutter, trempez-les dans de l'œuf battu, panez-les et faites frire de belle couleur, dans une friture bien chaude.

Émincé de mouton (entrée).

Les émincés se font ordinairement avec le reste d'un gigot rôti de la veille. Faites un roux dans une casserole, mettez-y un filet de vinaigre, et lorsque votre sauce aura fait un bouillon, mettez-y vos émincés avec cornichons, échalotes, ciboules hachés. Ne laissez plus bouillir, car, dans ce cas, la viande durcit et prend un goût de réchauffé.

On fait des émincés aux *ognons*, à la *chicorée*, aux *concombres*, etc. Il faut faire cuire les ognons, la chicorée ou les concombres, après les avoir blanchis, dans un roux mêlé d'une égale quantité de bouillon ou de consommé; et lorsque le légume est cuit, on le verse sur le mouton émincé, et l'on fait chauffer sans bouillir.

Hachis de mouton (entrée).

Faites un hachis avec les restes du mouton de la veille. Mêlez-y moitié chair à saucisse, poivre, sel, épices et un œuf. On y joint un citron ou bien on y ajoute une sauce tomate.

CHAPITRE IV.

DE L'AGNEAU ET DU CHEVREAU.

L'agneau ne doit être mangé que de Noël au commencement d'avril; pour être bon, il faut qu'il ait au moins quatre ou cinq mois, la chair blanche et les rognons couverts de graisse. La figure ci-jointe indique les trois parties comestibles de l'agneau, tout ce que nous en dirons peut s'appliquer au chevreau, qui s'accommode de la même ma-

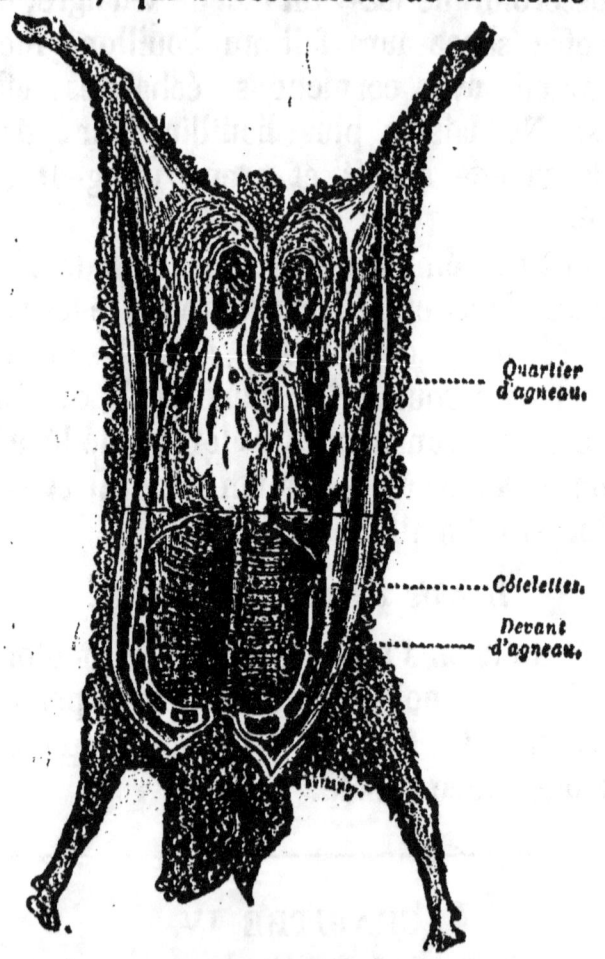

nière. La plupart des indications relatives aux préparations du mouton peuvent servir pour l'agneau et même pour le chevreau.

Agneau à la broche (rôt).

Le quartier de devant de l'agneau est plus délicat

que celui de derrière. Bardez de lard votre quartier, du défaut de l'épaule à l'extrémité de la poitrine; passez un grand hatelet entre les côtes et l'épaule; attachez-en les deux bouts sur la broche; faites cuire, et dressez. Maniez un bon morceau de beurre fin avec persil, ciboule, fines herbes hachées, et placez-le sous l'épaule de votre agneau cuit et brûlant, avant de le dépecer. On peut se dispenser de le larder, et le servir avec toute sauce d'une saveur relevée.

Agneau à la poulette (entrée)

Faites fondre dans la casserole un morceau de beurre avec un peu de farine, délayez l'un avec l'autre, ajoutez peu à peu deux verres d'eau chaude en remuant toujours pour le bien délayer avec le beurre. Lorsque la sauce est assez claire, mettez votre agneau dans la casserole après l'avoir fait blanchir, assaisonnez de sel, poivre, ognons et bouquet garni, faites cuire un peu avant de servir, ajoutez des champignons et dégraissez.

Blanquette d'agneau (entrée).

Mettez dans une casserole les morceaux d'un gigot d'agneau rôti et froid, après les avoir énervés, émincés et arrondis. Achevez comme pour la *blanquette de veau* (Voyez, p. 186).

Côtelettes d'agneau panées et grillées (entrée).

Faites revenir vos côtelettes bien parées dans un peu de beurre, ayant soin qu'il ne roussisse pas; retirez-les, laissez un peu refroidir le beurre; môlez-y des jaunes d'œufs; trempez vos côtelettes dedans; panez-les, et les faites griller à feu doux. Servez avec un jus clair et du jus de citron.

Pieds d'agneau au gratin (entrée).

Faites cuire dans une bonne braise une douzaine de pieds d'agneau et une vingtaine de petits ognons blancs; faites un petit gratin avec de la mie de pain, un peu de fromage râpé, un morceau de beurre, trois jaunes d'œufs; mêlez le tout ensemble, et l'étendez sur le fond du plat que vous devez servir; mettez ce plat sur de la cendre chaude pour faire cuire et un peu attacher ce gratin. Dressez dessus les pieds d'agneaux entremêlés des petits ognons; faites encore un peu mijoter sur le feu; après, vous *dégraisserez*, et servirez dessus une bonne sauce tomate, ou autre.

Épigramme d'agneau (entrée).

Prenez la moitié d'un agneau, en le coupant à la seconde côtelette du flanc. Divisez-le en trois parties, l'épaule, la poitrine et les côtelettes. Faites rôtir l'épaule et préparez-en une blanquette (*Voyez* ci-dessus); faites cuire votre poitrine dans une bonne braise ou dans le pot au feu, désossez-la et applatissez-la entre deux couvercles de casseroles, laissez refroidir et coupez-la en morceaux en forme de côtelettes. Trempez ces morceaux dans une sauce de bon goût ou dans de l'œuf battu; panez-les, et faites-les frire après les avoir assaisonnés de poivre et de sel.

Panez également vos côtelettes, et faites-les sauter avec du beurre. Dressez-les sur un plat en couronne, entremêlées des morceaux de poitrine, et mettez la blanquette au milieu. Il faut remarquer que, dans ce plat triple, tout doit être fait en même temps, et servi chaud.

CHAPITRE V.

COCHON ET SANGLIER.

Toutes les parties du cochon sont comestibles et nous serions très-embarrassé d'indiquer celle dont on ne peut tirer le meilleur profit. Nous nous bornerons à indiquer la position de chacune d'elle dans la figure ci-contre.

Hure de cochon (hors d'œuvre).

Après avoir échaudé et nettoyé une tête de cochon, retirez-en la langue et les oreilles; désossez-la autant que possible sans ôter ni déchirer la peau, qu'il faut seulement détacher des os; placez-la dans une terrine; joignez-y la langue, un kilogramme de cochon maigre, et autant de lard, que vous assaisonnerez de sel, poivre, fines épices, persil, ciboules, petits ognons, ail, thym, laurier, champignons, hachés bien fin. Ajoutez une pincée de salpêtre à ces condiments, et laissez mariner la tête pendant six jours; égouttez-la sur un linge, coupez en lardons de la grosseur du doigt, la langue, la chair de

212   COCHON ET SANGLIER.

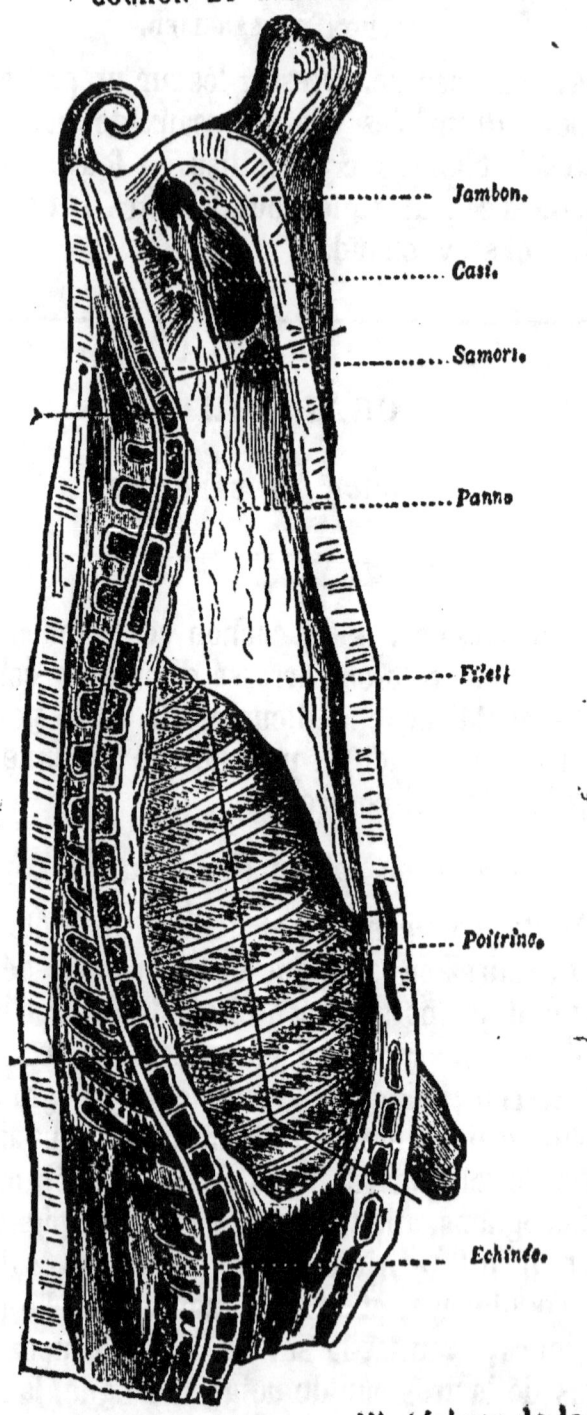

cochon et le lard, garnissez-en l'intérieur de la hure

que vous envelopperez d'un linge blanc, ficelez-la pour lui faire reprendre sa forme naturelle; faites-la cuire pendant huit heures en mouillant avec de l'eau et du bouillon, jusqu'à ce que la hure baigne; ajoutez un bouquet garni, ognons, racines, sel, poivre, trois gousses d'ail, six clous de girofle, muscade, thym, laurier et basilic. Lorsque la hure sera cuite, laissez-la refroidir, retirez-la, et servez comme gros entremets froid sur une serviette.

Quelques praticiens remplacent le bouillon par du vin blanc pour mouiller.

Porc frais à la broche (rôt).

Prenez une échinée de cochon, coupez-la en carré, en lui laissant l'épaisseur d'un doigt de graisse, salez-la fortement, et piquez dans sa chair des feuilles de laurier que vous retirerez au moment d'embrocher. Laissez-la ainsi au moins vingt-quatre heures. Mettez-la à la broche, laissez cuire environ deux heures, et servez pour rôt ou pour entrée avec une sauce piquante.

Filet de cochon rôti (rôt).

Même préparation que ci-dessus.

Côtelette de porc frais à la sauce (entrée).

Coupez et parez des côtelettes de porc, et n'y laissez point une trop grande quantité de graisse; après les avoir aplaties, on les fait griller, et on sert dessous une sauce piquante, une sauce Robert, une sauce tomate ou une sauce aux cornichons. On peut les faire mariner avant de les faire griller.

Rognon de cochon au vin blanc (entrée).

Même préparation que pour les *rognons de mouton au vin de Champagne* (Voyez page 205).

Pieds de cochon à la Sainte-Ménehould (entrée).

Coupez chaque pied en deux, après l'avoir bien nettoyé; remettez les deux morceaux l'un contre l'autre avec une petite barde de lard entre. Enveloppez chaque pied séparément dans une bande de toile serrée et liée par les deux bouts; mettez-les dans une marinade avec de l'eau, du sel, bouquet garni et deux ou trois gousses d'ail, poivre en grain, clou de girofle, thym, laurier, carottes, ognons et une demi-bouteille de vin blanc; faites cuire six heures au moins, laissez refroidir à moitié, défaites les bandes; panez les pieds, faites griller d'une couleur dorée, et servez sans sauce, avec un moutardier.

Pieds de cochon truffés (entrée).

Fendez en deux les pieds, et faites-les cuire pendant cinq à six heures avec sel, poivre, bouquet garni, carottes, ognons et clous de girofle. Lorsqu'ils seront cuits, vous en séparerez les os, puis vous ferez une farce avec un peu de tétine de veau cuite, des débris de veau ou de volaille également cuits, quatre jaunes d'œufs, poivre, sel, muscade et parures de truffes. Après avoir placé sur la table autant de morceaux de toilette de porc que vous voulez avoir de pieds, vous y étendrez une couche de farce, puis une couche de pieds, et ainsi de suite, en donnant une forme allongée à vos pieds farcis ; vous les recouvrirez ensuite de la toilette et les ferez cuire sur le gril ; servez sans sauce.

Jambon (sa cuisson).

Nettoyez votre jambon, sans altérer la couenne. Faites-le dessaler à grande eau plus ou moins de temps suivant qu'il est vieux ou nouveau, enveloppez-le dans un linge blanc, et placez-le dans une marmitte profonde, avec thym, laurier, ail, gros bouquet de fines herbes, une douzaine d'ognons et autant de carottes, quatre ou cinq clous de girofle et vingt-cinq à trente grammes de salpêtre, pour donner une belle couleur à la viande. Mouillez avec de l'eau, et ajoutez-y, si vous le voulez, une bouteille de vin rouge ou blanc. Faites cuire cinq ou six heures à petit feu ; laissez refroidir le jambon dans son bouillon. Retirez, ôtez légèrement la couenne, sans endommager la graisse, sur laquelle vous mettrez du persil haché avec de la chapelure pour le service pour rôt. Autrement il ne faut pas en mettre, car cela fait aigrir le jambon que l'on garde.

Nous ferons remarquer qu'en supprimant le salpêtre et le vin, le bouillon de la cuisson peut être utilisé pour une bonne soupe, en y faisant cuire un chou une fois le jambon retiré.

Jambon paré (entrée).

Lorsque le jambon est cuit, enlevez toute la couenne du dessus et ne conservez que celle recouvrant les côtés ; étendez dessus une légère couche de saindoux sur laquelle vous formez des dessins avec de la nonpareille de différentes couleurs et des fines herbes, puis on découpe des tranches de gelée que

l'on place symétriquement et avec goût ; le manche est orné de papier découpé.

Jambon rôti.

On prépare le jambon comme ci-dessus en ne le faisant cuire que trois heures ; lorsqu'il est dessalé, on le met dans une terrine avec des ognons, des carottes coupées en rouelles, feuilles de persil, laurier, thym ; on mouille avec du vin blanc et on laisse mariner au moins vingt-quatre heures dans la terrine bien fermée. On embroche alors le jambon, on l'arrose avec sa marinade ; quand il est cuit on le débroche, on enlève la couronne et on le couvre de chapelure.

Jambon rôti au madère garni d'épinards. (Broche, grosse pièce du 1er service).

Choisissez un jambon de Bayonne ; faites-le dessaler, s'il est nouveau, pendant douze heures, et pendant vingt-quatre s'il est vieux, après avoir enlevé la palette, parez largement le dessous et les côtés; enlevez la couenne en n'en laissant qu'un cercle autour et près du manche. Embrochez-la; fixez-le avec un hâtelet. Préparez dans une terrine de la farine délayée avec de l'eau, pour en former une pâte mollette de la consistance d'une pâte à frire. Ayez de grandes feuilles de papier graissé; enveloppez-en le jambon, superposez-les en les collant chaque fois pour avoir une épaisseur de trois millimètres; réunissez les bouts contre la broche, attachez-les en les serrant fortement avec une ficelle, et masquez-les avec de la pâte. Faites cuire devant un feu vif; trois heures après, faites un trou de deux centimètres de diamètre, et mettez dedans un demi-verre de madère; bouchez le trou avec un morceau de pâte. Réitérez quatre fois cette opération à dix minutes d'intervalle; un quart-d'heure après, enlevez le papier, glacez le jambon avec une glace allongée; retirez le feu pour lui donner un peu de couleur; glacez, débrochez, placez-le sur son plat garni d'une légère couche d'épinards; mettez-lui une manchette, et faites suivre les épinards au jus.

Jambon d'York au macaroni (broche, grosse pièce du 1ᵉʳ et du 2ᵉ service).

Se fait de même que le précédent; mais on remplace le madère par du vin blanc, et on le sert avec du macaroni au parmesan. Une heure de plus de cuisson si le jambon est fort.

Cochon de lait rôti (rôt).

Lorsque le cochon de lait est bien échaudé, vidé

et troussé, mettez-le à la broche et arrosez-le souvent avec de l'huile pour que la peau soit croquante. Servez en sortant de la broche, car ce rôti perd toutes ses qualités en se refroidissant. On le frotte à l'intérieur de beurre pétri avec des fines herbes hachées, sel, poivre et muscade. On cisèle légèrement la peau de la tête, des épaules et des cuisses pour l'empêcher de crever.

On peut avec les restes d'un cochon de lait rôti, faire une blanquette de la même manière que celle de veau.

Manière de faire le boudin (hors-d'œuvre).

Faites cuire de l'ognon haché avec un peu d'eau et de la panne. Quand il est bien cuit et réduit en purée, mettez-le dans trois litres de sang dont deux de cochon, et un de veau, ajoutez-y le quart de crème et de la panne que vous couperez en dés. Assaisonnez de sel, d'épices mêlées. Maniez le tout ensemble, afin de bien en opérer le mélange, et l'entonnez dans des boyaux bien propres et non troués. Il ne faut pas trop les remplir, afin qu'ils ne crèvent pas en cuisant; ficelez les deux bouts du boyau, mettez vos boudins dans un chaudron où il y a de l'eau bouillante, mais ils ne doivent pas bouillir. Avant de les mettre dans l'eau, piquez-les légèrement avec une épingle. Laissez-les cuire pendant un quart d'heure, et assurez-vous qu'ils sont cuits en les piquant de nouveau, et en les pressant légèrement ; si le sang n'en sort plus la cuisson est faite.

Lorsqu'ils seront froids et que vous voudrez les

servir, faites-les griller sur un feu qui ne soit pas trop vif, après les avoir piqués avec une fourchette ou une lardoire; servez chaud avec un moutardier.

Boudin blanc (hors-d'œuvre).

Faites cuire dans du saindoux, sans les laisser roussir, des ognons coupés en très-petits dés. Ajoutez-y de la mie de pain bouillie dans du lait et bien égouttée. Hachez les chairs d'une volaille cuite à la broche avec une quantité égale de panne, réunissez le tout, et pilez-le, afin de mieux mêler ces ingrédients; mettez-y un demi-litre de bonne crème, six jaunes d'œufs crus, du sel et des épices; le tout étant bien mélangé, versez dans les boyaux; ne les remplissez pas entièrement, de crainte qu'ils ne crèvent; liez-les solidement, et faites cuire dans de l'eau bouillante. Faites-les ensuite griller après les avoir piqués, et servez.

On peut remplacer la viande de volaille par toute autre viande blanche comme celle de veau préalablement cuite. Il importe que les jaunes d'œufs soient bien mêlés; ce sont eux qui par la cuisson donnent de la consistance au boudin.

On peut aussi faire des *boudins blancs en maigre* en faisant cuire les ognons avec du beurre, et remplaçant par des chairs de poisson cuit et d'écrevisses, celles de volailles. Toute la préparation est la même.

Fricassée de boudin noir à la lyonnaise.

Faites roussir dans du beurre, à la poêle, une

certaine quantité d'ognons coupés en rouelles. Lorsqu'ils sont roux, retirez-les. Faites cuire également dans la poêle vos bouts de boudin, avec des tranches minces de foie et du mou coupé en morceaux. Quand le tout est presque cuit, ajoutez vos ognons, sautez la fricassée pour bien mélanger, et quelques instants après, servez chaud avec un moutardier.

Saucisses (hors-d'œuvre).

Prenez de la chair de porc où il y ait plus de gras que de maigre, hachez-la, mettez-y persil et ciboules, aussi hachés, poivre, sel et épices ; entonnez le tout dans des boyaux de porc ou de veau, liez-en les extrémités, et faites cuire sur le gril à petit feu. Pour les saucisses plates, on emploie, au lieu de boyau, une crépine ou coiffe de porc frais. On peut varier le goût des saucisses en y mettant des truffes ou des champignons hachés.

Saucisses aux pommes (hors-d'œuvre).

Faites revenir une douzaine de saucisses longues avec un bon morceau de beurre ; retirez-les du feu lorsqu'elles seront cuites. Prenez cinq ou six pommes de châtaignier, ou toute autre pomme un peu acide, pelez-les, ôtez-en les pépins, coupez-les par rondelles, et faites-les cuire dans le jus de vos saucisses. Dressez-les dans un plat, mettez vos saucisses dessus et servez.

OBSERVATION. Les saucisses et crépinettes cuites comme ci-dessus, peuvent être servies sur toutes espèces de légumes, comme pomme de terre, haricots, salsifis, purée de toute sorte, etc. On verse sur la garniture le jus qu'elles ont fourni en cuisant. Les ragoûts ou garnitures qui accompagnent sont cuits à part. On sert pour entrée les saucisses ainsi garnies.

Gâteau de foie de cochon, dit fromage d'Italie.
(entrée).

Prenez un kilogramme de foie de porc, hachez-le très-fin avec trois quarts de kilogramme de panne. Ajoutez-y une échalotte, un ognon, une gousse d'ail, une demi-feuille de laurier, un peu de thym et quelques champignons, que vous hachez également ; assaisonnez de sel et d'épices. Le tout bien mêlé, beurrez le fond et le tour d'un moule ou d'une casserole ; garnissez-le de coiffe de porc et de panne taillée bien mince ; mettez-y votre hachis, que vous presserez bien, et faites cuire environ deux heures sous le four de campagne.

Fromage de cochon (entrée).

Prenez une tête de cochon bien désossée, levez toute la chair et le lard que vous coupez en filets minces. Faites de même pour les oreilles. Assaisonnez le tout avec sel fin, poivre, thym, laurier, basilic, clous de girofle et muscade râpée, deux gousses d'ail, quatre échalottes hachées, et une demi-poignée de feuilles de persil entières. Mettez la peau de la hure dans une casserole ronde ; arrangez-y tous vos filets de viande en mélangeant bien le gras et le maigre, et en semant votre persil. Cousez ensuite la couenne pour la bien fermer ;

enveloppez le tout d'un torchon que vous serrerez fortement avec de la ficelle, en sorte que le tout soit bien comprimé. — Mettez votre fromage dans une marmite de la même grandeur, pour le faire cuire durant six heures, avec un litre de vin blanc, bouillon, ognons, racines, thym, laurier, basilic, une gousse d'ail, sel, poivre et épices. Lorsqu'il sera cuit, vous le laisserez refroidir et servirez. On peut aussi le considérer comme gros entremets;

Oreilles de cochon (entrée).

Après les avoir flambées et bien nettoyées, faites-les cuire dans une braise, et servez-les sur une purée ou avec une sauce d'un goût relevé.

Cervelles et rognons.

Les *cervelles* et *rognons* de cochon peuvent recevoir les mêmes préparations que ceux de veau.

Queues de cochon à la purée (entrée).

On les prépare de la même manière que les oreilles, et on les sert également sur une purée.

Langue fumée et fourrée (hors d'œuvre).

Otez la première peau et le plus gros du cornet, lavez la langue à l'eau froide, et mettez-la tremper pendant huit jours dans deux litres d'eau, avec sel, salpêtre, laurier, thym, genièvre et gros poivre. Faites-la entrer dans un boyau bien nettoyé, et fumer à la cheminée. Faites-la cuire de la même manière que le jambon. Si vous voulez la vernir vous la frotterez de caramel.

Cervelas (hors-d'œuvre).

Prenez de la chair de porc frais entrelardée, et du lard gras, que vous hacherez; ajoutez-y poivre, sel, muscade, épices. Entonnez le hachis dans un boyau dont vous ficellerez les extrémités. Suspendez pendant trois jours vos cervelas dans la cheminée, puis faites-les cuire durant trois heures dans de l'eau, avec ail, thym et laurier. Les *saucissons* se préparent de même.

Andouilles (déjeuner).

Après avoir vidé et nettoyé les boyaux les plus gros et les plus gras du cochon, faites-les dégorger à l'eau fraîche pendant 24 heures. Égouttez et essuyez-les, puis choisissez les boyaux en meilleur état pour fourrer les andouilles, coupez les autres en filets de 25 centimètres environ, ajoutez du lard maigre coupé aussi en filet, de la panne hachée en petits morceaux, sel, poivre, persil, échalotes ; laissez mariner le tout pendant six heures et mettez-le dans un boyau que vous lierez ensuite par les deux bouts. Faites cuire pendant cinq heures à très-petit feu dans une marmite avec du lait et de l'eau assaisonnée de sel, thym, laurier, basilic. Il faut les laisser refroidir dans leur cuisson, on les fait ensuite griller pour les servir en hors-d'œuvre.

Petit salé.

La recette suivante convient particulièrement aux personnes qui habitent la campagne, et qui élèvent un porc.

Votre cochon étant tué, prenez-en la poitrine et le dessous du ventre[1] que vous couperez en morceaux convenables. Remplissez d'eau une marmite de fonte, et mettez-y un œuf qui ira à fond. Lorsque l'eau sera en ébullition, jetez-y du sel jusqu'à ce que l'œuf monte à la surface. Retirez la marmite du feu, et lorsque la saumure sera refroidie, versez-la dans le saloir où vous mettrez vos morceaux de lard, qui doivent être recouverts par cette saumure. Si les morceaux revenaient à la surface, tenez-les enfoncés au moyen de cailloux que vous aurez lavés d'avance. Couvrez votre saloir de manière à ce que l'air n'y pénètre pas, et placez-le en lieu frais pendant les chaleurs.

Au bout d'une quinzaine de jours, la préparation du petit salé est terminée, et vous pouvez en faire usage.

Il se conservera un temps considérable, si vous avez soin, chaque fois, de bien recouvrir le saloir et de ne prendre que les morceaux de dessus, sans toucher à ceux de dessous.

Un soin indispensable est d'examiner si le saloir est bien propre et n'exhale aucune mauvaise odeur, avant d'y verser la saumure. Dans le cas contraire, il faudrait le purifier en le lavant à plusieurs reprises avec de l'eau bouillante.

On fait cuire le petit salé à part dans de l'eau. On le sert ordinairement avec des choux que l'on met dans l'eau où a cuit le petit salé. On le dresse également sur de la choucroûte ou sur des purées.

---

[1] Le porc anglo-chinois ou le porc tonquin, étant plus petit et généralement moins gras, peut être mis en entier en petit salé.

Du Sanglier.

Le sanglier se prépare en général comme le cochon. Voici un moyen indiqué par le célèbre Beauvilliers pour donner au porc le goût et l'apparence du sanglier.

Mettez mariner, pendant huit jours, les chairs de cochon dans un mélange de moitié eau et moitié fort vinaigre, avec tranches d'ognons, gousses d'ail coupées en deux, graines de genièvre, sel, poivre, girofle, muscade, gingembre, quelques branches de mélilot, de menthe poivrée, et du brou de noix. Pour réussir parfaitement, il faut que le cochon soit jeune et pas trop gras.

Hure de sanglier.

Voyez hure de cochon, page 211.

Filet de sanglier (entrée).

Coupez votre filet par tranche d'un doigt d'épaisseur; faites-les mariner pendant vingt-quatre heures (*Voyez* p. 8.) Mettez dans une casserole un bon morceau de beurre avec persil, ciboule, pointe d'ail, thym, basilic hachés très-fin; placez dessus vos filets; faites cuire lentement; la cuisson achevée, dégraissez la sauce, et servez avec des cornichons.

Quartier de sanglier (relevé).

Désossez à moitié un quartier de sanglier; faites-le mariner (*Voyez* p. 8) deux ou trois jours, piquez-le ensuite de lardons fins; faites-le braiser. Quand il est cuit, ajoutez à la cuisson dégraissée plusieurs cuillerées de jus, et servez chaud.

QUATRIÈME PARTIE.

GIBIER A PLUMES. GIBIER A POILS.

CHAPITRE PREMIER.

DU GIBIER A POIL.

Du Cerf.

La chair du cerf qui a plus de trois ans, est dure et coriace. Ce n'est donc que de celle des jeunes dont on doit faire usage, et surtout de ceux qui vivent dans les parcs, parce qu'elle est plus grasse. Il convient toutefois de la faire mariner (*Voyez* p. 8) et de la piquer de lard.

Cerf rôti (rôt).

On met à la broche la longe ou l'épaule préalablement piquée de lardons assaisonnés et marinés. On arrose avec la marinade. On recueille ce qui est tombé dans la lèchefrite, on y ajoute un roux de beurre et de farine, des câpres, un jus de citron, et on sert dans une saucière avec le rôti.

Cerf en civet (entrée).

On le prépare comme celui de lièvre, et on emploie pour le faire des morceaux de chair piqués de lardons, et d'une grosseur à peu près pareille.

Filets de cerf (entrée).

Lardez de lardons fortement assaisonnés un morceau de chair de cerf que vous avez fait mariner. Mettez-le à la casserole avec du beurre, et faites prendre couleur des deux côtés. Mouillez avec moitié bouillon et moitié vin rouge, ajoutez : sel, poivre, bouquet garni, champignons en morceaux ou truffes selon la saison. Faites cuire. Faites à part un roux, écrasez-y des filets d'anchois, joignez-le à la cuisson dont vous retirez le bouquet garni. Au moment de servir ajoutez un jus de citron. La sauce doit être fortement assaisonnée.

Chevreuil.

La chair du chevreuil jeune est assez tendre pour n'exiger aucune préparation préliminaire ; mais il faut faire mariner les diverses parties avant de les faire cuire, lorsque l'animal a plus de trois ans. Il doit rester quarante-huit heures dans sa marinade. Comme la chair est sèche, il est toujours bien de la piquer de lardons assaisonnés.

Chevreuil en civet (entrée).

Il se prépare absolument comme le civet de lièvre. On y emploie des morceaux de poitrine et d'épaule qu'on coupe d'égale grosseur.

Quartier de chevreuil à la broche (rôt).

Levez la peau de dessus, piquez les chairs de lard fin et mettez-le deux jours dans une marinade. Au bout de ce temps, retirez-le, laissez-le égoutter, cuisez-le à la broche, et servez sur une sauce poivrade, ou toute autre, très-relevée.

Filets et côtelettes de chevreuil (entrée).

Parez vos côtelettes et filets ; piquez-les de lard ; faites-les mariner comme ci-dessus, et faites-les cuire avec deux cuillerées de bouillon, ognons, bouquet garni, tranches de carottes. La cuisson finie, laissez-les glacer dans leur fond, et servez avec une sauce poivrade ou piquante.

On peut préparer les filets de chevreuil, comme les *filets de cerf*.

Daim.

Toutes les préparations indiquées pour le cerf et le chevreuil conviennent au daim.

Lièvre et Lapin.

Les lièvres des montagnes sont de beaucoup préférés à ceux des plaines et surtout des terrains marécageux, et lorsqu'ils ont été bien courus à la chasse, ils n'en sont que meilleurs. Les levrauts, ainsi que les lapereaux de garenne, se distinguent des lièvres à une petite tumeur, grosse comme une lentille, qu'ils ont aux pattes de devant au-dessus de la jointure et en dehors ; on peut aussi les distinguer en écartant les deux oreilles l'un de l'autre, si la peau se relâche facilement c'est un signe de jeunesse. Pour s'assurer si il a un bon fumet, il faut sentir, en le flairant au ventre, une odeur aromatique.

Lièvre ou levraut à la broche (rôt).

C'est ordinairement le râble et les cuisses du lièvre qu'on fait rôtir, le devant étant préférable en civet. Piquez de lard toutes les parties charnues, et laissez tout au plus une heure à la broche, en arrosant souvent. La sauce se fait en pilant le foie, qu'on fait revenir avec un morceau de beurre et quelques échalotes hachées très-fin. On mouille avec du vin blanc et du bouillon. On ajoute sel, poivre et vinaigre ou mieux du jus de citron, et le sang qu'on a dû recueillir à part.

Lièvre mariné à la broche (rôt).

Après l'avoir dépouillé et vidé, vous ôtez une seconde peau ou pellicule qui est sur les filets et les cuisses, et vous le faites mariner pendant au moins vingt heures. La cuisson et la sauce se font de la même manière que ci-dessus.

Civet de lièvre (entrée).

Faites fondre du beurre dans une casserole; faites-y revenir du petit lard coupé en dés; retirez-le quand il est roux; faites prendre couleur à des ognons blancs, retirez-les; passez au beurre vos morceaux de lièvre; quand ils sont revenus, ajoutez une forte pincée de farine, faites un roux, mouillez avec un peu de bouillon; remettez votre lard, vos ognons, des champignons, des culs d'artichaut, des mousserons, un panais coupé en morceaux et un bouquet garni. Mouillez avec assez de bouillon et de vin rouge pour que le tout soit bien couvert; faites bouillir à grand feu pour opérer la réduction; goûtez la sauce; si elle en a besoin, ajoutez sel et poivre. Écrasez le foie dans un peu de sauce, mêlez-y le sang, versez le tout dans la casserole, ajoutez, avant de servir, un morceau de beurre manié de farine en plus ou moins grande quantité, suivant l'état de la sauce, et servez. On peut parer un civet avec quelques écrevisses.

Lièvre en daube (entrée).

Piquez de lard un lièvre, que vous aurez désossé, roulez-le de manière à lui donner une forme cylindrique, ficelez-le, faites-le cuire dans une daube, et servez-le chaud avec le jus de la cuisson dégraissé, ou froid paré de gelée.

Lièvre haché en terrine (entrée).

Désossez un lièvre, hachez-le avec un bon morceau de porc frais, un peu de veau, persil et ciboule. Ajoutez poivre, sel, thym et laurier. Prenez une terrine à pâté, garnissez-en le fond et les côtés de bardes de lard; mettez-y votre hachis, dans lequel vous introduirez quelques morceaux de lard gras, mouillez avec un peu d'eau-de-vie, couvrez avec des tranches de lard, fermez avec le couvercle, ayant soin de couvrir les bords avec de la pâte. Il faut quatre heures de cuisson au four.

Lièvre au chaudron (entrée).

Prenez un lièvre encore chaud; dépecez-le comme pour un civet. Recueillez le sang, mettez-le dans un chaudron avec le lièvre, cent vingt-cinq grammes de lard coupé en morceaux, un gros bouquet garni, un ognon, peu de sel, force poivre, un litre et demi de bon vin rouge très-spiritueux; accrochez le chaudron à la crémaillère, sur un feu clair et de bois sec, qu'il entoure le chaudron, et qu'au premier bouillon le vin s'enflamme; quand il a cessé de brûler, roulez légèrement un ou deux hectogrammes de beurre dans la farine, et ajoutez-le à votre lièvre; laissez diminuer la sauce; il ne faut qu'une demi-heure en tout.

Pâté de lièvre ou de lapin (entrée).

Ce pâté se fait de la même manière, qu'il soit de lièvre ou de lapin.

Désossez un lièvre, coupez-le par membres, et lardez partout; mettez-les dans un petite marmite ronde, avec sel, poivre, persil, ail et ciboules hachés, un demi-verre d'eau-de-vie, un verre de vin blanc et un bon morceau de beurre. Faites cuire à petit feu. Lorsqu'il sera cuit, dressez le lièvre dans le plat où vous devez servir, de manière qu'il ne paraisse faire qu'un seul morceau qu'on donne comme entremets froid.

Si vous voulez qu'il ait une croûte, préparez-le de la même manière, faites cuire pendant une demi-heure, et achevez comme il est dit à la PATISSERIE, article *pâte ferme*.

Levraut sauté (entrée).

Coupez votre levraut par morceaux, faites-le sauter avec du beurre dans une casserolle, jusqu'à ce qu'il ait pris couleur, sur un feu vif. Mettez-y champignons, poivre, sel, persil et ciboules hachés, et un peu de farine; mouillez avec un demi-verre de bouillon, un peu de vin blanc, et servez

Levraut rôti (rôt).

Videz et dépouillez plusieurs levrauts, retranchez-en les cuisses et les épaules, coupez-les carrément et d'une seule pièce, bardez-les et mettez-les à la broche en les maintenant avec des hâtelets. Une fois cuits, servez-les sans sauce sur un plat garni de quartiers de citrons.

Lapin en gibelotte (entrée).

Votre lapin étant dépouillé et vidé, coupez-le en morceaux. Mettez dans une casserole cent vingt-cinq grammes de beurre frais, passez-y des carrés de petit lard que vous retirerez après; faites revenir votre lapin, ajoutez-y ensuite une cuillerée de farine pour faire un roux, jetez-y votre petit lard, des petits ognons, des champignons, un bouquet garni, du poivre et du sel; mouillez avec du bouillon, et une demi-heure avant de servir, ajoutez un bon verre de vin rouge; faites aller à petit feu jusqu'à ce que la sauce soit réduite convenablement; dégraissez votre sauce, retirez le bouquet, et servez.

Le vin n'est pas rigoureusement nécessaire pour une gibelotte. On peut le remplacer par de l'eau et un filet de bon vinaigre.

Lapin rôti (rôt).

On fait rôtir le râble du lapin de la même façon que celui du lièvre. On peut le servir avec une poivrade ou une sauce piquante.

Lapereau sauté (entrée).

Il se fait de la même manière que le levraut sauté.

Lapereau à la Marengo (entrée).

Mettez de l'huile dans une casserole, et posez votre lapereau préparé comme pour une gibelotte, ajoutez sel, poivre, gousse d'ail et un peu de laurier; faire cuire sur un bon feu, pendant un quart d'heure, ne laissez d'huile que ce qui est nécessaire, liez la sauce avec un peu de beurre mêlé de farine, ajoutez quelques champignons et un jus de citron.

Lapereau à la tartare (entrée).

Faites mariner (Voyez p. 8) un lapereau désossé et coupé en morceaux, panez, faites cuire sur le gril ayant soin d'arroser avec le restant de la marinade, et servez avec une sauce tartare.

Lapereaux en papillote (entrée).

Prenez deux lapereaux, coupez-en les membres, après les avoir dépouillés, faites-les mariner trois ou quatre heures dans de l'huile avec persil, ciboule, une pointe d'ail, champignons bien hachés, poivre et sel. Garnissez chaque morceau avec cet assaisonnement et une barde de lard; enveloppez-le de papier blanc bien beurré en dedans, faites cuire sur le gril, et servez avec le papier.

NOTA. — Les préparations qui précèdent s'appliquent au lapin de garenne, comme au lapin de clapier.

CHAPITRE II.

DU GIBIER A PLUMES.

Faisan rôti (rôt).

Le faisan sert ordinairement pour rôt. On le pique de petit lard après l'avoir vidé, et on le met à la broche. On peut également le garnir d'une barde de lard, et surtout quand c'est une femelle. On l'accompagne souvent d'une sauce poivrade ou d'une sauce au verjus, avec poivre et sel, ou simplement d'un jus de citron. Le jeune faisan est parfaitement tendre, mais la chair est dure et sèche lorsqu'il est vieux. On reconnaît qu'il est jeune lorsque son ergot n'est encore qu'en bouton. Si le faisan n'a pas été attendri plusieurs jours, il n'a pas plus de goût qu'un poulet. C'est donc le point où il est faisandé qui fait son plus grand mérite auprès des amateurs. Pour nous, nous conseillons de le faire faisander au même degré que tous les autres gibiers. On peut le farcir, et les marrons rôtis, les champignons, les mousserons et surtout les truffes passés au beurre sont une addition très-estimée de la farce. Toutes les préparations que reçoivent les perdrix lui sont complétement applicables.

Coq de bruyère.

Se prépare comme le faisan.

Perdreaux et Perdrix.

La perdrix rouge est plus estimée que la perdrix grise dans les pays où elle est plus rare, dans ceux au contraire où elle est plus abondante, la perdrix grise est plus recherchée, ce qui nous prouve que leur mérite est à peu près égal.

Les vieilles perdrix ne peuvent guère être mangées qu'en ragoût, pour rôtir il faut des perdreaux, on les reconnaît en ce qu'ils ont la première plume de l'aile pointue, le bec noir et les pattes plus noires que celles de leur mère. On peut encore les reconnaître à leur bec que l'on pince en soulevant et suspendant la perdrix, s'il ploie elle est jeune. Généralement le perdreau ne doit être mangé que quelques jours après avoir été tué.

Perdrix à la broche (rôt).

Après l'avoir plumée et vidée, on la pique très-fin et on la met à la broche, en prenant garde de la laisser trop cuire. On peut la barder au lieu de la piquer.

Perdrix farcies et rôties (rôt).

On fait une petite farce de leurs foies avec du lard râpé, persil, ciboules hachés et un peu de sel; mettez cette farce dans leurs corps, cousez l'ouverture, troussez les pattes sur l'estomac, en les bridant avec du gros fil, et mettez à la broche avec bardes de lard et papier beurré. On peut mêler à la farce une truffe hachée.

Perdrix à l'étouffade (entrée).

Mettez dans une casserole, des bardes de lard,

des ognons, des carottes, bouquet garni, bouillon, un verre de vin blanc, sel et poivre. Placez-y vos perdrix dont vous aurez troussé les pattes en dedans; faites cuire à petit feu, et servez avec le jus de la cuisson, après l'avoir dégraissé et passé.

Perdrix à la purée (entrée).

Faites cuire comme la précédente, et dressez sur une purée de pois, de lentilles, etc.

Perdrix aux choux (deux) (entrée).

Vos deux perdrix étant flambées, vidées et troussées, mettez dans le fond d'une casserole des bardes de petit lard blanchi, un cervelas, les perdrix dessus, et ajoutez ensuite quelques ognons, une carotte, un bouquet garni et deux clous de girofle. Faites blanchir un chou frisé, ou de Milan, dans une petite marmite. Lorsque votre chou sera à moitié cuit, faites-le égoutter et mettez-le sur les perdrix; couvrez le tout de bardes de lard et d'un rond de papier beurré; mouillez avec deux cuillerées à pot de bouillon, faites cuire à feu doux dessus et dessous pendant deux heures, et une heure de plus si les perdrix sont vieilles. Quand vous voulez servir, pressez les choux, égouttez les perdrix, débridez-les et dressez-les sur un plat, les choux à l'entour ainsi que le lard, le petit salé et le cervelas coupé par tranches. Faites-y, si vous voulez, une sauce en délayant avec un peu de jus ou de bouillon, le fond de la casserole où ont cuit les perdrix, en y ajoutant un petit roux.

Autre manière.

Faites jeter quelques bouillons à votre chou. Faites revenir dans une casserole avec un peu de beurre des tranches de saucisson cru, des saucisses et des bardes de lard. Retirez-les sauf deux bardes que vous laissez au fond de la casserole. Rangez dessus un lit de choux bien égoutté, puis des saucisses, des tranches de saucisson, et des bardes. Faites ainsi alternativement jusqu'à ce que vous ayez employé les choux et la viande préparés. Ajoutez çà et là quelques rouelles de carottes, un bouquet garni, du poivre et peu ou point de sel. Couvrez d'un papier beurré et d'un couvercle; faites cuire lentement; faites revenir dans une casserole vos deux perdrix entières avec un peu de beurre. Quand elles sont revenues, mouillez avec quelques cuillerées de jus. Faites cuire à l'étouffée. Quand tout est prêt, ôtez votre bouquet garni, renversez votre casserole de choux sur un plat. Posez dessus vos deux perdrix et versez sur les choux le jus de leur cuisson.

Perdreaux à la crapaudine (entrée).

On les prépare de la même manière que les pigeons.

Perdreaux à la maître-d'hôtel (entrée).

Fendez en deux des perdreaux, sans séparer les morceaux, aplatissez-les et faites mariner; faites-les griller, servez avec du beurre manié de persil et un jus de citron.

Perdreaux au gratin (entrée).

Découpez des perdreaux rôtis de la veille, et faites-les chauffer dans un peu de bouillon avec persil, poivre, sel et un filet de vinaigre. Puis mettez dans un plat qui aille sur le feu, un morceau de beurre, sel et poivre, persil, échalotes hachés, et une bonne poignée de chapelure ; mettez vos perdreaux dessus, saupoudrez de chapelure ; faites gratiner sous le four de campagne, et servez chaud. On peut également servir avec une sauce aux truffes.

Salmis de perdreaux (entrée).

Mettez dans une casserole un morceau de beurre manié de farine, que vous laisserez fondre sans roussir ; ajoutez-y quelques lardons, deux échalotes entières, un bouquet garni, poivre et peu de sel. Mouillez avec un demi-verre de vin blanc, et autant de bouillon. Levez les membres et les filets de vos perdreaux rôtis de la veille, mettez-les chauffer dans cette sauce sans les faire bouillir ; retirez-les et dressez-les sur des tranches de pain grillées, en les arrosant de cette sauce, après avoir retiré les deux échalotes et le bouquet garni.

Ce salmis peut servir pour toute autre espèce de gibier à plumes et à poil.

Perdreaux à la chipolata (entrée).

Faites revenir des membres de perdreaux dans un roux de belle couleur, et mouillez avec un peu de vin blanc et de bouillon. Mettez-y ensuite des petits ognons déjà passés au beurre, du lard, des saucisses, des champignons, un bouquet garni, sel et poivre. Ajoutez quelques marrons grillés, et laissez cuire. Vous dresserez ensuite des croûtons frits, en petite quantité, autour de votre plat, avant de servir.

Perdreaux en papillotes (entrée).

Faites revenir dans le beurre des perdreaux coupés en deux, et retirez les. Hachez persil, échalotes, quelques champignons, et mettez ce mélange dans une casserole avec un peu de farine, sel, poivre et muscade. Mouillez-le avec du bouillon, faites-le réduire, et entourez-en les moitiés de perdreaux, que vous envelopperez d'un barde de lard, puis d'un papier huilé. Faites-les cuire sur le gril quinze à vingt minutes.

Perdreaux à la Périgueux (entrée).

Piquez préalablement les filets de vos perdreaux avec des morceaux de truffes taillés en forme de

clous de girofle; placez-les debout et tenant l'un contre l'autre au centre du plat, garnissez les intervalles de crêtes de coq, de champignons, de truffes. Couronnez le tout par une écrevisse, truffes et crêtes de coq embrochées dans un hâtelet. Glacez et masquez avec la sauce Périgueux.

Chartreuse de perdreaux (entrée).

Préparez vos perdrix et faites-les cuire comme il est indiqué pour les perdrix aux choux. Beurrez une timbale ovale, garnissez le fond et les bords avec du papier ; puis, avec les légumes de la marmite faites un dessin sur le fond, montez la timbale ainsi qu'elle est représentée dans le dessin, ou plus simplement en ne détaillant pas les bâtonnets. Coupez le petit lard en lames minces, enlevez la peau des saucisses que vous coupez en rondelles. Faites un lit de choux dans la timbale, pressez-le le plus possible sans détruire le dessin, placez dessus quelques tranches de petit lard et quelques parties de saucisse, puis les deux perdrix, les croupions tournés vers chaque bout de la timbale ; garnissez-les de choux sans laisser aucun vide ; recouvrez de petit lard et de saucisses, terminez par les choux ; recouvrez d'un ovale de papier et rabattez les bords dessus. Mettez la timbale dans une casserole d'eau bouillante jusqu'aux trois quarts de sa hauteur et maintenez-la sur l'angle du fourneau pendant une heure et demie sans ébullition. Enlevez la timbale, renversez-la sur un linge plié pour la faire égoutter ; retournez-la et démoulez-la sur son plat, après avoir enlevé le papier qui la recouvre dessus ; lorsqu'elle sera démoulée, enlevez adroitement tout le papier et masquez avec un peu de sauce; faites suivre le reste dans la saucière. Après l'avoir saucée, on peut garnir les bords supérieurs avec

une petite bordure de haricots verts, de choux-fleurs coupés ou de pointes d'asperges.

La solidité de la chartreuse dépend de la manière de la monter. Les choux doivent être bien pressés et bien tassés dans la timbale. On peut remplacer les perdrix par des pigeons, on fait également la chartreuse avec un caneton, en remplaçant les choux par de la laitue cuite dans les mêmes conditions.

Perdreaux aux truffes (entrée).

Faites revenir dans du beurre des truffes coupées en petits morceaux; assaisonnez de sel, poivre, girofle, muscade; préparez une farce avec du lard et des blancs de volaille pilés; ajoutez-y vos truffes en morceaux; mêlez bien le tout et introduisez cette préparation dans le corps de vos perdreaux, faites-les cuire sur un feu doux et servez-les avec une sauce aux truffes.

Mayonnaise de perdreaux (entrée).

Parez et dépecez les débris de perdreaux, disposez-les sur un plat; couvrez-les de sauce mayonnaise et décorez de croûtons frits, d'œufs durs, de gelées, de truffes, enfin de tout ce qui peut aider à leur donner un coup d'œil agréable.

Perdrix en salade (entrée).

Prenez des perdreaux rôtis, dépecez-les, parez-les et dressez vos morceaux sur des cœurs de laitue, œufs, cornichons, filets d'anchois et câpres. Assaisonnez comme une salade, et servez.

Gélinotte.

On la prépare comme les perdrix.

Bécasses et bécassines.

Elles s'accommodent et se servent comme les faisans. Lorsqu'on les fait rôtir, on ne les vide pas; seulement en les troussant on leur passe le bec au travers des cuisses en place de brochette. Pendant la cuisson, on place dessous des tranches de pain grillées, pour recevoir le jus qui tombe, et sur lesquelles on les sert. On en fait aussi des salmis de la même manière que les perdrix.

Pluvier, râle de genêt, et vanneau.

Ces trois sortes d'oiseaux se préparent comme la bécasse. Il faut supprimer la tête du râle de genêt.

Cailles.

Elles se servent cuites à la broche comme rôti. Après les avoir vidées et flambées, en en supprimant toutefois le gésier, on les enveloppe de feuilles de vigne, et d'une barde de lard par-dessus. Servez sur des croûtes de pain grillées.

Si vous voulez les servir comme entrée, faites-les

cuire dans une braise faite avec tranches de veau, bouquet garni, bardes de lard, un peu de beurre fin, très-peu de sel, un verre de vin blanc, et un peu de bouillon. Faites-les cuire à petit feu; quand elles sont cuites, retirez-les, et mettez dans leur cuisson un peu de jus ou de coulis, dégraissez la sauce, passez au tamis et servez les cailles dessus. Vous pouvez les accompagner d'écrevisses et de ris de veau, que vous aurez fait cuire avec les cailles.

Alouettes ou mauviettes.

On les cuit à la broche, bardées, et des rôties de pain dessous, comme pour les cailles; on ne les vide point.

Au lieu de les mettre à la broche, on les fait cuire avec un peu de beurre dans une casserole, et on les sert sur des croûtons qu'on arrose du jus de leur cuisson.

On les sert sautées aux fines herbes, et en matelote.

Étuvée de mauviettes (entrée).

Mettez dans une casserole du beurre manié de farine. Quand le roux sera fait, mettez-y vos mauviettes avec des petits ognons et des champignons; mouillez avec un verre de vin et autant de bouillon, ajoutez bouquet garni, ciboule, laurier, clous de girofle. Quand vos mauviettes seront cuites, retirez-les et placez-les sur des croûtons passés au beurre. Si la sauce est trop longue, passez-la, faites-la réduire, et servez sous vos mauviettes.

Becfigues, guignards, etc.

Tous les becfigues et petits oiseaux se préparent comme les mauviettes.

Grives rôties (rôt).

On les prépare *sans les vider*, et on les met à la broche enveloppées de feuilles de vigne, avec des rôties dessous dans la lèchefrite, pour en recevoir le jus. Elles sont très-bonnes cuites à la casserole comme les mauviettes.

Merle.

Il reçoit les mêmes préparations que la grive.

Canard sauvage, macreuse, poule d'eau, sarcelle.

Le canard sauvage, plus estimé que le canard domestique, est surtout destiné aux honneurs de la broche. La macreuse ayant la chair noire, dure et coriace, est peu recherchée, et, de même que la poule d'eau et la sarcelle, peut être préparée comme le canard.

Ramier et tourterelle.

Se préparent comme les pigeons.

CINQUIÈME PARTIE.

DE LA VOLAILLE.

Poulets.

On distingue quatre catégories de poulets : 1° Le *poulet à la reine*, qui est fin et délicat, le plus petit de tous ; on ne l'emploie que pour entrée et pour rôt ; 2° le *poulet gras*, plus fort et plus vieux, que l'on met néanmoins à la broche et dont on fait des galantines ; 3° le *poulet demi-gras* qui sert aux marinades et aux autres entrées ; 4° enfin le *poulet commun* dont on fait du bouillon, des fricassées, des quenelles, etc.

Poulet rôti (rôt).

Videz, flambez, ficelez votre poulet et mettez-le entre des bardes de lard. Embrochez-le et faites-le cuire. Dressez votre poulet sur du cresson de fontaine, saupoudrez-le de sel fin, et ajoutez un filet de vinaigre sur le cresson. On peut le servir au naturel.

Poulet sauté (entrée).

Choisissez de préférence un poulet à la reine, coupez-le par membres, et mettez-le dans une casserole sur un grand feu, avec un morceau de beurre, champignons, sel, poivre, un bouquet garni ; sautez votre poulet pendant dix minutes sans le quitter un instant. Mettez alors un peu de farine, que vous mêlerez bien avec le beurre; ajoutez un verre de bouillon mêlé de vin blanc, ou de bouillon seul ou d'eau, et remuez jusqu'au premier bouillon, retirez du feu, servez avec une liaison de jaunes d'œufs et de jus de citron.

Fricassée de poulet (entrée).

Prenez deux poulets communs, bien en chair, que vous videz, flambez et épluchez; coupez-les par membres et mettez-les tremper à l'eau froide pour dégorger et blanchir la chair; mettez-y aussi le foie après avoir ôté l'amer. Fendez le gésier pour le nettoyer; mettez les pattes sur la braise pour en ôter la peau, et coupez les ergots. Faites égouter vos poulets, et mettez dans une casserole un bon morceau de beurre et une cuillerée de farine, tournez jusqu'à ce que le beurre soit entièrement fondu; mouillez avec du bouillon ou un verre d'eau. Ajoutez un bouquet de persil, ciboule, deux clous de girofle, des champignons et des petits ognons blancs: achevez de faire cuire à petit feu. Le mouillement doit couvrir les membres du poulet. Quand la fricassée est presque cuite, s'il y a trop de mouillement, on presse le feu pour le réduire. Dans le cas contraire, on ajoute de l'eau ou du bouillon. Au moment de servir, faites une liaison de trois jaunes d'œufs; et mettez un jus de citron.

Poulet à la Villeneuve (rôt.)

Ayant vidé et flambé votre poulet, vous le remplissez d'une farce composée du foie de la volaille, chair à saucisse, lard gras, champignons (ou mieux truffes), fines herbes, le tout haché, avec poivre, sel, épices. Faites cuire votre poulet à la broche après l'avoir enveloppé de bardes de lard. Servez-le avec une sauce macédoine ou toute autre relevée.

Poulets à la sauce tomate (entrée).

Videz et flambez deux poulets ; retirez les os de l'estomac, mettez-y un morceau de beurre manié de gros poivre, sel et jus de citron ; supprimez les cous, bridez vos poulets et appliquez des tranches fines de citron sur leur estomac. Mettez-les dans une casserole, couvrez-les de bardes de lard et faites-les cuire, feu dessus et dessous, pendant une heure au plus. Débridez-les, et servez sur une sauce tomate.

Poulet aux truffes (rôt).

On le prépare, ainsi que la poularde, de la même manière que la dinde truffée. (Page 258).

Poulet à la tartare (entrée).

Il se prépare absolument comme le pigeon (page 262); seulement on supprime le cou et les pattes. Ce sont surtout les poulets à la reine qu'il faut préférer pour cet usage.

Poulet à l'estragon (entrée).

Hachez de l'estragon bien fin, maniez-le avec du beurre, et mettez-le dans le corps du poulet, que vous recoudrez. Mettez ensuite le poulet dans une casserole, où il doit baigner à moitié dans du bouillon, avec sel, carottes, deux ognons, lard, un clou de girofle, très-peu de thym.

Le poulet étant cuit, ôtez-le de la casserole et faites réduire à glace pour obtenir une sauce bien colorée que vous lierez avec de la fécule. Mettez-y des feuilles d'estragon grossièrement hachées, et servez votre poulet sur cette sauce, avec une garniture de feuilles d'estragon autour du plat.

Poulet à la Marengo (entrée).

Dépecez-le comme pour la fricassée; mettez-le dans une casserole avec cent vingt-cinq grammes d'huile et du sel fin. On y met en premier les cuisses, et, cinq minutes après, les autres membres. Il faut que le poulet cuise dans cette huile et prenne couleur. Un peu avant que le poulet soit cuit, on y met un bouquet garni. On peut y ajouter des champignons et même des truffes coupées en lames. Lorsque tout est cuit à point, on dresse le poulet sur le plat. On a préparé une sauce italienne composée de persil, échalotes, champignons hachés, gros comme une noix de beurre, un demi-verre de vin blanc et deux cuillerées de l'huile où a cuit le poulet. On fait chauffer cette sauce, et, en introduisant l'huile, on a soin de toujours la remuer pour qu'elle ne tourne pas, puis on la verse sur le poulet qu'on a tenu chaudement.

Poulets à la chevalière (entrée).

Découpez deux poulets avant de les faire cuire; enlevez à chacun les filets avec l'aile dont vous détachez le moignon; piquez-en deux avec du lard et

décorez les deux autres de palais de bœuf découpé; les autres petits filets sont garnis de tranches de truffes minces.

On pose au centre du plat les reins des poulets, puis les cuisses par dessus; les quatre filets des ailes sont placés aux quatre côtés, les autres filets se placent en rond au-dessus; les intervalles sont garnis de crêtes de coq, de champignons et de truffes entières.

On couronne l'édifice par des truffes, une écrevisse et une crête de coq enfilées dans un hâtelet.

Poularde, Chapon.

Poularde à la bourgeoise (entrée).

Troussez et préparez votre volaille, mettez-la l'estomac en-dessous dans une casserole avec un bon morceau de beurre, des carottes et des ognons coupés en tranches, thym, laurier et un peu de sel. Faites cuire à petit feu avec des cendres chaudes sur le couvercle; au bout d'une heure mouillez avec un verre de vin blanc. Lorsque la cuisson est terminée dégraissez la sauce, passez-la au tamis et servez-la sur la volaille.

Poule au riz (entrée).

C'est la meilleure façon d'accommoder une poule, qui, d'une autre manière, est souvent dure.

Votre poule étant vidée et troussée, vous la mettrez dans une casserole avec de l'eau, de manière qu'elle baigne entièrement, mettez du sel, un peu de thym et de laurier, clous de girofle, trois ognons, deux carottes, du lard gras coupé en morceaux. Quand la poule sera cuite aux trois quarts, vous ôterez les ognons et les carottes, puis vous joindrez à la poule un demi-kilogramme de riz bien lavé. Le riz étant cuit et ayant bu tout le mouillement, vous retirez la poule, que vous dresserez sur le riz.

Le coq peut s'accommoder de la même manière. Le coq et la poule sont excellents pour faire de bon bouillon pour les malades, et du consommé propre à donner du corps aux sauces et aux ragoûts.

On peut préparer une *poule au riz* en la faisant cuire dans le pot au feu. Faites, dans une casserole, revenir du lard coupé en petits morceaux, mettez-y votre poule, cent vingt-cinq grammes de riz, un bouquet garni, poivre, sel et mouillez avec du bouillon. A mesure que le riz crève, ajoutez du bouillon. Servez la poule sur le riz.

On fait, si l'on veut, cuire sa poule à part à la casserole, et le riz dans une autre casserole avec du bouillon. La poule doit cuire lentement et longtemps, avec un peu de beurre et deux cuillerées de bouillon, sel et poivre. Quand le tout est cuit, dressez votre poule sur le riz et arrosez-le avec le jus de la volaille.

Poule aux ognons (entrée).

Faites revenir du lard dans une casserole, retirez-le et remplacez-le par votre poule que vous avez vidée, flambée et troussée. Ajoutez-y de l'eau, ou mieux du bouillon, de manière à ce que la poule y baigne, avec sel, poivre, clous de girofle, thym et laurier. Remettez ensuite votre lard et laissez cuire quatre heures. Faites revenir et prendre couleur à quinze ou dix-huit petits ognons, ajoutez-les à votre poule une heure avant sa cuisson. Liez la sauce avec de la fécule, et servez votre poule entourée des ognons.

Poule en daube (entrée).

Après la poule au riz, la meilleure manière de tirer parti d'une vieille poule, est de la faire cuire en daube (Voyez oie en daube, page 268).

Chapon rôti (rôt).

On le prépare de la même manière que le poulet rôti (Voyez page 245).

Chapon au riz (entrée).

On l'accommode de même que la poule au riz (Voyez page 250).

Chapon au gros sel (entrée).

Votre chapon vidé, flambé et troussé, mettez-le cuire comme celui au riz. Frottez-le de jus de citron pour le conserver blanc lorsqu'il sera cuit. Vous ferez réduire le jus de la cuisson ; liez avec la fécule, et servez cette sauce sous le chapon.

Poularde rôtie, poularde au riz.

On les prépare de la même façon que le chapon.
La poularde peut se préparer de toutes les manières indiquées pour le poulet.

Poularde à la Montmorency (entrée).

Après avoir flambé et vidé la poularde, on en pique le dessus, et on la remplit avec des foies de volaille coupé en dés, du petit lard, le tout à moitié cuit à la casserole, des quartiers d'œufs ; puis on la coud ; on la fait cuire comme un fricandeau, et on la glace de même.

Préparations diverses de volaille.

Mayonnaise.

Prenez des morceaux de volailles rôties et froides dressez-les en rond sur un plat avec un cordon d'œufs durs, coupés en quatre, filets d'anchois, câpres, cornichons, fines herbes hachées, et, au milieu, mettez des cœurs de laitues. Le tout doit être disposé avec symétrie et goût.

Mettez deux jaunes d'œufs dans une terrine, avec un peu de jus de citron, poivre et sel. Mêlez bien, et ajoutez, par petites portions, deux cuillerées d'huile fine, en continuant de tourner. Le mélange étant bien fait, ajoutez encore un peu de jus de citron, et versez-le sur votre volaille froide.

On prépare de la même manière des mayonnaises de divers poissons, tels que truites, carpes, turbots. Tous les poissons d'eau douce peuvent être dressés en mayonnaise.

Si vous voulez la donner comme entrée en maigre, servez-la dans un plat avec une sauce composée d'huile fine, sel, gros poivre et filet de vinaigre, chauffée sans bouillir.

Marinade de volaille (entrée).

On mettra en marinade toute espèce de volaille et même des pigeons. Voici comment on prépare cette marinade :

Otez la peau d'un poulet, séparez-en les membres, faites-les dégorger dans l'eau froide, ainsi que les abatis; préparez une marinade composée de moitié vinaigre ou verjus et moitié bouillon, sel, poivre, persil, ciboules, ognons et une feuille de laurier. Mettez-y vos membres de volailles ou vos abatis, et tenez-les, pendant deux ou trois heures, sur de la cendre chaude, puis faites-les égoutter, trempez-les dans des œufs battus, roulez-les dans la farine, faites frire et servez avec garniture de persil frit.

Croquettes de volaille (entrée).

Faites fondre dans une casserole un bon morceau de beurre, joignez-y persil et champignons hachés; deux cuillerées de farine, sel, poivre et muscade; faites revenir et mouillez avec du bouillon et un peu de crème. Cette espèce de sauce doit être en consistance de bouillie. Coupez en petits dés les chairs de votre volaille, qui doit être cuite de la veille, mettez-les dans votre sauce ; laissez refroidir, faites-en des boulettes que vous panerez ; trempez les boulettes dans des œufs battus, et panez une seconde fois ; faites frire d'une bonne couleur, et servez avec garniture de persil frit.

On prépare de la même manière les *croquettes de veau*, *de lapereau* et de toute espèce de volailles.

Blanquette de volaille (entrée).

Elle se fait de la même façon que la blanquette de veau. (Page 186.)

Capilotade de volaille (entrée).

La volaille étant cuite de la veille, coupez-la par morceaux et mettez-la dans une casserole avec un roux, auquel vous joindrez un demi-verre de bouillon ; faites mijoter, et ajoutez, avant de servir, des tranches de cornichons.

Salade de volaille (entrée).

Prenez une volaille entière ou entamée, cuite de la veille, levez toutes les chairs en forme de filets ; arrangez symétriquement ces filets avec une laitue hachée qu'on met au fond du plat ou saladier ; arrangez d'autres laitues en compartiments avec des fournitures et des filets d'anchois. Assaisonnez comme les autres salades.

Les salades de gibier se font de la même façon.

Galantine de volaille (entremets).

Désossez une volaille, après l'avoir vidée et flambée ; enlevez les ailes, en commençant par le dos et en laissant le moins de chair possible sur la carcasse. Faites en sorte de ne pas endommager la peau qui doit rester adhérente aux chairs.

Préparez ensuite une farce de la manière suivante : Prenez 375 grammes (trois quarterons) de rouelle de veau, et autant de jambon ; hachez le tout, ajoutez-y du poivre, sel, épices, un œuf, et hachez de nouveau.

Étendez la peau sur un linge fin, mettez-y une couche de farce de deux doigts d'épaisseur, puis un lit de filets de volaille que vous aurez levés et mis à part, sur ce lit mettez une couche de truffes coupées en rouelles minces, puis un rang de tranches de langue à l'écarlate, et enfin un nouveau lit de farce. On continue ainsi jusqu'à ce que la volaille soit remplie. Après avoir placé le reste de la farce en dessus, on recoud la peau, de manière que la farce ne puisse s'échapper, et en conservant autant que possible, à la volaille, sa forme primitive.

Couvrez ensuite votre galantine de bardes de lard, saupoudrées d'un peu de sel ; enveloppez-la dans un linge fin dont vous lierez les deux bouts et que vous assujettirez avec plusieurs tours de ficelle. Faites-la cuire dans une casserole ou marmite, comme une daube, pendant quatre heures, et servez avec le fond de la cuisson, passée au tamis et réduite en gelée. Pour découper une galantine, on procède ainsi : On commence par couper la galantine par le milieu dans toute sa longueur et perpendiculairement, et on coupe en travers des tranches minces, en maintenant le tout de manière à lui laisser sa première forme; on introduit ensuite dans chacun de ses deux côtés deux brochettes d'argent qui en maintiennent toutes les parties, et on la décore ensuite de gelée comme il est indiqué du côté B.

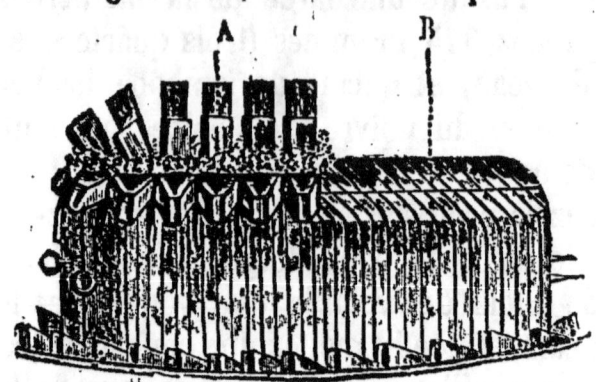

Quand une galantine doit figurer plusieurs fois sur la table, on ne la coupe pas entièrement, on en fait des tranches minces en commençant par l'un des bouts, et l'on sert à chacun la partie de gelée qui correspond à la tranche.

Terrines de volaille, gibier, foies gras, etc.

Une terrine de viande ou de gibier est un pâté sans croûte. Vous choisissez une terrine de terre cuite, allant au feu et fermant bien avec son couvercle, vous la prenez ronde, ovale ou carrée suivant votre goût ou la forme de l'animal qui doit garnir la terrine. Ainsi elle sera allongée pour un lièvre, ronde pour des grives ou des mauviettes, etc.

Si votre pâté se compose d'un lapin ou d'un lièvre, vous le dépouillerez, viderez et désosserez proprement. Vous désosserez de même les volailles piquez ensuite de petits lardons et de truffes. Garnissez le fond et tout le pourtour de votre terrine de bardes de lard, placez-y votre volaille ou votre gibier cru. (Le jambon, lorsqu'on en met dans une terrine, doit être à demi cuit.) Assaisonnez de sel, poivre, épices en poudre, thym et laurier aussi en poudre, mais en fort petite quantité. Ajoutez une très-petite pointe d'ail. Comprimez fortement vos viandes, de façon qu'elles forment un tout compact et sans vides. Égalisez le dessus avec une farce que vous aurez préparée d'avance, soit avec de la volaille, soit avec du jambon ou de la chair à saucisse; recouvrez avec des bardes de lard et placez le couvercle que vous luterez avec des bandes de papier, pour prévenir l'évaporation, et conserver le fumet, puis mettez cuire au four.

Kari indien (recette nouvelle, — entrée).

Ayez un poulet que vous couperez comme pour en faire une fricassée. Faites revenir dans le beurre, mouillez comme pour faire une sauce claire ; mettez sel, poivre ordinaire, bouquet, environ une gousse d'ail, deux clous de girofle, trois grains de petit piment de Bourbon, plus, si vous le voulez, une cuillerée de curcuma, petits ognons, une pincée de farine et laissez cuire. On remplace avec avantage le girofle, le piment et le curcuma, par une pincée de poudre de kari.

Pour manger ce mets selon toutes les règles des créoles ou des Indiens, vous prendrez la quantité de riz suffisante pour faire un gâteau, vous laisserez bouillir ce riz jusqu'à ce qu'il soit crevé et qu'il ne paraisse plus d'eau ; vous vous garderez d'y rien ajouter ; vous servirez le kari et le gâteau. Ce dernier sert de pain et tempère la force du piment.

Ragoût de foies (entrée).

Faites blanchir des foies dont vous aurez retiré l'amer et mettez-les dans une casserole avec un peu de bouillon, un demi-verre de vin blanc, sel, poivre et un bouquet garni. Laissez bouillir un quart d'heure, dégraissez et servez.

On peut faire le même ragoût avec des gésiers de volaille, seulement il faut les laisser cuire deux ou trois heures.

Ragoût de foies aux culs d'artichauts (entrée).

Faites cuire à demi dans de l'eau, des culs d'artichauts ; coupez-les en dés, ainsi que des champignons, ajoutez-y vos foies de volaille, un bouquet garni, beurre, sel, poivre, mettez le tout dans un roux mouillé de bouillon préparé d'avance.

Dindes et Dindonneaux.

Dindon et dindonneau rôtis (rôt).

Le dindon et le dindonneau se servent à la broche, piqués ou bardés. Il faut une heure et demie pour les faire rôtir parfaitement.

On peut les farcir de hachis de viande mêlée à de la chair à saucisses, de marrons, de champignons, foie, persil, ciboules hachés, etc.

Dinde aux truffes (rôt).

Ayez deux livres de truffes, brossez-les bien ; en-

levez la pelure, que vous hachez très-fin. Retirez
de la dinde ce que vous pourrez de graisse ; mettez
ensuite dans une casserole un morceau de beurre et
les truffes, sel et épices, passez-les sur le feu environ dix minutes ; ajoutez-y les parures de truffes hachées et la graisse pilée, en y joignant quelques débris de lard également pilés. Après l'avoir laissé
refroidir, vous introduisez le tout dans la dinde,
que vous aurez eu le soin de vider par la poche,
et que vous briderez de manière que la farce ne
s'échappe pas, puis vous la laisserez se parfumer
deux ou trois jours suivant la saison.

La dinde aux truffes se met à la broche et se sert
avec une sauce aux truffes, ou bien on la met dans
une casserole ou braisière avec des débris de veau
et bien bardée. On fait cuire à petit feu et l'on sert
avec la sauce, à laquelle on donne du corps avec un
roux et des parures de truffes hachées.

Dinde à la Godard (relevé de broche).

Troussez la dinde pour entrée, bardez-la, mettez-
la à la broche, et donnez-lui une heure de cuisson ;
dix minutes avant de débrocher glacez légèrement
la cuirasse et la barde, et activez un peu le feu pour
faire prendre une légère couleur. Vous aurez préparé des garnitures de crêtes et rognons de coq, de
ris d'agneau, des champignons, huit écrevisses,
quatre grosses quenelles de volaille, huit truffes
cuites au vin de Champagne et quatre morceaux de
ris de veau panés et frits. Faites les hâtelets avec
quatre écrevisses, quatre truffes, quatre gros champignons et quatre belles larges crêtes de coq. Faites

réduire aux deux tiers un verre de Madère, avec de la glace du volume d'une châtaigne; ajoutez 8 cuillerées de bouillon ou de jus de veau; réduisez d'un quart et passez à l'étamine, ajoutez-y une cuillerée de purée de tomates et une cuillerée de glace de viande. Débrochez, glacez et dressez sur un grand plat ovale; garnissez le tour de la dinde avec la

sauce et la garniture; rangez avec symétrie toutes les autres garnitures que vous aurez tenues chaudes et piquez les hâtelets autour de la dinde (*voyez le dessin*).

Dinde en daube (entrée).

Se prépare comme l'oie en daube (Page 266).

Dindon à la bourgeoise (entrée).

Après avoir vidé, flambé et troussé un dindon, faites-le revenir, puis, mettez-le dans une casserole foncée avec des tranches de veau, le dos en dessus; couvrez-le de bardes de lard; faites cuire à très-petit feu, en mouillant avec du bouillon; ajoutez sel, poivre et bouquet garni. Dégraissez et passez la sauce que vous servirez sur le dindon.

Abatis de dindon (entrée).

Les abatis d'un dindon comprennent les ailes, les pattes, le cou, le foie et le gésier.

Échaudez le tout et l'épluchez bien ; mettez-le dans une casserole avec un morceau de beurre, un bouquet de persil, ciboule, une gousse d'ail, deux clous de girofle, thym, laurier, champignons, et faites-les revenir. Saupoudrez ensuite votre abatis d'une cuillerée de farine, mouillez avec de l'eau ou mieux avec du bouillon, et assaisonnez de sel et gros poivre ; faites cuire et réduire à courte sauce. Quant vous êtes prêt à servir, ôtez le bouquet, faites une liaison de trois jaunes d'œufs et faites lier sans bouillir.

Vous pouvez également faire votre abatis au roux et y joindre des navets, des pommes de terre. Mais alors on supprime les champignons et la liaison.

Abatis de dindon en fricassée de poulet (entrée).

Il se prépare de même que la fricassée de poulet (Page 246).

Pigeons [1].

Pigeons rôtis (rôt).

Après avoir vidé et flambé plusieurs pigeons, épluchez-les, bridez-les, garnissez-les d'une barde de lard, et mettez dessous une feuille de vigne, si c'est le temps. La cuisson exige une demi-heure.

Pigeons farcis (entrée).

Fendez vos pigeons par le dos, hachez leur foie

---

[1] Étouffez les pigeons et ne les saignez pas.

avec de la chair à saucisse et un peu de lard, mie de pain, champignons et deux jaunes d'œufs. (On remplace avantageusement les champignons par des truffes.) Hachez le tout, ajoutez poivre et épices. Garnissez la poitrine et le ventre de vos pigeons avec cette farce. Placez-les sur une tourtière beurrée, et faites cuire sous le four de campagne. Ajoutez du jus de citron à la sauce que vous verserez sur vos pigeons, et servez.

Pigeons à la crapaudine (entrée).

Vos pigeons étant préparés comme ci-dessus, fendez-les par le dos, sans séparer les moitiés ; applatissez-les sans briser les os. Arrosez-les d'huile fine ou de beurre fondu, et couvrez-les de champignons, de persil, de ciboules hachés menu, sel et poivre, puis de mie de pain ou de chapelure. Faites griller sur un feu doux, jusqu'à ce qu'ils aient une belle couleur dorée. Servez avec une sauce piquante.

Pigeons à la casserolle (rôt).

Les pigeons étant préparés comme pour les *pigeons farcis*, mettez-les dans une casserole, avec un bon morceau de beurre, quelques tranches de lard, sel, poivre et quatre épices ; retournez les pigeons de temps en temps ; lorsqu'ils seront cuits, dressez-les sur les tranches de lard avec leur jus, et mettez à l'entour des croûtons de pain passés au beurre. Servez avec un citron.

Pigeons en compote (entrée).

Préparez vos pigeons comme pour les *pigeons farcis*, remettez-leur le foie dans le corps, et troussez les pattes en dedans. Faites-les revenir dans du beurre, et retirez-les. Jetez dans ce même beurre, du lard dessalé, coupé en petits dés; retirez-le lorsqu'il aura pris couleur. Faites un roux avec ce beurre, mettez-y vos pigeons et votre lard, mouillez avec moitié bouillon et moitié vin. Si vous n'avez pas de bouillon, remplacez-le par de l'eau; ajoutez un bouquet garni, ail, sel, poivre, épices fines, et petits ognons passés au beurre. Laissez cuire le tout à petit feu, et dressez.

Pigeons à la tartare (entrée).

Nettoyez et flambez vos pigeons; fendez-les par le dos, frottez-les avec un peu de beurre; panez avec de la mie de pain mêlée de fines herbes assaisonnées et hachées, faites griller vos pigeons à petit feu, et lorsqu'ils auront pris une belle couleur, servez sur une sauce tartare.

Pigeons aux petits pois (entrée).

Ils se font comme les pigeons en compote, et quand ils ont pris couleur, mettez-y vos pois, un bouquet garni; faites-les revenir sur le feu, et ajoutez-y un peu de farine, mouillez-les avec du bouillon et faire cuire à feu doux.

Les pigeons, ainsi que les canards, peuvent être cuits à part et servis sur les petits pois à l'anglaise, et arrosés avec le jus que ces oiseaux ont fourni par leur cuisson.

Pigeons en fricassée de poulet (entrée).

Si vos pigeons sont gros, coupez-le en quatre morceaux, et les petits pigeons en deux; faites-les cuire de la même manière que la fricassée de poulet (Page 246).

Pigeons à l'étuvée (entrée).

Faites revenir les pigeons dans le beurre, faites ensuite un beau roux blond dans lequel vous mettrez une douzaine de petits ognons, ajoutez un verre de vin blanc et un peu de bouillon, mettez-y cuire les pigeons avec laurier, girofle, thym, servez en ajoutant un filet de vinaigre.

Canards.

Canard à la broche (rôt).

On ne le pique point. On peut farcir le canard comme l'oie. On le sert avec des citrons entiers ou avec une sauce piquante.

Canard aux petits pois (entrée).

Faites-le revenir dans une casserole avec du beurre, retirez-le lorsqu'il aura pris couleur; faites un roux, en mettant une pincée de farine dans la casserole, mouillez avec du bouillon ; remettez votre canard dans la casserole, avec un litre de pois, un bouquet garni, poivre et sel, faites cuire à petit feu, et servez.

Canard aux navets (entrée).

Quand vous aurez vidé, flambé et troussé votre canard, en l'assujettissant avec de la ficelle, les pattes en dedans, préparez un roux, et faites-y revenir votre canard ; versez-y ensuite deux cuillerées à pot de bouillon, ou, d'eau si vous n'avez pas de bouillon. Dans ce dernier cas, ajoutez du sel, du poivre, et une feuille de laurier. Retournez votre canard dans son mouillement jusqu'à ce qu'il bouille, mettez-y alors un bouquet de persil et ciboule. Faites sauter des navets dans du beurre, jusqu'à ce qu'ils soient blonds, laissez-les égoutter, et mettez-les avec le canard, lorsqu'il sera aux trois quarts cuit; laissez aller le tout à petit feu, dégraissez la sauce, et servez.

Canard aux olives (entrée).

Préparez votre canard comme ci-dessus, mais donnez-lui une forme ronde et raccourcie, frottez-lui l'estomac avec un jus de citron, et faites-le revenir dans la casserole avec du beurre; quand il a pris une belle couleur, versez-y une bonne cuillerée à pot de bouillon. Lorsqu'il sera presque cuit, faites blanchir des olives, ôtez-en les noyaux en les laissant entières, jetez les olives dans la sauce où a cuit le canard, et dressez-le sur un plat, les olives à l'entour.

Canard en daube (entrée).

On le prépare de la même manière que l'*oie en daube*.

Canard en salmis (entrée).

Choisissez de préférence un canard sauvage, étant rôti, dépecez-le; puis préparez comme le salmis de perdrix (*Voyez* page 238).

Canetons aux petits pois (entrée).

Passez les canetons au beurre, retirez-les lorsqu'ils sont bien revenus, mettez ensuite environ 100 grammes de lard coupé en petits dés; faites un roux avec une cuillerée de farine et mouillez avec du bouillon, puis mettez-y les canetons avec un litre pois, thym, laurier, muscade, poivre et sel; faites cuire à petit feu et dégraissez avant de servir.

Oie.
Oie rôtie (rôt).

La cuisson de l'oie demande au moins deux heures. La graisse qui en découle est fort utile dans le ménage. A mesure qu'elle cuit, on a soin de l'arroser avec sa graisse, et de la saupoudrer de sel fin. On farcit les oies de la manière suivante : Prenez un cent de marrons rôtis; épluchez-les soigneusement. Hachez la moitié de vos marrons et mettez-les dans une casserole avec un quart de kilogramme de chair à saucisses, le foie de l'oie haché, un morceau de beurre, persil, ciboule, échalote, une pointe d'ail également hachés. Passez le tout ensemble sur le feu pendant un quart d'heure, mettez cette farce dans le corps de l'oie, après l'avoir vidée, flambée, épluchée et cousue pour que rien ne sorte.

Préparez ce qui reste de marrons, de la manière suivante pour accompagner l'oie ; mettez-les dans une casserole avec un demi-verre de vin blanc, deux cuillerées de coulis, ou du bouillon, et peu de sel ; faites cuire et réduire à courte sauce, servez autour de l'oie.

Oie en daube (entrée).

On met ordinairement à la daube une oie qui ne serait pas assez tendre pour être mise à la broche. Videz-la, troussez-la, piquez-la partout avec des lardons maniés de persil, ciboules; deux échalotes, une demi-gousse d'ail, thym, laurier, basilic, le tout haché; sel, gros poivre et muscade râpée. Ficelez ensuite votre oie, mettez-la dans une marmite juste à sa grandeur, avec deux verres d'eau, autant de vin, et un demi-verre d'eau-de-vie; ajoutez encore du sel et du gros poivre, bouchez bien la marmite, et faites cuire à très-petit feu pendant cinq heures. La cuisson étant faite et la sauce assez courte, pour qu'elle puisse se mettre en gelée, dégraissez-la, et mettez-la sur l'oie, que vous servirez également comme entremets froid.

Autre daube.

Foncez une marmite de bardes de lard, joignez-y un pied de veau, bouquet garni, clous de girofle, ognons et carottes, ciboules, laurier, poivre, sel et muscade.

Placez la pièce, oie ou dinde, que vous voulez faire cuire, sur cet assaisonnement, piquée ou non, en y joignant un demi-verre d'eau-de-vie, un verre de vin blanc, un verre de bouillon, et autant d'eau. Couvrez hermétiquement votre casserole avec son couvercle, et faites cuire à petit feu pendant cinq heures.

La daube se sert chaude ou froide, et alors couverte de la gelée que l'on obtient en laissant refroidir la cuisson après l'avoir passée.

Conservation des ailes et cuisses d'oie.

Après avoir vidé et flambé vos oies, il faut mettre dans le corps de chacune, deux ou trois feuilles de sauge et du sel; faites-les cuire à la broche sans les arroser, et recueillez la graisse à mesure qu'elle tombe dans la lèchefrite. Retirez ces oies au *bout d'une heure*, détachez soigneusement les cuisses et les ailes, de telle sorte qu'il ne reste que la carcasse, rognez le bout des os qui dépassent la chair, et laissez refroidir.

Ayez des pots de grès de dix-huit pouces (cinquante centimètres) de haut, dont le fond puisse tenir deux cuisses de front; vous les y placerez en les saupoudrant d'un peu de sel et de poivre, avec une feuille de laurier sur chacune; puis deux ailes. Remplissez ainsi votre pot jusqu'en haut, en tassant bien vos membres, de manière à laisser le moins de vide possible entre eux.

Vous mettrez ensuite, dans un chaudron, toute la graisse recueillie, en y ajoutant moitié saindoux. Vous ferez bouillir dix minutes, et verserez ce mélange bouillant dans vos pots. Il faut que le dernier rang de membres soit recouvert d'un pouce de graisse. Laissez refroidir vos pots, et bouchez-les avec un parchemin mouillé et ficelé. Conservez en un lieu froid et sec.

SIXIÈME PARTIE.

POISSONS DE MER. — COQUILLAGES. — POISSONS D'EAU DOUCE. — COQUILLAGES.

POISSONS DE MER.

Turbot.

A l'eau de sel (entrée). — Après avoir vidé et nettoyé votre turbot, faites-lui une incision en long sur le dos, retirez une portion de l'arête dorsale, bridez-le de la tête au-dessous de l'estomac, en serrant suffisamment la ficelle pour qu'il ne se brise pas, frottez-le d'un jus de citron, et mettez-le entier dans une casserole de la grandeur du poisson. Faites-le cuire à grand feu dans une eau de sel. Quand il est prêt à bouillir, on ralentit le feu, en sorte qu'il ne fait que frémir sur les bords; autrement le poisson se romprait. Il est cuit quand il fléchit sous le doigt. Faites-le égoutter, et servez, comme plat de rôt, sur une planche garnie d'une serviette, accompagnée d'un huilier et d'une saucière, garnie d'une sauce blanche au beurre d'anchois.

Turbot au court-bouillon (relevé et rôt).

Après avoir préparé votre turbot comme ci-dessus, et après l'avoir frotté de jus de citron, vous le mettez dans une turbotière garnie de son double fond qui permet de retirer le poisson sans le briser; versez votre court-bouillon (soit le *court-bouillon ordinaire, au bleu* ou *à la nantaise*, page 104) dessus, couvrez la turbotière d'un papier beurré pour conserver la blancheur du turbot, laissez mijoter sans bouillir pendant une heure et même plus, s'il est gros, et servez-le comme il est dit ci-dessus.

On peut servir différentes sauces avec le turbot cuit à l'eau de sel ou au court-bouillon, telles que sauces blanches, aux câpres, maître-d'hôtel, sauce hachée, béchamel, etc.

Turbot à la hollandaise.

Votre turbot, préparé comme ci-dessus, vous le placez dans une turbotière enveloppé d'une serviette pour que l'écume ne le salisse pas; vous le faites cuire à petit feu dans de l'eau et du sel gris. Lorsqu'il est cuit, vous le dressez sur des pommes de terre tournées, et auprès une saucière de beurre frais fondu, avec un jus de citron et un peu de poivre blanc.

La *barbue* se traite de même que le turbot : c'est un poisson moins distingué.

Saumon.

Au bleu (rôt). — Videz votre saumon sans lui ouvrir le ventre, et mettez-le dans une poissonnière; versez dessus le court-bouillon au bleu (Page 104). Faites mijoter deux heures votre poisson dans ce court-bouillon. Servez-le comme rôt, sur une serviette, après l'avoir égoutté et essuyé, avec du persil à l'entour et une sauce à l'huile et au vinaigre dans une saucière.

Si vous le servez pour relevé, vous ferez une sauce avec un roux et une cuillerée à pot de bon bouillon, que vous ferez réduire et auquel vous joindrez gros poivre, cornichons coupés en dés, anchois, câpres et capucines confites.

Saumon à la Chambord (relevé).

Votre saumon préparé, vous le piquerez en dessus avec du lard très-fin, et le ferez cuire dans du vin blanc, avec deux cuillerées de bon jus que vous laisserez tomber à glace pour que cela soit bien jaune. Lorsqu'il sera cuit, vous le dresserez sur le plat que vous aurez garni d'une bonne financière, avec croûtons, écrevisses et truffes, et que vous servirez très-chaud.

Fricandeaux de saumon (entrée).

Coupez votre saumon par tranches de l'épaisseur du doigt; piquez-les de lardons fins; faites-les cuire comme le fricandeau de veau (*voyez* page 186), mais une bonne heure suffit pour leur cuisson. Servez avec un coulis d'écrevisses.

Saumon en papillotes (entrée).

On coupe également le saumon par tranches qu'on prépare de même que les côtelettes de veau en papillotes (Page 184).

Saumon aux câpres (entrée).

Faites mariner plusieurs tranches de saumon frais avec de l'huile, persil, ciboules, échalotes hachés, sel et poivre; enveloppez vos tranches dans du papier beurré avec votre marinade; faites cuire sur le gril, ôtez le papier, et servez avec une sauce blanche aux câpres.

Mayonnaise de saumon (entrée).

Mettez des tranches de saumon dans une casserole, avec champignons, carottes, ognons, bouquet garni, poivre, sel, clous de girofle et muscade râpée. La cuisson achevée, laissez refroidir, et servez sur une sauce mayonnaise, verte ou blanche, à votre choix.

Saumon à la maître-d'hôtel (entrée).

On le fait simplement griller à petit feu, entouré de papier beurré; et on le sert avec du beurre fondu. On y joint, en Hollande, des pommes de terre cuites à l'eau.

C'est ici le lieu de faire remarquer que toutes les fois qu'on voudra faire griller un poisson quelconque, il faudra faire chauffer le gril d'avance afin que le poisson ne s'y attache pas.

Saumon à la bourgeoise (entrée).

Mettez dans une casserole une tranche de saumon, joignez-y des champignons, échalotes, persil haché, sel, poivre, muscade râpée, et deux clous de girofle. Mouillez de bouillon et de vin rouge; la cuisson faite, ajoutez un bon morceau de beurre d'anchois manié de farine, laissez réduire votre sauce, et versez-la sur votre tranche.

Saumon rôti (rôt).

On le met à la broche et on l'arrose d'huile ou de

beurre à son choix. Lorsqu'il est cuit, on le sert avec une sauce aux anchois ou aux câpres.

Saumon fumé (hors-d'œuvre).

Coupez-le avec soin en tranches d'un dimi-centimètre d'épaisseur, enlevez légèrement les parties brunes, donnez-leur la forme d'un ovale ou d'un carré long à coins arrondis; dressez.

On le sert aussi comme entrée, on le fait alors chauffer dans un peu d'huile ou de beurre et on le sert avec une sauce maître-d'hôtel.

Truite.

Au court-bouillon (entrée). — Videz avec soin et lavez une belle truite, ficelez-lui la tête et mettez-la cuire dans le court-bouillon; lorsque le poisson est cuit, dressez-le sur une planche recouverte d'une serviette et garnissez d'un beau cordon de persil bien vert. Servez avec une sauce composée d'une partie du court-bouillon réduit et lié avec un peu de beurre manié de farine.

Truite à la Chambord (entrée).

Échaudez vos truites à l'eau bouillante, enlevez-en la peau et lavez ensuite à plusieurs eaux, lorsqu'elles seront égouttées, piquez-les de truffes taillées en clous et faites-les cuire dans une marinade au vin; une fois cuites ajoutez-les et dressez-les sur un plat que vous garnirez de ris de veau piqués et glacés, d'écrevisses, de quenelles de volaille; versez ensuite sur le tout une sauce financière.

Truites farcies (entrée).

Remplissez le corps des truites d'une farce composée de truffes coupées en dés, de quenelles de poisson, de champignons, ficelez les têtes et faites cuire au court-bouillon; une fois cuites, égouttez et dressez-les; faites suivre d'une sauce tomate ou autre.

Les autres préparations du saumon conviennent aussi à la truite.

Esturgeon.

A la broche (rôt). — Faites mariner (voyez *saumon aux câpres*, page 271) pendant quelques heures un bon tronçon d'esturgeon qu'on a soigneusement nettoyé et lavé. Faites-le rôtir à la broche en l'arrosant avec un bon morceau de beurre mis dans la lèchefrite, avec une partie de la marinade. Servez avec une sauce piquante ou toute autre.

On peut encore le faire rôtir comme l'anguille de mer.

Hure d'esturgeon à la Godart (relevé).

Votre hure bien préparée, et piquée en dessus de lardons fins, est cuite et servie sur une financière garnie comme le saumon à la Chambord (*Voyez* page 271).

Bar.

Le bar est un excellent poisson dont la chair a quelque rapport avec celle du saumon, mais elle est blanche. On peut lui appliquer les diverses préparations du saumon.

Alose.

Au bleu (rôt). — On la fait cuire dans un court-bouillon, comme le saumon, après l'avoir vidée. Si on la sert comme rôt, on ne l'écaille pas. On la dresse garnie de persil sur une serviette avec une sauce à l'huile et au vinaigre.

Si on la donne comme entrée, on l'écaille et on la sert avec les diverses sauces indiquées pour le saumon.

Alose grillée (entrée).

Votre alose étant vidée, écaillée et bien essuyée; placez-la ensuite sur le gril à un feu doux, et servez avec une sauce au beurre et aux câpres ou toute autre.

Alose à l'oseille (entrée).

Elle se prépare de même que l'alose grillée. On la sert sur une purée d'oseille.

Cabillaud.

A la hollandaise (entrée). — Le cabillaud se mange avec une sauce au beurre et des pommes de terre cuites à l'eau. Il faut mettre votre tranche de cabillaud à l'eau froide avec des rondelles de citron sans pépins, des tranches d'ognon, thym, laurier. Faites cuire vos pommes de terre dans la même eau, et servez votre cabillaud accompagné d'une saucière de beurre fondu, et les pommes de terre à part.

Vous pouvez remplacer le beurre fondu par une sauce blanche.

Morue salée.

La bonne morue a la chair blanche, une peau noire et de grands feuillets. Après l'avoir fait dessaler vingt-quatre ou trente heures, mettez-la dans un grand chaudron avec de l'eau froide, et retirez-la promptement au premier bouillon. Servez avec des pommes de terre cuites à l'eau et une maître-d'hôtel dans laquelle vous exprimerez quelques gouttes de jus de citron ou simplement accompagnée, comme le cabillaud, d'une saucière de beurre fondu. Les pommes de terre sont meilleures étant cuites dans l'eau de votre morue.

Morue à la provençale (entrée).

Votre morue étant cuite à l'eau et bien égouttée, mettez dans le fond du plat où vous devez servir, de l'échalote, un peu d'ail, persil, ciboule, tranches de citron pelé, gros poivre, gros comme un œuf de beurre, et deux cuillerées d'huile. Arrangez votre morue, que vous aurez lavée par feuillets, sur cette garniture. Mettez par-dessus le même assaisonnement que par-dessous, panez avec de la chapelure et placez le plat sur un feu doux pour qu'il bouille doucement; faites prendre couleur avec une pelle rouge et servez.

Autre morue à la provençale (entrée).

Votre morue cuite et égouttée comme ci-dessus, mettez-la dans une casserole, avec une pointe d'ail, poivre et sel, des jaunes d'œufs, du lait et de l'huile, en proportions égales, et en raison de la quantité de morue; faites prendre sur un feu doux, et versez sur la morue en feuillets, que vous placerez sous un four de campagne pour prendre couleur. Servez bouillant.

Morue en tourte (entrée).

La morue étant cuite, égouttée et refroidie, vous en détachez les feuillets, et vous en remplissez le creux d'une tourte en entremêlant les feuillets avec des morceaux de beurre, gros poivre et épices fines. La tourte cuite, on y verse une sauce à la crème.

Morue à la béchamel (entrée).

La morue, cuite comme il est indiqué plus haut, vous la servez avec une sauce à la béchamel (Page 94.)

Morue au vert-pré (entrée).

Après l'avoir dessalée, faites-la cuire dans du lait, beurre et fines herbes. Dressez-la sur un plat, puis recouvrez-la de persil finement haché, exprimez-y le jus d'un citron et servez chaud.

Morue aux câpres (entremets).

Faites cuire votre morue dessalée à l'eau, dressez-la sur un plat, et versez dessus une sauce blanche aux câpres. Ce mets sera plus délicat si vous joignez des anchois pilés à la sauce blanche.

Morue en brandade.

La morue étant cuite et égouttée, ôtez-en la peau, divisez-la en feuillets minces que vous coupez en deux s'ils sont trop longs. Divisez peu à peu la morue dans du beurre fondu sans bouillir, en agitant continuellement; ajoutez un peu d'eau ou de lait bouillant; continuez à tourner. Quand le tout est bien lié, ajoutez des anchois en filets, une gousse d'ail et persil hachés très-fin, quelques truffes cuites, passez le tout sur le feu, et dès que cela va bouillir, renversez sur un plat, arrosez d'un jus de citron et servez. — Suivant le goût, on remplace le beurre par de l'huile fine d'olives.

Morue frite (entremets).

Formez avec des filets cuits à la béchamel tenue courte et épaisse, et refroidis dans cette sauce, des petites boulettes que vous panez. Passez-les dans des œufs battus comme pour une omelette, panez une seconde fois, faites frire, et servez avec du persil frit. On peut, au lieu de paner ces boulettes, les tremper dans de la pâte à frire.

Raie.

Au beurre noir (entrée). — Ayant lavé et vidé votre raie, mettez-la dans une casserole avec de l'eau, un verre de vinaigre, poivre, sel et bouquet de persil. Ne lui laissez faire que deux ou trois bouillons; le foie n'a besoin que d'un bouillon pour être cuit. Retirez-la, ôtez la peau, ainsi que les aiguillons, si c'est une raie bouclée, et coupez les bords et les nageoires. Mettez dans une poêle un morceau de beurre dans lequel vous ferez frire du persil, et vous verserez le tout sur votre raie, que vous assaisonnerez de poivre et de sel, et à laquelle vous ajouterez une cuillerée de vinaigre que vous aurez fait préalablement chauffer dans la poêle.

Raie au beurre blanc (entrée).

La raie doit être d'une grande fraîcheur; faites-la cuire comme il est dit ci-dessus, et faites fondre dans le plat dans lequel vous devez la servir, un morceau de beurre très-frais avec sel, poivre et jus de citron.

Raie frite (entremets).

Après avoir nettoyé votre raie, et ôté la peau, coupez-la en filets, mettez-la mariner une heure dans du vinaigre, avec sel, poivre et persil en branches, égouttez-la, saupoudrez de farine chaque morceau, et faites frire d'une bonne couleur. Garnissez le plat de persil frit. Cette dernière manière est à peu près la seule dont on use pour les raies de la Méditerranée, beaucoup plus petites et bien moins savoureuses que celle de l'Océan.

Raie à la sauce blanche (entrée).

Étant cuite, on verse dessus une sauce blanche aux câpres (*Voyez* page 96).

Raie aux champignons (entrée).

Faites cuire la raie à l'eau comme à l'ordinaire, retirez-en la peau, mettez-la sur un plat ou dans une tourtière. Faites cuire des champignons dans de l'eau avec du sel et un peu de vinaigre; au bout de dix minutes, retirez-les, hachez-les menu avec du persil, et garnissez-en votre raie avec du beurre et du sel. Tenez votre plat sur le feu durant quelques moments, et mettez un peu de jus de citron avant de servir.

Anguille de mer.

(*Entrée*). Faites-la cuire dans l'eau avec du sel, un fort bouquet de persil, du gros poivre et trois ou quatre feuilles de laurier; vous la servirez avec une sauce blanche aux câpres ou une sauce aux tomates. On peut pour relever son goût qui est un peu fade, la faire cuire dans un court bouillon (page 104), ou la faire mariner (page 105) avant la cuisson.

L'anguille de mer froide est très-bonne à l'huile.

Anguille de mer à la broche (rôt).

Mettez à la broche un beau tronçon d'anguille bien frais et bien lavé. A mesure que sa peau grille, retirez-la ; mettez dans la lèchefrite un bon morceau de beurre frais, arrosez très-souvent votre anguille et saupoudrez-la de mie de pain rassis que vous avez émiettée le plus fin possible. Continuez ainsi jusqu'à ce que l'anguille soit cuite et ait pris une bonne couleur. Servez accompagnée d'une sauce tartare, ou toute autre piquante, selon le goût.

Soles.

Frites (rôt). — Nettoyez et videz bien vos soles. Après les avoir essuyées, vous les fendez par le dos, vous les farinez et les faites frire. Vous les égouttez ensuite et vous les servez avec du persil frit. Il faut toujours enlever la peau du dos et même celle du ventre avant de les faire cuire, de quelque manière que ce soit.

Soles à la Colbert (entremets).

Après avoir été frites comme ci-dessus, faites une ouverture le long de l'arête de côté, enlevez-la et ajoutez en place beurre frais, jus de citron, sel et poivre, et dressez vos soles dessus.

Soles au gratin (entrée).

Les soles étant préparées comme ci-dessus, étendez un morceau de beurre manié de farine sur un plat d'argent, ou de cuivre étamé, avec fines herbes, échalotes et champignons hachés bien menu, sel et poivre; placez-y vos soles et recouvrez-les légèrement de chapelure fine. Arrosez cette chapelure d'un peu de beurre fondu, mouillez de vin blanc et d'une bonne cuillerée de jus, et faites cuire à petit feu, sous un four de campagne, afin de former le gratin. Si on n'a pas de four de campagne on fait cuire les soles entre deux plats.

Filets de soles à la Horly (entrée).

Dépouillez des soles de leur peau, levez-en les filets que vous ferez mariner une heure dans du jus de citron, avec persil, tranches d'ognons, sel et poivre. Faites-les égoutter, trempez-les dans de la farine, faites frire et servez avec une sauce tomate.

Filets de soles en mayonnaise (entrée).

Voyez l'article mayonnaise, page 101.

Sole normande (entrée).

Choisissez une très-belle sole, videz-la, lavez-la avec soin et enlevez la peau du dos. Mettez un bon morceau de beurre dans un plat de cuivre étamé, placez-y votre sole avec fines herbes hachées, échalotes et champignons également hachés, poivre, sel, quatre épices et un verre de vin blanc. Ajoutez un roux bien fait, auquel vous mêlerez moitié coulis; à défaut de coulis, du consommé ou même du bouillon. Mettez en outre dans votre plat, en les rangeant symétriquement, une douzaine d'huîtres sans écailles, autant de moules, quelques petits goujons arrosés de beurre, des queues de crevettes et des tranches de truffes. Faites cuire à petit feu sous un four de campagne. Pendant ce temps, faites cuire des champignons tournés, avec du beurre, et faites revenir dans ce beurre des croûtons de pain taillés. Votre sole étant cuite, ajoutez-y les champignons et les croûtons, garnissez-le plat avec quelques écrevisses, et servez.

Filets de sole à la normande (Entremets).

C'est la même préparation que ci-dessus, mais on n'emploie absolument que les filets de sole dont on a enlevé la peau et les arêtes.

Sole normande de Coutances (entrée).

Faites frire deux soles, ouvrez-les ensuite sur le dos en renversant les filets à droite et à gauche, enlevez la grande arête, et remplacez-la par une farce d'ognons hachés pétrie avec du beurre, sel poivre et muscade râpée. Rapprochez les deux côtés de vos poissons, mettez-les dans un plat long qui aille au feu, mouillez avec un verre de vin rouge et faites cuire comme une sole au gratin.

Limandes, Carrelets, Plies, au gratin et frits.

Ces poissons plats s'accommodent exactement de la même manière que les soles.

Maquereaux.

A la maître-d'hôtel (entrée). — Après avoir vidé et bien essuyé les maquereaux, fendez-les par le dos, enveloppez-les d'un papier beurré et faites-les cuire, sur le gril [1]. Quand ils seront cuits, farcissez-

---

[1] Toutes les fois que l'on voudra faire griller un poisson quelconque, il faut avoir le soin de faire chauffer le gril avant de l'y poser, autrement il s'y attacherait.

les d'un bon morceaux de beurre manié de fines herbes bien assaisonnées, et arrosez-les d'un jus de citron. On peut faire cuire sans papier.

Maquereaux au beurre noir (entrée).

Faites-les griller comme les maquereaux à la maître-d'hôtel. Après les avoir dressés sur le plats, faites fondre dans une poêle un morceau de beurre; lorsqu'il sera très-chaud, vous y ferez frire du persil, et verserez le tout sur vos maquereaux; puis, aussitôt, faites chauffer un peu de vinaigre, que vous y verserez également.

Maquereau à l'huile (entremets).

Lorsque votre maquereau est cuit sur le gril, et qu'il est froid, vous le servez avec un huilier.

Maquereaux aux champignons (entrée).

Mettez les maquereaux à l'eau froide, avec un peu de sel; placez-les sur le feu, et retirez-les au premiers bouillon. Essuyez-les entre deux linges, mettez-les sur un plat après les avoir fendus par le dos; garnissez-les d'une farce de champignons hachés avec persil et beurre, mettez sur un feu doux, et le four de campagne par-dessus. Lorsqu'ils seront cuits, arrosez-les de jus de citron, et servez.

Maquereaux à la sauce tomate (entrée).

Étant grillés, vous les servez sur une sauce tomate.

Maquereaux en mayonnaise (entrée).

Voyez mayonnaise. (Page 101.)

Maquereaux à la tartare (entrée).

Faites mariner dans de bonne huile, avec persil, ciboule et sel fin, des filets de maquereaux, faites-les griller, et servez sur une sauce tartare.

Maquereaux salés.

On les prépare de la même manière que les harengs salés.

Mulet et Surmulet.

(Entrée). — Ces deux poissons, qui ont beaucoup de rapport ensemble, s'accommodent comme le maquereau.

Harengs frais.

A la maître-d'hôtel (entrée). — Videz et ratissez vos harengs ; après les avoir bien essuyés, mettez-les sur le gril à un feu ardent, ayant soin de bien les retourner : dressez-les sur le plat, et garnissez le dedans du corps avec du beurre manié de persil, sel fin et poivre ; servez chaud.

Harengs frais au gratin (entrée).

Ils se préparent et se servent de la même manière que les merlans, soles et limandes.

Harengs frais à la sauce aux câpres (entrée).

Après les avoir préparés et fait rôtir comme les précédents, servez-les avec une sauce blanche aux câpres dans une saucière.

Harengs à la sauce moutarde (entrée).

Préparez-les et faites-les griller de même, et servez avec une sauce moutarde que vous ferez en mettant dans une casserole un morceau de beurre, un peu de bouillon, une pincée de farine, du sel et une cuillerée à bouche de moutarde. Faites lier sur le feu.

Harengs à la sauce tomate (entrée).

Ils se préparent comme le maquereau.

Filets de harengs à la sauce tartare (entrée).

Faites mariner des filets de harengs frais, puis panez-les après les avoir trempés dans du beurre fondu, faites-les griller et dressez-les sur une sauce tartare.

Mayonnaise de harengs frais (entrée).

Voyez mayonnaise (Page 101).

Harengs saurs marinés.

(Hors-d'œuvre). — Supprimez la tête, la peau et les arêtes du hareng, faites-en blanchir les filets à l'eau bouillante, et lorsqu'il seront refroidis, faites-les mariner dans de l'huile, servez-les dans cette huile, avec les œufs et les laites.

Harengs saurs en caisse (entrée).

Détachez les filets de cinq ou six harengs saurs; hachez persil, ciboule et champignons, faites une caisse de papier, garnissez-la de beurre, faites une couche de garniture hachée, et rangez des filets dessus; recouvrez avec votre garniture et du beurre, et mettez une seconde couche de filets; recouvrez le tout de chapelure et faites griller.

Harengs salés ou pecs (hors-d'œuvre).

On ne les sert qu'en hors-d'œuvre; on commence par ôter la peau, et on les fait ensuite dessaler pendant vingt-quatre heures. On les mange crus comme l'anchois, ou grillés avec une sauce moutarde.

On les fait cuire également à l'eau et on les sert sur une purée de pois ou d'ognons.

Merlans.

Frits (entremets). — Ratissez-les, coupez-leur le bout de la queue et les nageoires; videz-les, et remettez les foies dans leur corps; ciselez des deux côtés, et faites-les frire de belle couleur après les avoir farinés. Les ayant égouttés, saupoudrez-les d'un peu de sel fin, mettez une serviette sur le plat que vous devez servir, et dressez-les dessus. Au lieu de les fariner, on peut les tremper dans une pâte à frire.

Merlans au gratin (entrée).

Ils se préparent de la même manière que les soles (Page 280).

Merlans grillés (entrée).

Préparez-les comme les merlans frits, assaisonnez de sel et gros poivre, et mettez-les sur le gril à un feu vif; vous les servirez avec une sauce au beurre ou une sauce tomate.

Merlans aux fines herbes (entrée).

Coupez la tête et la queue, puis arrangez votre poisson dans une tourtière que vous aurez enduite de beurre saupoudré de fines herbes hachées ; faites fondre du beurre pour arroser, mouillez avec du vin blanc, et retournez vos poissons lorsqu'ils sont à moitié cuits ; quand ils sont cuits, retirez la sauce, et liez-la de beurre bien manié de farine, servez vos merlans dessus avec du jus de citron.

Vive de diverses manières.

Commencez par couper les arêtes piquantes, dont les vives sont armées aux ouïes et sur le dos ; videz-les, ciselez-les des deux côtés, et mettez-les mariner dans un peu d'huile, avec persil et sel ; un quart d'heure avant de servir, faites-les griller, arrosez-les de leur marinade, et servez avec une sauce à la maître-d'hôtel, une sauce aux câpres, à la ravigotte, hachée, ou une mayonnaise.

Rouget.

Au court-bouillon (entrée). — Videz votre rouget, supprimez la tête et faites cuire dans un court-bouillon (*Voyez* page 104). Lorsque votre poisson sera cuit, ratissez-le, enlevez proprement la peau, et servez sur un lit de persil. On le mange à l'huile et au vinaigre, ou à une sauce blanche aux câpres, ou à la hollandaise, avec pommes de terre et beurre fondu.

Rouget grillé (entrée).

On le vide, on le lave et on le rôtit sur le gril. On le mange avec les mêmes sauces que la vive, en écrasant son foie dans la sauce qu'on met dessus.

Éperlans.

Frits (entremets). — Après les avoir vidés, lavez-les, essuyez-les bien entre deux linges, farinezles ou trempez-les dans la pâte à frire, et faites-les frire sur un feu vif.

Sardines.

(Hors-d'œuvre). — On les prépare à la manière des anchois, en les mettant dans une saumure. Mais elles sont très-inférieures aux anchois. Les *sardines confites* de Bretagne, forment un hors-d'œuvre très-distingué. On les confit à l'huile et au beurre, et on les renferme dans des boîtes de ferblanc soudées hermétiquement.

Les *sardines fraîches* se mangent frites dans du beurre après les avoir essuyées et farinées.

Anchois.

(Hors-d'œuvre). — Les anchois confits au sel forment un excellent hors-d'œuvre, et ils entrent dans la confection de beaucoup de sauces. On supprime la tête, et on les ouvre en deux sur la longueur pour ôter l'arête. On peut avec les anchois

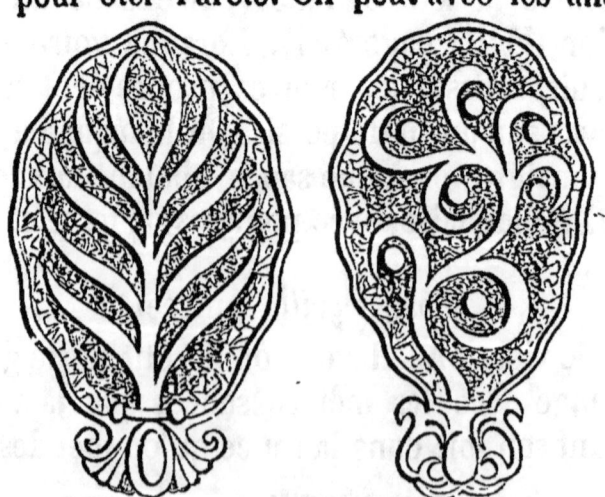

disposer des hors-d'œuvre très-joliment décorés et dont les deux dessins ci-dessus peuvent donner un aperçu. Prenez pour cela une tranche de pain que vous ferez frire, dont vous garnirez le fond du hors-d'œuvre, disposez dessus vos filets d'anchois en leur faisant prendre différents contours ; remplissez tous les vides avec du blanc d'œuf, du jaune et du cerfeuil, le tout haché très-menu, disposez-les de façon à varier les couleurs autant que possible, ajoutez comme ornement, selon la forme de votre dessin, des ronds de cornichons. L'opération terminée, arrosez le tout avec un cuillère d'un peu d'huile d'olive. Les anchois *confits* à l'huile sont plus délicats.

Salade d'anchois (hors-d'œuvre).

Prenez des œufs durs dont vous hacherez séparement les jaunes et les blancs, hachez également les fournitures de salade. Rangez symétriquement les jaunes, les blancs et la fourniture ; entremêlez le tout de filets d'anchois disposés avec goût. Assaisonnez d'huile et d'un peu de vinaigre.

Thon.

(Hors-d'œuvre). — C'est un gros poisson de la Méditerranée, qu'on mange rarement frais. Sa chair ressemble à celle du veau. On le sert mariné avec de l'huile, dans la plus grande partie de la France. Le thon frais s'accommode comme l'esturgeon.

COQUILLAGES.

Moules [1].

A la poulette (entrée). — Choisissez-les bien

[1] C'est principalement de septembre à avril inclusivement qu'il faut

fraîches, ratissez leurs coquilles, lavez-les bien, mettez-les à sec sur un bon feu, dans une casserole avec un bouquet de persil. A mesure qu'elles s'ouvrent, ôtez la coquille de dessus à chacune; et dressez les moules sur un plat. Mettez ensuite un bon morceau de beurre dans une casserole, du persil, de la ciboule hachés; ajoutez une cuillerée à bouche de farine, que vous mêlerez à votre beurre. Mouillez avec l'eau de vos moules; ajoutez poivre et muscade râpée, faites jeter un bouillon à votre sauce, faites une liaison de jaunes d'œufs, mêlez-la à la sauce, et versez sur les moules.

Moules frites (entrée).

Faites cuire vos moules au naturel, détachez-les de leurs coquilles, trempez-les dans une pâte légère et faites-les frire.

Moules aux fines herbes (entrée).

Étant cuites à l'eau, et détachées de leurs coquilles, mettez-les dans une casserole avec du beurre, des fines herbes hachées, poivre et sel, sautez-les, et servez avec un jus de citron.

Moules à la marinière (entrée).

Après avoir nettoyé et lavé à plusieurs eaux vos moules, mettez-les dans une casserole sur le feu, et à mesure qu'elles s'ouvriront, enlevez l'écaille de

---

les manger de préférence aux autres mois de l'année. Pour être exempt de craintes sur les accidents qu'elles peuvent occasionner, il est bon de les dégager quelques heures dans l'eau fréquemment renouvelée, cette précaution leur fait non-seulement dégager différentes impuretés, mais elle leur fait encore gagner en qualité.

dessus. Cette opération terminée, retirez-les de la casserole, où vous mettrez quatre ognons, carottes en tranches, deux gousses d'ail, poivre, clous de girofle, persil, thym, laurier. Ajoutez à la cuisson des moules un verre de vin blanc, liez la sauce lorsqu'elle bouillira, avec un bon morceau de beurre manié de farine ; remettez vos moules dans la casserole pour achever de cuire, et servez.

Moules au gratin (entrée).

Après les avoir bien nettoyées comme ci-dessus, mettez les moules à sec dans une casserole, pour les faire ouvrir ; ôtez-les de leurs coquilles, et faites votre gratin comme il est dit à l'article soles au gratin (page 280), à la différence qu'au lieu de mouiller avec du vin, vous mouillerez avec l'eau rendue par les moules.

Moules à la béchamel (entrée).

Il suffit, lorsque vos moules sont cuites, de les tirer de l'écaille, et de les faire chauffer dans une sauce à la béchamel (Page 94).

Huîtres.

Ce précieux coquillage se mange presque toujours cru avec de la mignonnette et du jus de citron. Il faut avouer qu'il perd toutes ses qualités étant cuit. On l'emploie cependant avec avantage de cette manière pour la garniture d'une sole normande.

Voici une sauce froide pour les huîtres : hachez très-fin des échalotes que vous mêlerez avec de bon vinaigre, ajoutez-y du poivre et arrosez chaque huître avec ce mélange.

Huîtres en coquilles (entrée).

Détachez un certain nombre d'huîtres de leurs coquilles, faites-les blanchir dans de l'eau et sauter sans les faire bouillir, avec un morceau de beurre, persil haché, gros poivre, et jus de citron. Prenez ensuite les plus grandes coquilles que vous laverez avec soin, après avoir crevé dans le fond de l'écaille une mince lame nacrée qui ferme une cavité remplie d'une eau fétide que l'on désigne improprement sous le nom d'amer. Cette cavité sans issue ferait explosion sur le feu et infecterait la préparation qui remplit l'écaille ; mettez quatre huîtres dans chaque coquille, recouvrez-les de sauce et de chapelure, placez-les un moment sur le gril, le four de campagne au-dessus, et servez chaud.

Homard.

Pour juger de la fraîcheur du homard, il faut flairer le dos entre la naissance de la queue et le corps ; il doit avoir bonne odeur, puis la queue prise par le petit bout, doit se tourner difficilement et se replier sur elle-même : il faut choisir celui qui, proportionnellement à sa grosseur, est le plus lourd, c'est une preuve qu'il est bien plein.

Homards et langoustes (entrée).

Faites-les cuire sur un bon feu, l'espace d'une demi-heure avec de l'eau, du sel, poivre, vinaigre et bouquet de persil. On les mange ordinairement *à la remoulade*. Voici leur préparation : rompez les coquilles du homard ou d'une langouste, fendez-le sur le dos, de la tête à la queue, ôtez avec une cuillère tout ce qui se trouve dans le corps, écrasez-le et délayez-le dans un vase de terre, avec deux cuillerées de bonne moutarde, du persil, de l'échalote et un œuf dur, hachés très-fin; sel, gros poivre, beaucoup d'huile et un peu de vinaigre. Si le homard a des œufs, vous les mettez avec. Votre rémoulade, mêlée et battue se sert dans une saucière, à côté des chairs du homard bien dépouillées de leurs coquilles.

Salade de homard (entrée).

Coupez vos chairs de homard, faites-en une salade avec de la laitue et des tranches d'œufs durs, câpres, cornichons coupés en ronds et filets d'anchois; assaisonnez avec huile, vinaigre, poivre et sel.

Crabes.

(Entrée). — Les crabes se cuisent et s'accommodent comme le homard.

Crevettes.

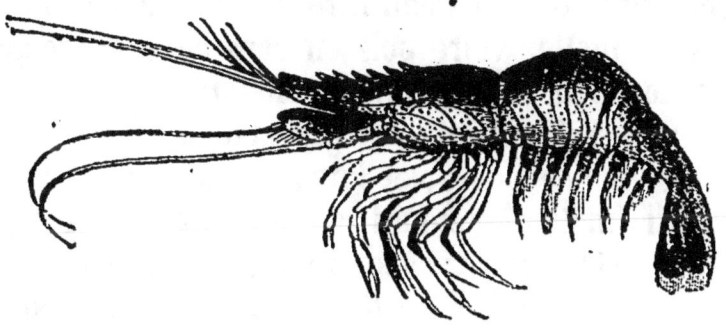

(Hors-d'œuvre). — Les plus estimées sont celles qui sont rouges étant cuites. On les fait cuire comme le homard. Après leur cuisson, et après les avoir égouttées, on les sale en les sautant avec du sel. Au surplus, les crevettes étant très-altérables, doivent être cuites aussitôt que pêchées, et on les achète ordinairement en cet état; on les sert sur une serviette pliée sur un plat, en rangeant autour du persil en branches.

DU POISSON D'EAU DOUCE.

Matelotte de carpe, anguille et autres poissons (entrée).

Prenez toute espèce de poissons d'eau douce, tels que carpes, anguilles, barbeaux, barbillons, brochets, tanches, lottes, etc., mais surtout de la carpe et de l'anguille. Écaillez et videz vos poissons, coupez-les par tronçons égaux, faites dans une casserole un roux avec un bon morceau de beurre et une forte cuillerée de farine. Mettez-y une vingtaine de petits ognons. Lorsqu'ils seront cuits à moitié, mouillez avec un demi-litre de vin rouge et autant d'eau; mettez votre poisson dans cette sauce avec beaucoup de champignons, bouquet garni, sel et poivre. Faites bouillir votre matelote à grand feu pendant une heure; et lorsque vous serez prêt à servir, mettez quelques croûtons de pain dans la sauce, et les servez avec la matelote que vous dresserez en pyramide, les têtes au milieu, les laitances et œufs par-dessus, et les champignons et ognons autour. Des écrevisses font toujours très-bien autour d'une matelote.

Il faut remarquer que si on met tous ces poissons à la fois, les uns seront trop cuits et les autres pas assez. Mettez d'abord les tronçons d'anguille, puis le brochet, enfin la carpe et les autres poissons. Les laitances de carpe doivent être mises seulement cinq minutes avant de servir.

Matelotte à la marinière (entrée).

Préparez vos poissons comme il est dit ci-dessus; mettez dans un petit chaudron, pendu à la crémaillère, du vin rouge ordinaire, mais naturel, plusieurs gousses d'ail, poivre, sel, épices assorties. Faites cuire vivement et sur un feu clair, votre poisson dans cet assaisonnement; ajoutez alors un demi-verre d'eau-de-vie et faites prendre feu au vin; un quart d'heure avant de servir, ajoutez à la sauce un fort morceau de beurre manié de farine pour la lier, faites bouillir, et dressez votre matelote comme la précédente.

Brochet.

Au bleu ou court-bouillon (rôt). — Il ne faut point l'écailler; ôtez-lui seulement les ouïes après l'avoir vidé; jetez les œufs, qui sont malfaisants, et faites-le cuire dans le court-bouillon.

Le brochet est meilleur lorsqu'on l'a fait mariner pendant quelques heures dans du vinaigre assaisonné d'ognons coupés en morceaux, de poivre, sel et fines herbes. On met ensuite le tout dans le court-bouillon.

Brochet à la maître-d'hôtel (entrée).

Il faut le préparer comme le maquereau à la maître-d'hôtel (Page 282).

Brochet à la broche (rôt).

Après avoir vidé et écaillé votre brochet, incisez-le légèrement, piquez-le de moyens lardons assaisonnés de poivre, sel, muscade, fines herbes et ciboules hachées très-menu; mettez le ensuite à la broche, ayant soin de l'arroser de bon vin blanc et de jus de citron. Quoique rôti à la broche, on peut le servir avec une sauce quelconque.

Brochet aux câpres (entrée).

On le prépare comme le brochet au bleu, et on le sert sur une sauce blanche aux câpres.

Brochet en salade (entremets).

On le fait cuire comme ci-dessus, puis on lève les filets qu'on dispose en rond sur le plat, on les entoure de cœurs de laitues divisés, d'œufs durs coupés en long en huit, de cornichons en rouelles, et de filets d'anchois. On sert avec un huilier ou une saucière dans laquelle on a préparé une sauce froide à la ravigote.

Brochet à la flamande (entrée).

Après avoir vidé et paré un fort brochet, on lève la peau d'un côté en laissant les écailles de l'autre. On pique le brochet de lard fin, cornichons, carottes, du côté où la peau est enlevée. On verse dans une poissonnière une bouteille de vin blanc de bonne qualité, avec des carottes coupées en lames, un ognon, un bouquet garni : on fait bouillir dix minutes, on passe au tamis après avoir fait réduire aux trois quarts. Mettez 250 grammes de beurre dans une poissonnière, placez-y votre brochet, en ayant le soin de mettre le côté piqué en dessus; laissez revenir, mouillez avec la réduction, et ajoutez du poivre; pour donner de la couleur on couvre le dessus et on fait cuire à petit feu. Avant de servir, on laisse réduire la sauce à glace, et on garnit comme la tête de veau en tortue.

Carpe.

Les carpes les plus estimées sont celles du Rhin et de la Loire, et en général celles des rivières, car les carpes d'étang ont toujours un goût de vase ; c'est en mai, juin, juillet et août qu'elles réunissent les meilleures qualités.

Carpe frite (rôt).

Écaillez une carpe, coupez-lui les nageoires, ciselez-la, fendez-la par le dos dans toute sa longueur, ôtez-lui tout ce qu'elle a dans le corps, ainsi que la tête et les ouïes, farinez-la, ou trempez-la dans une pâte à frire claire ; cela fait, vous la ferez frire dans de l'huile ou du saindoux. Mettez dans la friture la laite ou les œufs, quand le poisson sera à moitié cuit. Lorsque le tout sera cuit et de telle couleur, servez garni de persil frit.

Moyen de faire passer aux carpes le goût de vase.

Les carpes pêchées dans les étangs ont ordinairement un goût de bourbe fort désagréable ; on détruit ce mauvais goût en faisant avaler à la carpe vivante du fort vinaigre. Il s'établit alors sur tout son corps une sorte de transpiration que l'on enlève en l'écaillant. Sa chair se raffermit et perd le goût do marécage.

Carpe en fricassée de poulet (entrée).

Vous la coupez par tronçons, et la mettez dans une casserole avec un morceau de beurre, persil, ciboule, champignons, le tout haché et une pincée de farine; passez sur le feu, mouillez avec un tiers de litre de vin blanc, lorsqu'elle sera cuite, faites une liaison de jaunes d'œufs, et servez.

Carpe au bleu (rôt).

Videz une carpe sans lui ouvrir trop le ventre, évitez surtout d'endommager les écailles et de crever l'amer, ôtez-lui ses ouïes sans arracher la langue, faite-la ensuite cuire comme un brochet au bleu.

Carpe à la Chambord (entrée).

Écaillez et videz une belle carpe, enlevez la peau d'un côté seulement, piquez-en la chair de petit lard, enveloppez-la d'un linge, que vous ficellerez autour; faites cuire la carpe dans une poissonnière avec un court-bouillon; avant de servir, préparez une garniture de quenelles, ris de veau piqués, écrevisses, culs d'artichauts, croûtons frits; dressez la carpe sur cette garniture, et versez dessus le mouillement de votre cuisson que vous aurez fait réduire, et deux cuillerées d'espagnole.

Carpe à la marseillaise (entrée).

Coupez votre carpe par tronçons, mettez-la dans une casserole avec la valeur d'un verre d'huile, un demi-litre de vin et un morceau de beurre manié do farine, joignez-y persil, échalote, ciboules, ail, champignons hachés, sel et poivre. Réduisez la sauce et servez.

Carpe à la maître d'hôtel (entrée).

Comme le maquereau (page 282), en ayant soin de vider, écailler et couper les nageoires, ainsi que la queue.

Carpe à l'étuvée (entrée).

Se prépare comme la matelote. On peut ajouter un peu de beurre d'écrevisses ou un peu de sucre, avec un morceau de beurre manié de farine ; seulement au lieu de couper la carpe par morceaux on la laisse entière.

Carpe au vin (entrée).

Écaillez et videz une carpe, maniez un morceau de beurre avec persil, ciboules, échalotes hachés, sel et poivre. Garnissez-en le corps de la carpe ; emballez-la dans un linge blanc, et mettez-la avec du bouillon, un demi-litre de vin rouge, un morceau de beurre, tranches d'ognons et de racines, girofle, thym et laurier. Lorsque la carpe sera cuite, passez la sauce au tamis, et faites-la réduire ; dressez la carpe sur un plat, après avoir ôté l'enveloppe, et servez la sauce dessus.

Carpe à la bourgeoise (entrée).

Écaillez votre carpe, ôtez seulement la vessie et l'amer ; fendez-la dans toute sa longueur par le ventre et ouvrez-la. Faites revenir, dans un roux, champignons, lard et petits ognons, assaisonnés de poivre et de sel ; mettez votre carpe à plat dans le roux, mouillez avec bouillon et un demi-verre de vin blanc; couvrez bien votre carpe, et faites-la mijoter sur un feu doux jusqu'à parfaite cuisson.

Barbeau et Barbillon.

Ils se préparent de la même manière que la carpe. Les œufs de barbeau sont malfaisants; il faut les rejeter comme ceux du brochet.

Brême.

Même préparation que pour la carpe à laquelle elle ressemble beaucoup.

Anguille.

Ce poisson, d'un goût délicat, est d'autant meilleur qu'on le pêche dans les eaux vives : il a une chair grasse et visqueuse qui le rend fort indigeste, aussi a-t-il besoin d'un accommodement assez excitant pour en faciliter la digestion.

Anguille piquée (entrée).

Attachez par le cou votre anguille à un clou. Incisez la peau au-dessous des ouïes, et enlevez-la en la tirant de la tête à la queue. Videz l'anguille par les ouïes et supprimez sa tête. Piquez-la sur le dos de lardons fins; roulez-la de manière que les lardons soient en dehors, et fixez ses tours avec de la ficelle et des brochettes de bois. Mettez dans une casserolle un morceau de beurre, des rondelles de carotte, petits ognons, ail, persil en branches, thym, laurier, sel, poivre, épices. Lorsque les carottes et les ognons seront revenus, mouillez avec du vin blanc et du bouillon, laissez bouillir une heure, passez votre marinade et versez-la sur votre anguille que vous ferez cuire au four. Servez-la avec une sauce tartare, ou une sauce tomate.

Anguille à la tartare (entrée).

Votre anguille étant dépouillée et vidée, mettez un morceau de beurre dans une casserole, avec carottes et ognons coupés en tranches, persil et laurier. Quand cet assaisonnement sera bien revenu, mouillez-le avec du vin blanc, ajoutez sel et gros poivre. Cette sauce étant cuite, passez-la au tamis, et mettez-y votre anguille en rond. Faites-la cuire à moitié. Lorsqu'elle sera refroidie, mouillez-la de votre sauce, et panez-la. Vous la tremperez de nouveau dans des œufs battus, assaisonnés de poivre et de sel, et vous panerez une seconde fois. Mettez-la ensuite sur un gril, à feu doux, et faites-la griller. Versez une sauce à la tartare sur un plat, et mettez votre anguille toute chaude dessus.

Anguille à l'italienne.

Prenez une grosse anguille que vous coupez par tronçons de cinq centimètres. Faites-les cuire dans du vin blanc. Mettez dans un plat à sauter, un morceau de bon beurre avec des échalotes et champignons hachés très-fin, et assaisonnés de sel et gros poivre; lorsque cette sauce commence à chauffer, ajoutez deux cuillerées de bon jus, et la cuisson de l'anguille. Lorsque cette sauce est suffisamment réduite, dressez sur un plat les tronçons d'anguille, et couvrez-les de la sauce qui doit être d'un bon sel.

Anguille à la poulette (entrée).

Après avoir dépouillé votre anguille, coupez-la par tronçons, et faites bouillir de l'eau avec trois cuillerées de vinaigre; mettez-y les tronçons, retirez-les au bout de cinq ou six minutes, et faites égoutter. Faites fondre un morceau de beurre dans une casserole, avec une cuillerée de farine; ne laissez pas roussir, et mouillez avec un verre de vin blanc et autant d'eau bouillante, en ajoutant sel, poivre, bouquet garni et champignons; mettez-y le jus d'un demi-citron; faites cuire votre anguille une demi-heure dans cette sauce; liez-la avec deux jaunes d'œufs, et servez.

Anguille marinée et grillée (entrée).

Coupez votre anguille en tronçons et faites-la sauter dans du beurre; mettez-la dans un plat creux avec sel, poivre et muscade, persil, fines herbes et champignons hachés, ajoutez-y de l'huile, laissez mariner trois heures, panez et faites griller.

Anguille à la broche (rôt).

Après avoir dépouillé une belle anguille, piquez-la de menu lard. Faites-la mariner dans moitié bouillon et moitié vinaigre, avec sel, poivre, persil, ognons et laurier, retirez-la au bout de trois heures, essuyez-la, grattez-la avec un couteau, videz-la, tournez-la en rond, et fixez-la à une broche, faites-la cuire à feu clair. Dressez-la et servez dessus une sauce à la ravigote, une poivrade ou une remoulade. On peut également faire mariner l'anguille dans de l'huile.

Truites.

Il y a deux espèces principales de truites : la truite saumonnée a chair rouge comme le saumon, la truite ordinaire a chair blanche. L'ombre-chevalier et le ferra du lac de Genève, sont aussi des variétés de truites estimées.

Truites à la bourgeoise (entrée).

Après les avoir vidées sans leur ouvrir le ventre et sans les écailler, lavez-les et essuyez-les bien. Il faut avoir soin de leur ficeler la tête; couvrez-les de sel pendant une heure, faites-les bouillir à feu vif durant un quart d'heure, avec une bouteille de vin blanc, beurre manié de farine, ognons, bouquet garni, une gousse d'ail; clous de girofle, un peu de thym et de basilic. Dressez vos truites, jetez un peu de persil blanchi dessus, et servez avec la sauce dont vous aurez retiré les ognons et le bouquet, ainsi que l'ail et le thym.

Truites frites (entremets).

On n'emploie pour cet usage que de petites truites; on les fait frire dans de l'huile d'olive, on les saupoudre de sel, et on les sert accompagnées de tranches de citron et couronnées de persil frit. Ce mets est fort délicat.

En général, les truites s'accommodent comme le saumon frais.

Perche.

Au bleu (rôt). — La perche étant vidée et les ouïes ôtées, faites-la cuire dans un court-bouillon. Quand elle est cuite, ratissez ses écailles, et servez avec une sauce à l'huile, ou avec une sauce blanche aux câpres, ou avec toute autre sauce convenable.

On sert également la perche frite comme la carpe.

Perche à la tartare (entrée).

Prenez des perches que vous videz et écaillez, prenez aussi persil, fines herbes, échalotes, champignons hachés; faites mariner vos perches dans de l'huile avec du jus de citron et l'assaisonnement, pendant deux heures; passez vos herbes à la casserole et ajoutez la marinade que vous liez avec trois jaunes d'œufs. Arrosez le poisson avec le tout refroidi, panez, faites griller, et servez sur une sauce tartare.

Tanche.

Elle s'accommode de la même manière que la carpe. Pour enlever facilement ses écailles il faut la limoner, c'est-à-dire la tremper une minute dans de l'eau bouillante, et la ratisser ensuite.

Tanches aux fines herbes (entrée).

Après les avoir vidées et préparées, ainsi que nous venons de le dire, on les fait mariner dans l'huile avec persil, ciboule, échalotes hachés, thym, laurier, sel et poivre, enveloppez-les ensuite avec leur marinade dans une feuille de papier beurré, et faites cuire sur le gril. Dressez votre poisson sur un plat, en retirant le papier, ainsi que le thym et le laurier.

Lotte.

Poisson rond et allongé que l'on accommode

comme l'anguille. Pour enlever ses écailles, il faut employer le même moyen que pour la tanche, mais la laisser moins de temps dans l'eau bouillante.

Barbote.

Même préparation que pour la lotte à laquelle elle ressemble. Excellente surtout en friture.

Goujons.

(Entremets.) — On ne les sert guère qu'en friture; on y joint souvent d'autres petits poissons, tels que l'ablette. Mais le goujon est préférable. On a soin de les vider avant de les mettre dans la poêle, et de les couronner de persil, frit comme eux.

Lamproie.

(Entrée). — Pour la préparer, il faut la passer à l'eau bouillante; on peut ensuite l'accommoder comme les tanches et les carpes. Elle se fait également cuire sur le gril, et on la sert avec une sauce aux câpres ou à la remoulade. La lamproie s'arrange comme l'anguille avec une sauce à la tartare.

COQUILLAGES.

Écrevisses.

(Entremets). — Après avoir retiré la nageoire du milieu de la queue, afin d'enlever en même temps un boyau noir et amer, on les fait cuire dans un court-bouillon composé de bon vin blanc (le rouge a l'inconvénient de noircir les écrevisses) ou de moitié eau, moitié vinaigre, de thym, laurier, persil, ail, poivre, sel, muscade, ognons et carottes; quand ce court-bouillon a bouilli pendant une demi-heure, on y jette les écrevisses, en ayant soin qu'il les recouvre entièrement. Faites bouillir dix minutes et retirez la casserole, que vous couvrirez et dans laquelle vous les laisserez encore un quart d'heure. Égouttez-les et servez-les en buisson mêlé

et paré de persil, sur une serviette, comme plat d'entremet. Les écrevisses sont meilleures de juin à septembre et on doit préférer celles qui ont les pattes rouges et le dessous d'un vert net, les noires sont beaucoup moins bonnes.

Escargots.

A la poulette (entrée). — La saison des escargots

est le printemps et l'automne. Pour les sortir de leur coquille, on les met dans un chaudron d'eau bouillante avec une poignée de sel et une égale quantité de cendres. Vous les y laisserez un quart d'heure; au bout de ce temps, vous les tirerez facilement de leur coquille; vous les laverez en eau tiède et vous les ferez bouillir encore un instant dans de l'eau claire pour achever de les cuire. Égouttez-les et mettez dans une casserole un morceau de beurre, champignons, bouquet de persil, gousse d'ail, deux clous de girofle, thym et laurier; ajoutez une pincée de farine, mettez les escargots dans la casserole, faites une liaison avec trois jaunes d'œufs, et liez sans bouillir. Servez après avoir mis un peu de jus de citron.

Escargots sur le gril.

Mettre la sauce ci-dessus réduite dans chaque coquille, y replacer l'escargot, achever de remplir de sauce et de chapelure, et faire griller sur un feu très-doux.

Escargots à la bourguignotte (déjeuner de famille).

Lavez et plongez-les dans l'eau bouillante; après 25 minutes d'ébullition égouttez-les, enlevez le petit couvercle (ou opercule), et avec une épingle retirez l'escargot auquel vous ôtez la partie qui le termine (ce sont les intestins); mettez-les au fur et à mesure dans une terrine d'eau tiède. Conservez les coquilles que vous faites ressuyer dans un lieu chaud, lavez bien les escargots et égouttez-les. Faites pour 50 escargots 125 grammes de beurre d'anchois (page 82), remettez-les dans leurs coquilles, bouchez l'ouverture avec le beurre, placez-les sur un plat à rebord l'un contre l'autre et mettez-les au four ou sous le four de campagne [1].

Cuisses de grenouilles frites (entrée).

Les cuisses de grenouille se vendent toutes préparées dans les marchés, c'est-à-dire séparées du corps et écorchées. Jetez-les dans l'eau fraiche pour les faire bien dégorger et blanchir, on les met ensuite dans du blanc d'œufs, on les saupoudre avec de la farine et on les fait frire d'une belle couleur. On les sert très-chaudes; on peut y ajouter un jus de citron.

Cuisses de grenouilles à la poulette (entrée).

Une fois dégorgées, mettez-les dans la casserole avec un morceau de beurre, faites fondre, saupoudrez d'un peu de farine nouvelle avec du vin blanc; ajoutez sel, poivre, muscade, échalotes hachées, faites bouillir et liez la sauce avec deux jaunes d'œufs.

---

[1] Il faut choisir les escargots fermés, c'est-à-dire ceux qui sont clos dans leurs coquilles.

SEPTIÈME PARTIE.

DES LÉGUMES.

POIS VERTS.

Pois verts au naturel (entremets).

Triez vos petits pois écossés, en les examinant peu à peu sur une assiette, pour enlever les grains piqués et les saletés qui pourraient y être mêlées. Ne les lavez pas. Mettez-les dans une casserole avec du beurre frais dans lequel vous les retournerez pour qu'ils s'en imprègnent. Mettez sur un feu doux, ajoutez un bouquet de persil, trois ou quatre ognons blancs. Faites cuire lentement, avec un peu de sel et un morceau de sucre. Laissez cuire à point, et servez en ôtant le bouquet de persil seulement.

Petits pois à la bourgeoise (entremets).

Prenez deux litres de petits pois que vous préparerez comme ci-dessus, et mettrez dans une casserole avec un morceau de beurre, un bouquet de persil, ciboule, une laitue pommée ou de la romaine, et quatre petits ognons entiers. Si vos pois ne sont pas sucrés naturellement, ajoutez-y un petit morceau de sucre, faites-les cuire dans leur jus, à très-petit feu. Quand ils seront cuits, retirez-les du feu, ôtez le bouquet de persil et la laitue, liez avec un morceau de beurre et deux jaunes d'œufs. Ayez bien soin de ne laisser les petits pois au feu que juste le temps de cuire, autrement ils deviennent jaunes et se racornissent.

Pois verts conservés en boîte.

Enlevez avec un outil le couvercle de la boîte, jetez les pois dans l'eau bouillante, ne les y laissez qu'un instant, retirez-les pour les égoutter dans une passoire; mettez-les dans une casserole avec un bon morceau de beurre et des fines herbes, sautez et servez.

Petits pois au lard (entremets).

Faites revenir dans du beurre du petit lard coupé en gros dés. Quand il est bien roux, mettez vos pois épluchés, comme ci-dessus; sautez-les plusieurs fois, ajoutez un bouquet de persil garni, poivre et un peu de sel, et laissez mijoter vos pois jusqu'à ce qu'ils soient cuits, ôtez le bouquet et servez. On peut y ajouter un petit morceau de sucre.

Pois à l'anglaise (entremets).

Jetez vos petits pois épluchés dans de l'eau bouillante avec poivre et sel. Quand ils seront cuits, égouttez-les et dressez-les sur un plat avec un gros morceau de beurre. Il faut qu'ils soient peu cuits.

Pois à la crème.

On les accommode de la même manière que les haricots blancs à la crème (Page 312).

Haricots.

Haricots verts à l'anglaise (entremets).

Après les avoir épluchés et lavés, jetez-les dans

de l'eau bouillante avec du sel; quand ils seront cuits, vous les retirerez et les mettrez égoutter dans une passoire; mettez ensuite un morceau de beurre dans une casserole, jetez-y vos haricots; assaisonnez-les de gros sel, poivre, persil blanchi et haché, remuez-les continuellement et servez. Les haricots doivent être cuits à grande eau pour conserver leur verdeur.

Haricots verts au gras (entremets).

Faites-les cuire comme ci-dessus; faites frire dans une casserole du persil et un ognon haché fin avec de bonne graisse, poivre et sel, mettez-y vos haricots, faites revenir dix minutes, mouillez de jus et de bouillon, faites mijoter un quart d'heure, et servez à courte sauce avec une liaison de jaunes d'œufs.

Haricots verts en salade (entremets).

Étant cuits à l'eau comme les précédents, égouttez-les et faites-les refroidir. Au moment de servir, ajoutez de la fourniture et assaisonnez-les comme une salade.

Haricots verts au beurre noir (entremets).

Après les avoir fait cuire comme les précédents, dressez-les sur un plat, assaisonnez-les de poivre et de sel, et versez dessus du beurre que vous avez fait roussir dans une poêle, puis une bonne cuillerée à bouche de vinaigre que vous aurez fait chauffer dans la même poêle.

Haricots blancs.

Pour les *haricots blancs nouveaux*, jetez-les dans de l'eau bouillante, et lorsqu'ils seront à moitié cuits ajoutez-y du sel; faites bouillir à grand feu, retirez-les quand ils sont suffisamment cuits, et mettez-les égoutter dans une passoire.

Les *haricots blancs secs* doivent être mis à l'eau froide, à laquelle on en ajoute à mesure qu'ils se gonflent; ils demandent pour leur cuisson beaucoup plus de temps. Cette différence entre la manière de cuire des haricots secs et des haricots frais s'applique également aux pois, aux fèves et aux lentilles.

Haricots blancs et vert conservés en boîte.

Même procédé d'assaisonnement que pour les pois vert (*Voyez* p. 310).

Haricots blancs à la maître-d'hôtel (entremets).

Vos haricots étant égouttés et encore chauds, mettez-les dans une casserole avec du beurre frais manié de persil et ciboule hachés; sel, poivre et filet de vinaigre. Mêlez bien et servez. On peut remplacer le vinaigre par un jus de citron, ou s'abstenir de l'un comme de l'autre.

Haricots blancs au jus (entremets).

Faites cuire vos haricots comme les précédents; préparez un roux que vous mouillerez avec du jus et du bouillon, ajoutez-y sel et gros poivre, sautez-y vos haricots. Si vous servez avec un gigot, arrosez-les avec son jus.

Haricots blancs à la crème (entremets).

Cette excellente manière d'accommoder les haricots ne convient qu'à l'espèce hâtive, appelée *haricots flageolets*. Jetez-les dans l'eau bouillante. Lorsqu'ils seront cuits, faites-les égoutter, mettez-les dans une casserole avec de la crême et un morceau de beurre fin et du sel, et ne laissez sur le feu que le temps nécessaire pour fondre le beurre.

Haricots blancs en salade (entremets).

Lorsqu'ils sont cuits à l'eau, égouttés et refroidis, on les assaisonne comme une salade, en y ajoutant quelques rouelles d'ognon blanc.

Haricots rouges à l'étuvée (entremets).

S'ils sont secs, vous les mettrez à l'eau froide avec du lard et des ognons. S'ils sont frais, vous les mettrez à l'eau bouillante; quand ils seront cuits, vous les verserez dans une casserole avec un morceau de beurre, une pincée de farine et fines herbes, en y ajoutant le lard et les ognons. Mettez-y par litre un bon demi-litre de vin rouge, faites mijoter une demi-heure et servez.

On remplace avantageusement le lard par un morceau de mouton ou mieux de jambon fumé.

Quelques personnes les font auparavant bouillir dans une première eau que l'on jette, afin de leur ôter une certaine âcreté qui tient à l'espèce du haricot rouge.

Fèves de marais.

A la crème (entremets). — Quand elles sont petites, on peut les manger avec la robe; mais alors il faut les faire bouillir un quart d'heure de plus pour en ôter l'âpreté. On met une petite branche de sarriette et du sel dans l'eau où elles cuisent. Robées ou dérobées, la manière de les apprêter est la même. Mettez-les dans une casserole avec du beurre, une pincée de farine, du persil et un peu de sarriette hachés très-fin, et un morceau de sucre; mouillez d'eau, faites une liaison de jaunes d'œufs avec un peu de crème et servez.

Petites fèves en robe, au lard (entremets).

Faites revenir du lard coupé en dés; retirez-le et faites un roux que vous mouillez avec de l'eau; remettez-y vos lardons, en y joignant les fèves que vous aurez fait blanchir à l'eau bouillante et qui se trouveront cuites après quelques bouillons.

Fèves à la maître-d'hôtel (entremets).

Comme les haricots blancs (Page 312).

Lentilles.

(Entremets). — On distingue deux espèces de lentilles : les lentilles ordinaires et les lentilles à la reine. Celles-ci sont plus petites et servent à faire des purées et coulis.

Les manières d'accommoder les lentilles sont les mêmes que pour les haricots. Il faut comme eux les mettre cuire à l'eau froide, tenir la marmite bien pleine et ne se servir que d'eau chaude pour la remplir.

Choux.

Les principales espèces de choux sont les choux de Milan, les choux blancs, les choux rouges et les choux verts qui comprennent le chou de Bruxelles. Ils s'accommodent tous de même

Ragoût de choux (entremets).

Faites bouillir pendant une demi-heure un chou moyen; mettez-le dans l'eau fraîche, exprimez-en l'eau, enlevez le trognon, hachez ensuite votre chou.

en gros, mettez-le dans une casserole avec un bon morceau de beurre. Laissez cuire à petit feu, en mouillant avec du bouillon. Ajoutez une pincée de farine, poivre, sel et moutarde.

Chou au lard (entremets).

Coupez-les par quartiers, après les avoir lavés; faites-les blanchir. Pressez-les bien pour en exprimer l'eau, ficelez-les, et mettez-les cuire avec un morceau de lard de poitrine et telle viande que vous voudrez y joindre, dans du bouillon, avec sel, poivre, bouquet de persil, ciboules, clous de girofle, un peu de muscade et deux ou trois racines. Lorsque tout sera cuit, retirez les choux pour les bien essuyer de leur graisse, dressez votre viande sur un plat, masquez-la avec vos choux et arrangez le petit lard sur les choux.

Voici les viandes qui s'accommodent le mieux avec les choux : indépendamment du petit salé, tendrons de veau, poitrine de bœuf, morceau de culotte de bœuf, épaule de mouton désossée, endouilles de porc, saucisses.

Choux farci (entremets).

Prenez un chou bien pommé, lavez-le et faites-le cuire un quart d'heure dans de l'eau, puis passez-le à l'eau froide comme ci-dessus, exprimez-en l'eau et garnissez l'entre-deux des feuilles d'une farce composée de hachis de viande mêlée avec moitié de chair à saucisses bien assaisonnée. Votre chou étant garni, ficelez-le et faites-le cuire de la même manière que le chou au lard. Faites réduire la cuisson, et servez votre chou dessus.

Voici une autre manière plus simple : on prend un chou bien pommé, on le lave; on fait un trou rond au milieu du côté de la queue, puis on y introduit une livre de farce ou plus, selon la grosseur du chou. On le ficelle, on l'assaisonne de poivre, thym, laurier, puis on le met dans une casserole hermétiquement fermée. Il doit cuire quatre à cinq heures.

Choux à la bourgeoise (entremets).

Prenez de petites pommes de choux; après les avoir fait blanchir, hachez-les, faites-les revenir avec de la graisse; lorsqu'ils sont près d'être cuits, mouillez de bouillon et servez avec lard et saucisses cuits à part.

Choux de Bruxelles (entremets).

Jetez-les dans l'eau bouillante et laissez-les cuire un quart d'heure avec du sel; rafraîchissez-les, égouttez-les, faites-les revenir dans une casserole avec un bon morceau de beurre, poivre et muscade, mouillez-les avec du bouillon.

Il faut avoir soin de ménager la cuisson de manière à ce qu'ils ne se mettent pas en bouillie.—

Choux de Bruxelles à la crème (entremets).

On les prépare comme les précédents, si ce n'est que pour le mouillement on remplace le bouillon par de la crème.

Chou rouge à la flamande (entremets).

Faites blanchir un chou rouge coupé en quatre, rafraîchissez-le, émincez-le et mettez-le dans une casserole avec un bon morceau de beurre, laurier, ognon piqué de deux clous de girofle, sel et poivre; faites-le partir et tournez-le bien dans le beurre; diminuez le feu, et faites-le mijoter trois ou quatre heures, après avoir couvert et mis de la cendre rouge sur le couvercle; retournez-le de temps en temps; ôtez la feuille de laurier et l'ognon, finissez-le par un morceau de beurre, et servez.

Chou rouge mariné (entremets).

Après avoir émincé votre chou rouge en fines lanières, faites-le blanchir à l'eau de sel bouillante, pendant un quart d'heure; égouttez-le bien, mettez-le dans une terrine et versez dessus un bon verre de vinaigre mêlé d'autant d'eau. Au bout de trois heures, retirez-le, exprimez-en le liquide et faites cuire doucement avec du beurre, poivre et muscade, mouillez avec du jus ou du bouillon.

Vous pourrez remplacer le beurre par de la graisse qui, en général, est préférable pour accommoder les choux.

Chou rouge piqué (entremets).

Prenez un chou rouge, gros et dur, faites-le blanchir, creusez le chou à l'endroit du trognon, que vous enlevez. Piquez le reste du chou de gros lard, enfermez-le dans une toilette de porc, qui l'enveloppe de toutes parts; mettez votre chou dans une casserole, le trognon en dessus, et remplissez la place de ce trognon par de la chair à saucisses et du beurre, faites cuire trois heures à l'étouffée, après avoir ajouté une cuillerée à pot de bouillon, dégraissez la sauce et servez.

Choucroûte.

(Entrée). — Mettez tremper la choucroûte pendant deux heures dans de l'eau fraîche pour la dessaler. Lorsqu'elle est bien égouttée, mettez-la dans une casserole avec des tranches minces de petit lard, des tronçons de saucisson et des saucisses, ajoutez des jus de rôti et de la graisse d'oie si vous en avez, ou à défaut mouillez avec un peu de bouillon, point de sel et faites cuire longtemps à petit feu. Lorsqu'elle est cuite, égouttez la choucroûte; dressez-la sur un plat, le lard en dessus, entremêlez de saucisses et de tranches de saucisson; dégraissez la sauce complétement, versez-la dessus et servez. Les vrais amateurs de choucroûte emploient le lard, les saucisses et les saucissons fumés.

La choucroûte peut être servie comme garniture.

Choux-fleurs.

A la sauce (entremets). — Épluchez vos choux-fleurs, lavez-les, mettez-les cuire à l'eau bouillante, où vous aurez mis du sel et un peu de farine délayée, pour les conserver blancs; retirez-les quand ils fléchissent sous le doigt, dressez-les sur un plat, en rapprochant les morceaux de manière à leur donner la forme d'un seul chou-fleur; arrosez-les avec une sauce blanche et servez.

Vous pouvez également les servir avec une autre sauce, telle qu'une *sauce tomate* ou une *sauce blonde*, qui n'est qu'un roux mouillé de bouillon.

Les choux-fleurs ont moins bonne mine, mais ils sont bien plus succulents lorsqu'on les met dans la casserole où a été faite la sauce, et qu'on les saute dedans.

Choux-fleurs à la crème (entremets).

Après les avoir préparés comme ci-dessus, versez sur vos choux-fleurs de la crème, garnissez-les de chapelure, mettez sel, poivre, et achevez de faire cuire sur un feu doux, et sous le four de campagne.

Choux-fleurs en salade (entremets).

Étant cuits à l'eau, on les assaisonne comme une salade ordinaire.

Choux-fleurs au beurre (entremets).

Étant cuits et égouttés comme ci-dessus, faites-les sauter dans la casserole avec un morceau de beurre frais, sel, poivre et quatre épices. Dressez-les sur un plat.

Choux-fleurs au beurre noir (entremets).

Lorsqu'ils sont cuits et égouttés, on les dresse en dôme sur un plat et on verse dessus du beurre roussi à la poêle, et un filet de vinaigre également passé à la poêle.

Choux-fleurs frits (entremets).

Ne les faites cuire qu'aux trois quarts, égouttez-les, trempez-les dans une sauce blanche froide, et jetez-les dans de la friture bien chaude, ou bien faites les mariner dans du vinaigre aromatisé, passez-les par morceaux dans une pâte à frire, et couronnez de persil frit.

Choux-fleurs au fromage (entremets).

Étant cuits comme les précédents, préparez une sauce avec un morceau de beurre, du coulis, gros poivre, fromage de gruyère ou de parmesan râpé. Trempez-y vos morceaux de choux-fleurs, dressez-les en boules que vous recouvrirez de la même sauce, étendez avec la barbe d'une plume une couche de beurre sur votre appareil, saupoudrez de chapelure et faites prendre couleur sous le four de campagne.

Choux-fleurs au gratin (entremets).

On prépare ainsi les choux-fleurs qui ont déjà été servis à la sauce blanche. On les met sur un plat qui aille au feu, avec mie de pain très-fine, beurre et un peu d'épices. On leur donne une forme arrondie et on leur fait prendre couleur sous le four de campagne.

Choux-fleurs au gratin et au fromage (entremets).

Lorsqu'ils sont cuits à l'eau, on les dresse sur un plat allant au feu et préalablement beurré; on les arrose de beurre fondu, on les couvre de fromage de gruyère et de parmesan râpé en quantité égale, ou arrose de nouveau avec du beurre, sur lequel on répand encore du fromage en poudre mêlé de mie de pain, et on fait prendre couleur sous le four de campagne.

Choux brocolis.

Choux-fleurs violets, se préparent comme les choux-fleurs blancs.

Artichauts.

Manière de les faire cuire. — Retranchez la queue

et parez-les en coupant les feuilles de dessous, et en rognant les bouts de celles de dessus. Faites-les cuire à l'eau avec du sel et un bouquet de fines herbes. Quand ils sont cuits, mettez-les égoutter, le cul en haut, ôtez-en le foin.

Artichauts à la sauce (entremets).

Servez-les chauds bien égouttés et accompagnés d'une *sauce blanche* dans une saucière, ou d'une *sauce blonde*. Froids, on les mange à l'huile, sel, poivre et vinaigre.

Artichauts sur le gril.

Après les avoir fait cuire à moitié, on ôte le foin qu'on remplace par une pincée de persil, champignons et ciboules hachés, chapelure, cuillerée d'huile, sel et poivre, on met sur le gril pour achever de cuire, et on sert chaud.

On peut faire cuire ces artichauts farcis à la casserole, feu dessous et dessus.

Artichauts frits (entremets)

On coupe les artichauts par tranches, du sommet à la base, en dix ou douze morceaux, on en ôte le foin, on coupe l'extrémité des feuilles, puis on les lave et on les fait égoutter ; jetez-les ensuite dans une pâte à frire composée d'œufs, de farine, de lait, une cuillerée d'eau-de-vie, poivre et sel ; faites-les sauter dans cette pâte, puis frire dans du saindoux ou de l'huile. Évitez qu'ils ne se collent l'un l'autre, et retirez-les lorsqu'ils auront une belle couleur blonde, faites-les égoutter, salez et servez en pyramide sur une serviette pliée ; ornez de persil frit.

Artichauts à la provençale (entremets).

Vous choisissez des artichauts que vous lavez et nettoyez, vous les mettez cuire pendant un quart d'heure; on en retire le foin, on les met dans une tourtière avec de l'huile, un peu d'ail, sel, poivre, et on y place l'artichaut. Faites cuire sur la cendre chaude, feu dessus, feu dessous. Quand votre mets est cuit, servez à sec avec un jus de citron.

Artichauts en fricassée de poulet (entremets).

Préparez les artichauts comme pour être frits, faites-les cuire à l'eau bouillante, puis lorsque la cuisson est complète, jetez-les dans l'eau froide, faites-les égoutter, et accommodez-les comme une fricassée de poulet (*Voyez* fricassée de poulet, page 246).

Artichauts à la barigoule (entremets).

Prenez quatre artichauts, parez-les comme il est dit ci-dessus, ôtez le foin; faites-les blanchir légèrement. Ayez persil, champignons, échalotes, lard gras, restes de volailles, le tout haché et assaisonné de bon goût; vous passez ce hachis dans un peu de beurre pour lui ôter son âcreté, et vous le mêlez avec cent vingt-cinq grammes de beurre frais, autant de lard râpé; vous garnissez l'intérieur de vos artichauts avec cette farce. Ficelez-les et mettez-les dans une casserole, avec des bardes de lard. Faites-les cuire doucement, feu dessous et feu dessus, avec trois ou quatre cuillerées d'huile fine. Servez avec une sauce composée d'un roux mêlé de bouillon.

Artichauts au jus (entremets).

Faites blanchir des artichauts parés que vous avez coupés en deux, et dont vous avez ôté le foin. Garnissez une casserole de tranches de lard et de veau; ajoutez-y des ognons, une carotte, thym, clous de girofle, poivre et sel. Posez vos artichauts sur la garniture, faites cuire à feu doux; mouillez avec du bouillon et laissez mijoter. Dressez vos artichauts autour d'un plat, et la sauce au milieu.

Fonds d'artichauts au velouté (entremets).

Parez les fonds de 12 artichauts moyens; donnez-leur la forme d'un carré long à coins arrondis; blanchissez-les et égouttez-les pour les mettre dans un plat à sauter et les cuire avec du consommé, sur un feu doux. Préparez et faites réduire 7 cuillerées de velouté (page 85) avec de la glace blonde. Égouttez les fonds; dressez-les en couronne et couvrez-les avec la sauce.

Pommes de terre.

Il y a un grand nombre d'espèces de pommes de terre. Les plus estimées sont la hollande jaune. — La grosse jaune, la ronde jaunâtre de New-York. — La longue rouge, appelée *whitelotte* à Paris, la ronde rouge, la violette, et la marjolin, qui est la plus hâtive.

Les plus farineuses sont la hollande jaune et la grosse jaune. La whitelotte, ainsi que la marjolin, se défait moins à la cuisson. En général, il faut choisir les pommes de terre à œilletons peu nombreux et à peau comme gercée.

La meilleure manière de les faire cuire est à la vapeur. On a un chaudron à double fond. Le fond de dessus est percé de trous. On met de l'eau au fond du chaudron, les pommes de terre sont placées sur le double fond, à quelque distance de l'eau, et, la marmite étant hermétiquement fermée, elles cuisent à la vapeur.

Les pommes de terre étant cuites comme nous l'avons dit, on peut les servir avec une infinité de sauces qui en font, pour ainsi dire, autant de mets différents.

Pommes de terre à la maître-d'hôtel (entremets).

Faites cuire les pommes de terre à l'eau avec un peu de sel, épluchez-les, coupez-les par rondelles. Jetez vos pommes de terre dans une casserole, avec un bon morceau de beurre et ajoutez sel, poivre, persil, ciboules hachés, sautez vos pommes de terre et servez avec un jus de citron.

Pommes de terre à l'anglaise.

Faites cuire vos pommes de terre à l'eau de sel, épluchez-les, faites fondre dans une casserole un morceau de beurre, coupez vos pommes de terre en rouelles et jetez-les dedans, ajoutez sel, poivre et un peu de muscade râpée, faites sauter et servez très-chaud.

Pommes de terre à la parisienne.

Mettez dans une casserole un morceau de beurre ou de graisse avec un gros ognon coupé en petits morceaux, faites revenir l'ognon, mouillez avec un peu de bouillon et mettez-y vos pommes de terre avec sel, poivre et bouquet garni; laissez cuire doucement et servez.

Pommes de terre à la sauce blanche (entremets).

Faites cuire vos pommes de terre dans l'eau de sel; lorsqu'elles seront cuites enlevez la peau et coupez-les par tranches le plus promptement possible afin qu'elles ne se refroidissent pas; rangez-les dans le plat et versez dessus une sauce blanche.

Pommes de terre en chemises (famille).

Faites-les cuire à l'eau de sel ou au four, ce qui est encore mieux, servez-les sous une serviette; on les mange ainsi au naturel avec du beurre et du sel.

Pommes de terre en purée (entremets).

Ayez des pommes de terre jaunes, cuisez-les à l'eau, pelez-les, écrasez-les avec soin, ou passez-les à la passoire. Vous les mettrez ensuite dans une casserole avec du beurre, poivre et sel; mouillez avec du lait, laissez faire un bouillon et servez. On peut faire sa purée au sucre, mais alors on met très-peu de poivre et de sel.

Pommes de terre au bouillon (entremets).

Après avoir pelé vos pommes de terre, coupez-les par rouelles et mettez-les dans une casserole avec du bouillon et un morceau de beurre. Faites-les cuire et servez-les avec du bouillon réduit.

Pommes de terre en matelote (entremets).

Ayez des pommes de terre cuites, pelées et chaudes; coupez-les en deux, mettez-les dans une casserole avec un morceau de beurre, bouquet de persil, ciboule, poivre et sel, mouillez avec du bouillon ou de l'eau, et un verre de vin; faites bouillir, liez la sauce et servez.

Pommes de terre au lard (entremets).

Faites un roux où vous passerez du petit lard coupé par morceaux; mettez-y des pommes de terre pelées sans être cuites, du poivre, un peu de sel, un bouquet de persil et ciboule; mouillez avec du bouillon.

Pommes de terre à la provençale (entremets).

Mettez dans une casserole un bon morceau de beurre; faites fondre avec quelques cuillerées d'huile, du zeste de citron, ail, ciboule hachés, muscade râpée, persil, sel et poivre; jetez-y vos pommes de terre crues, coupez-les par morceaux si elles sont trop grosses; laissez cuire doucement et servez avec un jus de citron.

Pommes de terre frites (famille).

Épluchez les pommes de terre et coupez-les en liards, jetez-les dans la friture en les faisant tomber de manière à les séparer l'une de l'autre; égouttez-les, saupoudrez-les de sel; sautez-les et servez. On peut les faire bombées en les retirant de la friture quelques instants après les y avoir mises, pour les remettre lorsqu'elles seront refroidies; faites frire à grand feu et terminez de même.

Pommes de terre sautées au beurre (entremets).

Choisissez de préférence des pommes de terre

petites et rondes. Mettez du beurre dans une casserole sur un bon feu, mettez-y les pommes de terre que vous aurez pelées, et sautez-les jusqu'à ce qu'elles aient pris une couleur blonde. Saupoudrez-les de sel blanc et servez chaud. Les pommes de terre nouvelles sont préférables. C'est une excellente garniture pour le bœuf.

Pommes de terre farcies (entremets).

Prenez de belles et grosses pommes de terre, pelez-les, faites-les cuire à demi à l'eau de sel. Retirez-les, creusez adroitement dans chacune un trou assez grand, remplissez ce trou d'une farce composée de chair à saucisse, de mie de pain trempée dans du lait, beurre, jaunes d'œufs, persil haché, poivre et sel. Si vous avez du jus mettez-en, et à défaut de jus mouillez votre farce avec du bouillon et arrosez-en chaque pomme de terre ; faites cuire à feu doux sous le four de campagne, et servez.

Boulettes de pommes de terre (entremets).

Faites cuire des pommes de terre bien farineuses. Écrasez-les avec un pilon ou une cuillère, dans un plat, mettez un morceau de beurre, poivre, sel, muscade, fines herbes, et surtout du persil haché très-fin, quelques jaunes d'œufs, et un peu de crème. La pâte étant bien mêlée, faites-en des boulettes que vous roulerez dans la farine, et que vous ferez frire de belle couleur.

Boulettes aux pommes de terre (entremets).

Faites cuire et écrasez les pommes de terre comme ci-dessus, puis mêlez-les avec du hachis de viande, ajoutez un peu de beurre, sel, poivre et un œuf, mêlez bien le tout, puis faites-en des boulettes, trempez-les dans du blanc d'œuf, et faites-les frire. Servez avec un peu de persil frit.

Gâteau de pommes de terre.

Mettez dans une casserole un demi-kilogramme de pommes de terre bien farineuses, cuites et pelées; joignez-y un peu de sel, de l'écorce de citron râpée, un morceau de beurre frais, un peu de crème et cent grammes de sucre en poudre, en remuant toujours votre mélange. Laissez refroidir, mettez-y de l'eau de fleur d'oranger et huit œufs, jaunes et blancs, battus en neige. Mêlez bien le tout; pétrissez en forme de gâteau, et faites cuire dans une tourtière bien beurrée, sous le four de campagne.

Topinambour.

Le topinambour est un tubercule dont la chair blanche a un goût presque semblable à celui des culs d'artichauts. Quoi qu'il soit bon, il est peu employé en cuisine, à cause des nombreuses protubérances de grosseur inégale dont le tubercule principal est entouré, ce qui en rend l'épluchage long et ennuyeux.

Épluché et coupé en dés, on le met dans les ragoûts où il remplace avec avantage les culs d'artichauts; on peut le faire frire comme les pommes de terre.

Cuit à l'eau avec un peu de sel, et ensuite soigneusement épluché et coupé en rondelles, on l'accommode, soit avec une sauce blanche, soit à la maître d'hôtel, soit enfin en le sautant dans du beurre frais, avec une pincée de persil haché fin.

Patates.

Longs tubercules en forme de pommes de terre, d'une saveur sucrée. On récolte les patates dans le courant de mai jusqu'en juin, leur conservation est difficile et demande beaucoup de ménagements. On peut leur faire subir diverses préparations.

Beignets de patates (entremets).

Lavez et ratissez les patates, coupez-les en rouelles, faites-les tremper une demi-heure dans de l'eau-de-vie, avec un zeste de citron, puis trempez-les dans une pâte à beignets (*Voyez* beignets de pomme, page 374), et faites-les frire. Servez-les très-chaud, et saupoudrez de sucre.

Patates au beurre (entremets).

Faites cuire les patates à l'étouffée, ainsi que des pommes de terre, plurez-les, coupez-les en morceaux et jetez-les dans une casserole avec un bon morceau de beurre, sel et persil, sautez et servez.

Asperges.

Manière de les faire cuire.

Après avoir ratissé vos asperges, coupez une partie du blanc, en sorte qu'elles soient toutes à peu près de la même longueur; liez-les en petits bottillons, et mettez dans l'eau bouillante avec un peu de sel; elles doivent être retirées de l'eau un peu croquantes, et un quart d'heure suffit ordinairement pour leur cuisson.

Asperges à la sauce blanche (entremets).

Faites-les cuire comme ci-dessus, défaites les bottillons, servez-les sur une serviette pliée et posée sur un plat ; faites suivre d'une sauce blanche dans la saucière. On peut aussi les servir avec une sauce au *beurre fondu* ou une *sauce blonde*.

Asperges à l'huile (entremets).

Aussitôt cuites et croquantes, rafraîchissez-les pour les égoutter, dressez-les sur une serviette pliée et servez-les accompagnées de l'huilier.

Asperges en petits pois à la française (entremets).

Coupez la partie tendre des asperges, de la grosseur des petits pois ; faire cuire légèrement, jetez ensuite dans une casserole avec un bon morceau de beurre, d'un bouquet de persil et mouillez avec du bouillon, de l'eau ou du lait. Une fois cuites, liez avec un jaune d'œuf, ajoutez un peu de sucre et servez (pour les asperges en petits pois, on doit choisir celles qui sont longues, minces et vertes).

Asperges en petits pois à l'anglaise (entremets).

Rompez les asperges ; ne prenez que la partie supérieure que vous nettoyez et coupez d'égale grandeur pour les cuire à l'eau bouillante avec du sel ; lorsqu'elles sont cuites et croquantes, égouttez-les dans une passoire et versez-les dans une casserole où vous aurez mis cent grammes de beurre ; salez légèrement ; sautez-les sans les mettre sur le feu, et servez-les dans une casserole d'entremets.

Salsifis et scorsonères.

Manière de les faire cuire.

Ces deux espèces de racines, dont l'une est blanche et l'autre est noire, s'accommodent de la même manière. Ratissez-les pour enlever l'écorce noire, jetez-les à mesure dans de l'eau mêlée d'un peu de vinaigre blanc. Remplissez ensuite une casserole d'eau, mettez-y quatre cuillerées de vinaigre blanc. Lorsque l'eau bout, jetez-y vos salsifis, et faites-les bouillir pendant une heure. Assurez-vous s'ils sont cuits, égouttez-les et coupez-les par parties d'environ cinq centimètres.

Salsifis à la sauce blanche.

Faites-les cuire comme ci-dessus et masquez-les avec une *sauce blanche* ou avec une sauce blonde.

Salsifis à la poulette.

Préparez une sauce à la poulette (comme pour les navets à la poulette, voyez page 332), versez-y vos salsifis, faites sauter, ajoutez un jus de citron et servez.

Salsifis à la crème.

Faites cuire les salsifis à l'eau comme à l'ordinaire, mettez dans une casserole un morceau de beurre, faites fondre, mouillez avec de la crème ou du lait; jetez-y vos salsifis, sautez, donnez un bouillon et servez.

Salsifis au jus.

Les salsifis cuits on les met dans une casserole

avec de la graisse, de la farine, on mouille avec du bouillon ou du jus ; ajoutez sel, poivre, muscade, rapée, faites sauter, donnez un bouillon et servez.

Salsifis frits.

Vos salsifis étant cuits, vous les mettez, un peu avant de vous en servir, dans une terrine avec vinaigre, sel et poivre, puis vous les trempez dans la pâte à friture et vous les faites frire d'une belle couleur blonde, égouttez-les et servez très-chauds, dressez en buisson et ornez de persil.

Navets.

Navets à la poulette (entremets).

Tournez en poire une trentaine de navets, faites-les blanchir, mettez dans une casserole un morceau de beurre, une cuillerée de farine, faites un roux blanc, mouillez avec du bouillon, jetez-y vos navets, laissez-les cuire. Quand la sauce est réduite suffisamment, ajoutez un peu de sucre en poudre; au moment de servir, liez avec du beurre frais et trois jaunes d'œufs.

Navets au sucre (entremets).

Pelez des petits navets, faites-les revenir dans du beurre, lorsqu'ils seront d'une belle couleur, saupoudrez-les de sucre, mouillez avec un peu de bouillon gras, couvrez la casserole et laissez cuire à petit feu.

Navets en purée (entremets).

Prenez de petits navets, épluchez-les, taillez-les très-minces, faites-les blanchir, puis égoutter, mettez-les ensuite dans une casserole avec beurre, sel, poivre et un peu de jus, laissez mijoter doucement. Quand ils sont assez cuits, passez la purée et servez sous un rôti ou des côtelettes, il est rare qu'on la serve seule.

Navets au jus (entremets).

Pelez les navets, coupez-les par morceaux, faites-les revenir dans le beurre, mouillez avec du jus ou du bouillon, ajoutez sel et poivre, laissez réduire la sauce et cuire à petit feu.

Navets glacés au jus (entremets).

Tournez en poire quinze beaux navets, faites blanchir et égouttez-les. Prenez une casserole assez large pour que tous les navets puissent tenir les uns à côté des autres, beurrez le fond largement, mettez-y les navets, mouillez avec du bon bouillon, saupoudrez de sucre. Lorsqu'ils commencent à bouillir, couvrez la casserole d'un rond de papier beurré, mettez du feu sur le couvercle et laissez cuire doucement. Dressez-les comme une compote et masquez avec le jus.

Carottes.

Carottes à la ménagère (entremets).

Coupez les carottes en rouelles, faites-les cuire dans du bouillon avec du vin blanc, sel, poivre, muscade et bouquet garni ; faites cuire à petit feu, liez la sauce avec du jus ou avec du beurre manié de farine.

Carottes au blanc (entremets).

Après avoir ratissé et lavé vos carottes, mettez-les blanchir à l'eau bouillante, coupez-les en filets, et mettez-les dans une casserole avec un morceau de beurre, sel, poivre, persil haché; mouillez avec du lait. Quand les carottes sont cuites, faites une laison de jaunes d'œufs, et servez.

Carottes à la maître-d'hôtel (entremets).

Faites cuire vos carottes dans de l'eau salée et beurrée, puis mettez dans une casserole, beurre, persil, ciboules hachés, sel et poivre. Faites ensuite égoutter vos carottes que vous jetez dans votre sauce, sautez-les et servez.

Carottes frites (entremets).

Lorsqu'elles sont coupées en rond, faites-les blanchir un moment, mettez-les frire, retirez et servez bien chaud. On ne doit employer pour cette préparation que de jeunes carottes.

Carottes au persil (entremets).

Faites cuire comme les carottes au blanc. Mettez du beurre dans une casserole avec deux cuillerées de fécule, faites un roux et ajoutez-y du persil haché, poivre, sel; mouillez de bouillon et remettez vos carottes dans la casserole avec un peu de jus de citron.

Carottes au gras (entremets).

Il faut, au lieu de beurre, mettre dans la casserole des tranches de lard, persil, ciboule, sel et poivre; mouillez avec du bouillon et du jus; faites réduire la sauce et servez.

Betteraves.

(Entremets). — On les fait cuire à l'eau ou au four, pour les manger en salade ou en fricassée. Pour les accommoder en fricassée, on les coupe par tranches, on les met dans une casserole avec beurre, persil, ciboules hachés, un peu d'ail et une pincée de farine, vinaigre, sel et poivre; faites bouillir un quart d'heure.

On les accommode encore comme les carottes au blanc.

Céleri.

(Entremets). — Quand il est blanc et tendre, il se mange en salade, avec une rémolade. On n'emploie que les feuilles blanches et les cœurs.

Céleri frit (entremets).

On emploie ordinairement le céleri de desserte; débarrassez-le de la sauce, fendez les pieds en deux, trempez-les dans une pâte à frire, et faites frire de belle couleur.

Céleri-rave (entremets).

La racine de ce céleri est en forme de navet, et se cuit de même, elle se mange à la sauce blanche, au jus, ou avec toute autre espèce de sauce convenable.

On la coupe aussi par tranches, et on la fait frire comme les artichauts. Ce mets est aussi délicat que savoureux.

Ognons.

(Entremets). — Le plus grand emploi des ognons

est comme assaisonnement ; il est peu de ragoût où l'on n'en fasse entrer.

Les ognons à l'étuvée se font en mettant des ognons cuits à l'eau dans un roux, avec bouquet de persil, ciboules, clous de girofle, thym et laurier. Vous mouillez avec un verre ou deux de vin rouge, suivant la quantité d'ognons.

Vous passez des croûtons au beurre, et vous dressez dessus vos ognons, après avoir fait réduire la sauce.

Cardons d'Espagne.

(Entremets). — Coupez-les de la longueur de 6 centimètres, faites-les cuire une demi-heure dans de l'eau bouillante, avec du sel et une cuillerée de farine. Faites-les égoutter, et versez dessus une sauce blanche, une sauce à la poulette ou une sauce blonde, comme pour les choux-fleurs.

Cardons à la bourgeoise (entremets).

On les fait cuire comme les précédents. Quand ils seront bien égouttés, faites un roux blanc, mouillez-le avec du bouillon, assaisonnez-le et jetez-y vos cardons. Quand ils seront cuits, versez, dessus, leur cuisson, qu'il faudra faire réduire si elle est trop longue. Si vous avez du jus, ne manquez pas d'en mettre, vos cardons seront plus savoureux.

Cardons au gratin (entremets).

On prend ordinairement des cardons qui ont été servis la veille. On en hache quelques-uns avec des champignons. On garnit de beurre et de cette farce le fond d'un plat allant sur le feu, on dresse dessus les cardons, on les arrose de beurrre fondu sur lequel on répand le reste de la farce et de la chapelure. On pose le plat sur un feu doux, sous le four de campagne; lorsque les cardons ont pris belle couleur, on les arrose de deux cuillerées de jus, et on sert.

Cardons au jus (entremets).

Choisissez les côtes les plus blanches, coupez-les d'égale longueur, faites-les blanchir à l'eau bouillante, lorsqu'elles se nettoient facilement, on les retire du feu, puis on les essuie avec le torchon et on les brosse; lorsqu'elles sont bien lavées à plusieurs eaux, on les égoutte; puis mettez au fond d'une casserole des bardes de lard, du jambon, des carottes, des ognons, clous de girofle, bouquet garni, et sur le tout posez les cardons, couvrez-les de tranches de citron dont vous aurez enlevé la peau et les pépins, de bardes de lard, un peu de sel et d'eau pour mouiller. Faites cuire doucement, quand l'ébulition commence, ajoutez un morceau de beurre manié de farine; lorsque les cardons sont cuits et bien égouttés, mettez dans une casserole du coulis avec du jus de viande et de la moelle de bœuf fondue au bain-marie, mettez vos cardons dans cette sauce, laissez mijoter un peu et servez très-chaud.

Concombres.

Il faut commencer par ôter le dedans et les couper par morceaux; mettez-les dans l'eau bouillante, et retirez-les dès qu'ils fléchiront sous le doigt; vous les jetterez sur-le-champ dans de l'eau fraîche, et vous les égoutterez sur un linge.

Vous pouvez alors les préparer de la manière suivante :

Concombres à la poulette (entremets).

Votre concombre cuit comme ci-dessus, mettez-le dans une casserole avec un bon morceau de beurre, sautez-le, ajoutez une cuillerée à bouche de farine, sel et poivre, et sautez de nouveau, mouillez avec une cuillerée de bouillon, liez avec deux jaunes d'œufs, donnez un bouillon et servez. La sauce doit être courte et épaisse.

Concombres à la crème (entremets).

Faites cuire comme ci-dessus, mettez le concombre dans la casserole avec un bon morceau de beurre, sel et muscade râpée ; faites sauter, ajoutez une cuillerée de farine et un verre et demi de lait, remuez jusqu'à ce qu'ils bouillent, laissez mijoter quelques minutes et servez.

Concombres farcis (entremets).

Videz des concombres, après en avoir ôté l'écorce. Remplissez-les de farce cuite et rebouchez le trou. Mettez-les dans une casserole, avec du beurre, un bouquet garni et du bouillon, faites-les mijoter trois quarts d'heure et servez-vous, pour sauce, de la cuisson que vous fer réduire.

Salade de concombres.

On les vide après les avoir pelés ; on les coupe par tranches minces qu'on sale fortement quelques heures avant de s'en servir. On les égoutte plusieurs fois pour les débarrasser de l'eau qu'ils jettent, et lorsqu'ils sont bien égouttés, on les assaisonne comme une salade, en y mêlant quelques rouelles d'ognon blanc.

Concombre en hors-d'œuvre.

Enlevez la peau d'un concombre, coupez-le en quatre, ôtez les parties adhérentes aux graines, enlevez de larges escalopes en les coupant en biais, puis mettez-les dans une terrine avec du sel et du vinaigre; laissez-les macérer pendant une demi-heure. Égouttez-les, puis dressez-les en couronne dans le hors-d'œuvrier.

Citrouilles, Potirons.

(Entremets). — On ne s'en sert guère que pour le potage; cependant, si vous voulez en fricasser coupez-la par morceaux, jetez-la dans de l'eau bouillante avec du sel; quand elle sera cuite, vous la mettrez dans une casserole avec un morceau de beurre, persil, ciboule, peu de sel et poivre et un bon morceau de sucre; laissez bouillir un quart d'heure et faites une liaison de jaunes d'œufs avec de la crème ou du lait.

Tomates farcies.

(Entremets). — Enlevez avec un couteau la queue d'une douzaine de tomates, de manière à former, en cet endroit, une ouverture; videz-les avec une cuillère sans les crever. Passez la pulpe pour en séparer les pépins. Réduisez sur le feu cette pulpe en une purée épaisse. Mettez dans une casserole deux cuillerées d'huile d'olive, ail, échalote et persil hachés, lard rapé et mie de pain trempée au bouillon; joignez-y votre purée de tomates, avec poivre, sel, muscade et deux jaunes d'œufs. Mêlez bien et passez sur le feu. Cette préparation étant refroidie, farcissez vos tomates, mettez-les sur une tourtière et faites-les cuire avec du feu dessus et dessous après les avoir arrosées de beurre fondu et saupoudrées de chapelure.

Aubergines farcies.

Prenez quatre aubergines, retirez-en une partie de la chair après les avoir fendues dans leur longueur, mettez-les dans un plat creux pour laisser écouler le jus surabondant, ajoutez-y un filet de vinaigre, poivre et sel, et laissez ainsi une heure. Pendant ce temps hachez persil, fines herbes, un ognon, une demi-gousse d'ail et deux échalotes. Ajoutez à cet assaisonnement votre chair d'aubergine dont vous aurez exprimé la partie la plus liquide. Prenez une demi-livre de chair à saucisses, pilez-la avec gros comme deux œufs de mie de pain que vous aurez mis tremper dans du lait ou du bouillon. Mêlez exactement cette préparation à votre chair d'aubergine, assaisonnez et farcissez vos aubergines. Puis mettez-les cuire sous le four de campagne après les avoir saupoudrées de chapelure.

Oseille.

En purée ou farce (entremets). — Épluchez et lavez plusieurs fois votre oseille, joignez-y une bonne poignée de cerfeuil et de poirée blanche, mettez-la égoutter, exprimez-en l'eau, faites cuire un moment à l'eau bouillante; retirez et passez à l'eau froide. Exprimez de nouveau l'eau, puis hachez. Mettez un morceau de beurre dans une casserole avec votre farce, une forte pincée de farine, sel et poivre, mouillez avec du lait, joignez-y deux ou trois œufs que vous amalgamerez peu à peu avec la farce. Dressez-la et mettez dessus ce que vous jugerez convenable, viandes, œufs durs, etc.

Si vous voulez que votre oseille soit *au gras*, mouillez avec du bouillon et du jus de viande.

Épinards.

Au sucre (entremets). — Vous les traiterez comme l'oseille; lorsqu'ils seront hachés, vous les mettrez mijoter dans une casserole avec un bon morceau de beurre, pendant un quart d'heure. Ajoutez très-peu de sel, de la muscade râpée et du sucre. Mouillez-les avec du lait ou avec de la crème, dressez vos épinards sur un plat, et entourez-les de croûtons au beurre.

Épinards au jus (entremets).

Ils ne diffèrent des précédents que par le mouillement, qui consiste en bouillon au lieu de lait, et par l'absence du sucre. Si on a du coulis ou du jus de viande, on l'emploie pour mouiller.

Chicorée blanche.

(Entremets). — On la prépare de même que l'oseille et les épinards. Si on la veut au maigre, on y met une liaison de jaunes d'œufs et de crème, au lieu de bouillon et de jus.

Laitues.

On les mange en salade, et on les apprête au jus de la même manière que l'oseille et les épinards.

Truffes.

Au naturel (hors-d'œuvre). — Prenez de belles truffes lavées et brossées avec soin, saupoudrez chacune d'elles de sel et de gros poivre. Enveloppez-les dans plusieurs doubles de papier garnis de bardes de lard; mouillez légèrement ces caisses et mettez-les sous une cendre rouge; faites cuire pendant une bonne heure. Otez le papier, essuyez vos truffes, et servez-les chaudement dans une serviette.

Ragoût de truffes (hors-d'œuvre).

Après avoir lavé et bien brossé des truffes d'un bon parfum, on les fait mariner dans l'huile; on les coupe ensuite par tranches épaisses de deux lignes, et on les met sur un plat qui aille au feu ou dans une casserole, avec de l'huile ou du beurre, du sel, du gros poivre et un peu de vin blanc. Lorsque les truffes sont cuites, on les sert avec du jus de citron ou bien on les lie avec des jaunes d'œufs.

Truffes au vin de Champagne (hors-d'œuvre). —

On lave plusieurs fois les truffes dans l'eau tiède, on les brosse et on les met dans une casserole foncée de bardes de lard, avec du sel, une feuille de laurier et une bouteille de vin de Champagne ou de vin blanc. On couvre hermétiquement la casserole, on fait bouillir une demi-heure et on sert les truffes sous une serviette.

CHAMPIGNONS.

Mousseron ordinaire.

Le mousseron croît à l'état sauvage sur les prairies; mais comme plusieurs espèces très-malfaisantes, telles que l'*agaric bulbeux* et l'*agaric vénéneux*, ont quelque ressemblance avec ce champignon, nous engageons nos lecteurs à ne faire usage que du seul champignon cultivé sur couche et que l'on porte dans les marchés, du reste ce champignon dont nous donnons ci-joint la figure, se reconnaît à

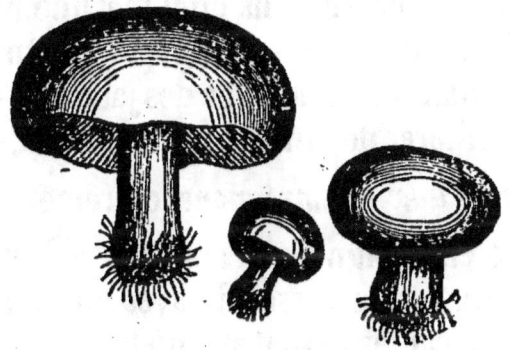

Mousserons ordinaires.

une couleur d un fauve clair, à un chapeau d'une forme généralement ronde et recouvert d'une peau ayant le luisant et la sécheresse d'une peau de gant. Son pivot est plein et ferme et peut se tordre sans être cassé. On en distingue de deux espèces : l'une plus grosse, plus irrégulière, à pivot plus gros et par proportion plus court, c'est le *mousseron ordinaire*. L'autre est plus petite, son chapeau est plus mince, son support est plus grêle, c'est le *faux mousseron*. Ils sont tous deux bons à manger.

Nous ferons encore remarquer que des champignons de couche peuvent prendre des qualités nuisibles en vieillissant. Il faut donc les rejeter lorsqu'ils sont trop épanouis, et que leurs feuillets, de rosés qu'ils étaient, sont devenus noirs.

Les champignons qu'on prépare pour garniture doivent être cuits au beurre aromatisé par un jus de citron.

Champignons en fricassée de poulet (entremets).

Après avoir épluché et coupé vos champignons, vous les faites blanchir en ayant soin de les essuyer après; on les fait revenir dans une casserole avec un morceau de beurre, puis on y met une pincée de farine, sel, poivre, bouquet de persil. On mouille avec du bouillon et on lie avec des jaunes d'œufs, et une demi-cuillerée de vinaigre au moment de servir.

Croûte aux champignons (entremets).

Pelez les champignons et supprimez leurs tiges. Mettez-les dans une casserole avec un morceau de beurre; faites sauter le tout sur un feu vif. Le beurre étant fondu, retirez la casserole, exprimez-y le jus d'un citron, faites de nouveau sauter pendant quelques minutes, ajoutez sel, poivre, quatre épices et une cuillerée d'eau, où vous aurez fait infuser pendant une demi-heure un gousse d'ail coupée en quatre. Laissez bouillir. Quand les champignons sont cuits, faites une liaison avec trois jaunes d'œufs, et versez vos champignons sur des croûtons frits dans le beurre et arrangés d'avance sur le plat.

Champignons en caisse (entremets).

Pelez légèrement vos champignons et coupez-les

en morceaux ; mettez-les dans une caisse de papier bien beurré, avec un morceau de beurre, persil, ciboule, échalotes hachés, sel et poivre ; faites cuire sur le gril à feu doux et servez dans la caisse.

Champignons à la provençale (entremets).

Prenez des champignons bien développés, retirez-en les queues et faites mariner vos champignons dans de l'huile d'olive. Hachez vos queues avec une gousse d'ail et du persil, ajoutez-y de la chair à saucisse et deux jaunes d'œufs, pour lier votre farce ; dressez vos champignons sur un plat, garnissez-les de la farce, arrosez-les avec de l'huile d'olive bien fine et faites cuire sous le four de campagne.

On peut préparer de la même manière le *bolet* ou *cep* dont nous allons parler.

Bolet comestible (Cep).

Le danger qu'il y a de confondre des champignons vénéneux avec des espèces comestibles n'existe pas pour celui-ci, car ses caractères distinctifs, que nous allons faire connaître, sont tellement tranchés, qu'aucune méprise n'est possible.

Presque tous les bois de France recèlent ce beau champignon qui paraît dès les mois de mai et de juin, mais qui est bien plus abondant à l'automne. On en rencontre beaucoup dans les bois de Meudon, de Verrières, de Ville-d'Avray, aux environs de Paris. Les habitants du midi de la France en font grand cas. On en consomme immensément à Bordeaux et à Bayonne.

Le bolet se distingue de l'agaric proprement dit, en ce qu'au lieu d'avoir son chapeau doublé de lames en dessous, il est garni de petits tubes serrés les uns contre les autres, en sorte que le dessous de ce chapeau est entièrement parsemé de pores

ou pertuis. Ce chapeau épais, convexe et arrondi, présente une chair blanche lorsqu'on le rompt. Les tubes sont d'un blanc de lait ou d'un jaune de soufre.

La substance de ce champignon ne change pas de couleur lorsqu'il est exposé à l'air, tandis que d'autres espèces de bolets appelés *bolet pernicieux*, *bolet chrysanthère*, etc., changent de nuances au contact de l'air; l'un passe instantanément au vert, au bleu, au noir; l'autre prend une teinte rougeâtre, violacée lorsqu'on l'entame; de plus, leur odeur est acide et vireuse, tandis que celle du bolet comestible ou cep est suave et sa chair d'un beau blanc.

Toute méprise est donc impossible : personne ne sera tenté de faire usage d'un champignon qui devient rougeâtre, violacé, vert, livide, bleu ou noir lorsqu'on le coupe, ou même sous la simple pression du doigt.

Le bolet comestible est d'une assez forte dimension. Son chapeau a jusqu'à vingt centimètres de diamètre; sa couleur varie du fauve clair jusqu'au brun marron.

Une variété de ce bolet, que l'on désigne sous le nom de *bolet bronzé*, a son chapeau couleur de suie. Il est également bon.

Lorsque les bolets sont trop vieux, ce qu'on reconnaît à la mollesse de leur chair ou aux vers qui s'en sont emparés, on doit les rejeter, non qu'ils aient acquis des qualités vénéneuses, mais parce qu'ils n'ont plus la même saveur.

Ainsi en résumant ce que nous venons de dire à l'égard des bolets, on doit se garder de recueillir tout champignon dont le chapeau n'est point doublé de tubes ou pores; et, parmi ceux-ci, les espèces dont la chair, exposée à l'air, ne reste point parfaitement blanche.

Ceps aux fines herbes (entremets).

Choisissez des ceps dont la chair soit ferme et parfumée, retranchez les tubes du chapeau, partie qui se détache aussi facilement que le foin de l'artichaut, auquel on pourrait le comparer; retranchez également la pédicule, en mettant à part ceux qui sont fermes et pleins. Laissez mariner pendant quelque temps vos ceps dans de l'huile, avec sel et poivre, ensuite faites-les cuire sur le plat ou dans la tourtière avec du beurre frais, des ciboules, des échalotes, du persil et de l'estragon hachés, auxquels vous joindrez les pédicules dont nous venons de parler, également hachés. Ajoutez du gros poivre, du sel et de la chapelure de pain, et servez.

Ceps à la bordelaise (entremets).

Après avoir épluché les ceps comme il est dit ci-dessus, faites-les revenir sur le gril pour en dégager l'humidité que vous absorberez en pressant légèrement les champignons entre deux linges. Achevez de les faire cuire avec de l'huile d'olive, du persil, de l'ail hachés, du sel et du poivre. On ajoute vers la fin un peu de citron. On peut y joindre les bons pédicules également hachés.

Chanterelle comestible.

Ce joli champignon d'un jaune d'or, d'une odeur suave de violette, abonde dans nos bois depuis le mois de juin jusqu'au mois d'octobre. Il montre,

en sortant de terre, une forme arrondie et convexe; bientôt son chapeau se développe et prend l'apparence d'un petit entonnoir à bords frisés et comme festonnés. Le dessous du chapeau n'a ni lames ni pores, mais seulement des rides ou plis fourchus.

On trouve ce champignon dans les lieux frais et ombragés. Il n'est presque jamais solitaire, et à l'entour d'une chanterelle on est sûr d'en trouver plusieurs autres.

L'usage de la chanterelle est très-répandu dans toutes les provinces de France, ce qui lui a valu une foule de noms vulgaires, tels que : *gyrole, chevrette, jaunelet*, etc., etc.

Les caractères de ce joli champignon sont tellement prononcés, qu'il est impossible de le confondre avec aucune espèce vénéneuse, et on peut en faire usage sans danger. La chanterelle est la providence des pauvres villageois voisins des bois. On la dessèche facilement et on en peut faire des provisions pour l'hiver.

La manière la plus simple d'accommoder les chanterelles est de les passer à l'eau bouillante et de les fricasser avec du beurre ou du saindoux, du poivre et du sel.

Chanterelles aux fines herbes (entremets).

Après les avoir épluchées et lavées, on les passe à l'eau bouillante; ensuite on les fait cuire avec du beurre frais, un peu d'huile d'olive, échalotes, persil, ciboule et une pointe d'ail hachés, poivre et sel. Lorsqu'elles seront cuites, laissez mijoter sur un feu doux pendant quinze ou vingt minutes, arrosez-les de temps en temps avec du bouillon ou bien liez avec des jaunes d'œufs.

Omelette aux chanterelles (entremets).

On les passe également à l'eau bouillante, ce qui est indispensable de quelque manière qu'on les apprête. On les fait revenir dans la poêle avec du beurre, après avoir coupé les grandes chanterelles en deux ou trois morceaux; puis on verse dessus les œufs battus. L'omelette se termine comme à l'ordinaire.

On peut préparer les chanterelles avec de la volaille, des tendons de veau ou toute autre viande, en ajoutant un peu de jus de citron à l'assaisonnement.

Oronge vraie.

Ce champignon a une bourse considérable. Il est ordinairement plus gros que le champignon de couche. Son chapeau est rouge en dehors ou rouge orangé; ses feuilles sont d'une belle couleur jaune, son support ou pied très-renflé, surtout par le bas est jaunâtre; il est garni d'un collet assez grand et jaunâtre. Ce champignon, qu'on trouve dans les taillis à Fontainebleau et dans le midi de la France, est un mets délicat et très-sain. La *fausse oronge*, qui se trouve à peu près dans les mêmes localités, est un champignon qu'il est important de bien savoir distinguer, car c'est l'un de ceux qui produit les plus terribles accidents. Son chapeau est d'un rouge plus vif que l'oronge vraie, et non orangé, il est parsemé de petites taches blanches, son support

DES LÉGUMES.   351

est moins épais, plus arrondi et plus élevé. La réunion de la couleur rouge du chapeau et de la cou-

Fausse oronge.

leur blanche des feuillets est un indice assuré pour distinguer l'*oronge fausse de la vraie.*

Morilles.

Les morilles commencent à paraître dans nos bois

Morilles.

vers la fin de mars ou dans le commencement d'avril. Elles se plaisent au pied des ormes, des frènes, le long des haies et dans les prés. Ce champignon a le pivot élargi par le bas, il porte un chapeau toujours resserré et ne s'ouvrant jamais en parasol; ce chapeau est inégal et comme celluleux sur sa surface extérieure, le dessin que nous en donnons le fera suffisamment connaître. Ce champignon est sain et très-recherché.

Ragoût de morilles (entremets).

Épluchez vos morilles, coupez-les en deux et lavez-les soigneusement pour ôter le sable qui se trouve dans les alvéoles, égouttez-les, mettez-les dans une casserole avec du beurre fin. Le beurre étant fondu, exprimez-y le jus d'un citron, ajoutez sel, gros poivre, muscade. Laissez cuire pendant une demi-heure et mouillez avec du bouillon. Lorsqu'elles seront cuites, ajoutez une liaison de jaunes d'œufs.

Morilles à l'italienne (entremets).

Vos morilles étant disposées comme ci-dessus, mettez-les sur un feu vif dans une casserole avec de l'huile d'olive, poivre, sel et bouquet garni. Faites-les sauter quelques instants, ensuite ajoutez-y du persil, de la ciboule et une pointe d'ail hachés; continuez la cuisson sur un feu modéré; mouillez avec du bouillon et un verre de vin blanc. Lorsque la cuisson est achevée, servez avec un jus de citron.

Nous terminerons cet article sur les champignons

en signalant le danger qu'il y a à en cueillir imprudemment dans les bois. Le plus sûr est de s'abstenir, et nous ajouterons même, qu'à l'égard du bolet et de la chanterelle, le moindre doute doit les faire rejeter sans hésitation. Il est même bon, dans tous les cas, de faire bouillir une pièce d'argenterie avec ceux qu'on veut employer; pour les jeter, s'ils ternissent, même légèrement, l'éclat de l'argent. (Nous donnons au chapitre de l'économie domestique un moyen pour leur faire perdre leur principe vénéneux.)

Melon.

(Hors-d'œuvre). — Le choix d'un bon melon exige de l'expérience. Rien n'est plus insipide qu'un melon de mauvaise qualité, mais rien aussi n'est plus savoureux lorsqu'il est bien choisi.

Il y a deux espèces principales de melons : le *maraîcher* ou *melon brodé*, et le *cantaloup* ou *melon à côtes*.

On préfère celui-ci, qui est généralement meilleur. Il est même exclusivement admis sur les tables bien servies, tandis que le melon brodé, moins cher, est relégué dans les petits ménages. Cependant on en trouve souvent de bons.

Un bon melon, soit cantaloup, soit brodé, doit être lourd à la main. Les melons légers accusent une chair spongieuse, résultat, soit de la nature du melon, soit de trop de maturité. La partie opposée à la queue, c'est-à-dire celle à laquelle tenait la fleur, doit être molle et flexible, cependant, remarquons qu'un excès de mollesse annoncerait un excès de maturité, mais alors le melon serait léger. Il faut que la partie opposée, celle à laquelle tient

Cantaloup.

la queue, soit également flexible. La queue elle-même doit être comme desséchée. Trop verte et trop fraîche, elle indique un melon qui n'est pas mûr.

Enfin l'odeur du melon doit être douce et agréable.

On le sert, au premier service, avec du sucre, pour ceux qui l'assaisonnent ainsi. Mais le poivre et le sel forment un assaisonnement beaucoup plus salubre; il est même utile de boire ensuite un demi-verre d'un vin généreux, car on a vu le melon, qui est une substance très-froide, arrêter subitement la digestion.

DES ŒUFS.

Il faut avoir soin de considérer les œufs à la lumière, pour voir s'ils sont clairs ou transparents; c'est une marque de leur fraîcheur. Il est d'ailleurs prudent de les casser séparément dans un bol, et de les verser un à un dans un autre vase, afin de n'être pas exposé à infecter tous les œufs d'une omelette ou d'une autre préparation par un œuf gâté. (Nous indiquons au chapitre d'économie domestique différents moyens de les conserver).

OEufs à la coque (hors-d'œuvre).

Prenez des œufs le plus frais possible, mettez bouillir de l'eau dans une casserole, mettez les œufs dans la coquetière dont nous avons donné la figure page 20, et plongez-la dans l'eau où vous la laissez deux à trois minutes, selon que vous les voulez plus ou moins cuits. Retirez la casserole du feu et laissez vos œufs dedans pendant une minute pour qu'ils fassent leur lait. Otez-les ensuite et servez-les sur une serviette pliée.

OEufs mollets (entrée).

En les mettant dans de l'eau bouillante et en les laissant bouillir juste cinq minutes, vous aurez des œufs mollets dont le blanc sera cuit, et le jaune encore liquide. Il faut les mettre dans de l'eau froide en les tirant de la casserole, en ôter les coquilles sans crever le blanc, et les servir entiers.

On dresse ces œufs sur une sauce blanche, sauce aux câpres, sauce Robert, tomate, etc., et avec différents ragoûts.

OEufs mollets à la purée d'oseille (entremets).

Mettez les œufs pendant quatre minutes et demie dans une casserole d'eau bouillante dont vous entretenez l'ébulition ; retirez-les pour les plonger dans de l'eau fraîche et aussitôt enlevez les coquilles, et rangez-les sur la purée d'oseille que vous aurez versée dans la casserole d'entremets.

On les met aussi sur les purées de pois, de navets, de haricots, de lentilles, de marrons, de céleri, sur la chicorée et les épinards, etc., etc.

OEufs à la paysanne (déjeuner).

Beurrez largement un plat et mettez-le sur un feu doux ; cassez les œufs ; salez et poivrez ; couvrez-les avec quelques cuillerées de crème double et laissez cuire doucement.

OEufs brouillés (entremets).

Cassez les œufs dans une casserole, mettez-y poivre, sel et muscade ; ajoutez-y une cuillerée de coulis, jus de viande ou de consommé, battez-les bien, mettez un bon morceau de beurre, et dès qu'il sera fondu et mêlé à vos œufs qui seront cuits, dressez et servez. On peut remplacer le jus et le coulis, en maigre, par une cuillerée de crème ou un restant de sauce dans laquelle a cuit du poisson en matelote, et que l'on passe pour la débarrasser des arêtes.

On prépare aussi les œufs brouillés avec des ragoûts de légumes, tels que pointes d'asperges, céleri, chicorée, champignons, truffes, etc. Le ragout doit être fini comme s'il était prêt à servir. Vous le hacherez fort menu et vous en mettrez deux ou trois cuillerées à ragoût dans vos œufs, que vous brouillerez ensuite.

OEufs frits (entremets).

Faites bien chauffer une friture nouvelle, cassez-y vos œufs l'un après l'autre, en veillant à ce qu'ils ne se mêlent pas ensemble ; retournez-les et faites frire de belle couleur, ne laissez point trop cuire le jaune ; dressez et servez avec du persil frit, et en les assaisonnant de poivre et sel ou avec une sauce tomate.

Ils seront au *maigre*, si vous remplacez le saindoux par du beurre.

OEufs farcis aux anchois (entremets).

Faites cuire des œufs durs, coupez-les en deux dans le sens de leur longueur, et dressez-en les blancs sur un plat. Prenez un anchois pour chaque œuf, ôtez-en la tête et l'arête du milieu, hachez-les très-fin, mêlez-les bien avec les jaunes que vous écraserez, mettez cette farce dans un poêlon où vous aurez fait fondre un bon morceau de beurre, retournez la farce de manière qu'elle soit bien imbibée de beurre. Garnissez de cet appareil le creux de vos blancs d'œufs et servez chaud. Ces œufs sont très-délicats. On peut servir dessous une sauce quelconque.

OEufs farcis au persil (entremets).

Ils se font exactement de la même manière que les œufs aux anchois, si ce n'est qu'on remplace les anchois par du persil haché, et qu'on met poivre et sel.

OEufs à la sauce tomate ou à la sauce blanche (entremets).

Prenez des œufs durs, coupez-les en deux ou en quatre, dressez-les sur un plat et versez dessus une sauce tomate ou une sauce blanche.

OEufs sur le plat ou au miroir (entremets).

Prenez un plat qui aille au feu, étendez un peu de beurre dans le fond et cassez-y vos œufs, assaisonnez de poivre et de sel. Il faut avoir soin d'espacer le plus régulièrement possible les jaunes, qu'il ne faut pas brouiller. Faites cuire à petit feu, passez la pelle rouge et servez. L'emploi de la pelle rouge n'est pas indispensable.

OEufs à l'allemande (entremets).

Mettez un bon verre de lait dans une casserole, du beurre, poivre, sel et persil hachés. Laissez faire un bouillon, et mettez dans votre casserole des œufs durs coupés en rouelles. Servez au bout de dix minutes.

OEufs à la royale (entremets).

Mettez dans une casserole douze jaunes d'œufs que vous délayerez avec du jus de viande ou de volaille; joignez-y sel, poivre et muscade; faites cuire sur un feu très-doux ou même au bain-marie, et servez chaud.

Œufs à la neige (entremets).

Prenez un demi-litre de crème, mettez-y de l'eau de fleur d'oranger, faites-y fondre cent grammes de sucre, et mettez sur le feu. Ayez des œufs, battez-en les blancs, mettez les jaunes à part. Votre lait étant bouillant, mettez dedans, par cuillerées, vos blancs d'œufs, battus en neige, et saupoudrés de sucre mêlé de vanille en poudre, en les retournant avec l'écumoire pour les faire cuire de tous côtés. Retirez-les et dressez-les sur un plat. Délayez vos jaunes d'œufs dans le lait, et faites lier sur le feu en prenant garde de faire tourner le mélange; versez sur les œufs à la neige. Servez froid.

Œufs au beurre noir (entremets).

Cassez vos œufs comme pour les œufs au miroir; faites brunir du beurre dans une poêle; quand il ne crie plus, faites glisser dans la poêle les œufs, assaisonnez de poivre et sel, dressez sur un plat, et versez dessus une cuillerée de vinaigre chauffé dans la poêle; on y ajoute du persil frit.

Œufs pochés (entrée).

Ayez de l'eau bouillante dans une casserole avec moitié autant de vinaigre et du sel. Cassez dedans vos œufs un à un. Dès que le blanc aura pris consistance, retirez-les, en commençant toujours par les premiers cassés; rafraîchissez dans de l'eau froide, égouttez, parez-les et servez-les sur des ragoûts d'oseille, de chicorée, d'épinards, sur une purée quelconque. Vous pouvez aussi les servir avec une saucé d'un goût relevé, telle que la ravigote, ou les mettre au jus.

OEufs à la béchamel (entremets).

Coupez par moitié et en longueur des œufs durs, faites chauffer dans une casserole de la sauce béchamel grasse ou maigre, mettez-y vos œufs, faites chauffer sans bouillir, ajoutez un peu de beurre et dressez vos œufs sur un plat en garnissant le tour de croutons passé au beurre.

OEufs à l'aurore (entremets).

Faites durcir et refroidir douze œufs, enlevez les coquilles, coupez les œufs en deux; ôtez les jaunes et pilez-les avec trois jaunes crus et 125 grammes de beurre, ajoutez sel et muscade rapée, et un petit morceau de mie de pain trempé dans du lait. Remplissez les blancs avec cette farce de façon à ce qu'elle recouvre entièrement la partie coupée, beurrez le fond d'un plat à sauter, recouvrez-le d'une légère épaisseur de farce, rangez dessus vos moitiés d'œufs, le rond en dessous, faites prendre couleur avec le four de campagne, et servez.

OEufs en matelote (entremets).

Prenez un demi-litre de vin rouge que vous mettez dans une casserole, avec un bouquet garni, un ognon, gousse d'ail, sel, poivre et épices. Vous faites bouillir le tout trois minutes, et vous retirez l'assaisonnement; pochez-y six œufs frais que vous retirez et égouttez à mesure, vous les dressez sur des croûtes de pain. Vous laissez bouillir le vin, et vous ajoutez, en remuant toujours, 125 grammes de beurre frais manié de farine; puis versez sur les œufs et servez.

OEufs à la tripe (entremets).

Coupez des ognons en petits dés, faites-les roussir dans du beurre manié de farine, mouillez avec du bouillon. Quand l'ognon sera cuit, mettez-y des œufs durs coupés en tranches, sautez-les, ajoutez un filet de vinaigre, sel, poivre, et servez.

OEufs au petit lard (entremets).

Prenez du petit lard bien entrelardé, coupez-le en tranches minces, mettez-le dans une casserole sur un petit feu, avec un morceau de beurre, jusqu'à ce qu'il soit cuit, versez le lard fondu dans un plat allant au feu avec deux cuillerées de bouillon; cassez dessus sept ou huits œufs; mettez-y aussi les tranches du petit lard, gros poivre et peu de sel. Faites cuire sur un feu doux.

OEufs aux saucisses.

Faites revenir huit ou dix saucisses longues, dans un plat creux allant sur le feu, rangez-les autour du plat, et, au milieu cassez dix ou douze œufs, sans crever les jaunes, salez, poivrez et laissez cuire vos œufs dans la graisse des saucisses. Servez avec un jus de citron.

OEufs au gratin (entremets).

Prenez un plat qui aille au feu, faites dessus un petit gratin avec de la mie de pain, un morceau de beurre, un anchois, persil, ciboule, une échalote, le tout haché et trois jaunes d'œufs; mêlez le tout ensemble avant de le mettre sur le fond du plat. Faites-le attacher sur un petit feu, cassez sur ce plat sept ou huit œufs que vous assaisonnerez de poivre et de sel, faites cuire doucement, en laissant le jaune mollet; passez la pelle rouge dessus et servez.

OEufs au lait (entremets sucré).

Battez bien six œufs dans un plat creux, puis versez-y un demi-litre de lait bouillant, où vous aurez mis 125 grammes de sucre, une petite pincée de sel, de l'eau de fleur d'oranger et de l'écorce de citron ou de la vanille à votre choix. Faites cuire au bain-marie. Lorsqu'ils seront refroidis, râpez du sucre dessus et glacez avec une pelle rouge.

OEufs à la vénitienne (entremets).

Battez en neige les blancs de douze œufs que vous avez assaisonnés de sel et de poivre. Placez symétriquement sur une tourtière beurrée, vos jaunes, arrosez-les de quelques cuillerées de crème, versez votre neige par dessus, faites cuire avec feu dessous et dessus, et servez de suite. On peut aromatiser sa neige avec de l'eau de fleur d'oranger ou autre aromate, on supprime alors le poivre et le sel.

Omelette.

Prenez des œufs, six, huit, dix ou douze, suivant la force de l'omelette que vous voulez, mettez-les dans une terrine avec du sel fin et battez-les bien. Faites chauffer du beurre dans une poêle, versez-y les œufs battus et faites cuire l'omelette. Il faut qu'elle soit d'une belle couleur en dessous. On baisse la poêle sur le devant pour y faire glisser l'omelette que l'on plie alors en deux. On pose ensuite son plat sur la poêle, et on renverse lestement.

Omelette au lard (entremets).

Coupez le petit lard en dés, faites-lui prendre un peu de couleur et cuire sur un feu assez doux avec du beurre. Mettez la poêle sur un fourneau vif, versez les œufs battus assaisonnés de poivre seulement et terminez comme ci-dessus.

Omelette au jambon cru.

Il doit être coupé en tranches minces et passé au beurre sur un feu doux, pour le cuire sans le frire ; opérez comme plus haut. Pour le jambon cuit, l'émincer seulement.

Omelettes aux fines herbes.

Mettez-y des fines herbes, telles que persil et ciboules hachés, avec sel et poivre dans vos œufs battus, et faites l'omelette comme il est indiqué ci-dessus.

Omelette au fromage (entremets).

Elle se fait avec du fromage de Gruyère râpé et battu avec les œufs. Vous y joindrez de bonne crème, et vous assaisonnerez de poivre et de sel dont vous proportionnerez la quantité au degré de salaison du fromage. Faites cuire et servez chaud. On peut la faire sans crème.

Vous pouvez aussi faire votre omelette au fromage

d'une autre manière, en vous contentant de saupoudrer de fromage râpé une omelette ordinaire, et en la glaçant avec la pelle rouge.

Omelette de harengs saurs (entremets).

Ayez des harengs saurs de Hollande, faites-les griller légèrement, levez-en les filets, hachez-les et introduisez ce hachis dans l'omelette. Ne mettez pas de sel dans les œufs. — On peut faire de la même manière, et toujours sans sel, l'*omelette au jambon*.

Omelette aux croûtons (entremets).

Coupez du pain en forme de dés, faites-le revenir dans la poêle avec du beurre, battez des œufs, mettez-y vos croûtons et faites votre omelette.

Omelette au sucre (entremets).

Prenez six œufs, battez les blancs séparément, mêlez aux jaunes du zeste de citron râpé et du sucre en poudre, joignez les jaunes aux blancs en y ajoutant un peu de crème et presque pas de sel. Mettez votre omelette dans la poêle, faites-la cuire, renversez-la sans dessus dessous sur votre plat, et couvrez-en la superficie de sucre en poudre, passez la pelle rouge dessus, pour glacer le sucre et servez.

Autre omelette au sucre (entremets sucré).

Battez vos œufs avec un peu de crème, du sucre en poudre, un peu de fleur de farine et une petite cuillerée d'eau de fleur d'oranger ou de toute autre essence. Faites cuire l'omelette avec de très-bon beurre frais ; faites-lui prendre belle couleur, pliez en deux et servez. Il faut quelques grains de sel.

Omelette aux confitures (entremets).

Faites une omelette au naturel en y ajoutant du sucre en poudre ; avant de la dresser, garnissez-la de confiture et dressez-la, pliée en chausson ; saupoudrez-la avec du sucre, et glacez-la avec une pelle rouge.

Omelette soufflée (entremets).

Cassez une douzaine d'œufs, séparez les jaunes d'avec les blancs ; mettez dans les jaunes 325 grammes de sucre en poudre et de l'eau de fleur d'oranger ; fouettez vos blancs d'œufs, mêlez-les ensuite avec les jaunes. Faites fondre dans une poêle 125 grammes de beurre, mettez-y les œufs, remuez-les pour les mêler au beurre, versez-les sur un plat d'argent beurré, posez ce plat sur de la cendre chaude et mettez un four de campagne dessus ; glacez l'omelette avec du sucre en poudre, et servez-la promptement, quand elle sera montée et de belle couleur.

Omelette au rhum (entremets).

Votre omelette étant préparée comme ci-dessus, dressez-la sur un plat qui puisse supporter le feu, arrosez-la de rhum, auquel vous mettrez le feu au moment de servir.

On peut varier à l'infini les accompagnements d'une omelette, mais il ne faut pas oublier que, dans la plupart des cas, le ragoût qu'on met avec, doit être cuit d'avance, car une omelette reste trop peu de temps sur le feu pour cuire complétement les viandes ou les légumes avec lesquels on la garnit.

Voici les principales variétés de l'omelette :
Omelette aux rognons de veau.
Omelette aux ris de veau.
Omelette à l'ognon.
Omelette aux champignons.
Omelette aux truffes.
Omelette aux pointes d'asperges.
Omelette aux culs d'artichauts.
Omelette aux queues d'écrevisses.

Fondue aux œufs (entremets).

Pesez le nombre d'œufs que vous voudrez employer d'après le nombre présumé de vos convives. Vous prendrez ensuite un bon morceau de fromage de Gruyère pesant le tiers, et un morceau de beurre pesant le sixième de ce poids. Vous casserez et battrez bien les œufs dans une casserole; après quoi vous y mettrez le beurre, et le fromage râpé ou émincé. Posez la casserole sur un fourneau bien allumé et tournez avec une spatule, jusqu'à ce que le mélange soit convenablement épaissi et mollet; mettez un peu ou point de sel, suivant que le fromage sera plus ou moins vieux, et une forte portion de poivre, qui est un caractère positif de ce mets antique; servez sur un plat légèrement chauffé. (*Brillat-Savarin*).

PRÉPARATIONS DE PATES.

Macaroni à l'italienne (entremets).

Ayez 250 grammes de bon macaroni, faites-le cuire dans du bouillon, et faites-le égoutter dans une passoire. Mettez dans une casserole 250 grammes de fromage, moitié gruyère râpé, moitié parmesan, et soixante-deux grammes de beurre, gros poivre et muscade. Mettez-y le macaroni avec deux ou trois cuillerées de crème ; mêlez bien le tout sur le feu ; lorsque le macaroni filera, il sera cuit. Servez chaud.

Macaroni au gratin (entremets).

Le macaroni étant cuit dans le bouillon et égoutté, on met dans une tourtière un lit de fromage et de beurre, un lit de macaroni, et ainsi de suite, jusqu'à ce que toute votre préparation soit employée, et on finit par un lit de mie de pain mêlée à autant de fromage râpé. Mettez ensuite sur un feu doux, et couvrez d'un four de campagne.

Macaroni en timbales (entremets).

Faites cuire votre macaroni comme il est dit ci-dessus. Lorsqu'il sera égoutté, ajoutez-y beurre, poivre, fromages de Gruyère et de Parmesan râpés, en égale quantité. Laissez votre préparation sur le feu jusqu'à ce que le fromage soit fondu. Ayez un moule que vous garnirez intérieurement d'une mince feuille de pâte, remplissez-le de votre macaroni, recouvrez-le d'une feuille de pâte, puis d'un rond de papier beurré afin que la timbale ne s'attache pas au moule. Faites cuire une heure, à feu doux sous le four de campagne.

Macaroni aux marrons (entremets).

Ayez une vingtaine de marrons de Lyon nouvellement rôtis; écorcez-les, ouvrez-les en deux, ôtez les pellicules intérieures, et mêlez-les au macaroni. Il faut diminuer d'un tiers la quantité de macaroni, à cause des marrons. Vous terminerez votre macaroni comme celui au gratin.

Plum-Pudding.

Prenez cent vingt-cinq grammes de graisse, ou mieux, de moelle de bœuf, deux cents grammes de farine, et pareille quantité de beau raisin, dont il faut ôter les pépins. Ajoutez-y 125 grammes de raisin de Corinthe bien épluché, le zeste de la moitié d'un citron haché fin, et quelques fragments d'angélique. Mettez le tout dans un grand vase, où vous ajouterez quatre œufs, blancs et jaunes, une petite cuillerée à bouche d'eau de fleur d'oranger, un quart de litre de crème et un petit verre d'eau-de-vie; délayez bien le tout, ajoutez-y encore un verre de lait, et assez de mie de pain mollet, que vous émietterez dedans, pour donner une bonne consistance à votre plum-pudding. Enveloppez-le bien serré dans un linge ou une serviette, et faites-le bouillir pendant quatre heures sans discontinuer, dans un chaudron d'eau, ayant soin de le retourner plusieurs fois sens dessus dessous. Développez-le et servez. On le mange chaud et froid. On le coupe par tranches, que l'on range dans un plat d'argent, et que l'on arrose de rhum auquel on met le feu.

HUITIÈME PARTIE.

ENTREMETS SUCRÉS. — PATISSERIE. — DESSERT.

CHAPITRE I.

ENTREMETS SUCRÉS.

Pommes au riz.

Faites crever, dans une quantité suffisante de lait, cent vingt-cinq grammes de riz, joignez-y autant de sucre et du zeste de citron râpé. Pelez dix pommes et ôtez-en les cœurs avec le vide-pomme. Faites-les cuire avec de l'eau dans laquelle vous aurez mis du sucre et un jus de citron. Retirez-les après cuisson et faites, avec d'autres pommes, une marmelade dans le sirop de la cuisson. Vous mêlerez cette marmelade au riz en y joignant quatre jaunes d'œufs; étendez votre marmelade sur le fond d'une tourtière, enfoncez-y à demi vos pommes, dont vous remplirez le creux avec de la gelée de groseille ou autre confiture, superposez-les comme l'indique la figure et décorez avec un peu de marmelade d'abricots et des filets d'angélique,

puis faites prendre couleur sous le four de campagne.

Charlotte de pommes.

Ayez vingt pommes de reinette, que vous pelez et coupez par quartiers; ôtez le cœur, émincez-les, et mettez-les dans une casserole, avec soixante grammes de beurre et autant de sucre; ajoutez un peu de cannelle. Retournez-les avec une cuillère jusqu'à ce qu'elles soient à peu près cuites. Taillez des tranches minces de mie de pain en forme de coin, de manière que, mises à côté les unes des autres, elles recouvrent entièrement le fond d'un moule; mettez-en d'autres tout autour de ce moule. Tous ces croûtons doivent être trempés dans du beurre fondu et taillés avec régularité et netteté.

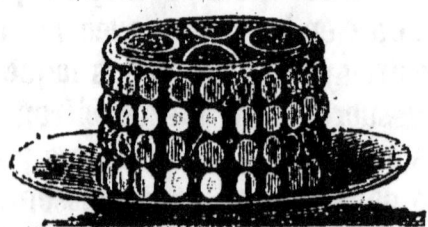

Remplissez votre moule, ainsi garni de croûtons, avec votre marmelade froide, que vous recouvrirez d'une couche de tranches de pain.

Votre charlotte étant ainsi disposée, mettez-la dans un four, ou bien sous le four de campagne, avec du feu dessous et dessus pendant vingt-cinq minutes, temps qui suffit pour lui donner une belle couleur. Servez chaud.

Charlotte de pommes et d'abricots.

Coupez en six ou huit quartiers des pommes de

reinette et des abricots en quantité égale; sautez-les séparément dans soixante-quinze grammes de beurre

fondu tiède et soixante-quinze grammes de sucre, puis faites-les cuire sur un feu modéré. Procédez comme pour la précédente et placez les fruits par couche, en les superposant, et décorez-les d'angélique coupée en filets.

Charlotte russe aux pommes.

Elle diffère de la charlotte aux pommes en ce qu'au lieu de pain on emploie des biscuits, et qu'on forme avec ces mêmes biscuits, coupés dans leur épaisseur, des compartiments que l'on remplit de quartiers de pommes cuites au beurre et de diverses sortes de confitures. Elle se termine de la même façon que la précédente. Servez froid.

Charlotte russe à la crème.

Après avoir garni votre moule de biscuits, comme dans la charlotte russe aux pommes, vous le remplirez d'une crème ou d'un fromage fouetté. Renversez votre moule sur le plat et tenez en lieu frais jusqu'au moment de servir.

Pommes au beurre.

Prenez une douzaine de pommes de reinette

pelez-les, ôtez-en le cœur avec un couteau étroit ou l'instrument appelé *videlle*. Arrangez vos pommes dans une tourtière, sur un morceau de mie de pain rassis, de la grandeur de la pomme et trempé dans du beurre fondu. Remplissez avec du sucre le vide que vous avez fait à chaque pomme en en retirant le cœur, et mettez un morceau de beurre bien frais par-dessus ce sucre. Placez votre tourtière sur un feu doux, et le four de campagne par-dessus. Servez chaud.

Pommes meringuées.

Mettez sur un plat en forme de pyramide, de la marmelade de pommes, que vous couvrirez de deux ou trois blancs d'œufs battus en neige, saupoudrez de sucre auquel vous mêlez un zeste de citron ou d'orange haché le plus fin possible, glacez la surface avec du sucre en grains; faites prendre couleur dans un four extrêmement tiède, ou sous un four de campagne.

Pommes au rhum.

Choisissez de petites pommes de reinette, arrangez-les au fond d'une casserole après les avoir pelées. Mettez-y assez d'eau pour les recouvrir, avec sucre, zeste de citron, cannelle ou autre aromate. Faites-les cuire, en arrêtant la cuisson avant qu'elles soient trop amollies. Retirez-les, une à une, de la casserole et rangez-les, encore chaudes, en pyramide sur un plat. Saupoudrez-les de sucre râpé sur lequel vous répandrez du rhum. Mettez-y le feu et servez.

Suédoise de pommes.

Mettez dans une terrine un demi-litre d'eau avec le jus d'un citron et deux cuillerées à bouche de sucre en poudre. Épluchez dix pommes de reinette; divisez-les en deux; avec une cuillère à café enlevez le cœur et jetez-les à mesure dans l'eau préparée. Clarifiez deux cents grammes de sucre; faites cuire les pommes dans ce sirop; retirez-les un peu fermes. Émincez une douzaine de pommes de reinette épluchées, que vous faites cuire dans le reste du sirop avec un jus de citron, en maintenant la casserole parfaitement bouchée pendant environ vingt minutes; puis remuez-les avec la spatule pour les dessécher, de façon à ce qu'elles soient un peu fermes, et ajoutez deux cuillerées à bouche de marmelade d'abricots; réduisez pour que cette marmelade soit ferme; passez-la au tamis; mettez-la dans une terrine et couvrez-la d'un papier mouillé. Lorsqu'elle sera froide, faites-en sur le plat une couche de deux centimètres d'épaisseur, et arrivant à deux centimètres du bord intérieur; dressez le reste en cône. Décorez avec des filets de marmelade d'abricots et des pistaches émondées.

Beignets de pommes de terre.

Pilez dans un mortier des pommes de terre cuites sous la cendre, ajoutez une cuillerée d'eau-de-vie, cent vingt-cinq grammes de beurre et un peu de crème, liez cette pâte avec un jaune d'œuf et remuez-la longtemps pour lui donner de la consistance. Faites-en ensuite des boulettes, roulez-les dans la farine et faites frire, servez chaud et saupoudrez de sucre fin.

Beignets de pommes.

Coupez des pommes de reinette ou autres pommes en rondelles, après les avoir pelées; ôtez-en le cœur et les pépins, faites-les mariner pendant quelques heures dans de l'eau-de-vie avec du sucre, des zestes de citron et de la fleur d'oranger; trempez-les dans une pâte à frire. Faites frire de belle couleur, saupoudrez de sucre et servez.

On peut faire des beignets avec tous les fruits susceptibles d'être coupés par rondelles ou en quartiers, tels que pêches, poires, oranges et abricots. Pour les beignets de pêches et d'abricots, ces fruits se coupent en quartiers.

Beignets de fraises et framboises.

Les fraises et les framboises doivent être grosses, fermes et pas trop mûres. Après les avoir trempées dans de la pâte à beignets, on les fait frire comme les beignets aux pommes.

Beignets à la crème, ou crème frite.

Faites réduire à moitié de la crème et du lait mêlés ensemble avec quelques grains de sel et du zeste de citron, joignez-y assez de farine pour faire une pâte. Aplatissez cette pâte sur une table avec un rouleau, coupez-la par petits morceaux d'une forme régulière, que vous tremperez dans la pâte à frire et que vous ferez frire. Glacez vos beignets de sucre comme les beignets de fruits.

Pain perdu.

Mettez dans un plat creux cinq ou six œufs, que vous battrez bien, ajoutez une cuillerée d'eau de fleur d'oranger, un peu d'eau-de-vie et de la râpure d'écorce de citron ; battez encore. Coupez des tranches de pain d'un centimètre d'épaisseur. Passez votre pain dans les œufs. Faites frire et servez chaud, en saupoudrant de sucre votre pain perdu.

Voici une autre manière de faire le *pain perdu* qui nous paraît préférable. Prenez un demi-litre de lait, ajoutez-y du sucre, un peu de sel, quelques gouttes d'eau de fleur d'oranger, coupez un pain mollet en tranches d'un centimètre d'épaisseur, mettez-les tremper dans votre lait ; puis passez-les dans de l'œuf battu, faites frire et servez chaud, après les avoir saupoudrées de sucre râpé. On peut remplacer le lait par de l'eau dans laquelle on a pressé le jus d'un ou deux citrons. On y trempe le pain, qu'on passe ensuite dans les œufs battus, et qu'on fait frire. Le pain perdu fait ainsi est plus léger et moins indigeste. Celui qu'on ne fait tremper que dans les œufs est le plus lourd et en consomme beaucoup plus que lorsqu'il est déjà imbibé de lait ou d'eau. Il faut mettre du beurre frais dans la poêle chaque fois qu'on y met du pain perdu, en quantité suffisante pour le faire frire, comme on fait pour une omelette. On arrose chaque tranche dans la poêle d'un peu d'œufs battus.

Pets de nonne.

Délayez un demi-litre de fleur de farine dans un

peu d'eau, puis mettez dans une casserole un demi-litre de lait, une cuillerée à bouche de fleur d'oranger, soixante-deux grammes de sucre, cent vingt-cinq grammes de beurre et un peu de sel. Quand le lait commence à bouillir, versez-y d'une main votre farine bien délayée en tournant avec une cuillère de l'autre, jusqu'à ce que la pâte soit devenue extrêmement épaisse. Continuez de tourner jusqu'à ce qu'elle soit cuite. Tirez-la du feu, cassez-y un œuf en tournant la pâte pour l'incorporer, cassez-en un second, et ainsi de suite, jusqu'à huit. Il est surtout essentiel de ne pas discontinuer à battre et à tourner la pâte : c'est ce qui la rendra légère. Ayez de la friture bien chaude, prenez avec une cuillère gros comme une noix de pâte que vous ferez tomber dans la friture, continuez jusqu'à ce que la pâte soit épuisée, en retirant à mesure ce qui sera cuit.

Gâteau de riz.

Prenez 250 grammes de riz bien lavé, faites-le crever sur le feu avec un verre d'eau, un zeste de citron, un peu de sel ; mouillez peu à peu avec un demi-litre de crème, ajoutez une quantité suffisante de sucre, un morceau de beurre frais, de la fleur d'oranger ou de la vanille, et six à huit œufs dont vous aurez battu les blancs en neige ; mêlez bien le tout. Enduisez un moule de beurre bien frais et de chapelure par-dessus, versez dedans votre appareil et faites cuire une heure sous le four de campagne.

Petits gâteaux de riz en beignets.

Lorsqu'il vous restera du gâteau de riz, coupez-le en petits carrés longs en forme de biscuits de Reims, trempez-les dans la pâte à frire, et faites-les frire, puis saupoudrez-les de sucre en poudre et glacez-les avec la pelle rouge.

Croquettes de riz.

Prenez du riz préparé comme pour le gâteau ci-dessus. Faites-en de petits rouleaux ou des boulettes, que vous tremperez dans de l'œuf battu et que vous panerez. Trempez et panez une seconde fois, et faites frire. Servez chaud et saupoudrez de sucre.

Gâteau d'amandes (entremets sucré et dessert).

Mettez sur une table un litre de farine. Faites un trou dans le milieu, pour y mettre cent vingt-cinq grammes de bon beurre, quatre œufs, blancs et jaunes, une pincée de sel, cent vingt-cinq grammes de sucre fin, deux hectogrammes d'amandes pilées. Pétrissez le tout ensemble en forme de gâteau ; dorez avec de l'œuf battu, faites-le cuire et glacez-le avec la pelle rouge.

La pâte sera plus délicate en n'y mettant que le blanc d'un seul œuf, mais elle prendra moins facilement, et il faudra un degré de cuisson plus fort.

Soufflé de pommes de terre.

Prenez un demi-litre de crème, deux hectogrammes de sucre, six cuillerées à bouche de fécule de pommes de terre, quatre jaunes d'œufs. Délayez la fécule avec les œufs et la crème ; ajoutez gros comme un œuf de beurre et un peu d'écorce de citron. Mettez votre appareil sur le feu, faites-lui jeter quelques bouillons en le tournant; laissez-le refroidir, puis ajoutez encore six jaunes d'œufs, que vous aurez battus ensemble. Fouettez quatre blancs d'œufs, mêlez-les promptement et légèrement avec le reste, arrangez le tout dans une casserole, que vous mettrez à un feu doux, et le four de campagne par-dessus.

Soufflé au riz.

Faites cuire cent grammes de riz. Mettez-le dans une casserole avec sucre, fleur d'oranger, macarons écrasés, six jaunes d'œufs et huit blancs fouettés; terminez votre soufflé comme le précédent.

Soufflé au chocolat.

Faites fondre soixante-deux grammes (deux onces) de chocolat dans de l'eau, ajoutez cent vingt-cinq grammes de sucre, une petite cuillerée de fécule et quatre jaunes d'œufs. Mêlez-y les blancs que vous aurez bien battus, et finissez le soufflé de la même manière que les précédents.

Crêpes.

Préparez une pâte à frire, avec un litre de farine, six œufs, trois cuillerées d'eau-de-vie, autant d'huile d'olive, deux cuillerées de fleur d'oranger, un peu de sel; mêlez avec du lait et un peu d'eau, jusqu'à ce que la pâte soit suffisamment délayée, puis laissez-la reposer trois ou quatre heures. Faites fondre dans la poêle gros comme une noix de beurre, répandez dedans, en tournant la poêle, pour que tout le fond soit couvert, une bonne cuillerée de pâte. Quand la crêpe est cuite d'un côté, on la retourne en la sautant pour qu'elle cuise de l'autre côté, puis on la retire, on la saupoudre de sucre, et on la sert très-chaude.

Tôt Fait

Faites une pâte épaisse avec des jaunes d'œufs délayés dans la farine, mouillez ensuite avec du lait, ajoutez des blancs d'œufs, sucre en poudre, fleur d'oranger, vanille; délayez le tout jusqu'à ce qu'il ait à peu près la consistance d'une bouillie. Beurrez largement une tourtière, versez-y votre bouillie et couvrez aussitôt avec le four de campagne. Si la pâte a été bien préparée, elle devra monter comme une omelette soufflée.

Roussettes.

Faites la pâte avec un litre de farine, trois œufs, un quart de beurre, une cuillerée d'eau-de-vie et de fleur d'oranger, un peu de sel, mouillez avec de la crème ou du lait. Préparez-la trois heures avant de vous en servir, abaissez-la ensuite avec le rouleau à un demi-centimètre d'épaisseur, puis, avec le coupe-pâte à roulette, découpez-les et donnez-leur les formes que vous voudrez. Faites cuire et saupoudrez de sucre. Une des formes les plus usitées est de couper la pâte en espèce de grille de fourneau carré. Ce mets, qui est excellent, se mange aussi bien froid que chaud, et se conserve plus d'une semaine.

Crèmes.

Crème aux amandes.

Échaudez, enlevez la peau et pilez bien fin soixante-deux grammes d'amandes douces, auxquelles vous ajouterez cinq ou six amandes amères. Faites bouillir du lait avec du sucre et du zeste de citron, délayez-y vos amandes auxquelles vous joindrez six jaunes d'œufs, passez votre crème au tamis, et faites-la cuire à feu doux; il ne faut pas que le lait soit bouillant lorsque vous y mettrez vos œufs.

Crème au café.

Faites un café très-fort, avec soixante-deux grammes de café, et une quantité suffisante d'eau; faites votre café au filtre sans ébullition, afin de lui conserver son arome. Si vous avez l'un de ces nouveaux appareils composés de deux globes de verre, servez-vous-en et faites repasser deux ou trois fois l'eau sur le café, vous finirez ainsi par avoir une sorte d'extrait de café; mettez-le avec un demi-litre de bon lait; ajoutez un huitième de sucre blanc en poudre, six jaunes d'œufs et trois blancs, bien battus, délayés avec quelques cuillerées de crème. Dressez votre crème dans le plat où vous devez la servir, et mettez ce plat, bien couvert, sur une casserole d'eau bouillante, jusqu'à ce que votre crème soit prise. Glacez avec du sucre et une pelle rouge. Servez froid.

Crème au thé.

Versez un demi-litre de crème bouillante sur

trente grammes de thé, laissez infuser une demi-heure, passez votre crème au tamis, et mettez-y 125 grammes de sucre, six jaunes d'œufs et trois blancs battus. Faites prendre comme ci-dessus.

Crème au chocolat.

Râpez 125 grammes de chocolat, faites-le fondre sur le feu, dans un litre de bon lait ou de crème ; ajoutez-y soixante-deux grammes de sucre ; faites bouillir jusqu'à diminution d'un quart ; ajoutez-y cinq jaunes d'œufs et un blanc battu en neige ; faites cuire comme ci-dessus et laissez refroidir.

Crème à la vanille.

Elle se fait avec un litre de lait, 125 grammes de sucre et huit grammes de vanille coupée en petits morceaux. Faites bouillir pendant un quart d'heure, retirez du feu, passez au tamis, mêlez bien ensuite dedans trois blancs d'œufs et six jaunes, après les avoir battus. Faites cuire comme ci-dessus.

Crème à la fleur d'oranger.

Faites bouillir un litre de bon lait avec 100 grammes de sucre. Délayez ensemble huit jaunes d'œufs et deux blancs, ajoutez quatre cuillerées d'eau de fleur d'oranger. Mêlez bien le tout ensemble et faites cuire comme ci-dessus.

Crème au citron ou à l'orange.

Elle se fait de la même manière que celle à la vanille, en employant du zeste de citron ou d'orange au lieu de vanille. Il faut seulement ne sucrer qu'une fois le lait versé, autrement il pourrait tourner.

Crèmes renversées.

On fait les crèmes renversées de la même manière. Seulement on se sert d'un moule qu'on fait chauffer à l'eau bouillante et dont on enduit lestement l'intérieur d'un caramel fait exprès un peu liquide, et de façon qu'il y en ait partout. On verse dans le moule la composition préparée, et on fait cuire au bain-marie avec du feu dessus. La cuisson opérée, on laisse complétement refroidir. Puis en appliquant sur le moule le plat dans lequel on veut servir la crème, on la retourne adroitement de façon à ne pas la briser. On peut l'arroser avec une crème froide semblable à celle dont on accompagne les œufs à la neige.

Crème frite.

Prenez un demi-litre de bon lait, ou mieux de crème, et un hectogramme de sucre, ajoutez-y une cuillerée d'eau de fleur d'oranger et quatre jaunes d'œufs. Mêlez avec une quantité de farine suffisante pour former des espèces de beignets que vous panez après les avoir trempés dans de l'œuf battu et que vous faites frire.

Crème Chantilly.

Mettez dans une terrine de grès un demi-litre de crème fraîche, que vous aurez tenue sur la glace ou dans un lieu très-frais; répandez dessus une pincée de gomme adragante en poudre et fouettez avec le fouet de buis; un quart d'heure après la crème doit être ferme; mettez-la dans un panier d'osier que vous aurez garni d'un morceau de gaze ou de linge fin pour la laisser égoutter. On donne aussi à cette crème le nom de *crème fouettée.*

Crème d'Italie ou sambaglione.

Mêlez dans une casserole trois verres de madère, cent cinquante grammes de sucre, de la cannelle en poudre, et douze jaunes d'œufs frais. Mettez votre mélange sur un feu vif, et faites-le mousser avec le moussoir à chocolat. Servez dès que la mousse se sera élevée jusqu'aux bords de la casserole.

Observation sur les crèmes moulées '

Les crèmes que l'on fait dans des moules doivent avoir un peu plus de consistance; en conséquence on ajoute à la préparation trente, quarante ou soixante

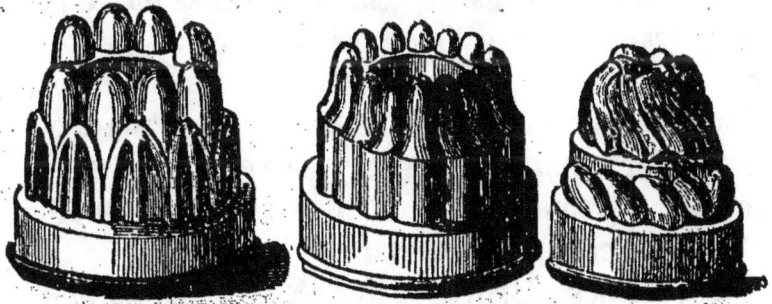

grammes de gélatine clarifiée ou moitié moins de celle de poisson, que l'on y incorpore. Puis au lieu de laisser la crème refroidir dans un plat, on verse

---

' *Clarification de la gélatine.* — Lavez 60 grammes de gélatine blanche cassée en petits morceaux, mettez-la dans un verre et demi d'eau et faites bouillir; retirez ensuite le poêlon sur l'angle du fourneau et maintenez l'ébullition; écumez avec soin et laissez réduire près de moitié, puis passez à la serviette.

le tout dans un moule légèrement frotté d'huile d'amandes douces et l'on place ce moule sur la glace ou dans un lieu frais. Pour démouler, on trempe le moule dans de l'eau un peu plus que tiède.

Bavaroise aux amandes.

Pilez quatre cents grammes d'amandes douces et trente d'amandes amères émondées, lavées et égouttées; mouillez-les de temps en temps pour les empêcher de tourner à l'huile. Lorsqu'elles seront bien pilées et que vous n'en verrez plus de fragments, mettez-les dans une terrine pour les délayer peu à peu avec un demi-litre de lait presque bouillant, dans lequel vous aurez mis 250 grammes de sucre en poudre; trois quarts d'heure après, passez-le à l'étamine. Lorsque cette préparation sera tiède, ajoutez-y quarante-cinq grammes de gélatine clarifiée ou vingt-cinq grammes de colle de poisson; remuez, et placez la terrine sur la glace ou dans un lieu frais. Lorsqu'elle commence à se lier, mélangez-la avec un panier de crème Chantilly, et versez-la dans le moule légèrement frotté d'huile d'amandes douces. Démoulez comme ci-dessus.

Les mêmes proportions que les précédentes pour le café, le cacao ou le chocolat, et traitez de même.

Blanc-manger aux amandes.

Pilez cinq cents grammes d'amandes douces et cinquante d'amandes amères, comme il est dit ci-dessus; mettez-les dans une terrine pour les délayer avec cinq décilitres d'eau; versez-les sur une serviette étendue sur un plat ovale un peu profond;

avec un aide, vous la tordrez avec force pour extraire tout le lait des amandes; ajoutez soixante grammes de gélatine clarifiée, quatre cents grammes de sucre concassé fin, remuez pour faire fondre et

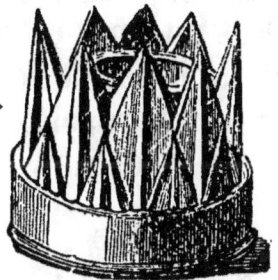 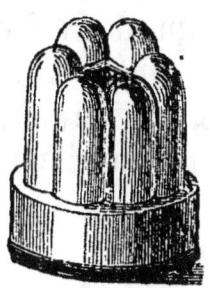

passez à la serviette. Versez ensuite dans le moule que vous placerez sur la glace ou dans un lieu très-frais. Démoulez comme ci-dessus.

Blanc-manger aux liqueurs.

Ajoutez à la préparation ci-dessus un décilitre de la liqueur à laquelle vous voudrez faire votre blanc-manger, soit kirsch, rhum, anisette, marasquin.

Pour le *blanc-manger à la vanille*, ajoutez deux cent cinquante grammes de sucre vanillé [1].

Gelées d'entremets.

On prépare diverses sortes de gelées d'entremets, telles que celles au rhum, aux vins de madère et de malaga, au kirsch, au marasquin, au café, à l'anisette, à la fleur d'oranger. Toutes ont pour base la colle de poisson et le sucre. Mettez trente-un gram-

---

[1] *Sucre vanillé.* — Hachez finement 12 bâtons de vanille avec un peu de sucre; puis pilez-les avec un demi-kil. de sucre y compris celui employé; passez au tamis de soie, pilez ce qui ne passera pas et passez de nouveau au tamis, puis versez-le dans un flacon que vous tiendriez bouché hermétiquement.

mes (une once) de colle de poisson ou soixante grammes de gélatine clarifiée dans un demi-litre d'eau; après l'avoir laissée tremper deux heures, mettez-la sur le feu pour achever de la fondre, et ajoutez-y cinq cents grammes de beau sucre. C'est à ce liquide, qui devra être passé dans un tamis de soie, que vous mêlerez deux à trois décilitres de vos liqueurs, selon le goût; vous verserez votre gelée dans un moule, où elle prendra en se refroidissant. Vous

 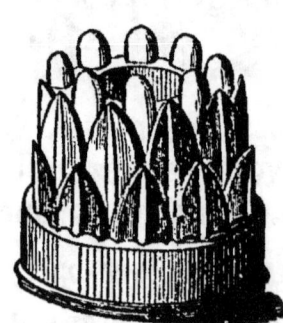

la tiendrez à la cave en hiver, ou entourée de glace en été. Si le moule doit être renversé pour être présentable, vous le trempez au moment de servir dans de l'eau chaude et l'en retirez immédiatement, puis vous le renverserez sur le plat où la gelée doit être servie.

L'été on peut aussi préparer des gelées avec des sucs de fruits, tels que groseilles, framboises, cerises, fraises.

Gelée de groseilles.

Filtrez le jus d'une livre et demie de groseilles rouges, mettez trente grammes de colle de poisson, quatre cents grammes de sucre, un demi-litre d'eau et un blanc d'œuf. Faites fondre d'abord la colle de poisson et le sucre dans l'eau ; lorsque ce sera refroidi, mêlez-y le jus de groseilles et versez le tout dans le moule. Si le jus n'était pas assez coloré, mettez dans le sirop bouillant une pincée de cochenille. Placez le moule en lieu frais et démoulez comme plus haut. On peut en procédant ainsi, faire une gelée de fraises ou de framboises.

Gelée d'oranges.

Faites un sirop de quatre cents grammes de sucre, avec quatre décilitres d'eau et trente grammes de colle de poisson ; lorsque ce sera à peu près refroidi, jetez dedans une petite pincée de cochenille et le zeste de deux oranges. Exprimez le jus de douze oranges, de trois citrons ; ôtez les pépins et versez-le dans la chausse ; ce jus étant clarifié, mélangez-le avec le sirop, et versez-le dans le moule. Opérez comme ci-dessus pour le reste.

Macédoine de fruits.

Employez de préférence la gelée de fraises ou celle de groseilles et colorez-la légèrement. En été, on la garnit avec des fraises blanches et rouges, des groseilles blanches et rouges et des framboises. En hiver, on se sert de fruits glacés, tels que cerises, abricots, prunes de reine-claude, mirabelles, épines-vinette, pêches ; on fait alors une gelée au marasquin. On verse un peu de gelée dans le fond du moule entouré de glace pilée, et l'on arrange gracieusement ses fruits, en variant harmonieusement les couleurs ; on a soin à chaque lit de verser un peu de gelée avec une cuillère d'argent. Le moule garni, emplissez-le avec la gelée et démoulez-le comme les précédents.

Soupe aux cerises.

Coupez de petites tranches minces de pain de mie ou de mie de pain; passez-les au beurre et donnez-leur une couleur blond clair; égouttez-les entre deux linges pour bien absorber le beurre. Otez les queues de deux livres de cerises noires dites guignes: sautez-les dans cent soixante grammes de beurre tiède, et quelques minutes après répandez dessus une cuillerée à bouche de farine; ajoutez cent cinquante grammes de sucre, mouillez avec six cuillerées à bouche d'eau et faites cuire sur un feu modéré. Un peu avant la cuisson terminée, ajoutez deux verres de kirsch. Placez les croûtons dans la casserole d'entremets, versez-y les cerises et le sirop.

Fromage à la Conti.

Mettez deux cent cinquante grammes de sucre en poudre dans un litre de crème avec eau de fleur d'oranger ou écorce de citron râpée. Faites réduire à moitié sur le feu, liez avec quelques jaunes d'œufs sans laisser bouillir, faites prendre sur de la cendre, et faites égoutter votre fromage sur une éclisse recouverte d'un linge fin.

CHAPITRE II.

PATISSERIE.

Notre but est seulement de mettre les cuisinières, et quelquefois les maîtresses de maison, à même de confectionner quelques pièces usuelles.

La pâtisserie proprement dite se fait rarement dans la maison. Toutefois il est maintes circonstances où il est utile de savoir préparer un pâté, une tourte ou quelques pièces légères. L'utilité des notions que nous allons donner se fera surtout sentir à la campagne et même dans les petites villes où l'on est souvent privé de la ressource d'un pâtissier.

On peut diviser en quatre classes principales les produits de l'art du pâtissier.

La première comprend le *feuilletage*, c'est-à-dire toute espèce de pâtisserie où l'on emploie de la pâte feuilletée, ou préparée de manière à se tirer par feuilles, telles que tourtes de toute espèce, pâtés chauds, gâteaux, galettes, etc.

La seconde classe comprend : les pâtés froids pour lesquels on emploie la *pâte ferme* ou la *pâte à dresser*.

La troisième renferme la brioche et les babas. Ils exigent une pâte particulière.

Enfin la quatrième classe, les biscuits, gâteaux de Savoie, meringues, etc.

Le four est un des instruments les plus utiles pour la pâtisserie. Nous donnons, au chapitre des instruments de cuisine, le dessin et la description de celui de M. Harel, qui est un des plus commodes; à son défaut, on peut se servir du four de campagne; on peut aussi employer la tourtière pour certaines pièces de pâtisserie.

Feuilletage.

Prenez un litre de fleur de farine [1], rassemblez-la en tas sur la table ou sur le tour à pâte [2], faites au milieu la fontaine (trou), mettez-y dix grammes de sel, deux jaunes d'œufs, une noix de beurre et un bon verre d'eau; remuez avec les doigts de la main gauche et détrempez peu à peu la farine, en ayant soin que l'eau ne passe pas par-dessus les bords; lorsque le tout sera mêlé, rassemblez-le en boule et laissez-le reposer pendant un quart-d'heure. Au bout de ce temps, étendez la pâte sur la table que vous aurez farinée légèrement pour qu'elle ne s'y attache pas, prenez trois cent soixante-quinze grammes de beurre, aplatissez-le sur la pâte, mais dans le milieu seulement, de façon à ce qu'il ne couvre que la moitié de votre surface; repliez la pâte sur elle-même, de manière à y renfermer le beurre, aplatissez avec le rouleau et donnez à la pâte une étendue du double de sa largeur; pliez-la en quatre comme une serviette, c'est-à-dire en mettant le n° 1

| 1 | 2 | 3 | 4 |

sur le 2 et le 4 sur le 3, puis le 2 sur le 3; cela

---

[1] Un litre de farine pèse une livre.
[2] Le *tour à pâte* est une plate-forme en bois garnie d'un rebord de trois côtés, et que l'on pose sur la table de cuisine.

s'appelle faire un *tour*; recommencez cela jusqu'à six fois, en laissant chaque fois un intervalle de dix minutes à peu près; au dernier tour, laissez reposer la pâte cinq minutes, et vous pouvez l'employer. Si vous attendiez trop longtemps, elle retomberait, et vous auriez un mauvais feuilletage.

La pâte doit être d'une consistance modérée et doit rester onctueuse, c'est-à-dire un peu grasse, autrement si elle était trop ferme, elle se casserait pendant la cuisson, et si elle était trop molle elle ne pourrait se tenir debout.

Une recommandation importante est la consistance que le beurre doit avoir, s'il est trop dur il ne peut se mêler à la pâte, si au contraire il est trop mou, il s'étend trop et à chaque coup de rouleau il ressort. Il faudra donc s'il est trop dur le pétrir quelque temps, et s'il est trop mou le mettre tremper dans de l'eau très-froide.

Pâte à dresser pour les pâtés froids. — Cette pâte diffère principalement de la pâte du feuilletage par la quantité de beurre qui est moindre de moitié. On peut également, dans cette pâte, remplacer le beurre par de la graisse, qui ne réussit pas aussi bien dans le feuilletage.

Prenez un litre de farine, mettez-le en tas sur le tour, faites-y une fontaine dans laquelle vous mettrez douze grammes de sel blanc, cent cinquante grammes de beurre, divisé en petits morceaux, et cent vingt-cinq grammes d'eau. Maniez le beurre de manière à ce qu'il se dissolve et se mêle à la pâte; le mélange étant fait, il faut pétrir la pâte le plus promptement possible en l'étendant et la foulant quatre fois sur elle-même, afin de lui donner partout une consistance égale, en prenant garde, toutefois, de trop la dessécher.

La pâte étant suffisamment travaillée, ramassez-la en pelote, saupoudrez-la légèrement de farine, enveloppez-la d'une serviette humide, et laissez-la reposer une heure.

Pâté froid.

Préparez de la pâte à dresser en estimant qu'il en faut la valeur de ce qui aura été fait avec un litre de farine, pour un pâté de deux livres et demie.

Prenez le quart de cette pâte pour le fond du pâté, abaissez-le au rouleau, en lui laissant un doigt d'épaisseur; coupez votre fond de pâte avec le coupe-pâte, en donnant à ce fond un diamètre un peu plus grand que celui du pâté. Placez votre abaisse sur un papier beurré, et dressez sur ce fond vos viandes préparées.

Ces viandes peuvent consister en chair de gibier, volaille, veau, jambon, accompagnées de lard en bardes et lardons, et de farce ou hachis. Voici leur préparation : mettez une quantité suffisante de beurre dans une casserole avec une échalote, la moitié d'un ognon, persil et thym, le tout haché très-fin. Faites cuire ces condiments jusqu'à ce que le beurre se mette à bouillir, mettez-y alors votre lard, puis votre gibier, votre volaille bien désossée ou votre veau, avec épices, sel et gros poivre. Ajoutez du bouillon ou un peu d'eau, laissez mijoter un temps suffisant pour une demi-cuisson, versez un filet de vinaigre, et retirez votre viande du feu.

Le hachis se fait avec des viandes cuites ou non cuites, mêlées avec du lard. Quelques champignons les accompagnent fort bien.

Vos viandes étant refroidies, vous commencez par dresser votre hachis sur le fond du pâté, vous montez le reste par-dessus, en saupoudrant à mesure les morceaux avec du sel, du poivre et des épices. Il faut serrer les morceaux les uns contre les autres, et garnir de petit lard tous les interstices.

On peut également mettre ces viandes crues dans une petite casserole avec le hachis par-dessus, les faire cuire, et les laisser refroidir[1]. Lorsqu'il s'agira de dresser les viandes sur l'abaisse, on flambera avec un papier allumé l'extérieur de la petite casserole, et on la renversera sur l'abaisse. La garniture de viandes en sort tout d'une pièce, comme d'un moule.

Il ne s'agit plus que de tailler et d'appliquer le tour du pâté, auquel on donne au moins six millimètres d'épaisseur. Avant d'appliquer ce tour, faites, avec les débris qui vous resteront, un *renfort* autour des viandes pour les empêcher de s'affaisser et un couvercle pour le dessus du pâté. Ce pourtour, ou double circonférence intérieure, doit s'élever à la hauteur des viandes, on l'attache au fond du pâté, et on soude ses deux extrémités avec de l'œuf.

[1] Il est essentiel de ne se servir que d'une casserole parfaitement étamée. Dans le cas contraire, le séjour prolongé et le refroidissement d'une sauce grasse dans du cuivre y déterminent indubitablement du vert-de-gris. Il est préférable d'employer ici du fer battu étamé.

Mettez ensuite le couvercle, auquel vous ferez un trou rond, nommé cheminée, pour faciliter l'évaporation de la vapeur; joignez bien ses bords aux renforts en les mouillant.

Cela fait, placez votre pourtour, après l'avoir mouillé en dedans, afin qu'il se fixe au renfort et au fond. Le bord supérieur du pourtour doit dépasser un peu le couvercle du pâté : passez plusieurs fois le doigt sur la base du pourtour, afin qu'elle se joigne bien au fond du pâté.

On peut embellir le pâté avec des ornements variés; étoiles, zigzag, etc., etc. On le dore deux fois de suite, et on le met au four sur une plaque graissée ou sous le four de campagne. Il faut environ trois heures pour cuire un tel pâté.

Lorsque le pâté est refroidi, on peut y introduire par la cheminée une gelée bien assaisonnée, qui, se refroidissant à son tour, donne une belle apparence à la garniture lorsqu'on enlève le couvercle.

Au lieu d'être monté comme nous venons de l'expliquer, un pâté froid peut être dressé dans un moule de ferblanc.

Après l'avoir beurré, on le garnit intérieurement 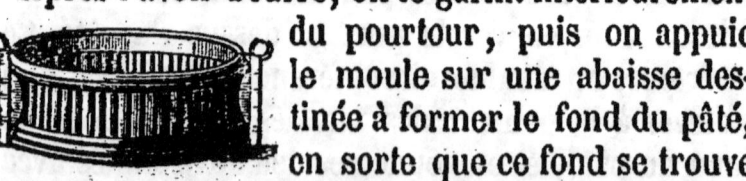 du pourtour, puis on appuie le moule sur une abaisse destinée à former le fond du pâté, en sorte que ce fond se trouve découpé et collé au pourtour. On passe ensuite la main dans l'intérieur du moule pour consolider les jonctions et pour faire prendre à la pâte les formes du moule. On y place les viandes comme dans le pâté monté, on les recouvre d'une calotte et on les met au four avec le moule, qu'on n'ôte qu'après la cuisson.

Pâtés de lièvre et de lapin (entrée).

Ayant préparé votre lièvre comme il est indiqué à la page 231, vous mettez ses membres et les filets dans une casserole avec deux cent cinquante grammes de beurre. Laissez cuire une demi-heure seulement. Prenez ensuite le reste de la chair de votre lièvre, que vous hacherez avec du lard gras, un ognon, deux échalotes, une pointe d'ail, persil, laurier et thym. Ajoutez épices, poivre, sel et mélangez le tout avec un peu d'eau-de-vie coupée de vin blanc.

Vous procéderez ensuite comme il est dit ci-desssus.

Pour garnir le moule ci-joint de pâte à dresser,

vous recouvrirez la pâte à l'intérieur de bardes de lard, puis vous mettrez tout autour et au fond une couche de farce, ensuite les cuisses du lièvre, les filets, et vous recouvrirez le tout de farce, et terminerez avec des bardes de lard.

Le pâté de lapin se fait de la même manière que celui de lièvre.

Pâté chaud aux ortolans (entrée).

Votre pâté étant dressé, vous sautez vos ortolans au beurre; lorsqu'ils sont de belle couleur, vous versez dans la sautoire du jus ou du velouté, vous ajoutez des champignons tournés et bien blancs. Vous faites mijoter jusqu'à cuisson. Vous garnissez votre pâté chaud que vous couvrez, au lieu de pâte, avec une noix de ris de veau glacée et piquée de truffes.

Pâté chaud à la financière.

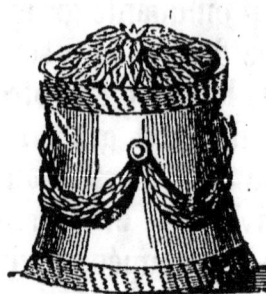

Préparez le pâté avec la pâte à dresser comme ci-dessus, remplissez-le de farine bien sèche et mettez-le au four; quand il est cuit et de belle couleur, ôtez la farine, grattez celle qui se serait collée à la pâte et remplacez-la par un ragoût à la financière; couronnez par quelques belles écrevisses.

Pâté d'alouettes.

Flambez, épluchez et fendez par le dos trois douzaines de mauviettes; ôtez tout ce qu'elles ont dans le corps, séparez le gésier, hachez les intestins; pilez avec du lard râpé et des fines herbes; remplissez vos mauviettes de cette farce, bardez-les avec du lard; si vous voulez, rangez-les dans le moule en les pressant un peu; couvrez le tout d'une couche de beurre, d'épices, sel et poivre, mettez par-dessus une seconde abaisse ou bande de pâte, soudez-la au bord du pâté en mouillant, et faites cuire deux heures et demie. Servez froid.

Pâté de saumon.

Piquez avec des anchois dessalés et taillez en lardons des tranches de saumon frais que vous aurez fait revenir dans le beurre, ajoutez si vous voulez quelques filets de truffes. Préparez votre croûte comme il est indiqué ci-dessus pour les pâtés froids. Une fois dressée, garnissez-en le fond d'une forte couche de farce à quenelle de poisson, rangez dessus une partie de votre saumon, remplissez les vides avec quelques truffes et de la farce, faites-en un nouveau lit, mettez le reste du saumon et couvrez encore avec de la farce. Dorez votre pâté et faites-le cuire au four, puis ôtez le couvercle et versez dedans un coulis fait avec du court-bouillon auquel vous ajouterez sel, poivre, échalote, persil haché, et que vous lierez après quelques instants d'ébullition avec un bon morceau de beurre manié de farine. On peut aussi en sortant du four verser dans le pâté un verre de rhum ou de madère, ce qui lui donne un très-bon goût. Ce pâté se mange ordinairement froid, et on peut employer pour le faire différentes viandes de poisson.

Pâté en timbale.

Garnissez le fond et le tour d'une casserole de pâte à dresser, versez dedans le ragoût dont vous voulez faire un pâté, couvrez-le d'une abaisse de pâte que vous soudez à celle du tour; mettez la casserole dans le four, ou si vous n'en avez pas sur de la cendre chaude, avec du feu sur le couvercle. Lorsque la croûte est assez colorée, renversez le pâté sur un plat, enlevez la croûte du dessus et versez une sauce épaisse appropriée au ragoût.

Pâté en terrine.

Prenez une terrine en faïence allant au feu ; généralement celles pour les pâtés sont d'une forme spéciale, garnissez le fond et le tour de bardes de lard, remplissez l'intérieur d'une des compositions indiquées ci-dessus pour faire un pâté, recouvrez le dessus de bardes, soudez les bords du couvercle, soit avec de la pâte, soit avec du papier collé, afin d'éviter l'évaporation, puis mettez au four. Comme dans une terrine il n'y a pas à craindre de laisser brûler la croûte, on peut se dispenser de faire cuire les viandes avant de les y mettre.

Pâté de légumes.

Ce mets est, dans le Carême, d'une grande ressource pour les maîtresses de maison; il se compose de petits pois, de haricots verts, de carottes nouvelles et autres légumes frais ou conservés que l'on a fait blanchir, puis sauter dans la casserole avec de la crème. On les verse ensuite dans une timbale de pâte; une fois cuits, on en enlève le dessus et on y verse de la crème suivant la grosseur du pâté. On le recouvre et on le sert chaud.

Tourtes (entrée).

Faites avec de la pâte de feuilletage une bande mince, étroite, et d'une longueur égale à la circonférence de la tourte que vous voulez faire, c'est-à-dire de trois fois son diamètre au moins.

Coupez dans le milieu de cette bande ce qui doit faire le rebord de votre tourte. Cette espèce de ruban de pâte aura de 15 à 20 millimètres de largeur.

Avec le reste de la pâte que vous pétrissez pour

en détruire le feuilletage, faites une abaisse mince que vous laisserez reposer dix minutes, afin qu'elle prenne son retrait. Taillez votre fond circulaire avec un coupe-pâte de la grandeur de votre tourte; glissez-le sur un papier beurré; fixez ensuite sur votre fond, en la mouillant, la bande qui doit former le rebord de votre tourte.

Le couvercle de la tourte, qui doit être de la même grandeur que le fond, se fait ensuite avec les restes et débris de la pâte que l'on pétrit et dont on forme au rouleau une abaisse très-mince qu'on taille avec le coupe-pâte. Avant de le poser, on pique le fond avec un poinçon ou avec les dents d'une fourchette [1], et l'on remplit l'intérieur de la tourte avec ce que l'on appelle le *remplissage*, c'est-à-dire soit de la farine, du riz ordinaire, ou encore du vieux linge très-mou; sans cette précaution, les bords de la pâte et le couvercle s'affaisseraient; on pose ensuite le couvercle, que l'on soude avec de l'eau, et l'on met au four.

La pièce étant cuite, vous cernez le couvercle avec un couteau, vous l'enlevez, vous ôtez la garniture de farine ou de pâte, et vous mettez dans votre tourte le ragoût préparé d'avance.

Vol-au-vent (entrée) [2].

Il se confectionne à peu près de la même manière

---

[1] Cette opération doit se faire sur tous les fonds de tourte, vol-au-vent, ou pâtés que l'on met au feu, sans être garnis, afin d'empêcher ce fond de se boursoufler par la chaleur du four.

[2] La différence entre une *tourte* et un *vol-au-vent* est que ce dernier est fait entièrement en pâte à feuilletage, tandis que la tourte a le fond et le couvercle en pâte brisée et le bord seulement en feuilletage.

que la tourte. Voici comment se fait le couvercle et le pourtour. On taille en cercles deux abaisses du même diamètre que le fond du vol-au-vent. Ensuite, avec un taille-pâte d'un diamètre inférieur, on coupe dans chacune de ces deux abaisses un rond concentrique qu'on n'enlève pas d'abord, en sorte que le bord de ces deux abaisses présente un anneau plein. Vous mouillez la circonférence de votre fond et vous y appliquez un premier anneau; sur ce premier anneau, que vous mouillez également, vous mettez le second. Il faut avoir soin de mettre sous le premier rond une feuille de papier de même forme et grandeur, afin que ce rond intérieur ne s'attache pas au fond du vol-au-vent, et que vous puissiez l'enlever facilement après la cuisson. Remarquez que le rond supérieur formera votre couvercle, et que celui de dessous étant enlevé, laisse un vide que l'on remplit de la manière indiquée pour la tourte. Le rond supérieur étant par la cuisson devenu très-épais, on est dans l'usage de l'amincir en retranchant du feuilletage par-dessous.

Petits pâtés (entrée).

Prenez une quantité suffisante de votre pâte feuilletée, abattez-la avec le rouleau en ne lui laissant que trois millimètres d'épaisseur, taillez avec un coupe-pâte d'une grandeur convenable (9 à 10 centimètres de diamètre) deux abaisses pour chaque petit pâté. Mettez sur l'une, gros comme une noisette de godiveau ou de quenelle (*Voyez* p. 109), recouvrez avec l'autre; joignez les bords que vous collez ensemble en les mouillant légèrement; dorez vos petits pâtés à l'aide d'un pinceau trempé dans un œuf battu, et mettez-les au four ou sous le four de campagne, sur une plaque de fer battu. Il faut peu de temps pour les cuire.

Petits pâtés au jus (entrée).

Prenez une portion de la pâte ci-dessus, pétrissez-la pour lui faire perdre son feuilletage, ce qui en fait une pâte *brisée*. Abaissez-la sous le rouleau de l'épaisseur de 2 millimètres. Coupez sur cette abaisse, avec le coupe-pâte, un rond assez grand pour garnir la concavité d'un moule de 9 ou 12 millimètres de diamètre. Beurrez ce moule, placez-y le cercle de pâte, mettez une boulette de hachis bien assaisonnée au milieu, couvrez-la avec une abaisse de feuilletage que vous ne collerez pas. Faites cuire, ôtez votre couvercle feuilleté, et versez sur votre boulette, que vous pouvez couper en plusieurs morceaux, une sauce de bon goût, préparée avec un hachis de champignons et à laquelle vous pouvez joindre un peu de cervelle, crêtes, ris de veau ou foies de volailles. Ne mettez la sauce qu'à l'instant de servir.

Rissoles (entremets).

Ces petits hors-d'œuvre, qui servent aussi d'entreets et de garniture, se font de la manière suivante :
Prenez de la pâte brisée (*voyez* ci-dessus), étendez-la très-mince, couvrez-la de distance en distance, et à espaces irréguliers, de petits tas d'une farce de volailles bien assaisonnée. Coupez votre pâte, entre les intervalles, avec la roulette ; repliez

votre abaisse sur la farce de manière à former comme un petit chausson. Ayez soin que la jointure de vos pâtes soit bien soudée. Faites frire vos rissoles d'une belle couleur, et servez chaud.

On fait de la même manière des rissoles au chocolat, aux champignons, à la frangipane, aux confitures, au fromage, etc. Les rissoles en maigre se font au poisson, et on les fait frire à l'huile.

Galette.

Il faut faire pour la galette une pâte demi-feuilletée; prenez pour cela un litre de farine, trois cent cinquante grammes de beurre, dix grammes de sel et un verre d'eau, procédez en tout comme pour la pâte feuilletée (*Voyez* page 389), en observant pourtant qu'au lieu de six tours, il ne faut en donner que trois ou quatre.

Nous avons expliqué que par *tour*, on entendait étendre la pâte avec un rouleau, puis la replier sur elle-même. (*Voyez* l'article Feuilletage, page 390).

Une fois le dernier tour donné, laissez reposer la pâte pendant un quart d'heure, tracez dessus des losanges, ébarbez les bords de façon à faire un rond parfait, placez ensuite sur une plaque de tôle, et mettez au four.

Gâteau de plomb.

Prenez un litre de fleur de farine, ramassez-la en tas sur le tour; faites une fontaine au milieu (un trou), mettez-y trente grammes de sel, soixante grammes de sucre, cinq cents grammes de beurre, et cinq œufs. Fraisez votre pâte par trois fois [1], mouillez-la avec du lait ou aspergez-la d'eau, si elle est trop ferme. Laissez-la reposer une demi-heure après l'avoir rassemblée, et donnez-lui quatre tours (*Voyez* Feuilletage, page 390). Abaissez-la en lui conservant une forte épaisseur, donnez-lui la forme d'un gâteau, mettez ce gâteau sur un plafond ou une plaque de tôle, dorez-le et faites-le cuire au four. Sa cuisson demande une heure et demie.

Tourte aux fruits (entremets).

Prenez de la pâte brisée, étendez-la assez mince sur une tourtière saupoudrée de farine, relevez les bords de la pâte et façonnez-les, dorez et mettez au four en ayant soin de piquer le fond pour éviter les boursouflures de la pâte.

Quoique la pâte soit plus croustillante lorsqu'elle est cuite sans les fruits, on les place généralement dedans pour la mettre au four. Nous donnons ci-dessous quelques indications sur la manière d'employer les différents fruits.

Groseilles à maquereaux vertes.

Prenez des groseilles vertes, épluchez-les en ôtant les petites queues et les ombilics, garnissez-en votre tourte, couvrez d'une bonne couche de sucre en poudre et faites cuire. Sous le nom de tarte de *gooseberries*, cette pâtisserie se mange beaucoup en Angleterre.

Les *pêches*, les *abricots*, les *prunes*, se mettent

---

[1] Pétrir la pâte, la fouler et la comprimer avec les mains de manière à ôter les gerçures.

en entier ou plutôt coupés par moitié, après en avoir ôté les noyaux, on ôte aussi les noyaux des *cerises* et de plus on leur enlève la queue, puis on les serre bien l'une contre l'autre. Les *poires* se pèlent avec soin et se dressent entières, la queue en haut. Les *fraises et framboises* se servent entières, mais on les emploie crues et on ne les place dans la tourte que lorsqu'elle est sortie du four, on verse dessus comme sur les autres fruits un sirop fait avec du sucre et du vin. Les *pommes* se coupent en rondelles assez minces que l'on superpose en les échelonnant les unes sur les autres de façon à couvrir tout le fond de la tourte; cette nouvelle manière d'employer les pommes est bien supérieure à celle qui consistait à les mettre en compotes.

On peut aussi remplir les tourtes de fruits mis en compotes, mais on ne les garnit que lorsqu'elles sont cuites (*Voyez* Compotes pour leur préparation.)

Lorsqu'on n'a plus de fruits, on peut aussi employer des confitures, des gelées de cerises, groseilles, pommes, coings, etc.

On fait cuire la pâtisserie, puis lorsqu'elle est refroidie on la garnit et on la recouvre d'un treillage de filets de pâte que l'on a disposé d'avance. Ce sont des bandelettes de pâtes se croisant, auxquelles on donne la forme et la grandeur nécessaires. On fait cuire ce grillage à feu doux et on le pose tout d'une pièce.

Tourte à la crème.

Mettez un litre de farine sur le tour, faites un trou dans le milieu, et mettez-y un quart de litre de crème double, une pincée de sel. Mélangez et pétrissez légèrement la pâte et laissez-la reposer une demi-heure. Incorporez-y deux cent cinquante grammes de beurre, comme pour faire un feuilletage; donnez-lui cinq tours, et formez-en un ou plusieurs gâteaux que vous dorerez avec de l'œuf battu et que vous mettrez au four.

Tourte à la frangipane (entremets).

Faites bouillir un quart de litre de bon lait avec de la cannelle, un peu de muscade râpée, une seule feuille de laurier-cerise ou laurier-amandier [1], et de la râpure d'écorce de citron. Laissez réduire votre lait d'un quart, passez-le à travers un linge, et mettez-y quinze grammes de fleur de farine, soixante grammes de beurre et une pareille quantité de sucre. Ajoutez-y enfin quatre œufs, blanc et jaune battus ensemble; tenez ce mélange sur le feu pendant un petit quart d'heure, en le tournant sans cesse pour qu'il ne s'attache pas. Vous pouvez y joindre des macarons écrasés, de la fleur d'oranger pralinée, également en poudre, ou bien une dizaine d'amandes douces concassées.

Si on veut faire de la frangipane aux pistaches, on remplace les amandes douces par des pistaches, auxquelles on joint quelques amandes amères, mais on n'y met pas de fleur d'oranger.

---

[1] Les feuilles du laurier-cerise deviendraient un poison employées à une dose trop forte. Elles contiennent de l'acide prussique (*acide hydrocyanique*), de même que les amandes amères, les noyaux de pêches, d'abricots, de cerises, de prunes, etc., mais en plus grande quantité. La dose que nous indiquons ne présente aucun danger.

Quand votre frangipane est cuite, versez-la dans votre tourte, et mettez au four ou sous le four de campagne. On peut également verser la frangipane dans la tourte lorsque celle-ci est à moitié cuite, et on la remet de suite au four. Ce mode peut être préférable.

Si vous voulez mettre un grillage en pâte sur votre frangipane, faites une abaisse avec le débris de votre pâte, et découpez-y, avec le couteau ou la roulette, de petites lanières étroites, que vous disposerez en grillage plus ou moins serré sur votre garniture.

Votre tourte étant convenablement préparée, mettez-la au four ou sous le four de campagne. Laissez refroidir et saupoudrez de sucre avant de servir.

On peut faire la frangipane d'une manière plus simple, mais moins délicate. Elle prend alors le nom de flan.

Flan.

Mêlez dans une casserole trois cuillerées de farine avec autant d'œufs, mouillez ensuite avec du lait, laissez cuire un quart d'heure, en remuant sans cesse votre préparation, ajoutez-y du sucre en quantité suffisante, des macarons écrasés et de la fleur d'oranger.

Gâteau au fromage.

Prenez une quantité suffisante de farine pour faire un gâteau ordinaire. Mettez votre farine sur le tour, faites un trou au milieu, mettez dans ce trou une quantité de beurre égale aux trois quarts du poids de votre farine, et assez d'eau pour faire une pâte convenable. Ajoutez-y du sel, pétrissez ferme, étendez avec le rouleau, et mettez sur votre abaisse une couche de fromage mou non écrémé; pliez en quatre; étendez et pliez ainsi plusieurs fois; donnez à votre gâteau la forme convenable; dorez et faites cuire.

Baba (entremets).

Le baba se fait avec la pâte à brioche. Ajoutez-y gros comme une noisette de safran en poudre, cent quatre-vingts grammes de raisin sec égrené de la plus belle qualité, pareille quantité de raisin de Corinthe, de sucre, et quelques tranches de cédrat confit coupées en petits filets, et un demi-verre de malaga ou de madère; mêlez et pétrissez le tout ensemble. Tenez votre pâte un peu molle et bien liée; placez-la dans une casserole beurrée, et laissez-la reposer et fermenter pendant huit heures en hiver et quatre heures en été; puis, sans y toucher, faites cuire votre baba à une chaleur douce. La cuisson dure une heure. Elle est terminée, lorsque le baba a pris une couleur rougeâtre.

On peut se servir de moules pour cuire les babas.

Savarin.

Mettez dans une terrine douze grammes de levure de bière que vous délayerez avec un peu de crème. Joignez-y trois œufs, cent vingt-cinq grammes de sucre, trois cent soixante-quinze grammes (trois quarterons) de beurre fondu, un litre de farine et très-peu de sel. Pétrissez fortement le tout, ajoutez-y une certaine quantité de crème pour rendre la pâte bien molle. Ayez un moule de grandeur, et ayant la forme spéciale à ce gâteau; beurrez-en l'intérieur. Couvrez le fond de ce moule d'une légère couche d'amandes mondées et hachées; puis mettez-y votre préparation qui ne doit le remplir qu'aux trois quarts environ. Placez votre gâteau dans un lieu chaud, afin que la pâte monte. Vous le mettrez ensuite au four. Lorsque votre gâteau sera cuit, retirez-le du moule et enduisez-le extérieurement d'un sirop épais au sucre dans lequel vous aurez mis des avelines hachées, un peu de kirsch-wasser que vous parfumerez avec de l'essence de vanille; servez chaud ou froid.

Brioches (entremets).

Faites une pâte avec un demi-litre de farine, un peu d'eau chaude et huit grammes de levure de pain. Enveloppez cette pâte dans un linge, et mettez-la revenir dans un endroit chaud pendant vingt minutes, en été, et une heure en hiver. Placez ensuite un litre de farine sur le tour, joignez-y la pâte que vous avez faite en levain, trois hectogrammes et demi de beurre, cinq œufs, un

Brioche.

peu d'eau et quinze grammes de sel blanc. Pétrissez le tout avec soin par trois fois, enveloppez chaudement votre pâte, et laissez-la revenir pendant neuf ou dix heures. Coupez-la ensuite par morceaux, suivant la grosseur des brioches que vous voulez faire; donnez-leur la forme convenable, dorez-les, et faites-les cuire une demi-heure pour les petites, et une heure et demie pour les grosses.

Madeleine.

Mêlez ensemble deux cent cinquante grammes de farine, cent vingt-cinq grammes de beurre fondu, deux jaunes d'œufs, deux œufs entiers, et deux cent cinquante grammes de sucre, ajoutez le zeste d'un citron [1]; liez bien votre pâte et faites-la cuire, à un feu modéré, dans une casserole beurrée, avec du feu dessus. Quand la madeleine sera cuite, retirez-la de votre casserole en la retournant sens dessus dessous; frottez ce côté de blanc d'œuf battu, saupoudrez de sucre et dorez avec la pelle rouge.

Gâteau feuilleté.

Il se fait avec la pâte du feuilletage indiqué à la page 389, et n'offre rien de particulier dans sa fabrication.

Gâteau de Pithiviers.

Faites une pâte feuilletée à laquelle vous donnerez cinq tours (voyez *tours*, page 390) et que vous laisserez ensuite reposer. Pilez dans un mortier une demi-

---

[1] L'essence grasse de citron que l'on vend chez les parfumeurs remplace parfaitement le zeste de citron. On en met deux ou trois gouttes.

livre d'amandes douces émondées avec un blanc d'œuf, la moitié du zeste d'un citron, du sucre et un peu de fleur d'oranger pralinée. Prenez ensuite la moitié de la pâte, faites-en une abaisse d'un centimètre d'épaisseur, versez ensuite dessus les amandes pilées, recouvrez d'un rond fait avec le reste de la pâte, soudez-le à l'abaisse avec un peu d'eau, décorez de filets et mettez cuire trente à quarante minutes au four doux.

Biscuits (dessert).

Prenez deux cent cinquante grammes de sucre superfin que vous réduirez en poudre et que vous mettrez dans une terrine avec huit jaunes d'œufs, joignez-y deux cent cinquante grammes fécule et trente grammes fleur de farine; mêlez bien. Mettez à part les blancs dans une autre terrine, et fouettez-les pendant une demi-heure avec un balai de brins d'osier. Lorsque votre neige de blancs d'œufs sera parfaite, versez-la dans la terrine, mélangez le tout avec la spatule ou une fourchette, assez légèrement toutefois pour ne pas faire retomber la neige. Remplissez avec ce mélange vos moules en ferblanc ou vos caisses de papier, à défaut de moules, après avoir eu la précaution de les beurrer légèrement. Ne les remplissez qu'à moitié, car la matière gonfle beaucoup en cuisant. Ne beurrez pas, si vos biscuits doivent être servis dans les caisses de papier, dans lesquelles ils se font. Saupoudrez-les de sucre en poudre fine, et mettez-les au four jusqu'à ce qu'ils aient pris une belle couleur jaune foncé.

Biscuit de Savoie.

On le fait de la même manière, mais il faut mettre la pâte dans un moule qui a la forme d'un turban et que l'on graisse préalablement avec du beurre frais fondu. Vous mettrez ensuite votre moule dans un four médiocrement chaud ou sous le four de campagne.

On peut mêler à sa pâte, du raisin de Corinthe, des pistaches, de la fleur d'oranger pralinée, des amandes douces hachées, etc. On peut aussi glacer son biscuit au moyen d'un blanc d'œuf battu avec trente grammes de sucre en poudre. Appliquez votre glace avec un pinceau lorsque votre biscuit sera cuit, et laissez-la sécher à une douce chaleur.

Macarons.

Préparez et pilez des amandes avec un demi-kilogramme de sucre, deux blancs d'œufs et de la râpure de citron ; vous placez symétriquement avec la spatule cette pâte par petits morceaux sur du papier. On glace et on fait cuire dans un four à douce chaleur.

Meringues à la crème (entremets et dessert).

Fouettez le blanc de six œufs très-frais, jusqu'à ce qu'il soit réduit en neige. Mêlez-y deux hectogrammes de sucre fin réduit en poudre, et la râpure de l'écorce d'un citron, avec les précautions indiquées ci-dessus pour les biscuits.

Votre pâte étant prête, mettez-en sans tarder des cuillerées sur une feuille de papier placée sur une plaque de tôle, en les espaçant suffisamment et en leur donnant la forme arrondie d'un petit œuf.

Employez ainsi toute votre pâte, saupoudrez de sucre fin et mettez au four.

Crème aux meringues. Pour faire une crème aux meringues, prenez deux blancs d'œufs et six décigrammes de gomme adragante en poudre fine, que vous répandrez sur les blancs d'œufs; fouettez en neige, ajoutez-y ensuite cinquante grammes de sucre en poudre et de la râpure d'écorce de citron; continuez à battre pendant un demi-quart d'heure, et garnissez de cette neige les meringues au moment d'en faire usage.

Si on veut donner une couleur rose à la crème, on y met, avant de la battre, un peu de carmin délayé dans une cuillerée à café d'eau de fleur d'oranger.

Pour les crèmes au chocolat, on remplace la moitié du sucre par du chocolat bien pulvérisé.

Enfin on peut substituer au blanc d'œuf, de la crème naturelle qu'on fouette de la même manière.

Gaufres (dessert).

Prenez cinq cents grammes de fleur de farine, autant de sucre en poudre et deux hectogrammes de crème. Battez votre farine avec la crème, en sorte qu'il n'y ait pas de grumeaux, mettez-y votre sucre et de l'eau de fleur d'oranger. Le mélange doit être liquide; s'il était trop épais, on y ajoute de la crème. Ayez un gaufrier, que vous graisserez avec du beurre bien frais, et mettez-y pour chaque gaufre une cuillerée et demie de pâte.

Faites cuire votre gaufre sur un feu de charbon, et retournez le gaufrier lorsque la gaufre sera cuite d'un côté.

On peut faire les gaufres sans sucre, mais alors on les saupoudre de sucre après leur cuisson.

Nougat (dessert).

Ayez cinq hectogrammes d'amandes douces, émondez-les; lavez, égouttez et coupez chaque amande en quatre ou cinq filets. Faites-les jaunir ou torréfier légèrement sur un feu doux, en évitant surtout qu'elles brûlent.

Faites fondre dans une casserole trois hectogrammes et demi de sucre en poudre, jetez-y vos amandes toutes chaudes; mêlez bien le tout et garnissez de cette préparation l'intérieur d'un moule graissé,

en les appliquant le plus mince possible et en les égalisant avec le dos d'un citron qu'on appuie sur les amandes. Le nougat étant refroidi, enlevez le moule et dressez-le.

Le moule du milieu représente une corne d'abondance, dont on remplit l'intérieur de fruits confits, feuilles d'angélique et petits choux.

Pâte à choux.

Prenez 250 grammes de farine, 250 de beurre, 60 de sucre, sept, huit, ou neuf œufs, un zeste de citron, une pointe de sel.

Mettez sur le feu, dans une casserole, le beurre, le sucre et le sel; aussitôt l'ébullition, versez la farine que vous incorporez vivement avec la spatule; la pâte étant liée, desséchez-la sur un feu modéré pendant quelques minutes; changez-la de casserole et, quelques minutes après, incorporez sept œufs un à un; en travaillant la pâte, elle doit, en retirant la spatule, laisser une pointe longue et assez persistante après elle; si elle est trop ferme, ajoutez soit un demi, soit un œuf entier. — On dresse les choux ronds de la grosseur d'une noix, on les glace, à la glace, au chocolat, au sucre, ou à la flamme à la bouche du four. On les dresse aussi un peu plus petits pour petits croquembouches d'entremets, ou en petits pains longs de six centimètres. On les cuit au four doux et on glace ceux qui le demandent.

CHAPITRE III.

DESSERT.

Compotes.

On appelle compote les confitures qui n'ont pas été amenées, par la cuisson, au point nécessaire pour se conserver.

Les fruits qui sont susceptibles d'être mis en compote sont les pommes, les poires, les cerises, les groseilles, les groseilles à maquereau, les prunes, les abricots, les pêches, les fraises, les framboises et les coings.

Compote de pommes.

Coupez vos pommes en deux ou en quatre, suivant leur grosseur; ôtez-en le cœur, conservez-en une entière pour faire votre milieu, mettez-les cuire avec un verre d'eau et une quantité suffisante de sucre. Arrosez-les de leur sirop que vous ferez réduire.

Compote de poires.

Pelez vos poires, ôtez-en l'œil, rognez la queue, et remettez-les dans de l'eau fraîche.

Faites bouillir votre sucre dans une poêle avec un peu d'eau; mettez alors vos poires dedans avec une tranche de citron pour les conserver blanches, et un peu de cannelle pour les aromatiser. Quand elles seront cuites, servez et arrosez du sirop. Vous pouvez faire rougir votre compote en la faisant cuire dans un vase de cuivre étamé, et en n'y mettant pas de citron.

Compote de cerises.

Mettez de l'eau et du sucre dans une poêle, comme ci-dessus de façon à faire un sirop; mettez-y vos cerises, après en avoir raccourci les queues et piqué avec une aiguille le côté opposé; laissez-leur faire quelques bouillons, dressez-les, et arrosez-les de leur sirop, qu'il faut laisser refroidir.

Compote de groseilles.

Procédez comme pour la compote précédente. Vous pouvez mettre les groseilles égrappées ou employer les grappes entières.

Groseilles perlées.

Prenez de belles grappes de groseilles rouges et blanches, trempez-les dans un verre d'eau où vous aurez mis deux blancs d'œufs battus; roulez-les en les retirant dans du sucre en poudre, et laissez-les sécher sur une feuille de papier. Le sucre se cristallise sur chaque grain et l'on peut en faire de très-belles assiettes de dessert.

Compote de groseilles à maquereaux vertes.

Mettez-les jeter un bouillon dans l'eau chaude jusqu'à ce qu'elles montent à la surface, mettez-les ensuite dans une terrine d'eau fraîche dans laquelle vous aurez versé un filet de vinaigre pour les faire reverdir, puis dans le sirop que vous ferez comme ci-dessus. Il faut avoir soin d'ôter l'ombilic qui forme une petite tête à la groseille.

Compote de prunes.

Prenez un demi-kilogramme de prunes, faites-les cuire avec 125 grammes de sucre et un verre d'eau dans une casserole, jusqu'à ce qu'elles soient un peu molles, écumez et dressez-les dans un compotier en versant le sirop dessus. Si le sirop était trop clair, réduisez-le au feu. Cette compote se sert froide.

Compote de pruneaux.

Prenez 5 hectogrammes de pruneaux de Tours, lavez-les, mettez-les dans une casserole avec un verre d'eau et autant de vin rouge, 125 grammes de sucre et un peu de cannelle. Faites cuire pendant une heure. Si le sirop se trouvait trop clair, faites-le réduire et servez froid.

Compote d'abricots.

Mettez 125 grammes de sucre et un verre d'eau dans une casserole, placez-y vos abricots coupés par moitié ; faites-leur faire deux ou trois bouillons, puis arrangez-les dans votre compotier, versez par dessus votre sirop que vous réduirez, si cela est nécessaire, et servez froid.

Compote de pêches.

La compote de pêches, qu'on peut mettre entières ou par moitié, se fait comme celle d'abricots. Il faut les peler.

Compote de fraises ou de framboises.

Il faut commencer par éplucher et laver vos fraises. Les framboises ne se lavent pas, on les épluche simplement. Faites bouillir dans une casserole un quart de demi-kilogramme de sucre avec un verre d'eau, jusqu'à ce que le sirop soit bien fait. Jetez-y vos fraises ou vos framboises; retirez aussitôt votre casserole; laissez reposer un moment vos fraises ou framboises dans le sirop; ensuite, remettez la casserole pour faire faire un bouillon, puis, ôtez-les promptement du sirop pour les conserver entières.

Compote de coings.

Mettez trois beaux coings dans l'eau bouillante pour les faire cuire; retirez-les quand ils céderont facilement sous les doigts, et passez-les à l'eau froide; pelez-les, coupez-les en quatre, et ôtez les cœurs et pépins. Mettez 125 grammes de sucre dans une bassine avec un demi-verre d'eau. Lorsque ce sirop sera bouillant, écumez-le, mettez-y les quartiers de coings, et servez froid avec le sirop que vous aurez fait réduire.

Observation. On peut ajouter à toutes les compotes un petit verre de malaga, d'alicante, de rhum, de kirch-wasser, d'eau-de-vie. L'un ou l'autre bien entendu.

Compote et salade d'ananas.

Plurez et coupez l'ananas par tranches rondes et minces, faites-lui jeter quelques bouillons dans du sirop. Il y a un procédé plus simple et plus usité pour servir l'ananas; après avoir dressé dans un compotier l'ananas coupé en tranches minces, on étend dessus une couche de sucre en poudre que l'on laisse macérer avec un peu de rhum coupé d'eau. Cette dernière compote se sert comme salade.

Salade d'oranges.

C'est ainsi qu'on nomme une préparation improvisée faite de la manière suivante. On coupe par rondelles des oranges qu'on n'écorche pas, et dont on retire les pépins. On range ces rondelles dans un compotier et on les saupoudre de sucre. Ensuite on les arrose d'eau-de-vie ou de rhum. Quelques personnes font fondre le sucre dans un peu d'eau qu'elles versent sur les oranges pour les sucrer et tempérer la force de l'eau-de-vie ou du rhum qu'elles ajoutent.

Marrons au sucre.

Ayant fait rôtir de beaux marrons, pelez-les; puis, mettez cent vingt-cinq grammes de sucre dans une poêle avec un demi-verre d'eau. Lorsque le sucre sera fondu, mettez-y vos marrons que vous laisserez mijoter. Lorsqu'ils seront bien chargés de sucre, retirez-les, saupoudrez-les de sucre en poudre, exprimez dessus le jus d'un citron, et servez chaud.

Marmelades.

On appelle marmelades, des confitures liquides obtenues avec du sucre et des fruits à pulpe: leur consistance doit être à peu près celle du miel.

On fait des marmelades de pommes, d'abricots, de cerises, de prunes, etc.

Le procédé pour faire les marmelades est extrêmement simple. Voici celui employé pour les abricots.

Prenez un certain nombre d'abricots, coupez-les en deux, ôtez le noyau et les taches dures de la peau; mettez deux kilogrammes de sucre dans une bassine, pour trois kilogrammes de fruit : mettez sur le feu, faites chauffer en remuant sans cesse. Quand la marmelade paraîtra avoir assez de consistance, retirez-la du feu.

Les procédés sont les mêmes pour les autres marmelades. Un peu d'écorce de citron, ajouté à celle de pomme, lui donne un goût plus délicat. L'écorce d'orange produit également un bon effet.

Cuisson du sucre.

Dans les recettes de sirops, confitures, etc., on emploie des termes spéciaux pour indiquer les différents degrés de cuisson du sucre. Il est donc utile de donner l'explication de ces termes qui ne sont pas connus de tout le monde, ainsi que les procédés suivis.

Clarification du sucre et cuisson à la nappe. — Mettez un blanc d'œuf dans une terrine avec un peu d'eau; en fouettant avec des brins d'osier dont on a enlevé l'écorce, vous aurez une eau blanche; ajoutez-y, en remuant, un verre d'eau fraîche; délayez dans une bassine cinq kilogrammes de sucre concassé, ou moins, avec la moitié de cette eau de manière qu'il reste fort épais, puis mettez-le sur le feu. Vous le laissez monter deux fois avant de l'écumer, y mettant chaque fois un peu d'eau blanche, pour l'apaiser; le blanc d'œuf, en se cuisant, se charge de toutes les impuretés du sucre, en les attirant et les faisant monter à sa surface. Vous continuez, en écumant, de verser de cette eau jusqu'à ce que vous enleviez une écume blanche; votre sucre alors étant déjà limpide, au lieu d'eau blanche, vous y versez un verre d'eau claire pour en faire sortir une dernière écume. Vous retirez votre sucre quand il est à la *nappe*, ce que vous connaîtrez en y trempant l'écumoire et la retirant de suite; si, après un tour de main, le sirop s'étend le long de l'écumoire, il est ce qu'on appelle à la *nappe*.

Alors vous passez votre sirop à travers une futaine, appelée *manche* par les confiseurs, après l'avoir suspendue par quatre petits cordons à un rond de fer fixé au mur, à une hauteur convenable.

Mettez ensuite sur le feu les écumes que vous avez retirées; quand elles ont monté trois fois, ayant à chaque fois mis un peu d'eau blanche, vous les retirez et les laissez reposer un peu, puis après y avoir jeté un peu d'eau fraîche, il s'en détache une écume noire et épaisse que vous enlevez; vous passez la liqueur sirupeuse dans la manche, et comme elle ne se trouve pas assez cuite, vous la remettez sur le feu pour la cuire à la nappe et en composer un sirop quelconque.

Petit et grand lissé. — Après avoir clarifié votre sucre de la manière ci-dessus, le remettant sur le feu, en y ajoutant un peu d'eau fraîche, vous le faites bouillir. Vous passez l'index sur l'écumoire chargée de sirop, vous l'appliquez sur le pouce, et, les écartant un peu l'un de l'autre, si vous voyez un petit filet qui se rompt sur-le-champ et laisse une goutte sur le doigt, vous aurez le *petit lissé;* si, au contraire, ce filet s'étend davantage sans se rompre, c'est alors le *grand lissé.*

Petit et grand perlé. — Quand votre sucre a bouilli un degré de plus, faites la même épreuve. Si le filet acquiert de la consistance, il est au *petit perlé;* si, en ouvrant entièrement la main, le filet se soutient, c'est le *grand perlé.* L'opérateur attentif reconnaîtra surtout cette cuite, s'il remarque des espèces de perles rondes et élevées sortir du bouillon.

Soufflé ou petite plume, ou petit boulé. — Ces trois noms désignent la même cuite qui se reconnaît aux deux effets suivants. Après quelques bouillons encore vous retirerez l'écumoire de la bassine, et, l'ayant un peu secouée, vous soufflez à travers les trous; s'il en sort des étincelles ou petites bouteilles, le sucre est au *soufflé* ou à la petite plume, si, ayant trempé votre doigt dans de l'eau fraîche, vous le mettez dans le sucre et qu'en le reportant aussitôt dans l'eau crainte de vous brûler, il vous reste au doigt du sucre d'une consistance un peu compacte, c'est le *petit boulé.*

La grande plume ou grand boulé. — Cette cuisson a deux effets comme la précédente. Après quelques autres bouillons, si vous soufflez à travers l'écumoire, ou si vous la secouez d'un revers de main et qu'il en parte de plus longues étincelles ou boules élevées, dont quelques-unes se tenant ensemble forment une pellicule légère, vous connaissez que le sucre est à la *grande plume.* Si, trempant votre doigt dans l'eau fraîche, vous le mettez dans le sucre, et qu'aussitôt le reportant dans l'eau, il vous reste assez de sucre pour pouvoir l'étendre dans vos doigts, et en former une boulette, vous avez le grand boulé.

Petit et grand cassé. — Après avoir continué le bouillon, vous portez votre doigt mouillé dans le sucre, et, le replongeant vivement dans un verre d'eau fraîche, vous froissez ensuite le sucre entre vos doigts; s'il se casse et tient sous la dent, c'est le *petit cassé*. Si après un bouillon de plus, et portant de même dans l'eau votre doigt garni de sucre, celui-ci fait un petit bruit en se cassant et qu'il ne s'attache pas à la dent, vous avez le *grand cassé*.

Le Caramel. — Quelques bouillons après le grand cassé, et aussitôt que vous sentez une légère odeur, retirez lestement votre sucre; il est au degré appelé ordinairement *caramel*, il a alors une couleur roussâtre; quelques bouillons de plus le brûleraient, et il ne pourrait plus servir. Cette dernière cuisson est particulière, et ne doit s'employer que dans la cuisson des amandes grillées, et lorsqu'il s'agit de donner de la couleur au sucre.

Pâte de pommes. — Prenez de belles pommes de reinette que vous pelez et dont vous retirez les pepins, mettez-les dans une bassine avec de l'eau sur le feu jusqu'à ce qu'elles soient bien tendres; retirez-les alors et mettez-les égoutter sur un tamis; quand elles sont froides, écrasez-les en marmelade et faites-les réduire à moitié sur le feu, puis retirez-les et versez-les dans un vase de terre vernissé.

Faites cuire le même poids de sucre au petit cassé, retirez la bassine du feu et mêlez-y doucement votre marmelade; puis, posez-la sur un feu doux; faites donner quelques bouillons et remuez la marmelade jusqu'à ce qu'elle quitte le fond de la bassine; mettez-les alors dans des moules. Lorsque ces moules sont emplis, ayez soin d'en unir la surface; saupoudrez de sucre et mettez-les à l'étuve. Le surlendemain vous retirez votre pâte du moule, vous la posez sur un tamis et vous la laissez encore un jour à l'étuve. Puis, vous les mettez dans des boîtes bien fermées, disposées par lits entre lesquels vous mettez une feuille de papier.

Pâte de reines-Claude. — Il faut prendre les reines-Claude lorsqu'elles ne sont pas tout à fait mûres. Retirez-en le noyau, mettez-les dans une bassine avec un peu d'eau, et faites-leur faire un bouillon sur un feu vif; faites-les ensuite égoutter sur un tamis; lorsqu'elles sont refroidies, écrasez-les : pesez la pulpe et ajoutez le même poids de sucre. Puis, suivez le même procédé que pour la pâte de pommes.

Pâte de Mirabelles. — Prenez des mirabelles bien mûres; ôtez-en les noyaux, mettez-les dans une bassine avec un peu d'eau et faites-leur faire un bouillon. Vous les faites égoutter sur un tamis et vous les y écrasez. Remettez-les sur le feu et faites-en évaporer l'humidité; puis retirez la bassine du feu, pesez la marmelade et ajoutez-y la même quantité de sucre cuit au petit cassé, et faites comme il a été dit pour la pâte de pommes.

(*Voyez* l'article *Sucre* pour la théorie de sa cuisson).

Pâte d'abricots. — Choisissez de beaux abricots ; retirez-en la peau et les noyaux. Puis mettez sur le feu, dans une bassine avec un peu d'eau, remuez-les avec une spatule jusqu'à ce qu'ils soient réduits en marmelade, mettez-les alors égoutter sur un tamis, puis écrasez-les complétement : remettez la pulpe sur le feu pour faire évaporer l'humidité. Pesez la marmelade et ajoutez le même poids de sucre cuit au petit cassé. (Voyez *pâte de pommes*).

Pâte de coings. — Procurez-vous des coings bien mûrs, retirez-en la peau et les pepins, puis coupez-les par quartiers, mettez-les dans une bassine avec un peu d'eau et faites-leur jeter quelques bouillons ; lorsqu'ils sont devenus tendres, posez-les sur un tamis pour les faires égoutter, écrasez-les et procédez de même que pour les pâtes précédentes.

Oranges glacées. — Pelez vos oranges et enlevez tout ce qu'il y a de cotonneux, séparez-en les quartiers sans les crever. Enfilez-les en passant un fil dans l'angle que représentent ces quartiers au centre du fruit. Nouez ce fil de façon qu'il forme un anneau ; ayez autant de petits crochets en fil de fer en forme de S que vous avez de quartiers. Faites cuire dans une bassine, du sucre au *grand cassé*, c'est-à-dire au degré qui précède le caramel blond, trempez chaque quartier dans le sucre bouillant, retirez-le de suite et suspendez-le aussitôt à une ficelle bien tendue en travers, ou à une baguette. Veillez surtout à ce que le sucre n'arrive point au caramel pendant l'opération.

Confitures.

Observations sur les confitures.

Ne laissez jamais refroidir vos confitures dans la bassine, qui est toujours en cuivre non étamé, car il se formerait indubitablement du vert-de-gris. Ne quittez pas les confitures quand elles sont sur le feu, et ayez une écumoire pour enlever de dessus l'écume au fur et à mesure qu'elle se forme.

Mettez les confitures chaudes dans les pots, et laissez-les découvertes jusqu'à ce qu'elles soient entièrement refroidies. Taillez alors des ronds de papier blanc de la grandeur de l'ouverture de vos pots, trempez-les dans de bonne eau-de-vie et recouvrez-en la confiture. Couvrez ensuite vos pots d'un autre papier qui déborde et qui ne doit pas toucher à celui de dessous. Ficelez-les solidement, coupez d'une manière égale le papier qui déborde la ficelle; écrivez l'espèce de confiture ainsi que l'année, et serrez-les en un lieu sec.

Gelée de groseilles.

Prenez des groseilles, deux tiers de rouges et un tiers de blanches; écrasez-les et mettez-les sur le tamis, puis dans un torchon de grosse toile, dans lequel vous les tordrez pour en faire sortir tout le jus. Laissez reposer ce jus vingt-quatre heures, puis décantez-le de manière à ce que la partie épaisse, qui s'est déposée, reste au fond. Mettez ce jus dans une bassine, avec un kilogramme de sucre par kilogr. de jus; faites bouillir à grand feu pendant un petit quart heure; écumez soigneusement, et ajoutez des framboises entières dans la proportion d'un kilogramme pour cinq kilogrammes de jus. Passez la gelée à la chausse et mettez-la en pots.

Voici une autre manière de préparer la *gelée de groseilles* qui nous paraît préférable.

Égrenez vos groseilles, faites crever les grains, en les mettant sur le feu, dans une bassine, retirez-les après le premier bouillon, pressez-les dans une toile forte que vous aurez humectée auparavant. Ajoutez au jus, que vous pèserez, une livre et demi (sept cent-cinquante grammes) de sucre par kilogramme de jus. Faites bouillir à grand feu, pendant dix minutes, ajoutez-y le jus de framboise dans la proportion indiquée plus haut, faites encore bouillir dix minutes, et versez dans vos pots.

Gelée de groseilles à la royale.

Égrappez des groseilles et joignez-y des framboises dans la proportion indiquée plus haut. Faites fondre dans une quantité suffisante d'eau que vous mettrez dans une bassine sur le feu, un poids de sucre égal à celui des groseilles. Lorsque le sucre aura cuit un quart d'heure, jetez-y les groseilles. Laissez-les sur le feu pendant dix minutes, retirez-les, passez-les au tamis et mettez votre gelée en pots.

Cette manière d'opérer donne à la gelée une couleur plus vive et plus fraîche, mais elle est moins économique que la précédente, et ne convient que lorsqu'on ne veut faire qu'une petite quantité de gelée. Ce qui reste sur le tamis peut se manger, et les enfants en feront leurs délices.

Confitures de cerises.

Ayez des cerises suffisamment mûres, enlevez-en le noyau sans trop déchirer la peau, mettez-les dans une bassine avec un demi-kilogramme de jus de groseilles par dix kilogrammes de fruit, et sept hectogrammes de sucre par kilogramme de fruit; faites bouillir, écumez et remuez doucement vos cerises. Après une heure d'ébullition, la confiture est assez réduite, et vous en remplissez vos pots.

Gelée de pommes.

Faites cuire une certaine quantité de pommes de reinettes bien mûres en marmelade, après les avoir pelées et fendues par quartiers, et en avoir ôté soigneusement le cœur. Mettez dans la marmelade un peu de girofle, des zestes de citron et le jus d'un citron. Placez un grand tamis au-dessus d'un vase; videz votre marmelade dans le tamis, laissez sortir tout le jus sans presser la pulpe. Mettez dans une bassine du beau sucre blanc, en poids égal avec le jus que vous avez obtenu, ajoutez un demi-litre d'eau par kilogramme de sucre. Faites-le cuire au *petit cassé*. Pour s'assurer de ce degré de cuisson, il faut que le sucre, qu'on aura roulé entre les doigts, se casse net.

Le sucre étant cuit suffisamment, mêlez-le avec le jus de vos pommes; faites-lui faire cinq ou six bouillons sur le feu; écumez avec soin.

Gelée de coings.

Il faut que vos coings soient bien mûrs, pelez-les

coupez-les par rouelles, ôtez-en les pépins et jetez-les dans de l'eau bouillante. Lorsque ces rouelles seront très-amollies, retirez-les et mettez-les sur un tamis clair placé au-dessus d'une terrine dans laquelle le jus s'écoulera naturellement.

Pesez ce jus et joignez-y un poids égal de sucre. Faites cuire jusqu'à ce que la gelée prenne, ce que vous reconnaîtrez en en faisant tomber une goutte sur un corps froid.

On utilise le marc du coing qui reste sur le tamis pour faire de la *pâte de coings*. On pétrit ce marc, après l'avoir mêlé avec deux fois son poids de sucre en poudre, on l'aplatit au rouleau, on le coupe par petits ronds avec un emporte-pièce ou un verre à liqueur renversé. On fait ensuite sécher ces rondelles sur une feuille de papier, dans un four dont on a retiré le pain.

Confitures de prunes de mirabelle.

Otez les noyaux de vos prunes, faites-en cuire le tiers sans eau, dans la bassine, assez seulement pour les ramollir et en tirer facilement le jus, ce que vous ferez en les tordant fortement dans un linge; mettez dans ce jus les mirabelles que vous aviez réservées, ajoutez un quart de kilogramme de sucre par kilogramme du total; faites cuire en écumant sans discontinuer, jusqu'à ce que toute la partie liquide soit évaporée, et mettez en pots.

Confitures de prunes de reine-Claude.

Elle se fait de la même manière que celle de

mirabelle. Il faut néanmoins la faire cuire un peu plus.

Confitures d'épine vinette.

Choisissez de grosses grappes d'épine vinette très-mûres, égrenez-les dans une bassine pleine d'eau, faites bouillir vingt minutes, retirez-les avec une écumoire, écrasez-les avec une cuillère de bois et passez au tamis. Pesez le jus, ajoutez-y la même quantité de sucre, quelques cuillerées de gelée de pommes si vous en avez, remettez sur le feu dix minutes et versez dans les pots.

Confitures de fraises.

Faites cuire au *lissé* (*Voyez* Cuisson du sucre, page 421) 1 kilog. de sucre, jetez-y le même poids de fraises, laissez jeter quelques bouillons, écumez et versez dans les pots. Les *confitures de framboises* se font de la même manière.

Confitures de pêches.

Pelez des pêches peu mures, coupez-les par quartiers dans une bassine pleine d'eau bouillante, laissez-les deux ou trois heures. Retirez-les, laissez-les égoutter et jetez-les dans une sirop fait avec quantité de sucre égale à celle du fruit. Donnez quelques bouillons et mettez dans vos pots.

Confitures faites sans feu.

On prend une certaine quantité de vinaigre blanc de bonne qualité, proportionnée au nombre de livres de confitures que l'on veut préparer. On y jette une quantité suffisante de sucre en poudre, pour que ce inaigre puisse, au bout de quelque temps, se changer en un sirop acéteux, où l'acide ne domine point trop; c'est dans ce sirop que l'on met les fruits que l'on veut conserver. Il faut avoir la précaution de choisir les fruits dans leur parfaite maturité et par un temps très-sec. Au bout de six à sept mois, le sirop a parfaitement pénétré les fruits. Il faut avoir soin de tenir les vases de grès qui les contiennent, dans un endroit ni trop chaud ni trop froid. Les fruits ainsi confits conservent toute leur saveur et ont un goût très-agréable.

Raisiné de Bourgogne.

Choisissez du raisin bien mûr que vous égrenerez et dont vous extrairez le jus à l'aide du pressoir ou par tout autre moyen. Mettez ce jus dans une chaudière et faites-le bouillir jusqu'à réduction de moitié, ayant soin de le remuer afin qu'il ne s'attache point; prenez des poires propres à cuire (le messire-jean est la meilleure qu'on puisse choisir); pelez-les, coupez-les en quartiers et jetez-les dans votre moût que vous ferez encore réduire d'un tiers, par l'ébullition. Alors les poires seront cuites et vous mettrez votre raisiné en pots.

Moyen de décandir les confitures.

Lorsqu'on garde longtemps les confitures, le sucre s'élève à la partie supérieure, se cristallise et forme une croûte dure; on dit qu'alors les confitures sont *candies;* en effet, le sucre y est dans l'état de cristallisation comme dans le sucre candi; elles sont désagréables à manger : pour les ramener dans leur état naturel, il faut verser dessus un peu d'eau tiède et plonger le pot dans un bain-marie; le sucre se fond, se combine de nouveau avec la substance du fruit, et elles peuvent alors être présentées; mais il faut les manger promptement, sans quoi il s'y exciterait une fermentation, et elles se gâteraient. On sent que, par conséquent, il ne faut décandir les pots qu'à mesure qu'on veut en faire usage.

Conserve de fleurs d'oranger.

Faites fondre 1 kilogramme de sucre, écumez-le avec soin, ajoutez-y 250 grammes de fleurs d'oranger fraîches et bien épluchées; faites cuire au petit cassé, retirez-le du feu, remuez vivement avec la spatule quand le mélange commence à boursouffler, et versez-le dans des caisses de papier de forme carrée.

FRUITS CONFITS.

Cerises.

Vous prenez trois kilogrammes de belles cerises dont vous retirez la queue et les noyaux. Vous faites cuire au perlé deux kilogrammes de sucre; vous y jetez vos cerises et leur donnez quelques bouillons; écumez-les avec soin, mettez-les ensuite dans un vase de terre vernissé, le lendemain, faites égoutter les cerises, remettez cuire le sucre à la petite nappe, jetez-y de nouveau vos fruits et donnez-leur cinq ou six bouillons, remettez-les avec le sucre dans la terrine et mettez-les à l'étuve pendant douze heures; posez-les ensuite sur un tamis et dressez-les sur une ardoise en les saupoudrant de sucre.

Noix confites.

Prenez des noix de grosse espèce, lorsqu'elles sont encore vertes et que le bois n'est pas encore formé; pelez-les jusqu'au blanc et mettez-les à mesure dans de l'eau fraîche. Faites bouillir de l'eau dans une bassine et jetez-y alors vos noix et une poignée d'alun concassé, afin qu'elles se conservent bien blanches. Quand elles sont tendres, vous les retirez et les mettez dans de l'eau fraîche :

Faites cuire du sucre au lissé, et lorsqu'il est refroidi, vous le versez sur les noix que vous avez retirées de l'eau et mises dans une terrine; cette opération doit être réitérée trois jours de suite, en ayant soin, chaque fois, de retirer les noix et de remettre le sucre sur le feu; il faut éviter que le sucre ne bouille pendant ces opérations, ce qui pourrait faire noircir les noix. Faites cuire ensuite votre sucre en cinq ou six fois, de degré en degré, depuis le lissé jusqu'au grand perlé, en ayant soin à chaque fois d'ajouter du sucre clarifié, et chaque fois vous le versez sur les noix. A la dernière fois, mettez le mélange à l'étuve pendant douze heures, mettez vos noix égoutter sur des claies et renfermez-les dans des boîtes.

Cette confiture, d'un très-bon goût, est excellente pour l'estomac.

Prunes de Reines-Claude.

Prenez de belles reines-Claude, lorsqu'elles ne sont pas encore bien mûres; vous les piquez en divers endroits, en coupez le bout de la queue, les mettez dans une bassine avec une quantité d'eau suffisante pour qu'elles baignent parfaitement. Quand l'eau est presque bouillante, vous retirez les prunes et vous les remettez le lendemain sur un feu doux, dans la même eau; répandez dessus une poignée de sel, d'épinards, ou de verjus; laissez-les pendant deux ou trois heures sur le feu sans bouillir, et lorsqu'elles sont redevenues vertes, augmentez le feu jusqu'à ce qu'elles montent au-dessus de l'eau; jetez-les dans de l'eau fraîche, et lorsqu'elles sont bien refroidies, faites-les égoutter. Faites cuire du sucre au petit lissé, mettez-y vos prunes auxquelles vous faites faire cinq à six bouillons, vous écumez avec soin et vous versez le mélange dans une terrine. Pendant les jours suivants, vous faites subir plusieurs degrés de cuisson au sucre, chaque fois vous en séparez les prunes, excepté les deux dernières fois, ou vous les y laissez afin qu'elles reçoivent un bouillon couvert; lorsque votre sucre est au perlé, vous mettez le mélange à l'étuve pendant vingt-quatre heures, vous retirez ensuite vos prunes et les posez sur des claies.

Poires.

Choisissez de belles poires de Beurré ou de Rousselet, lorsqu'elles sont encore fermes; mettez-les sur le feu dans une bassine, avec assez d'eau pour les couvrir; lorsqu'elles sont devenues tendres, vous les jetez dans de l'eau fraîche; retirez-en avec soin la peau et coupez-en le bout de la queue, piquez-les jusqu'au cœur et jetez-les à mesure dans de l'eau fraîche. Ensuite vous les remettez sur le feu, avec une forte pincée d'alun concassé, afin de les empêcher de noircir; lorsque les poires sont bien amollies, elles sont assez blanchies; vous les faites refroidir dans l'eau fraîche et vous les faites égoutter. Faites cuire du sucre au *petit lissé*, mettez-y vos poires et traitez-les en tout comme les prunes.

Prunes de mirabelles.

Ayez de belles mirabelles pas trop mûres, piquez-les et jetez-les dans de l'eau fraîche; faites-les ensuite blanchir à l'eau bouillante, et lorsqu'elles montent, retirez-les de la bassine et mettez-les de nouveau dans de l'eau fraîche. Faites cuire du sucre à la nappe, et lorsqu'il est écumé, jetez-y les mirabelles auxquelles vous donnez un bouillon couvert; vous les retirez et les faites égoutter, vous faites encore cuire votre sucre à la nappe et y versez les prunes que vous retirez après un bouillon couvert, et vous continuez ainsi que pour les prunes de reines-Claude.

Marrons confits.

Prenez de beaux marrons de Lyon, auxquels vous retirez la première peau; jetez-les ensuite dans une bassine pleine d'eau bouillante; lorsqu'ils sont blanchis, ce que vous reconnaîtrez lorsque la seconde peau s'enlève facilement, mettez-les à mesure dans une bassine d'eau tiède où vous avez exprimé le jus d'un citron : égouttez-les et passez-les à l'eau fraîche.

Faites-leur faire ensuite quelques bouillons dans du sucre clarifié et cuit au cassé, puis mettez-les égoutter à l'étuve; vous remettez le sucre sur le feu et le faites cuire à la nappe, vous donnez un bouillon aux marrons et les remettez à l'étuve; vous faites encore cuire votre sucre au perlé, vous donnez quelques bouillons au marrons et quand ils sont refroidis vous les glacez de la manière suivante :

Vous faites cuire du sucre au soufflé, vous y jetez vos marrons; lorsque vous voyez le sucre blanchir, vous les retirez adroitement avec une écumoire, ayant bien soin de ne pas les écraser; vous les posez sur des claies où ils sèchent promptement et forment une belle glace.

Angélique confite.

Coupez de belles tiges d'angélique bien tendres, de la longueur de dix-huit centimètres, jetez-les dans de l'eau prête à bouillir, retirez la bassine du feu et laissez-y infuser votre angélique pendant une heure, ce qui vous permettra d'enlever les filaments avec un couteau et la superficie de la première peau. Jetez-les à mesure dans de l'eau fraîche, mettez-les ensuite dans une bassine avec de l'eau, sur le feu, faites-les bouillir jusqu'à ce qu'elles soient parfaitement blanchies, ce que vous reconnaîtrez lorsqu'une tête d'épingle passera facilement au travers; vous retirez alors la bassine du feu et vous y jetez un peu de sel ou une poignée de verjus écrasé, vous les laissez refroidir dans cette eau; puis passez vos tiges dans de l'eau bien fraîche et faites-les égoutter.

Jetez ensuite votre angélique dans du sucre cuit au petit lissé, laissez-lui faire quelques bouillons, et retirez-la. Le lendemain vous faites cuire le sucre à la nappe et vous remettez l'angélique pour lui faire faire encore quelques bouillons; vous recommencez ainsi deux fois, en ajoutant toujours un peu de sucre clarifié. Faites enfin cuire le sucre au grand perlé; donnez quelques bouillons à l'angélique, et laissez-la ainsi une journée entière; après, vous l'égouttez et la faites sécher sur des claies à l'étuve; vous la retournerez le lendemain et, quand elle est sèche, vous la mettez dans des boîtes.

FRUITS A L'EAU-DE-VIE.

Cerises à l'eau-de-vie.

On prend de belles cerises auxquelles on coupe la moitié de la queue, et on les jette à mesure dans des bocaux que l'on remplit de bonne eau-de-vie et dans lesquels on met, pour chaque litre, 160 grammes de sucre. Au bout de deux mois, on peut en faire usage.

Reines-Claude à l'eau-de-vie.

On prend de belles reines-Claude lorsqu'elles sont encore vertes. Après leur avoir coupé la moitié de la queue et les avoir piquées, on les jette dans l'eau bouillante d'où on les retire aussitôt pour les plonger dans l'eau froide. On les égoutte sur un tamis; on les range dans un bocal et on y verse 2 kilogrammes et demi de sirop de sucre clarifié, et assez d'eau-de-vie pour que les prunes en soient baignées. On bouche le bocal, et six semaines après les prunes sont bonnes à manger.

Les mirabelles, les perdrigons, et la dame-aubert se mettent à l'eau-de-vie de la même manière.

Abricots à l'eau-de-vie.

Pour 2 kilogrammes de fruits, on fait clarifier 500 grammes de sucre et on ajoute trois litres d'eau-de-vie.

Il ne faut pas que les abricots soient trop mûrs. On les prépare ensuite comme les prunes.

Ratafias et Liqueurs.

Les ratafias sont des liqueurs composées de jus de fruits, d'eau-de-vie et de sucre. Ils diffèrent des liqueurs proprement dites, en ce que celles-ci s'obtiennent en général par la distillation.

On fait des ratafias rouges et des ratafias blancs.

Noyaux.

Concassez cinquante noyaux d'abricots et de pêches, et faites-les infuser pendant quatre mois dans une bouteille d'eau-de-vie. Ajoutez 4 grammes de fleurs d'oranger, 3 grammes de cannelle et 125 grammes de sucre que vous faites fondre dans un peu d'eau.

Cassis.

Épluchez 5 kilogrammes de cassis que vous écraserez et que vous mettrez dans une cruche avec neuf litres d'eau-de-vie. On peut y ajouter quelques clous de girofle et un peu de cannelle. On expose ce mélange au soleil pendant un ou deux mois. On passe par la chausse et on y fait fondre

1 kilogramme 150 grammes de sucre dans un peu d'eau, puis on met en bouteilles.

Brou de noix.

On prend 150 noix vertes, déjà un peu grosses, mais dont le bois n'est pas encore formé; après les avoir pilées, on les fait infuser pendant deux mois avec 4 grammes de muscade et pareille quantité de girofle dans huit litres d'eau-de-vie, puis on passe au tamis. On fait fondre 2 kilogrammes de sucre dans cette liqueur, que l'on renferme dans un vase pendant trois mois, puis on la décante et on la met en bouteilles.

Ratafia de Grenoble.

On fait fondre 1 kilogramme de sucre dans deux litres de jus de framboises, et un demi-litre de jus de cerises; on ajoute quatre litres d'eau-de-vie, puis on laisse reposer le mélange, que l'on décante et que l'on met dans des bouteilles bien bouchées.

Ratafia de sept graines.

On prend 25 grammes des graines suivantes : semences d'angélique, de carvi, de coriandre, de fenouil, d'anet, d'anis, de cumin, que l'on concasse et que l'on met infuser pendant un mois dans six litres d'eau-de-vie. On fait fondre 1 kilogr. 150 grammes de sucre dans un litre d'eau, que l'on réunit à l'infusion, et puis on filtre ce mélange.

Ratafia de groseille.

On prend deux litres de jus de groseilles, on y ajoute quatre litres d'eau-de-vie, 4 grammes de cannelle concassée, et autant de girofle. On laisse ce mélange pendant un mois, puis on le décante; on y ajoute 1 kilogramme de sucre, et on filtre.

Le *ratafia de framboises*, ainsi que celui de *mûres*, se fait de la même manière.

Ratafia d'abricots.

On prend un quarteron d'abricots, que l'on coupe par petits morceaux et dont on casse les noyaux pour en retirer les amandes que l'on pèle, et on met le tout dans une cruche, avec un demi-litre d'eau-de-vie, 250 grammes de sucre, quelques clous de girofle et un peu de cannelle. Après avoir bouché la cruche, on laisse infuser pendant trois semaines, ayant soin de remuer souvent le vase, puis on passe à la chausse.

Ratafia de coings.

On prend des coings fort mûrs que l'on essuie bien et que l'on râpe en ôtant toutefois les pépins; on les laisse macérer pendant deux ou trois jours, puis on les presse fortement au travers d'un linge pour en exprimer le jus. Pour un litre de ce jus, on met trois quarts de litre d'eau-de-vie, et par litre de ce mélange, on ajoute 150 grammes de sucre. Au bout de six semaines on tire à clair.

Vespétro.

Prenez 64 grammes de semences d'angélique, 32 grammes de coriandre, 8 grammes de fenouil, autant d'anis vert, 2 limons entiers coupés par tranches, mettez le tout dans deux litres de bonne eau-de-vie, laissez macérer pendant huit jours, puis passez et ajoutez une livre de sucre. Filtrez et mettez en bouteilles.

Anisette.

Prenez et concassez 30 grammes d'anis vert, 1 gramme de cannelle, 15 grammes de coriandre, mettez le tout infuser pendant un mois dans un litre d'eau-de-vie, avec une livre de sucre à moitié fondu dans un peu d'eau. Passez au filtre.

Ratafia de fleurs d'oranger.

Ayez 100 grammes de fleurs d'oranger mondées, faites-les infuser pendant quatre jours dans deux litres de vieille eau-de-vie, passez au tamis, ajoutez une livre et demie de sucre fondu dans un demi-litre d'eau, filtrez et mettez en bouteilles.

Curaçao.

Le curaçao de Hollande ne peut se faire que par la distillation; voici cependant un moyen où sans arriver à sa perfection on peut en faire de bon.

Laissez macérer pendant 15 jours dans une bouteille bien bouchée, 50 grammes d'écorce d'orange sèche, 2 grammes de cannelle, 1 clou de girofle, 50 grammes de bois de Fernambouc pour donner de la couleur, avec un litre d'eau-de-vie; ayez soin chaque jour d'agiter la bouteille. Au bout de ce temps, faites fondre au feu une livre de sucre, un demi-litre d'eau, versez dans l'eau-de-vie et filtrez.

Procédé pour vieillir l'eau-de-vie.

Versez par litre d'eau-de-vie 5 gouttes d'ammoniaque liquide. Agitez fortement la bouteille après l'avoir bien bouchée. En peu de jours l'eau-de-vie aura perdu sa dureté et paraîtra aussi vieille qu'une eau-de-vie de plusieurs années. Dans ce procédé l'ammoniaque est en trop petite quantité pour pouvoir nuire.

L'addition de 10 litres de sirop de sucre blanc, dans une barrique de 250 litres bonifiera également cette eau-de-vie.

Autre procédé.

Ajoutez à une barrique de 250 litres, 4 litres de rhum de la Martinique, bonne qualité, 5 kilogrammes de sirop de sucre. On mêle d'abord le sirop de sucre à quelques litres d'eau-de-vie qu'on a extrait de la barrique, et si on aperçoit que le mélange est trouble, on le filtre, puis on le remet dans la barrique, en donnant un coup de fouet à l'eau-de-vie, afin de bien mélanger le tout.

DES SIROPS.

On donne le nom de sirop à des préparations liquides auxquelles on ajoute une quantité de sucre suffisante pour leur donner une certaine consistance qui puisse produire 35 degrés à l'aréomètre. L'eau et le sucre sont la base de presque tous les sirops, à l'exception du sirop de punch qui renferme une forte portion d'alcool.

Pour reconnaître si un sirop est assez cuit sans se servir d'aréomètre, on prend avec l'écumoire une petite quantité de sirop bouillant, et on en laisse tomber des gouttes sur une assiette. Si ces gouttes se subdivisent en petites gouttelettes, il faut continuer la cuisson. Si la goutte est unique, le sirop est suffisamment cuit.

Les sirops peuvent se préparer à chaud et à froid.

La préparation de ces derniers a lieu en faisant fondre dans l'eau le double de son poids de sucre, c'est-à-dire en mettant 1 kilogramme de sucre dans 500 grammes d'eau, ou d'un jus de fruit obtenu par expression, tels que les sucs d'orange, de limon, de groseilles, de mûres, etc.; on passe ensuite au tamis, et l'on conserve au frais dans des bouteilles bien bouchées.

Les sirops obtenus par cuisson se font en mettant 500 grammes de sucre dans 1 kilogr. de liquide, et en faisant évaporer jusqu'à la consistance indiquée ci-dessus. Lorsqu'on fait évaporer, ou plutôt concentrer le suc avant d'y ajouter le sucre, le sirop qu'on obtient est plus agréable peut-être, mais il se conserve moins bien.

Les sirops faits au moyen de la cuisson doivent souvent être éclaircis à l'aide d'un blanc d'œuf qu'on met dans le sirop. Après avoir battu le tout, on le laisse reposer, et on décante.

Ces principes généraux sont cependant sujets à quelques modifications que nous allons indiquer.

Sirop de vinaigre.

On fait clarifier 1 kilogramme de sucre, que l'on fait cuire au petit cassé, et on y verse 500 grammes de vinaigre rouge; on donne un bouillon au mélange, puis on le retire du feu.

Sirop de vinaigre framboise.

On prend 1 kilogramme de framboises, qu'on épluche et qu'on met dans un vase; on verse dessus 4 litres de vinaigre rouge, puis on passe le tout avec expression au travers d'un linge. On filtre le mélange, et après l'avoir mesuré, on y ajoute le double de sucre clarifié, que l'on a fait cuire d'abord au petit cassé; on remet la bassine sur le feu jusqu'à ce que le sirop fasse deux ou trois bouillons, après quoi on le retire.

Sirop de gomme.

On fait fondre sur un feu doux, 250 grammes de gomme arabique dans un demi-litre d'eau. On fait clarifier et cuire à la nappe 3 kilogrammes de sucre; on y verse la décoction de gomme, et on laisse faire quelques bouillons.

Sirop d'orgeat.

Prenez 750 grammes d'amandes douces, 150 grammes d'amandes amères, 125 grammes eau de fleur d'oranger, 4 kilogr. de sucre, 2 kilogr. et demi d'eau ordinaire. Plus le zeste du citron.

Vos amandes doivent être choisies bien fraîches. Versez de l'eau bouillante dessus pour faciliter la séparation de la peau; pelez et jetez-les à mesure dans de l'eau fraîche; retirez et pilez-les avec le zeste de citron dans un mortier de marbre avec un pilon de bois, en y ajoutant de l'eau par intervalle, afin que les amandes ne se tournent pas en huile. Continuez votre opération jusqu'à ce que vos amandes soient réduites en pâte très-fine, ce que l'on reconnaît en en prenant un peu entre les deux doigts. Tant qu'on y sentira des grumeaux, on continuera l'opération.

Après cela vous délayerez votre pâte avec la moitié de vos 2 kilogrammes et demi d'eau; passez à travers un linge que deux personnes tordront de manière à exprimer tout ce qu'il sera possible d'en extraire. Remettez dans le mortier ce qui n'aura point passé, et recommencez à piler de nouveau pendant un quart-d'heure. Délayez cette pâte avec ce qui vous reste d'eau, passez à travers un linge comme la première fois, et jetez le marc devenu inutile.

Clarifiez votre sucre, faites-le cuire au petit cassé, retirez la bassine du feu; versez-y le lait d'amandes, remettez sur le feu, et donnez un léger bouillon; laissez refroidir, ajoutez de l'eau de fleur d'oranger, et passez encore à travers un linge afin de bien mêler la partie onctueuse qui surnage.

Sirop de cerises.

Retirez les queues et les noyaux à de belles cerises bien mûres, écrasez-les et laissez-les reposer vingt-quatres heures. Passez au tamis en pressant le fruit, puis à la chausse; faites fondre dans votre jus deux livres de sucre par chaque livre de liquide, mettez sur le feu et donnez un bouillon; écumez avec soin, laissez refroidir et mettez en bouteilles.

Sirop de groseilles.

On prend six kilogrammes de groseilles, dont on a supprimé les râpes, on y ajoute un kilogramme de cerises dont a retiré les noyaux, on soumet le tout à la presse, et l'on met à la cave, pendant vingt-quatre heures, le jus qu'on a obtenu; ensuite on le passe à la chausse.

On fait clarifier et cuire au petit cassé un kilogramme de sucre, on y ajoute 560 grammes de jus de groseilles. On remue le mélange jusqu'au bouillon, puis on le retire.

Ce sirop peut aussi se faire en mesurant le jus de groseilles, et en y mêlant le double de sucre clarifié, et cuit au petit cassé.

Sirop de punch (Voyez p. 448).

Sirop de limon.

Faites bouillir les zestes de six citrons dans deux litres d'eau, passez cette décoction au tamis, exprimez à part le jus des citrons dont vous avez enlevé le zeste, passez-le au filtre. Mettez dans la décoction deux kilos de sucre et faites-le cuire au cassé (*Voyez* page   ). Retirez ensuite ce sirop du feu et mêlez-y le jus de vos citrons, laissez refroidir et mettez en bouteille.

Sirop de guimauve.

Ayez cent grammes de racines de guimauve sèches, ratissez-les après les avoir lavées, ou, si vous le préférez, procurez-vous une quantité égale de racines toutes mondées, telles qu'on les trouve dans le commerce. Faites-les bouillir pendant sept ou huit minutes dans quatre litres d'eau, après les avoir coupées par morceaux. Il est bon de remarquer ici qu'une ébullition trop prolongée dégagerait une telle quantité de mucilage, que le sirop ne pourrait se conserver. Passez votre décoction à l'étamine, et faites-y fondre un kilogramme et demi de sucre par litre. Clarifiez votre sirop avec des blancs d'œufs, écumez et faites cuire au *petit perlé* (*Voyez* page 423); laissez refroidir et conservez le sirop dans des bouteilles bien bouchées et tenues dans un lieu frais.

On sait que ce sirop, très-adoucissant, est excellent contre la toux. Celui qu'on se procure chez les confiseurs est peut-être plus agréable au goût, mais il est moins efficace; car au lieu d'employer la racine de guimauve, ils n'emploient que les fleurs, qui ont moins de vertu. Rien n'empêche, d'ailleurs, d'aromatiser ce sirop avec de l'eau de fleur d'oranger, qui elle-même possède des propriétés calmantes.

BOISSONS CHAUDES ET FROIDES.

Punch.

Faites du thé, ajoutez trois cent soixante-quinze grammes de sucre par litre et un citron coupé; puis la quantité d'eau-de-vie ou de rhum, ou de l'un et de l'autre en portions égales, pour lui donner le spiritueux qui convient à votre goût. Cela fait, on verse chaud dans les verres.

On met, si l'on veut, le feu au punch. Pour cela, on verse doucement l'eau-de-vie sur le thé, qu'elle surnage par la légèreté, et en approchant une petite cuillère pleine d'eau-de-vie pure enflammée. (*Voyez* sirop de punch, page 448.)

Grog chaud à l'américaine.

Versez de l'eau chaude dans les verres; sucrez à

volonté, couvrez d'une tranche de citron. Versez dessus de l'eau-de-vie ou du rhum, selon le goût de chacun, mais toujours de façon que le verre soit bien plein. Mettez-y le feu. Quand il est éteint, mélangez avec une petite cuillère et buvez lorsqu'il n'est plus trop chaud.

Sirop de punch au rhum.

On fait clarifier et cuire au petit cassé deux kilogrammes de sucre, on y exprime le jus d'un beau citron, et on remue le mélange jusqu'à ce qu'il ait fait un bouillon couvert, puis on le verse dans un vase, et lorsqu'il est refroidi, on y ajoute le rhum et on met en bouteilles.

Lorsqu'on veut faire du punch, on ajoute une quantité suffisante d'eau bouillante.

Vin chaud.

Faites chauffer du bon vin dans une casserole; ajoutez un morceau de cannelle et du sucre selon le goût. Lorsqu'il est prêt à bouillir, retirez du feu et servez.

Bischof chaud.

Dans un bol de grandeur convenable, mettez du sucre cassé et des tranches de citron ou de petites oranges vertes. Faites chauffer deux bouteilles de bon vin blanc, lorsqu'il est prêt à bouillir, versez dans le bol, agitez le mélange et servez chaud. On peut ajouter au vin, un peu de cannelle ou de vanille. Pour toutes les boissons chaudes, on ne se sert que de verres à pied.

On fait du bischof froid et qu'on peut même servir à la glace, avec du vin blanc, des tranches de citron et du sucre.

On sert encore froid un autre bischof fait avec du vin rouge ou du vin blanc, auquel on ajoute du sucre, et une petite poignée de sommités de bourgeons de cassis, qui lui communique une saveur fort agréable.

Limonade à l'acide tartrique et à l'acide citrique.

On n'a pas toujours sous la main des citrons pour se faire de la limonade; l'acide tartrique remplace alors de la manière la plus économique, le jus de citron, et pourvu que la limonade soit suffisamment édulcorée, elle est aussi saine qu'agréable.

Ce même acide peut servir à faire du punch et des grogs. Si on se procure, chez le parfumeur ou le fabricant de produits chimiques, une petite fiole d'essence de citron grasse (et non celle qui sert à détacher et qui est distillée), et qu'on en verse trois gouttes sur un morceau de sucre qu'on jettera dans le bol de punch après qu'on l'aura fait flamber suivant la mode française, cette petite quantité d'huile essentielle lui donnera tout le parfum d'un punch au citron.

Quant aux quantités d'acide à employer, un gramme suffit pour acidifier convenablement un litre de limonade. La dose d'acide citrique doit être un peu plus forte.

L'acide tartrique coûte 75 centimes les cent grammes. Pareille quantité d'acide citrique, qui lui est préférable et qui le remplacera avantageusement dans la recette ci-dessus, coûte 1 franc 20 centimes.

Sambayon au vin.

Ayez une bouteille de vin de Bourgogne, dix jaunes d'œufs et 100 grammes de sucre vanillé.

Cassez les jaunes d'œufs dans un poêlon, ajoutez le sucre et travaillez avec le fouet pendant un instant ; incorporez peu à peu le vin ; mettez le poêlon sur un feu doux, fouettez jusqu'à ce que la préparation soit près de l'ébullition et versez-la dans les verres.

Café.

Le meilleur café est celui de Moka, son parfum est excellent, mais employé seul il manque de corps ; on le reconnaît à la petitesse de son grain presque rond. Le café Bourbon a beaucoup de rapport avec le Moka pour le parfum, mais il a un peu plus de corps. Le café Martinique est verdâtre et a beaucoup de corps, c'est le plus commun. Voici le mélange que l'on doit faire : 500 grammes de café Martinique et Bourbon et 100 grammes de Moka. Les cafés Moka et Bourbon doivent être torréfiés ensemble et avoir une couleur blonde. Le Martinique par sa couleur verdâtre demande beaucoup plus de temps pour sa torréfaction, il doit avoir une couleur marron foncé.

L'appareil ci-joint remplit toutes les conditions pour une parfaite torréfaction. Ici il est représenté ouvert pour pouvoir regarder si le café est à son point de torréfaction. Le foyer a une porte à bascule sous la grille afin de donner du tirage à volonté, sur le dessus on peut placer un tuyau qui permet de torréfier dans l'intérieur. Sur le derrière, il y a une porte pour garnir le foyer et une autre sur le devant pour l'alimenter.

Le tambour offre de grandes facilités, il est muni de trois portes : 1° une petite qu'il faut laisser ouverte pendant que le café change de couleur ; lorsqu'il n'y a plus d'humidité, il faut la fermer ; 2° une autre garnie de toile métallique qui laisse voir le degré de torréfaction, et permet aussi de vanner la poussière et les pellicules sans danger de renverser ; 3° une dernière pour mettre le café et le vider sans enlever le cylindre, en mettant une caisse ou un van dessous pour le recevoir. Le cylindre se trouve appuyé sur un chemin de fer qui permet de le retirer et de le pousser sans difficulté. Il offre économie de temps, concentration de l'arome et évaporation de l'humidité qui cause l'âcreté du café.

Un bon café doit produire une infusion de couleur marron clair ayant un reflet doré, il doit donner au lait une légère teinte jaune. Un café, quoique faible en couleur, peut cependant être réellement plus fort qu'un autre qui serait plus foncé par l'effet de la carbonisation. On doit jeter le marc, car un liquide qu'on fait passer une seconde fois sur le marc perd une partie des richesses dont il s'est emparé à son premier passage sur la poudre.

La cafetière la plus commune et la plus simple est celle dite à la *Dubelloy*, dont on réduit le cylindre de la moitié de sa hauteur, car étant destiné à recevoir le café, la chute de l'eau ne pourra le déplacer, et l'on ne pourra en retirer qu'en petite quantité. Le filtre en ferblanc est remplacé par un filtre mobile qui consiste en un tissu arrêté à l'aide d'une coulisse sur une bague de bois; un effilé garnissant la circonférence empêche la poudre de descendre entre la bague et les parois du cylindre

(Système Duval.)

On place la poudre dans le vase à filtrer sans la fouler. Le fouloir est un objet inutile et nuisible; lorsque l'eau est presque chaude, on en verse seulement la quantité nécessaire pour humecter cette poudre qui se développe pendant que l'eau continue de chauffer; enfin on la verse successivement en cinq ou six fois différentes, en s'assurant que la première eau est parfaitement écoulée avant de verser la deuxième et ainsi de suite. De cette façon, on est certain de débarrasser la poudre de toute la matière soluble qu'elle contient et d'avoir un liquide parfaitement clair. Les proportions convenables sont d'un litre pour 125 grammes de café. Évitez de laisser reposer le café dans le fer blanc, il y prendrait un goût de fer, transvasez-le aussitôt dans un vase en faïence.

Il y a aussi une autre cafetière, très-ingénieuse,

se composant de deux globes de verre communiquant entre eux par un tube garni d'un filtre. On met le café dans le globe supérieur et l'eau dans celui de dessous, puis on place une lampe à l'esprit de vin sous ce dernier globe. L'eau entre bientôt en ébullition; elle s'élève, monte dans le globe supérieur par le tube de communication et recouvre le café en poudre.

C'est à l'instant où il ne reste plus qu'une petite quantité d'eau dans le globe de dessous qu'il faut retirer promptement la lampe, sans cela le globe vide d'eau pourrait se briser. La lampe étant donc retirée, on voit redescendre l'eau, chargée de toutes les parties solubres du café, dans le globe inférieur qui est muni d'un robinet. Bientôt le marc du café reste à sec, et l'on obtient en ouvrant le robinet un excellent café qui a conservé tout son arome et toute sa finesse. Cet appareil est d'autant plus agréable qu'on peut faire soi-même son café à table, en quelques instants, et que la transparence du verre permet de suivre toute l'opération.

32 grammes de café en poudre suffisent pour faire quatre demi-tasses de café. Lorsqu'on veut faire du café à la crème, il faut bien se garder de faire bouillir le café dans la crème ou dans le lait, comme le font certaines personnes; mais on prépare son café à l'eau plus fort, et on y mêle ensuite la quantité de crème ou de lait nécessaire.

L'usage de faire rebouillir les marcs pour servir de base à un café nouveau appartient à une économie mesquine et mal entendue. La première eau a enlevé au café en poudre tout ce qu'il renferme de substances essentielles, et le marc ne donne qu'une eau un peu amère et sans aucune espèce d'arome.

Le café doit toujours être servi chaud, surtout veillez à ce qu'il ne bouille pas; si cela arrivait, il faudrait y ajouter un peu d'eau fraîche, malgré ce moyen évitez l'ébullition, car elle est nuisible au parfum et au goût. Il est d'usage, dans beaucoup de maisons, de mêler de la chicorée au café en poudre. On doit se garder de faire ce mélange, lorsque l'on veut prendre de bon café noir, mais l'on peut, sans le moindre inconvénient, en employer pour le café au lait; elle lui donne du corps, de la couleur et n'est aucunement malfaisante.

Il est facile de savoir *si le café acheté en poudre est mêlé de chicorée*. Remplissez un verre d'eau et répandez à sa surface le café à vérifier. Si le café est pur il surnage, s'il est mêlé de chicorée, celle-ci plus spongieuse que le café, absorbe l'eau et devenue plus pesante, tombe au fond du verre. De plus, remarquez que la chicorée est molle et s'écrase facilement, tandis que le café a conservé sa dureté, quoiqu'il ait séjourné dans l'eau.

Chocolats.

Ils sont tellement mélangés qu'il est presque impossible de s'assurer de leur qualité; on dit que la cassure doit être brune, d'autres disent qu'elle doit avoir un grain blanchâtre, le meilleur, ce serait de torréfier soi-même le cacao et de le pulvériser; mais le plus souvent il faut s'en rapporter à la bonne foi du fabricant. Il ne faut ni le râper, ni le couper; mais cassez-le par morceaux, puis on verse dans une chocolatière autant de tasses d'eau qu'on veut faire de tasses de chocolat; on place cette eau sur le feu; quand elle est près de bouillir, on y met le chocolat et on le fait fondre en tournant le bâton dans les mains. Quand il a jeté plusieurs bouillons, on le met mijoter quelque temps sur la cendre chaude. Avant de le servir, on le remue bien avec le fouloir, en le tournant pour le faire mousser, et on verse dans les tasses.

Chocolat au lait ou à la crème. — Si vous voulez que votre chocolat soit à la crème, faites-le réduire sur le feu d'un tiers ou d'un quart à votre volonté, et remplacez la portion évaporée par une égale quantité de lait ou de crème.

Du cacao.

Cette excellente préparation, peu usitée en France, se fait avec les coques de cacao.

Elle remplace le chocolat dont elle a toute la saveur, pour les estomacs délicats auxquels une boisson plus légère convient mieux.

Faites bouillir 250 grammes de coques de cacao, pendant six heures, dans deux litres d'eau jusqu'à réduction de moitié. Décantez et exprimez les coques. Ajoutez à la décoction une quantité égale de lait, faites chauffer, et sucrez selon le goût.

Thé.

Il y a deux espèces principales de thé, le thé noir et le thé vert. Ces deux thés paraissent appartenir à une même espèce; la différence de leurs propriétés serait le résultat de leur mode de fabrication.

Quoi qu'il en soit, le thé vert est excitant et irrite

le système nerveux des personnes d'une complexion faible et impressionnable. Le thé noir est beaucoup plus doux, mais il a moins de parfum et de saveur. Un mélange de ces deux thés, par portions égales, remplit les conditions désirables pour une boisson saine et agréable.

Différentes précautions sont nécessaires pour bien faire le thé. D'abord l'eau doit être bien pure et douce, le vase où on le fait bouillir ne doit lui communiquer aucun goût étranger, l'arôme du thé est tellement subtil et délicat, qu'il perdrait alors toute sa finesse, que lui ôterait le moindre goût de fumée. Cette eau doit être bouillante, sans cela on n'obtiendrait qu'un thé peu coloré et sans arôme. Commencez par échauder la théière, mettez-y la quantité de feuilles nécessaires, et versez-y aussitôt l'eau en ne la remplissant qu'à demi. Laissez infuser pendant cinq minutes, puis achevez de remplir la théière avec l'eau toujours bouillante. Lorsqu'il faudra y remettre de l'eau bouillante, ne le faites qu'après y avoir ajouté une quantité de thé égale à la moitié de ce que vous aviez mis la première fois.

GLACES.

Glacière de ménage.

Rien de plus facile à établir que cette glacière : prenez une futaille vieille ou neuve, peu importe, faites-la bien relier ; au fond de cette futaille, égalisez cinq à huit centimètres de charbon en poudre. Dans cette première futaille mettez-en une autre de moitié capacité, de manière à pouvoir intercaler entre les deux, et tout au pourtour, également de chaque côté, cinq centimètres de charbon en poudre. Cette seconde futaille intérieure doit être, lorsqu'elle est mise en place, de 8 centimètres moins élevée que celle qui la contient, afin de pouvoir y placer un couvercle. Ce couvercle est d'une confection facile, du bois de quinze millimètres d'épaisseur suffit. Faites deux fonds pareils, percez l'un des deux seulement d'un trou de six centimètres de diamètre.

Réunissez ces deux fonds, en les tenant à distance de six centimètres, au moyen de petits tasseaux assujettis par des pointes, et achevez ensuite l'assemblage, en clouant au pourtour une bande de fer-blanc ou de zinc, large de onze centimètres, de ma-

nière à ce que cette feuille, qui fera saillie de trois centimètres sur l'une des faces du fond, puisse, par ce débord, entrer dans la poussière du charbon et s'opposer plus efficacement à la communication de l'air extérieur.

Vous aurez eu soin de former la saillie du zinc du côté dont le fond n'a pas été percé. Cette ouverture étant destinée à l'usage suivant, d'abord à l'introduction du charbon en poudre dans l'intérieur de ce couvercle; et ce but rempli, un bouchon de bois formant saillie, servira de poignée pour ouvrir et fermer cette glacière de ménage.

Mélanges réfrigérants pour glacer l'eau. — La chimie nous a indiqué plusieurs mélanges qui produisent un froid considérable et dont on se sert pour réduire l'eau en glace.

8 parties de sulfate de soude 5 parties d'acide chlorhydrique	produisent un froid de 17 degrés au-dessous de 0.
2 parties de glace pilée ou de neige 1 partie de sel marin	18 degrés au-dessous de 0.
3 parties de sulfate de soude 2 parties d'acide azotique étendu d'eau	produisent un froid de 19 degrés au-dessous de 0.
6 parties de sulfate de soude 7 parties d'azotate d'ammoniaque 4 parties d'acide azotique étendu d'eau	26 degrés au-dessous de 0.
9 parties de phosphate de soude 4 parties d'acide azotique étendu d'eau	29 degrés au-dessous de 0.

On met l'eau à congeler dans un vase de porcelaine qu'on place dans un autre vase plus grand, c'est dans celui-ci qu'on place les mélanges frigorifiques qui doivent opérer la congélation de l'eau.

Manière de sangler.

Vous placez au fond du sceau un morceau de glace de quatre à cinq centimètres d'épaisseur que vous arrondissez autant que possible. Garnissez ce fond de glace pilée sur laquelle vous jetterez deux poignées de salpêtre. Placez la sorbetière couverte sur le morceau de glace, et entourez-la par des lits de glace et de salpêtre enfoncés avec le fouloir[1]. Terminez par une couche de salpêtre. Le salpêtre

---

[1] Bâton long de 60 à 80 centimètres et pointu d'un bout.

convient mieux que le sel marin ou gris qui doit être alors bien pilé. Les figures ci-contre représentent des *sorbetières*.

Glace à la vanille.

Prenez un litre de crème, 375 grammes de sucre passé au tamis, dix jaunes d'œufs, un bâton de vanille. Vous mettez le tout dans un poêlon de cuivre non étamé, faites chauffer en remuant jusqu'à ce que la crème s'attache à la cuillère, passez-la au tamis de soie fin, faites-la refroidir en la remuant.

Mettez la composition dans la sorbetière que vous avez sanglée comme ci-dessus, et fermez-la; imprimez-lui ensuite au moyen de l'anse un mouvement de rotation de droite à gauche et de gauche à droite pendant huit à dix minutes. Lorsqu'elle se sera élevée à 6 ou 8 centimètres au-dessus de son niveau, glissez la stapule (*houlette*) contre les parois et le fond pour détacher ce qui est adhérent et mélanger les parties glacées, fermez ensuite la sorbetière pour continuer pendant quelques minutes; l'appareil doit être à moitié congelé, glissez la spatule et ramenez-la du long des parois au centre et à la hauteur de l'eau; continuez jusqu'à ce que la composition soit prise et qu'elle soit moelleuse et lisse.

Glace au citron.

Faites cuire 1 livre de sucre au *petit lissé*, versez-le dans une terrine avec un verre d'eau, ajoutez-y le jus de six citrons et le zeste de deux, laissez infuser le tout ensemble pendant une heure environ, passez ensuite au tamis de soie et versez dans la sorbetière.

Les glaces d'oranges, de pêches, d'abricots, se préparent de même.

Glace de fraises.

Pressez 2 livres de fraises sur un tamis placé au-dessus d'une terrine, ajoutez au jus un verre d'eau, le jus d'une orange ou d'un citron, 1 livre de sucre cuit au *petit lissé*, passez au tamis et versez dans la sorbetière.

Les glaces de cerises, de framboises, d'ananas se font la même chose.

A défaut de fruit, on les remplace par une quantité équivalente de sucs préparés par le procédé Appert.

Punch à la romaine.

Prenez 6 décilitres de sucre cuit au *petit lissé*, le jus de 10 citrons, puis un demi-litre d'eau. Mettez cette composition dans la sorbetière, et incorporez-y par petites parties quatre blancs d'œufs, battus en neige, et le rhum (un verre au plus) travaillez vivement la préparation qui doit être onctueuse.

Cette glace est un peu liquide et doit être prise aussitôt servie. On peut remplacer le rhum par du marasquin ou du kirsch-wasser.

NEUVIÈME PARTIE.

ÉCONOMIE DOMESTIQUE.
DE LA CAVE. — CONSERVATION DES ALIMENTS. RECETTES DIVERSES.

CHAPITRE I.
DE LA CAVE.

La cave où les vins sont conservés doit être fraîche, sans humidité, il faut autant que possible qu'elle soit exposée au nord et assez profonde pour que la température y soit égale, ce qui la fait paraître froide en été et chaude en hiver. L'escalier qui y conduit doit être assez large et d'une pente assez douce, pour que les tonneaux pleins puissent y être descendus sans crainte d'accident. La cave ne doit avoir, dans son voisinage, ni fosses d'aisances, ni bois, herbages ou racines fermentescibles. Il importe qu'elle ne soit pas trop ébranlée par le passage des voitures, car ces légers trémoussements remuent la lie des pièces, et l'y retiennent en suspension. On s'aperçoit surtout l'été des inconvénients d'une cave trop sèche, le plus capital est la déperdition qu'éprouvent les vins en pièces; ainsi, par exemple, dans une bonne cave une pièce de 230 litres n'absorbe au remplissage qu'un ou deux verres par mois, tandis que dans une cave sèche il faut souvent plus d'un litre et demi. On remédie à ce grave inconvénient en bouchant les soupiraux et en amassant contre le mur lorsqu'il est exposé au soleil de la terre recouverte de gazon. L'humidité, au contraire, occasionne la moisissure des lattes et des bouchons et fait éclater les cerceaux; on la combat en agrandissant les soupiraux et en pratiquant de nouvelles ouvertures. Lorsqu'il fait très-chaud ou très-froid, il est généralement bon de fermer les soupiraux afin de maintenir une température égale. Si le sol de la cave exhale une mauvaise odeur, il faut le fouiller et en enlever une certaine épaisseur que l'on remplace par une terre sèche et sableuse qui aura été exposée longtemps au soleil; car les vapeurs méphitiques détériorent en peu de temps les vins les plus solides, même lorsqu'ils sont en bouteilles. Quelquefois la cave est remplacée par un cellier qui ne doit avoir d'ouverture qu'au nord, mais quelle que soit sa bonne exposition, le meilleur cellier ne vaut jamais, pour la conservation du vin, une cave même un peu sèche, car on ne peut empêcher qu'il ne règne dans le cellier une température trop froide en hiver et trop chaude en été.

Rangement des tonneaux.

Les tonneaux pleins se placent sur des chantiers qui doivent s'élever de 20 à 25 centimètres au-dessus du sol. Les tonneaux doivent être placés parfaitement d'aplomb, c'est-à-dire que les deux bouts soient de niveau; de cette façon la lie se dépose au milieu de la pièce, et en la soutirant on peut avoir le vin clair jusqu'au bout. On cale chaque tonneau sur le chantier, et on laisse entre eux un espace suffisant pour visiter les cercles des deux côtés; la même raison exige qu'ils ne touchent pas au mur afin de pouvoir s'assurer, une chandelle à la main, si il n'y a pas de fuites et aussi pour laisser circuler l'air, si nécessaire à la conservation des pièces.

Si la cave est humide, il faut donner de l'air le plus possible, et avoir le soin de la nettoyer avec un balai au moins toutes les semaines pour détruire les moisissures, il est aussi utile de semer sous les fûts un peu de chaux vive; avec ces soins on évitera les accidents.

Malgré ces précautions, on doit visiter les tonneaux au moins toutes les semaines et surtout à l'époque des équinoxes; on sonde les cercles qui paraissent douteux en frappant légèrement dessus, et si quelques-uns se cassaient il faudrait les remplacer de suite. Il est utile d'avoir toujours à sa disposition un cercle de fer brisé, qu'on peut allonger ou rétrécir à volonté; on l'emploie dès que l'on s'aperçoit qu'une pièce menace de fuir. A défaut de cercle de fer, on peut y suppléer par une corde qu'on noue d'abord et qu'on serre ensuite à l'aide d'un bâton qu'on tourne sur lui-même, jusqu'à ce que la pression soit assez forte pour maintenir les douves.

Remplissage.

Lorsque l'on conserve du vin en pièce, il est de la dernière importance de remplir le vide qui se forme par l'évaporation, si l'on veut prévenir la fermentation, l'évent et l'acidité. Il est prudent de procéder à ce remplissage une fois par mois. A cet effet, après avoir rempli le tonneau avec du vin du même cru et qualité, on le referme en observant de regarnir la bonde à neuf avec un morceau de linge. Si l'on avait à remplir une pièce de vin très-fin et que l'on n'en eût par d'assez bon pour cela, nous conseillerions de combler le vide de la pièce avec des cailloux bien lavés.

Lorsque les futs ont été soutirés et qu'ils sont susceptibles d'être conservés d'une année à l'autre, on peut, si l'on veut, pour éviter le remplissage, les incliner de côté, de manière à ce que la bonde baigne constamment dans le vin; on évite de cette façon les inconvénients résultant de l'introduction de l'air.

Soutirage des vins.

C'est une opération qu'on fait subir au vin pour le séparer de sa lie, qui, par suite d'un changement de température, peut se mêler à tout le liquide que contient le tonneau, et en altérer la limpidité.

C'est ordinairement au mois de janvier, de février ou de mars au plus tard que l'on pratique le soutirage. Il faut choisir le moment où le vent est au nord, le temps sec, frais et clair, parce que c'est alors que la lie est la mieux précipitée au fond du tonneau. On soutire le vin au moyen de siphon ou avec des brocs que l'on met sous la cannelle, et, à mesure qu'un broc est rempli, on le remplace par un autre, de façon à ce que le vin coule sans interruption.

Il faut autant que possible éviter de mettre le vin en contact avec l'air, pour empêcher la déperdition d'une partie de l'alcool et du bouquet du vin; on peut pour cela employer une cannelle à l'extrémité de laquelle on aura mis un petit tube de caoutchouc; ce procédé est d'autant plus utile pour les vins blancs que le contact de l'air les fait jaunir et les altère sensiblement. Afin d'éviter de troubler la lie qui se trouve au fond de la pièce, on se sert d'un petit cric spécial pour la soulever doucement et sans secousse; on appuie ce cric contre le mur et on en place les dents sous les douves, on tourne la manivelle quand on arrive à la fin de la pièce et on l'incline ainsi, aussi doucement que l'on veut. Nous ajouterons que tout vin soutiré doit être immédiatement collé, si l'on tient à avoir un vin franc de goût et de garde.

Collage des vins rouges.

Quatre blancs d'œufs suffisent pour coller une pièce de vin rouge de 250 litres. On commence par retirer deux ou trois bouteilles de vin. On bat ensuite les blancs d'œufs avec une demi-bouteille de ce vin. On verse le tout dans la pièce, et l'on bat fortement le vin avec un bâton fendu qu'on introduit par la bonde, en imprimant au liquide un mouvement circulaire. Il est même bon d'agiter le vin de la pièce immédiatement avant d'y verser les blancs d'œufs; le mélange en devient plus parfait; on continue après avoir mis le collage. On remplit ensuite la pièce avec le vin retiré, et on la bondonne. Au bout de huit jours on peut mettre le vin en bouteilles ou le conserver en pièces.

Si le vin est resté longtemps sur sa lie, on peut lui donner une grande limpidité en le collant avec trente grammes (par pièce de 220 litres) de *poudre anglaise*[1]. Cette poudre qui a un grand avantage sur les blancs d'œufs pour éclaircir le vin, lui enlève son goût de terroir, lui donne un bouquet très-agréable, et qui plus est, le met à l'abri de toutes maladies à moins de circonstances exceptionnelles.

Collage des vins blancs.

On emploie les mêmes procédés que pour les vins rouges; mais, au lieu de blancs d'œufs, on se sert de colle de poisson dissoute dans du vin blanc. On prend à cet effet 10 grammes de colle de poisson. Pour la dissoudre, il faut la battre fortement sur un billot et l'effeuiller ou la déchirer en petites parties qu'on met dans une terrine avec environ un décilitre de vin blanc, de manière qu'elle baigne dans le liquide. Au bout de sept à huit heures, la colle ayant absorbé le vin, on en remet une pareille quantité. Après vingt-quatre heures d'infusion, la colle est suffisamment détrempée et forme une gelée. Il faut y ajouter trois décilitres d'eau un peu chaude, la bien pétrir dans ses mains, afin d'écraser les petits morceaux qui ne sont pas entièrement dissous. On la passe ensuite dans un linge propre, ayant soin de bien presser pour en extraire le mucilage. Enfin on bat cette colle avec quelques brins de balai, et on ajoute à mesure du vin blanc jusqu'à concurrence de trois litres; lorsqu'elle est refroidie on la met dans des bouteilles bien bouchées pour la conserver.

[1] Se vend à Argenteuil, près Paris, chez M. Lebeuf et C°.

Pour coller une pièce de vin blanc de 250 litres, on emploie un litre de la colle ci-dessus.

Ainsi que nous l'avons fait pour les vins rouges, nous recommanderons, pour les vins blancs, le collage au moyen de la *poudre anglaise*, comme bien supérieur à celui fait avec la colle de poisson.

Soufrage des vins.

On fait subir l'opération du soufrage aux vins qui contiennent beaucoup de sucre et auxquels on désire conserver le plus longtemps possible leur saveur sucrée; cette opération consiste à faire brûler une mèche soufrée dans une futaille vide, ce qui la remplit de vapeurs épaisses d'acide sulfureux; on y verse aussitôt, au moyen d'un entonnoir qui ferme la bonde, le vin blanc déjà clarifié par le collage.

Du rinçage des bouteilles.

Il est dangereux d'employer des plombs pour le rinçage des bouteilles, car il arrive souvent qu'il s'en fixe quelques-uns au fond de la bouteille. Les principes acides du vin, du cidre, de la bière, agissent sur ces grains métalliques; il en résulte de l'acétate de plomb, poison d'autant plus dangereux que si les petites doses que peuvent produire les plombs dont nous parlons n'ont pas d'effet apparent et immédiat, elles agissent néanmoins à la longue et finissent par produire tous les symptômes de l'empoisonnement par le plomb.

On agira donc prudemment en employant des grenailles de fonte ou de petits cailloux à peu près ronds, tels qu'il s'en trouve dans le sable de rivière; ou si l'on persiste à se servir de plomb, on visitera chaque bouteille après l'avoir rincée et on fera tomber, avec une tige de fer, les grains de plomb qui pourraient y être restés. On les met égoutter ensuite en enfilant le goulot dans les crans d'une grosse tige de bois.

De la mise en bouteille.

Tous les vins ne sont par bons à être mis en bouteilles au même âge : les uns sont assez vieux à un an, d'autres demandent trois, quatre, cinq ans de fût et même davantage. Quel que soit son âge, avant de mettre le vin en bouteilles, il faut s'assurer s'il est parfaitement clair, et surtout s'il a mûri suffisamment en pièce, afin qu'il ne conserve ni âpreté, ni verdeur. En général, les vins rouges, fins et légers, peuvent être mis en bouteilles au bout de deux ou trois ans, excepté ceux de Bordeaux, des côtes du Rhône et du Roussillon, qui demandent un temps plus considérable. Il faut se garder de mettre en bouteilles un vin âpre et vert, car il y conserverait tous ses défauts.

Les vins blancs peuvent être mis en bouteilles au bout de dix-huit mois environ, lorsqu'ils ont perdu le goût sucré qui occasionnerait une fermentation dangereuse pour les bouteilles.

La limpidité du vin étant une chose très-essentielle, il faut éviter de le mettre en bouteilles aux trois époques de la vigne, ainsi que durant les temps trop chauds, orageux ou humides ; un temps sec et froid est très-favorable.

La veille de mettre le vin en perce, on rincera les bouteilles comme nous l'avons indiqué et on les mettra égoutter; avant de les employer on devra les examiner attentivement à la lumière ou au jour afin de rejeter celles qui seraient étoilées ou dont le goulot serait gravement endommagé.

Choisissez des bouchons unis, très-souples et peu poreux, mettez-les tremper avec du vin dans un baquet pendant un quart d'heure avant de vous en servir. Si vous voulez employer de vieux bouchons, il faut en faire un bon choix et rejeter ceux moisis, troués ou un peu cassés. C'est toujours une très-mauvaise économie d'employer des bouchons de qualité inférieure ou qui sont à peu près hors de service; on s'expose à gâter le vin. La figure ci-dessous représente un appareil qu'on peut appeler un *presse-bouchon* et qui donne beaucoup de facilité pour l'enfoncer solidement dans le goulot sans courir le risque de faire éclater la bouteille.

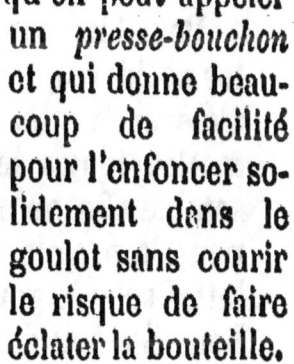

Avec un vilebrequin à mèche anglaise, percez le tonneau à 5 centimètres du jable, aussitôt que quelques gouttes de vin paraissent, enfoncez le robinet en le tournant comme une vis et en l'entr'ouvrant en même temps pour faire sortir l'air qu'il contient, laissez couler un peu de vin; nettoyez parfaitement le jable afin qu'il ne reste rien des débris du bois. Remplissez les bouteilles, il faut que le vin ne soit qu'à 4 centimètres du bouchon. Lorsque vous êtes sur la fin de la pièce, opérez avec le cric ainsi que nous avons dit au soutirage, ou soulevez avec précaution l'arrière du tonneau que vous calez, et laissez reposer le vin avant de terminer la mise en bouteilles, car la lie a pu être troublée en remuant le tonneau.

On essuie ensuite les goulots, on bouche la bouteille en enfonçant le bout le plus mince des bouchons qui ne doit entrer qu'avec une certaine difficulté; pour goudronner la bouteille on coupe le bouchon à 1 centimètre du goulot et on le trempe dans du goudron fondu.

Rangement des bouteilles pleines.

Pour bien ranger les bouteilles pleines et éviter les accidents, il faut niveler avec soin le sol où doit s'élever la pile, le recouvrir d'un peu de sable fin, mettre toutes les bouteilles de même modèle ensemble afin qu'elles puissent bien se tasser. Placez pour le premier rang de bouteilles trois ou quatre lattes sous le goulot et une sous le talon afin que la bouteille soit dans une position bien horizontale et que le vin touche au bouchon, sans pour cela que le dépôt puisse y tomber, ce qui arriverait si elles avaient le pied plus haut que le goulot; il faut aussi, avant de poser les bouteilles, les retourner sens dessus dessous pour mouiller le bouchon et chasser les bulles d'air s'il y en avait, afin d'éviter la moisissure.

Le premier rang terminé, on place une latte sur le 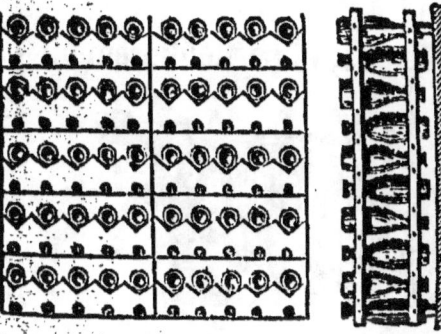 pied des bouteilles et une sur les goulots le plus perpendiculairement possible sur le rang du bas, et on place sur ce nouveau rang de lattes les bouteilles en les croisant comme elles le sont dans la figure représentant un châssis en fer.

Depuis quelques années on a inventé ces nouveaux porte-bouteilles en fer, ils tiennent moins de place dans les caves et présentent la plus grande facilité pour le rangement des bouteilles.

Les figures ci-dessous représentent la manière de

ficeler les bouchons pour empêcher que le dégagement du gaz ne les fasse sauter. Cette précaution est indispensable pour les eaux gazeuzes, le vin de Champagne, certains cidres et quelques espèces de bière, on arrête les deux bouts des ficelles par un double nœud fait sur le bouchon. En en suivant attentivement les différents contours dans les figures ci-contre, on bouchera parfaitement les bouteilles.

Pour les vins précieux, et particulièrement pour

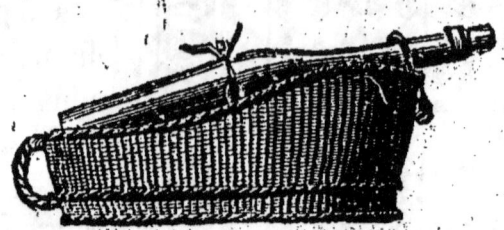

ceux de Bordeaux, qui déposent beaucoup, on apporte sur la table les bouteilles couchées dans un panier où elles sont inclinées de manière à pouvoir remplir les verres sans agiter le dépôt. On débouche préalablement à demi ces bouteilles avec le tire-bouchon à vis, dont la figure est ci-contre et que l'on trouve chez tous les quincailliers. Ce tire-bouchon est fort utile pour déboucher sans effort une bouteille quelque bien bouchée qu'elle soit. Pour le vin de Champagne on se sert du crochet ci-contre qui

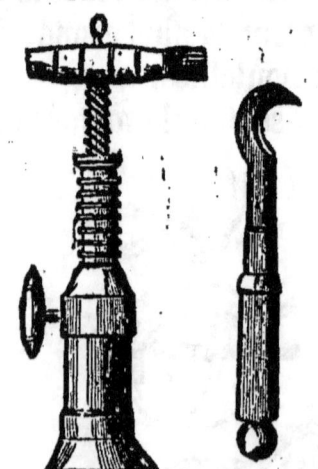

est très commode pour rompre les fils de fer qui retiennent le bouchon.

Nous donnons ci-dessous un classement des différents vins, dans l'ordre où ils doivent être servis.

Déjeuner, avec les huîtres. — Chablis, Pouilly, Meursault, Montrachet, Farsac, Sauterne, Grave,

Dîner, après le potage. — Xérès, Madère, Marsala.

Premier service. — Côte Saint-Jacques, Coulanges, Mâcon, Thorins, Moulin à vent, Beaune, Mercurey, Saint-Estèphe, Saint-Émilion.

Second service. — Pomard, Volnay, Nuits, Clos Vougeot, Saint-Georges, Corton, Chambertin, Romanée Conti, Saint Julien, Médoc, Château-Margeau Roussillon, Côte Rôtie, Ermitage, Jurançon, Bougy, Porto.

Troisième service. — Volnay mousseux, Nuits mousseux, Romanée mousseux, Aï mousseux, Champagne rosé, Sillery.

Vins de liqueur. — Frontignan, Lunel, Rivesalte, Grenache, Malaga, Rota, Alicante, Chypre, Constance, Lacryma-Christi, Rancio, Tokay.

Il est très-important pour un maître de maison de veiller à la qualité du vin ordinaire. C'est par celui-là qu'on débute et les palais des convives n'ayant encore été altérés par aucun aliment de haut goût, il est essentiel de leur donner d'abord une idée favorable de la cave.

Il est utile de monter les vins de Bordeaux quelques heures avant de s'en servir; quoique ce soit moins indispensable, il en est de même des vins de Bourgogne et généralement de tous les vins qui ont un bouquet très-fin. Cette délicieuse saveur se dissipe à un froid trop grand et se développe au contraire à une température modérée.

Les vins de Bourgogne ne se conservent qu'un

certain nombre d'années, ils gagnent pendant six ou huit ans, mais généralement ils perdent au bout de dix, les vins de Bordeaux au contraire se gardent beaucoup plus longtemps, ils se dépouillent et gagnent en vieillissant; ils gagnent aussi en faisant sur mer de longues traversées, tandis que les vins de Bourgogne ne les supportent pas.

Maladies des Vins.

Les vins sont sujets à différents genres d'altération auxquels on a donné le nom de maladies des vins; nous ne pouvons décrire que très-sommairement les plus fréquentes de ces altérations et indiquer les principaux moyens d'y remédier.

Vin amer en fût. — Le meilleur moyen est d'ajouter au vin devenu amer une quantité égale de vin nouveau.

Vin amer en bouteilles. — Versez ce vin dans un fût avec le dépôt qui est dans la bouteille, ajoutez-y 15 à 20 litres de vin nouveau par 100 litres de vin vieux, agitez bien le tout, et au bout d'un mois de repos collez avec des blancs d'œufs ou avec la poudre anglaise, huit jours après remettez en bouteilles.

Vin aigre. — C'est une des principales altérations des vins, dès qu'on s'en aperçoit il faut mêler ces vins avec d'autres de même qualité et verser dans le fût un paquet de poudre *pour l'amer*; cette poudre se vend chez M. Lebeuf et C°, à Argenteuil près Paris; un paquet de 3 fr. suffit pour une pièce de 230 litres.

Vin tournant au gras. — La graisse des vins est un genre d'altération qui leur fait contracter une saveur grasse si désagréable qu'il devient impossible de les boire ; le meilleur remède consiste à agiter vivement dans une pièce de vin *tournant au gras*, quelques poignées de baies de sorbier écrasées; pour que ces baies produisent l'effet désirable il faut qu'elles aient été cueillies un peu avant leur maturité complète, au moment où elles contiennent le plus de tannin. On laisse reposer le vin traité ainsi pendant deux jours et on se hâte de le mettre en bouteilles.

Il faut appliquer ce remède au début du mal, car si on attend longtemps il ne produit plus d'effet.

Vin fûté. — On appelle ainsi les vins qui ont contracté en fûts un goût de moisi, de pourri, de rance ou de bois, résultant ordinairement de la pièce dans laquelle ils sont contenus.

Il faut aussitôt qu'on s'en aperçoit soutirer le vin dans un fût fortement soufré (*Voyez* Soufrage, page 467); si le goût est intense on peut répéter deux fois l'opération, on colle ensuite et l'on met en bouteilles.

Il y a un autre procédé qui consiste à agiter fortement dans les pièces de vin atteintes de mauvais goût 500 grammes de bonne huile d'olives; au bout de deux jours on soutire le vin dans une futaille neuve et l'huile a emporté avec elle la plus grande partie du mauvais goût.

Vin noir. — Il arrive fréquemment que pendant les chaleurs, les vins vieux subissent une maladie provenant de l'altération de la crème de tarte qui se trouve dans leur composition, le vin devient bleu d'abord et noir ensuite. Le même effet se présente quelquefois quand on mélange un vin très-coloré et très-alcoolique avec un vin très-faible.

Quand un vin est atteint de cette maladie, il faut de suite y remédier, car il prend promptement une saveur très-désagréable. Le meilleur moyen est de soutirer le vin dans un fût méché [1], de le coller avec 4 blancs d'œufs et d'ajouter ensuite 50 grammes d'acide tartrique pour ramener la couleur.

Vin tourné. — Les vins les plus sujets à *tourner* sont ceux qui contiennent encore du sucre et qui sont pauvres en alcool. Pour prévenir cette altération, il faut soutirer les vins qui menacent de tourner dans un fût fortement soufré et les viner avec 2 pour 100 d'alcool; si la maladie avait déjà fait des progrès, il faudrait soutirer de nouveau au bout d'une quinzaine de jours dans un fût bien soufré et faire brûler la fin de la mèche sur le vin.

Vin gelé. — Le vin gelé doit être soutiré aussitôt que possible afin de séparer la partie liquide et spiritueuse de la partie solide qui n'est que de l'eau glacée. Si l'on attend que le vin dégèle, il se troublera, perdra sa couleur et deviendra fade, le seul remède alors serait d'ajouter au vin un litre et demi d'alcool par pièce et de le coller. Au bout de quelques jours, on soutire dans un fût méché et l'on met en bouteilles.

---

[1] On pratique l'opération du méchage en retirant 5 ou 6 litres de vin d'une pièce et en faisant brûler dans le vide 3 centimètres de mèche soufrée. On bonde ensuite hermétiquement et on remplit la pièce quelques jours après.

Vin trouble en bouteilles. — Lorsque l'on s'aperçoit que le vin se trouble et dépose fortement dans les bouteilles, il faut les vider dans un fût et lui faire subir suivant sa maladie un des traitements que nous avons indiqués ci-dessus; on le colle ensuite et après l'avoir laissé déposer quelques jours, on le remet dans les bouteilles que l'on a eu soin de rentrer.

Vins blancs. — Il arrive quelquefois que les vins blancs jaunissent et prennent une apparence sale, louche et laiteuse, cela tient généralement à ce que la gélatine ne les a pas clarifiés; il faut prendre dans ce cas de la *poudre colle des vins blancs* [1] ou leur faire subir le traitement des vins gras.

Nettoyage des fûts. — Il est de la dernière importance de nettoyer avec le plus grand soin les fûts devant contenir le vin afin d'éviter les altérations qui peuvent résulter du défaut de propreté ou même du manque de préparation.

Si l'on emploie des fûts neufs, ils peuvent donner au vin un goût de bois, il faut donc laver le fût avec de l'eau bouillante dans laquelle on a fait dissoudre 1 livre de sel gris; on laisse séjourner cette eau une journée dans le fût, on le lave ensuite à l'eau froide, puis, au bout d'un jour, on jette l'eau et on la remplace par 2 litres de vin chaud avec lequel on remue fortement la pièce.

Si l'on emploie des fûts vieux, il suffira, s'ils on bon goût, de les rincer avec de l'eau bouillante et de l'eau froide ensuite. Si, au contraire, ils sont moisis

[1] Chez M. Lebeuf, à Argenteuil.

ou aigres, il faut y verser 5 litres d'eau bouillante avec 500 grammes de chaux vive et 100 grammes de potasse; on roule le fût de temps en temps pendant trois ou quatre jours et l'on rince ensuite à l'eau froide avant de s'en servir. Si la moisissure était ancienne, il faudrait y verser d'abord un quart de litre d'acide sulfurique avec un demi-litre d'eau et laisser reposer quelques jours avec ce liquide, puis continuer avec de l'eau bouillante et de la chaux vive, comme nous venons de l'indiquer.

Conservation des vins en perce.

Du vin resté en perce, pendant plus d'une année, se conserve parfaitement en mettant dans les barriques une bouteille d'huile d'olive fine. C'est par le même procédé que l'on préserve de toute altération, en Toscane, le vin qu'on a coutume de mettre dans de grandes bouteilles, dont le verre est trop faible pour résister aux efforts des bouchons. L'huile répandue en couche légère sur la surface du vin, empêche l'évaporation des parties alcooliques, ainsi que le contact de l'air atmosphérique qui acidifie les vins.

Cidre.

Le meilleur moyen pour faire du bon cidre et le conserver longtemps, est de rejeter toutes les pommes pourries, d'écraser les bonnes et de les presser pour en extraire le suc, sans ajouter d'eau. On n'en ajoute que pour faire une boisson plus économique et utiliser le marc qui contient encore du suc. Pour donner un peu de force à cette boisson, on peut y ajouter 2 kilog. de sucre brut par hectolitre d'eau employée. On peut conserver au cidre sa douceur en le soutirant après la fermentation dans un fût fortement soufré.

La fermentation prolongée du cidre en rend la conservation difficile dans des bouteilles de verre; on ne doit employer que des cruchons de grès très-solides et les tenir toujours dans une cave très-fraîche.

Eau de seltz artificielle.

Remplissez d'eau une bouteille ordinaire. Ayez un bouchon tout prêt afin de pouvoir boucher promptement cette bouteille; jetez-y 24 grammes de bi-carbonate de soude, puis 22 grammes d'acide tartrique et bouchez à l'instant la bouteille avant que l'acide tartrique se soit répandu et dissous dans l'eau. Ficelez le bouchon et couchez la bouteille. On a imaginé des appareils nommés *gazogènes*, dans lesquels l'eau de seltz se prépare avec facilité et qui ne présentent pas le désagrément que donne la bouteille d'eau de seltz lorsqu'on la débouche; désagrément qui consiste à voir des flots d'eau gazeuse inonder la table et les vêtements. Ici un robinet donne la facilité d'en extraire à volonté et sans le moindre inconvénient.

Le meilleur appareil pour préparer artificiellement l'eau de seltz est celui connu sous le nom de *Gazogène-Briet*. Nous en donnons ici la figure. On remarquera que les parties, cotées 1 et 2 de cet appareil, se séparent. L'une reçoit l'eau et l'autre les sels.

Ces sortes d'appareils sont accompagnés d'une instruction sur la manière de s'en servir. Nous ajouterons, seulement, que les poudres que l'on emploie (bi-carbonate de soude et acide tartrique) doivent être tenues à l'abri de l'humidité et que l'eau doit être la plus fraîche possible.

On obvie au désagrément du débouchage des bouteilles d'*eau de seltz* et de *Champagne*, en se servant du syphon dont nous donnons ci-joint la figure.

On l'introduit à travers le bouchon au moyen de la vis A, et en tournant le robinet B l'eau jaillit avec force par le bec C et remplit les verres en un instant.

Boissons économiques.

1re Recette.

Crème de tartre. . . . . 100 grammes
ou 33 gr. acide tartrique.
Sucre brut. . . . . . . 750 —
Eau bouillante (ce qu'il faut pour dissoudre et compléter 20 lit.).
Alcool 3/6. . . . . . . 1 litre.

Mettez en bouteilles. Aromatisez avec la fleur de sureau ou autre substance, si vous le désirez.

2ᵉ Recette.

Sucre brut	1 kil. 250 gr.
Vinaigre fort	1/2 litre.
Fleurs de sureau.	8 grammes.

Faites fondre le sucre, ajoutez le sureau et le vinaigre (on peut ajouter 1 litre d'eau-de-vie). Faites 20 litres de liqueur. Mettez en bouteilles que vous coucherez quatre ou cinq jours et que vous relèverez ensuite. Boire après huit ou dix jours.

3ᵉ Recette.

Pour 30 litres d'eau prenez :

Cassonade Bourbon. . .	1 kilogramme.
Eau-de-vie.	1 litre.

ou un 1/2 litre d'alcool.

Bon vinaigre.	1/2 litre.
Grains de genièvre. . . .	2/3 d'un verre.
Coriandre.	1/3 d'un verre.
Fleurs de sureau.	25 grammes.
Fleurs de violettes. . . .	25 —

Laissez infuser trois jours, battez matin et soir et mettez en bouteilles. Descendez les bouteilles à la cave, couchez-les ; en les ficelant on peut les laisser debout.

4ᵉ Recette.

Hydromel. — Faites fondre une partie de miel dans quatre ou cinq parties d'eau, écumez et clarifiez avec un blanc d'œuf par kilogramme. Jetez dans le sirop bouillant avant la clarification, 100 grammes de noir animal par kilogramme de miel ; écumez, ajoutez ensuite 125 grammes de fleur de sureau pour 2 hectolitres de moût, soit environ 4 grammes par kilogramme de miel fondu. On peut remplacer la fleur de sureau par des amandes amères, des graines d'angélique, fenouil, cumin, genièvre, coriandre, etc. Cette recette est celle de l'hydromel vineux, mais si vous voulez un hydromel plus rapproché du vin, ajoutez 500 grammes de crème de tartre par hectolitre ou 166 grammes d'acide tartrique.

Lorsque la fermentation tumultueuse est terminée, ajoutez de l'alcool si vous le désirez. Quinze jours ou un mois après, collez avec des blancs d'œufs. Soutirez en bouteilles, que vous laissez debout si la saison est chaude.

5° *Recette.*

Boisson hygiénique rafraîchissante, employée par la compagnie du chemin de fer d'Orléans.

50 litres d'eau, 1 litre d'eau-de-vie, un demi-litre de café, 1 kilo de cassonade.

6° *Recette.*

PIQUETTE. La piquette est une boisson qu'il est facile de se procurer à bon compte dans les pays vignobles, surtout dans les cantons où le raisin acquiert une parfaite maturité. Pour l'obtenir, on prend les rafles de raisin, après les avoir légèrement égrenées, de manière à laisser à peu près la moitié des grains. On les met dans des tonneaux qu'on a défoncés, et, après avoir rétabli le fond, on les conserve dans cet état, pour en faire usage immédiate ment, ou au bout de peu de temps. A cet effet, on les remplit d'eau, et on laisse fermenter pendant huit à quinze jours. Alors on peut boire cette liqueur, qui a un goût aigrelet, piquant, et qui est saine et rafraîchissante. C'est une excellente boisson pour les ouvriers et les habitants de la campagne. On met de l'eau dans le tonneau, à mesure qu'on en retire la piquette, jusqu'au moment où l'on s'aperçoit que celle-ci devient trop faible.

7ᵉ Recette.

Prenez une bonne poignée de houblon ; pour 10 centimes de fleurs de violettes ; 350 grammes de cassonade ; pour 5 centimes de caramel ; un verre de vinaigre ; neuf litres d'eau. Mettez le tout dans une cruche et tenez-la dans un endroit chaud, afin de favoriser la fermentation. Dès qu'elle sera établie, mettez votre boisson en bouteilles bien bouchées que vous coucherez dans la cave, mais il faudra les surveiller pour les relever lorsque vous vous apercevrez que les bouchons pourraient sauter. Cette boisson ressemble à la bière blanche et son goût est fort agréable.

8ᵉ Recette.

Voici une recette qui a beaucoup de rapport avec la précédente, mais dont le produit ne ressemble plus à la bière blanche, mais plutôt à celle que l'on appelle à Paris *petite bière*.

Prenez une forte poignée de houblon ;
Pour 10 centimes d'orge mondé ;
500 grammes de sucre brut.

Faites bouillir le tout dans quatre litres d'eau durant une demi-heure. Retirez du feu et ajoutez pour 5 centimes de levure de boulanger, ajoutez 10 litres d'eau; laissez fermenter pendant quatre jours et mettez en bouteilles bien bouchées.

On peut ajouter à cette boisson un peu de caramel pour lui donner la couleur de la bière ordinaire.

Si cette boisson, ainsi que la précédente, se fait en hiver, on fera chauffer l'eau avant de la mettre dans une cruche avec les divers ingrédients pour les laisser fermenter. Si c'est en été, on ne la fera point chauffer.

9ᵉ Recette.

Prenez 30 litres de genièvre le plus noir, autant d'orge et 1 kilogramme de fruits sauvages, tels que pommes, poires, cormes, etc., cuits au four; remplissez à moitié un tonneau d'eau de rivière, de fontaine, ou de puits, si cette dernière cuit bien les légumes; mettez l'orge dans un chaudron assez plein pour qu'elle surnage, posez-le sur un grand feu, faites-lui jeter deux ou trois bouillons pendant une minute, retirez-le du feu, jetez-y le genièvre et les fruits cuits, pour verser le tout ensemble dans le tonneau par la bonde, que vous fermerez bien pendant deux jours pour laisser infuser le tout. Après ce temps, vous verserez chaque jour un seau d'eau jusqu'à ce qu'il soit plein; alors vous couvrirez simplement l'ouverture de la bonde, sans la fermer hermétiquement; la liqueur fermentera, quelques jours après elle bouillira, et lorsqu'elle sera apaisée, vous pourrez vous en servir. A mesure qu'on tire du tonneau cette liqueur, on peut y ajouter de l'eau qui la perpétuera pendant plusieurs mois de suite. On rend cette boisson plus savoureuse et de plus longue durée en l'aromatisant avec de la petite centaurée, de l'absinthe, etc.

Bière.

La rétablir lorsqu'elle commence à s'aigrir. On sait que la bière ne se conserve pas aussi longtemps que le vin dans un tonneau en vidange, c'est-à-dire dont on retire chaque jour quelques bouteilles. Cette liqueur prend un goût acidulé désagréable, pour peu qu'on la laisse séjourner dans un vase qui n'est pas entièrement rempli. Il est cependant difficile, dans les pays et dans les endroits où l'on n'a d'autre boisson que la bière, de consommer, dans l'espace d'une semaine ou de quinze jours, une barrique entière de bière.

On a donc cherché, en Angleterre, le moyen de parer à cet inconvénient, et on est parvenu à rétablir, dans son état primitif, la bière qui commençait à se gâter dans des tonneaux en vidange. On soutire à cet effet, dans un vase quelconque, la quantité de bière nécessaire à la consommation de la journée, et on y jette une cuillerée à bouche de poudre fine faite avec des coquilles d'huîtres calcinées. On remue la liqueur, qui est bonne à boire au bout d'une demi-heure.

CHAPITRE II.

RECETTES
POUR LA CONSERVATION DES ALIMENTS.

Conservation de la viande et du poisson.

Lorsqu'on veut conserver plusieurs jours, pendant l'été, de la viande, du gibier, du poisson ou de la volaille, il faut avoir soin, pour ces derniers de les vider soigneusement. On lave le poisson dans de l'eau de puits la plus fraîche possible et on l'essuie bien, en sorte qu'il ne lui reste aucune humidité. Il faut placer ces substances dans un lieu frais, tel qu'un cellier, en les suspendant et en les entourant d'un linge serré, afin de les préserver de l'atteinte des mouches.

Un excellent moyen est de les placer dans un panier que l'on descend dans un puits et que l'on maintient à un pied au-dessus de l'eau. Il faut avoir soin de recouvrir le puits d'un paillasson ou d'un couvercle en bois.

Quand le temps tourne à l'orage, ou lorsque les pièces sont un peu avancées, on les met dans une casserole avec un peu de beurre, et on les fait cuire à moitié.

Dans ce cas, il faut aussi laver l'intérieur du corps des volailles, du gibier ou du poisson avec de bon vinaigre dans lequel on a fait fondre du sel.

Lorsqu'on a de la raie un peu avancée, c'est-à-dire dont l'odeur est piquante, voici un moyen facile de lui restituer toute sa fraîcheur. Prenez du charbon de bois qui n'ait pas encore servi, concassez-le et remplissez-en un sachet de toile, qui doit être de la grosseur du poing. Si le morceau de raie est très-fort, faites deux sachets, et mettez-les dans l'eau où vous ferez cuire votre raie.

Le charbon possède une qualité désinfectante bien connue; on peut, par ce moyen, rendre mangeables des viandes très-avancées; mais nous doutons que ce procédé soit jamais employé dans une bonne cuisine, car, outre que la viande est devenue insipide, bien qu'excessivement tendre, il restera toujours une sorte de dégoût contre cette préparation.

Le charbon peut être employé comme moyen de conservation, en enveloppant d'un linge serré et fermé avec des épingles le morceau de viande, et en l'enterrant dans du poussier de charbon neuf. Si l'on veut conserver ainsi de la volaille ou du gibier, il faut préalablement leur mettre dans le ventre un sachet de poussier de charbon qui emplisse exactement la cavité. On fait de même pour le poisson. Ce moyen est immanquable et n'ôte rien à la qualité des viandes.

On peut conserver des viandes pendant six mois, en les faisant cuire à demi dans du vinaigre après les avoir désossées, pourvu qu'on les tienne dans un lieu frais. Quand on veut s'en servir, on les met tremper dans de l'eau avant d'achever de les faire cuire. Cette préparation convient à toute espèce de viande.

Pour les poissons, nettoyez-les, frottez-les de sel, cuisez-les à l'eau salée et mettez-les dans un bocal avec du fort vinaigre, auquel vous ajouterez du sel et des épices. Bouchez bien votre bocal et portez-le à la cave; vous conserverez, par ce moyen, des carpes, des brochets, des tanches, le saumon, l'anguille, etc. On peut également mariner le hareng de cette manière, après l'avoir dessalé dans de l'eau fraîche.

On peut de même frire le poisson dans de l'huile, et le mettre après dans le vinaigre.

Nous recommandons de n'employer à cet usage que des vases de grès, de verre ou de porcelaine, et non de faïence, car l'action prolongée du vinaigre dissoudrait le plomb qui forme la couverte ou vernis de la faïence.

Conservation du bouillon.

Aussitôt que la soupe du jour est trempée, on retire la

viande et les légumes, et on passe le bouillon à travers un tamis fin; on le laisse ainsi jusqu'au lendemain dans un endroit frais; mais si la température est chaude et qu'on soit privé de cellier, on ajoute pour chaque litre une petite pincée de carbonate de soude. La première altération du bouillon est l'acescence, ou le passage à l'aigre; le carbonate de soude s'empare de l'acide qui se forme alors, et le bouillon conserve sa saveur. Le lendemain, on fait bouillir ce même bouillon, et on enlève une écume blanche occasionnée par l'acide carbonique qui se dégage. Si le bouillon n'offre alors aucun indice d'acide, on le conserve sans addition jusqu'au troisième jour; s'il a contracté une odeur de sur, on ajoute du carbonate de soude.

Autre moyen.

Lorsqu'on a du bouillon qui commence à s'aigrir, on le met sur le feu, et lorsqu'il rentre en ébullition, on y jette un charbon enflammé ou bien un sachet de poussier de charbon.

Moyen de conserver le poisson.

Faites-lui jeter un bouillon dans une quantité d'eau un peu salée et suffisante pour le couvrir entièrement. Vous pouvez le laisser vingt-quatre heures en été et trois jours en hiver dans cette eau sans qu'il se corrompe, en veillant à ce qu'il soit toujours bien recouvert.

Si vous êtes forcé de le garder plus longtemps, remettez-le dans la même eau sur le feu, en y ajoutant un peu de sel, et vous lui ferez refaire un bouillon, ce qui vous permettra de le garder encore le même espace de temps. Mais la puissance de ce procédé s'arrête là, en le répétant de nouveau le poisson se détériore.

Employez pour cette opération une marmite de terre, car un vase de fer donnerait un goût détestable au poisson.

Conservation des gibiers.

Il ne s'agit simplement que d'ent*r*er le gibier dans un tas de blé ou de seigle. L'essentiel est qu'il soit parfaitement recouvert d'une certaine quantité de grain. On le retirera au bout de quelques jours, de cette sépulture provisoire, aussi frais que s'il venait d'être tué.

Conservation du lard.

La manière suivante de conserver le lard est d'autant plus utile qu'elle est simple et peu coûteuse : après que le lard a été quinze jours dans le sel, il faut avoir une caisse où il puisse en entrer trois pièces ; on mettra du foin au fond, on enveloppera chaque pièce de lard dans du foin, et on en mettra une couche entre deux ; cela l'empêche de rancir, et on le trouve au bout d'un an aussi frais que le premier jour. Il faut seulement avoir soin de le garantir des rats et des insectes qui peuvent se glisser dans la boîte.

Moyen d'attendrir la viande.

Avant de mettre dans la marmite le morceau de bœuf destiné au pot-au-feu, battez-le fortement dans tous les sens avec un bâton bien lisse, tel qu'un rouleau de pâtissier. Vous continuerez cette opération pendant quelques minutes, puis vous ficellerez votre viande et vous la mettrez dans la marmite.

Vous ferez la même opération avec le plat d'un couperet sur des biftecks ou des côtelettes que vous voudrez attendrir ; mais il faut se garder de faire cette opération trop longtemps d'avance, surtout dans les chaleurs d'été, car cela hâterait la décomposition de la viande.

Réduction du poids de la viande par la cuisson.

2 kilogrammes de bœuf	perdent par l'ébullition,	500 gr.
2 id.	perdent au rôtissage,	650
2 id.	perdent cuits au four,	600
2 id. de mouton	perdent par l'ébullition,	370
2 id.	perdent par le rôtissage,	680
2 id.	perdent cuits au four,	620

Salaison des viandes.

Lorsqu'on veut saler des viandes, on ôte, autant que possible, les vaisseaux sanguins qui les traversent, on les roule dans le sel, on les pétrit avec les mains, de manière à y incorporer le plus de sel possible; puis on les place dans un tonneau ou vase, en ayant soin qu'il ne reste aucun interstice entre les morceaux de viande qui ne soit rempli par le sel. On laisse pendant huit à dix jours la viande dans le saloir, au bout de ce temps, le sel y a pénétré et l'excédant s'est converti en saumure. Ce mode de salaison est propre à toutes les viandes et même au poisson.

Pour saler une pièce de bœuf de 6 kilog. il faut 1 kilog. de sel de cuisine, 15 grammes de salpêtre rafiné et 125 grammes de sucre en poudre. L'addition du sucre a pour objet de conserver à la viande une belle couleur rouge.

Procédé pour saler les jambons.

Pour six jambons, ayez 1 kilog. et demi de sel commun, ajoutez-y 125 grammes de salpêtre; mettez les jambons tremper toute une nuit dans une dissolution de sel, pour extraire le sang coagulé et autres sucs visqueux qu'ils peuvent encore contenir, puis frottez-les avec du sel et du salpêtre; mettez-les ensuite dans un vase, avec le sel, pour qu'il pénètre bien dans l'intérieur; répétez cette opération tous les jours pendant une semaine. Ils ont donné alors une quantité suffisante de saumure pour les recouvrir à moitié; mêlez avec cette saumure (en supposant qu'on opère sur 6 jambons) 30 grammes de sel ammoniaque que l'on réduit en poudre très-fine, et 125 grammes de belle cassonade, bien battue pendant quelques minutes, pour l'incorporer avec la saumure; on la verse doucement sur les jambons et on tourne ceux-ci sept à huit fois, à deux jours de distance. Au bout de ce temps, on les enlève, on les lave, on les pend dans un endroit très-sec, et on les laisse pendant une semaine sécher sans fumée.

Puis on fait du feu avec du bois de chêne, que l'on recouvre aux trois quarts de sciure de chêne mêlée de feuilles de genièvre que l'on arrose avec de l'eau. On expose les jambons à cette fumée pendant un certain nombre de jours.

Comme les jambons qui n'ont été pendus que pendant peu de jours ne sont pas assez secs, il faut encore les exposer à une température modérée et à un courant d'air. Lorsqu'ils sont parfaitement desséchés, on les emballe dans des boîtes ou caisses de la manière suivante .

On met une couche de jambons et une couche de sel de huit centimètres environ d'épaisseur, et ainsi de suite, puis on les abandonne à eux-mêmes. Cette opération les préserve des mouches dans les chaleurs de l'été et produit, pendant un intervalle de six semaines, une fermentation qui échauffe tellement les jambons que la graisse tend à devenir transparente. Aussitôt qu'on s'aperçoit de cet effet, on les déballe, on les met dans des sacs que l'on suspend; ils ont alors ce fumet qui caractérise les jambons de Bayonne. Cette fermentation dégage les parties superflues du sel dont ils sont imprégnés, rend la viande plus tendre et lui donne le fumet recherché par les gastronomes.

Beurre.

Le beurre récent doit être conservé dans un lieu très-frais ou tenu dans un vase placé dans de l'eau fraîche qu'on renouvelle plusieurs fois par jour, ou enveloppé dans un linge, qu'on tient toujours humide. Mais quelles que soient les précautions qu'on prenne, il ne tarde pas, surtout lorsqu'il fait chaud, à s'altérer au contact de l'air et à devenir rance. La fabrication du beurre n'étant pas égale dans toutes les saisons, il faut donc, pour le préserver de toute altération, employer des moyens de conservation qui consistent à le saler et à le fondre.

Salaison du beurre.

On prend deux parties de sel de cuisine, une partie de sucre et une partie de salpêtre, on pile le tout et on le mêle parfaitement; on répartit ensuite 140 grammes de ce mélange sur 500 grammes de beurre, que l'on pétrit avec soin jusqu'à parfaite incorporation des substances, pour que les sels pénètrent de toutes parts le beurre. Ainsi pétri, il se met dans des vases de grès bien lavés et très-secs, que l'on a soin de bien boucher. Cette méthode, qui permet de conserver le beurre très-longtemps, a encore l'avantage de le rendre ferme et moelleux.

Le choix du sel, du sucre et du salpêtre propres à la préparation que nous indiquons n'est pas indifférent.

Le sel doit être préalablement purifié et bien desséché au four ou à l'air.

Le sucre sera aussi bien pur, blanc et sec.

Le salpêtre (nitrate de potasse) que beaucoup de personnes pourraient répugner d'employer dans la crainte de provoquer des accidents, n'est nullement dangereux à la dose que nous indiquons et ne peut agir que comme rafraîchissant. On doit avoir soin de se le procurer très-pur.

Huit jours après que le beurre a été déposé dans les vases, on s'aperçoit qu'il s'est tassé et qu'il s'est formé du vide entre lui et les parois; on prépare une forte saumure en mettant du sel épuré dans de l'eau chaude, tant que cette eau pourra en dissoudre, on la verse froide et peu à peu sur le beurre jusqu'à ce qu'il en soit bien recouvert; on porte ensuite les vases dans un lieu frais.

On emploie l'eau chaude pour préparer la saumure en raison de sa propriété de dissoudre une plus grande quantité de sel.

Beurre demi-sel.

Dans le pays de Brai [1], le beurre, après avoir été soigneusement lavé et pétri dans plusieurs eaux froides, pour le débarrasser de tout le petit lait qu'il contient, est étendu en couches minces sur une grande table très-propre et humide, on répand dessus, pour chaque demi-kilogramme de beurre, 30 grammes de sel desséché au four et broyé dans un mortier de pierre ou de bois, on pétrit le tout avec un rouleau de bois, jusqu'à ce que le sel et le beurre soient bien incorporés. On emploie le sel gris de préférence au blanc.

Beurre fondu.

La fusion est un autre moyen de conserver le beurre

---

[1] Petit pays de Normandie dont les principales villes sont Neufchâtel et gournay.

qu'on destine à être gardé très-longtemps. Pour purifier le beurre par la fusion, on le place dans un chaudron de cuivre, sur un feu doux. Quand il est devenu liquide, il monte à la surface une écume qu'on enlève, et les impuretés se précipitent au fond du chaudron. On augmente encore sensiblement le feu jusqu'à ce que le beurre bouille, toujours en écumant et en remuant, pour empêcher que les matières précipitées ne brûlent au fond. L'opération se termine lorsqu'il ne s'élève plus d'écume et que le liquide est transparent : on le sale alors et on le laisse refroidir dans le chaudron, de façon à pouvoir y tenir le doigt sans se brûler, puis on le décante doucement, jusqu'au dépôt, dans des vases de grès qu'on a fait chauffer et qu'on couvre avec soin.

Beurre fondu au bain-marie.

Avec ce procédé, le beurre a beaucoup moins l'action du feu et conserve beaucoup plus de saveur. Pour bien réussir, il faut le faire fondre dans un bocal de verre, posé dans une casserole ou dans un petit chaudron au fond duquel vous aurez mis une grille ou un triangle en bois pour empêcher que le bocal ne touche le fond. Maintenez toujours une assez douce ébullition. Par la transparence du verre vous pouvez vous assurer de la clarification du beurre ; s'il l'est suffisamment, enlevez le chaudron du feu et retirez le bocal lorsque l'eau ne sera plus que tiède ; laissez-le ensuite refroidir pour le plonger de nouveau dans l'eau tiède jusqu'à la hauteur du beurre ; retournez-le sur une assiette et retirez entièrement le dépôt sans crainte d'enlever du beurre, remettez-le ensuite dans une casserole, puis faites-le fondre encore au bain-marie et versez-le avec précaution dans un pot en faïence.

Moyen d'enlever la rancidité du beurre.

Il faut le battre ou le pétrir dans une quantité d'eau suffisante, contenant vingt à trente gouttes de chlorure de chaux par kilogramme de beurre ; laissez le beurre en repos pendant deux heures, puis pétrissez-le de nouveau dans de l'eau. Il sera même bon de réitérer ce lavage deux fois, en changeant chaque fois l'eau.

Beurre fait à la minute.

A la fin de l'hiver, à l'époque où le beurre parfaitement frais est encore assez rare, parce que les vaches nourries à l'étable n'ont pas encore été conduites au pâturage, voici un moyen facile de s'en procurer à l'instant, pourvu qu'on ait de la crème :

Au lieu de baratte, prenez une bouteille à large goulot, remplissez-la aux trois quarts de bonne crème, puis agitez-la dans tous les sens, à force de bras; secouez de haut en bas et de gauche à droite. Le beurre ne tardera pas à s'agglomérer; quand vous vous en apercevrez, faites couler dehors le petit lait, et, tournant toujours du même côté, faites prendre au beurre la forme d'un petit rouleau qui sortira facilement par le large goulot de votre bouteille.

Il est presque inutile d'ajouter qu'il faudra soigneusement laver votre bouteille à l'eau chaude pour qu'elle ne prenne pas une mauvaise odeur.

Conservation des œufs.

Il y a plusieurs moyens de conserver les œufs, presque tous demandent du temps et des soins. Voici le plus simple et le plus économique. Mettez dans un baquet quelques poignées de chaux vive éteinte; posez dessus un plateau en bois percé, à défaut un fort lit de forte paille de seigle et rangez-y les œufs, puis versez dessus le lait de chaux pour les couvrir d'environ six à huit centimètres.

Lait de chaux. — Délayez de la chaux vive dans de l'eau jusqu'à ce qu'elle forme une pâte de la consistance de la crème double, laissez-la se dissoudre et reposer, écumez-la après, puis décantez-la pour la verser sur les œufs lorsqu'elle est refroidie. — La quantité d'eau que l'on prend doit être environ des trois quarts du contenu du baquet, et la chaux éteinte mise sous le plateau doit être en rapport avec cette quantité; cette chaux sert à revivifier le lait que l'évaporation altère.

Recouvrez le baquet avec un rond de bois. Pour retirer les œufs, on se sert d'une cuillère percée.

Autre moyen. — On enduit les œufs d'une couche assez consistante de gomme arabique fondue dans l'eau, et lorsqu'elle est sèche, on les met dans une caisse et on les recouvre avec du charbon pulvérisé bien sec. Lorsqu'on veut les employer, on les fait tremper dans de l'eau froide pour les nettoyer. Ce procédé est bon et peu coûteux si on emploie de la gomme commune.

Autre moyen. — On plonge les œufs dans de l'eau bouillante, on les y laisse pendant une minute au plus, puis on les retire pour les faire sécher; on les range sur des tablettes garnies de paille ou de son dans un lieu sec et obscur autant que possible. Ces œufs ne seront pas altérés parce qu'il ne peut y avoir d'évaporation. Lorsqu'on veut en manger à la coque, il faut les plonger dans l'eau bouillante et les y laisser 2 minutes; si on les emploie pour être cuits sur le plat, il faut en mettre davantage à cause du déchet. Si l'on en fait une omelette, évitez d'y mettre la partie coagulée.

Ces trois moyens sont les meilleurs, aussi nous nous dispensons de donner les autres qui sont loin de donner d'aussi bons résultats; on peut trouver d'autres procédés en observant toujours que les œufs doivent être très-frais, et qu'il faut les priver du contact immédiat de l'air, de l'humidité, de la chaleur et de la gelée.

Conservation du lait.

Remplissez de lait frais une bouteille que vous plongerez jusqu'au goulot dans de l'eau que vous laisserez bouillir un quart d'heure. Retirez alors votre bouteille et bouchez-la immédiatement avec soin, en la goudronnant, afin que le lait qu'elle renferme n'ait aucune communication avec l'air. Vous pourrez conserver de cette manière du lait pendant plus d'une année.

Autre procédé. — Mettez une cuillerée de raifort sauvage,[1] râpé dans une terrine de lait. Ce lait conservera

---

[1] Le raifort sauvage qu'on appelle aussi *Moutarde des Allemands*, est

sa douceur pendant plusieurs jours, soit qu'il reste exposé à l'air, soit qu'on le tienne dans un cellier, tandis que celui qui n'aura pas subi cette préparation deviendra aigre.

Conservation des graisses et leur clarification.

Dans les cuisines, on a les graisses provenant des rôtis, des dégraissés, des cuissons, de sauces, de jus et de bouillon. Les unes et les autres se clarifient de même ; mettez-les dans une casserole sur un feu vif, et lorsque le bouillonnement devient moins fort, retirez la casserole sur un feu extrêmement doux ; jetez dans la graisse une tranche assez épaisse de pain humide, laissez bouillir doucement, et lorsque le pain frit, retirez la casserole du feu et passez la graisse à la serviette lorsqu'elle aura perdu sa grande chaleur. Les graisses rancissent lorsqu'elles ne sont pas bien clarifiées, et lorsqu'il y reste encore des parties aqueuses elles ne peuvent frire ; aussi chaque fois que vous en ferez clarifier, n'oubliez pas d'y ajouter un morceau de pain humecté. Placez la dans un lieu sec et frais, les pots bien bouchés avec de fort papier.

Graisse d'oie.

Opérez comme ci-dessus et n'oubliez pas le morceau de pain humecté. Cette graisse doit avoir une couleur blonde que vous obtiendrez en laissant frire un peu plus le pain.

Enlever la rancidité de la graisse.

Faites fondre votre graisse dans de l'eau bouillante, en y joignant un nouet de poussier de charbon de bois formé avec un linge blanc et d'un tissu assez serré pour ne pas laisser passer la poussière de charbon. Donnez plusieurs bouillons à l'eau et à la graisse fondue qu'elle contient ; puis retirez le vase du feu, ôtez le nouet et laissez refroidir la graisse qui aura perdu sa rancidité.

Le noir d'os, que l'on appelle également *noir animal*,

---

une racine blanche semblable à un gros panais. Râpée, elle remplace parfaitement la moutarde, et forme un condiment fort agréable avec le bouilli.

produit un effet encore plus complet que le charbon de bois.

Conservation des légumes.

Les racines, telles que carottes, panais, navets, salsifis, se conservent dans une cave ou un cellier, enterrées dans du sablon jusqu'à la fane. On les range obliquement, c'est-à-dire par couches inclinées et séparées par des lits de sable. Il est essentiel que chaque racine soit isolée de la racine voisine par le sable, et qu'elle soit bien sèche avant d'y être placée. La fane doit être coupée à trois ou quatre centimètres de la racine.

Choux.

Les choux-pommes ou cabus et les choux de Milan peuvent se conserver en les couchant à terre dans un cellier, les uns à côté des autres. On dispose les rangées de façon que les têtes touchent aux racines de ceux qui sont devant; on jette un peu de terre sur ces racines, et, quand les gelées approchent, on couvre les choux avec de la grande litière sèche et bien secouée. On peut aussi se borner à les suspendre à un plancher dans un lieu où il ne gèle pas.

Choux-fleurs.

Nettoyez la pomme de toutes ses feuilles et coupez-les par tranches de l'épaisseur du doigt; mettez-les dans de l'eau bouillante avec une poignée de sel, et faites-leur jeter un bouillon. Après les avoir retirés et égouttés, mettez-les au soleil sur des claies, et, deux jours après, dans un four qui ne soit que tiède. Si en les retirant, vous ne les trouvez pas suffisamment secs, remettez-les encore au four. Cela fait, enfermez-les dans un sac de papier et conservez-les pour le besoin.

Artichauts.

On choisit les plus beaux et les plus sains. On coupe la queue et l'extrémité des feuilles, et on les trempe dans l'eau bouillante assez longtemps pour pouvoir en extraire le foin. Saupoudrez l'intérieur avec du sel et placez-les dans un vase de grès avec de l'eau et une bonne poignée de sel; le lendemain, changez votre eau et faites une saumure plus forte encore avec trois ou quatre poignées de sel et un verre de vinaigre. Il est bon de recouvrir la saumure d'une couche légère de beurre fondu, ou d'huile, qui, empêchant le contact de l'air, contribue à la conservation des artichauts. On les fait tremper dans l'eau tiède avant de les manger, et l'on a soin de les faire cuire à grande eau pour leur enlever le goût de saumure.

Haricots verts.

Les meilleurs haricots à confire proviennent de la semence de haricots gris. On épluche les bouts, on les met jeter un bouillon dans de l'eau bouillante pendant dix minutes, puis on les jette dans l'eau fraîche pour les refroidir; on les fait égoutter; on les met dans des pots propres, et par-dessus une saumure jusqu'au bord du pot; on verse ensuite sur la saumure une petite quantité de beurre fondu ou d'huile. Il faut serrer ces pots dans un endroit qui ne soit ni trop chaud ni trop froid.

La saumure se fait avec deux tiers d'eau, un tiers de vinaigre, et une livre de sel pour chaque pinte de liquide. On fait chauffer la saumure jusqu'à ce que le sel soit fondu. On la laisse ensuite reposer au clair, et l'on s'en sert.

Pommes de terre.

Les pommes de terre se conserveront parfaitement bien si on les met dans un tonneau défoncé, avec assez de sable pour remplir tous les intervalles, en sorte qu'elles ne se touchent que le moins possible.

Voici un autre moyen pour empêcher leur germination indiqué par M. Vilmorin, célèbre horticulteur, il consiste à étendre sur l'aire d'un grenier, chaque année, à la fin de février ou au commencement de mars, une couche de tubercules, dont l'épaisseur ne doit pas excéder 8 à 10 centimètres. Les fenêtres ou lucarnes devront rester ouvertes toutes les fois qu'on ne craindra ni la pluie ni la gelée.

Cette exposition de la pomme de terre à l'air et à la lumière arrête sa végétation; elle verdit à sa surface, mais elle conserve sa fermeté en même temps que ses facultés végétatives, si on avait intention d'en planter.

CONSERVATION DES SUBSTANCES PAR LE BAIN-MARIE.

La conservation de ces substances est due à la centralisation de l'air concentré, au parfait bouchage, à la qualité des fruits, aux degrés de sirop selon leur plus ou moins de maturité, et à la durée des cuissons en rapport avec le fruit.

On choisit les bouchons du liége le plus fin, sans gerçures ni fragments durs et d'une grosseur telle qu'ils puissent entrer avec pression au moyen du bouchoir fig. page 409. Pour les rendre plus moelleux, on les prend tant soit peu plus gros qu'il n'est nécessaire et on enlève l'excédant avec une râpe fine, ou bien on les fait tremper pendant deux heures, puis on les bat avec une palette pour les amollir, mais avant on doit couper l'arête du petit bout. Le bouchon doit entrer de 3 quarts. En remplissant les bouteilles, on doit réserver au moins 2 centimètres de vide entre le bouchon et le contenu. Avant de boucher, il faut tasser légèrement les bouteilles pour qu'il y ait le moins d'air possible.

On doit employer des fruits fraîchement cueillis un peu avant leur maturité, sans tache ni gerçure, tous égaux et très-sains. Il faut rejeter les fruits trop mûrs, autrement ils fermenteraient. Si dans le nombre il s'en trouvait quelques-uns bons et un peu mûrs, employez-les en leur donnant un sirop plus fort en degré selon leur point de maturité. Le trop de degrés du sirop racornit le fruit. On doit aussi apporter du soin à la mise en bouteilles; les fruits doivent être rangés avec ordre à l'aide d'une palette. On les tasse avant de les remplir de sirop; nous désignons ceux auxquels il ne faut point de tassement. On se sert d'un chaudron ou d'une bassine de 30 à 35 centimètres de hauteur et de 45 à 50 centimètres de largeur. On garnit le fond d'une clayette ou avec de la paille longue, dont on fait un lit de 3 centimètres d'épaisseur environ, sur lequel on place les bouteilles debout, enveloppées dans un petit sac que l'on attache au-dessus du bouchon, ou avec du vieux linge pour éviter la casse. Versez l'eau froide jusqu'à 5 centimètres au-dessous de la cordeline ; couvrez les bouteilles avec des linges mouillés pour empêcher le refroidissement et les préserver de la casse. Amenez lentement l'ébullition que vous maintiendrez jusqu'au point indiqué pour chaque substance et découvrez aussitôt. Évitez de retirer de suite les bouteilles, l'action subite de l'air froid sur le chaud les ferait casser. Refroidissez en retirant de l'eau chaude et en en mettant de la froide avec précaution, au moyen d'un long entonnoir assez étroit du bas, que vous introduisez çà et là contre les parois de la bassine. Ne sortez les bouteilles qu'après le complet refroidissement. Si l'on a un endroit sec pour les déposer, il est inutile de les goudronner ; dans le cas contraire, cette opération se fait le lendemain.

Légumes.

Pois. — Choisissez des pois de Clamart ; triez-les pour en extraire les trop fins et tous ceux qui pourraient être tachés ou piqués ; jetez-les dans l'eau bouillante, maintenez une forte ébullition. Lorsqu'ils seront cuits et encore un peu fermes, versez-les sur un tamis et laissez-les refroidir pour les mettre en bouteilles. Tassez, bouchez, fixez le lien de fil de fer et donnez 25 minutes d'ébullition.

Lorsqu'on veut en faire usage on vide dans une casserole les pois contenus dans une bouteille, on ajoute un morceau de beurre très-frais, un morceau de sucre, un bouquet de persil et on achève la cuisson.

Tomates. — Choisissez-les très-mûres, bien rouges, sans tache ni moisissure, arrachez le calice (le vert), coupez-les en deux, pressez-les et mettez-les fondre dans un chaudron sur un feu modéré, remuez ; lorsqu'elles seront bien fondues, versez-les dans un linge étendu sur une clayette ou sur un panier plat, puis laissez-les égoutter jusqu'au lendemain. Épongez l'eau qui se trouve retenue dans quelques cavités, passez les tomates à l'étamine et mettez-les en bouteilles ; bouchez et donnez 15 minutes d'ébullition.

Truffes. — Faites-les tremper dans l'eau le temps nécessaire pour ôter la terre qui les recouvre. Brossez-les en les retrempant dans l'eau jusqu'à ce qu'il n'y en ait plus aucune trace. Enlevez légèrement avec le couteau les parties rugueuses qui les recouvrent. Mettez-les dans une casserole avec un peu d'eau et un peu de sel, couvrez-les et faites les cuire. Retirez-les du feu lorsqu'elles céderont un peu sous la pression des doigts; laissez-les refroidir, mettez les en bouteilles, donnez 1 heure d'ébullition si elles sont grosses et une demi-heure si elles sont en quartiers.

Fruits.

Pêches. — On choisit des pêches belles et sans tâches. La galande, la grosse mignonne et la pavie-alberge peuvent être employées assez mûres et le brugnon musqué pas trop ferme; remplissez la bouteille avec du sirop à 26 degrés et donnez 3 minutes d'ébullition.

Abricots. — On donne la préférence à l'abricot commun et à l'abricot-pêche de plein vent. Il faut les choisir d'une belle couleur jaune et un peu fermes, quoique mûrs. Coupez-les en deux, retirez les amandes que vous émondez, rangez-les dans les bouteilles, ajoutez les amandes; remplissez avec du sirop à 26 degrés et donnez 3 minutes d'ébullition.

Prunes. — Prenez des prunes de reine-Claude un peu fermes, piquez-les jusqu'au noyau avec 2 ou 3 aiguilles fichées dans un bouchon. Coupez les queues à 5 millimètres du fruit; rangez-les avec précaution dans les bouteilles et remplissez avec du sirop à 26 degrés, donnez 4 minutes d'ébullition.

Mirabelles (la grosse). — Choisissez-les d'un beau jaune et pas trop mûres, coupez les queues à 5 millimètres du fruit; remplissez avec du sirop à 22 degrés et donnez 3 minutes d'ébullition. Tassez-les peu.

Ananas. — Épluchez-les d'abord très-légèrement, puis un peu plus largement; mettez les parures de côté. Coupez-les en tranches de 3 millimètres d'épaisseur, rangez-les dans des bouteilles à large goulot et remplissez avec du sirop à 28 degrés, donnez 4 minutes d'ébullition. Mettez les parures en bouteilles, ajoutez le même sirop et donnez une même ébullition.

Cerises. — Prenez-les saines et peu mûres; coupez les queues à 5 millimètres du fruit; remplissez de sirop à 28 degrés et donnez 3 minutes d'ébullition.

Chicorée.

Après l'avoir épluchée et lavée avec soin en rejetant les feuilles vertes, on la jette dans l'eau bouillante et salée; on la retourne jusqu'à ce qu'elle soit diminuée de volume sans être cuite, on la jette alors dans de l'eau fraîche; on la retire ensuite, et on la laisse égoutter; on la met dans des pots de grès et on la foule bien. Au bout de vingt-quatre heures, elle rend beaucoup d'eau salée; on l'égoutte de nouveau en la pressant, puis on verse dessus de la saumure bien claire. On recouvre le vase d'une couche d'huile comme pour les haricots verts.

Oseille.

Épluchez et lavez-la à grande eau et plusieurs fois; lorsqu'elle est égouttée, pressez-la fortement entre les mains pour en extraire l'eau, et jetez-la dans un chaudron avec un peu de sel; tournez-la avec la spatule pour qu'elle fonde, puis appuyez dessus, et retournez-la pour qu'elle cuise également. Si en la touchant elle se met en pâte, retirez-la pour la verser sur un ou plusieurs linges étendus sur des paniers d'osier plats, puis laissez égoutter vingt-quatre heures. Il reste toujours un peu d'eau dans les creux de la couche, épongez-la et renfermez l'oseille dans des pots de grès, tassez pour qu'il n'y ait point d'air, et recouvrez-la d'un centimètre d'épaisseur avec du beurre fondu ou avec de la bonne graisse de bœuf et de veau mêlée et clarifiée.

Préparation des cornichons.

On épluche les cornichons en ôtant la queue et les portions de fleurs qui peuvent rester au bout; puis on les brosse un à un avec une vergette demi-rude. On les met alors dans une terrine de grès; on les saupoudre de sel et on secoue fortement pour que le sel se répande sur les fruits. Il se forme bientôt une saumure, composée du sel et de l'eau que les cornichons ont suée. Le lendemain, on jette cette saumure et on saupoudre de nouveau avec du sel, qu'on laisse 24 heures, en secouant plusieurs fois la terrine dans la journée; il se forme de nouveau de l'eau qu'on retire. On les met ensuite dans un bocal, et on verse dessus de bon vinaigre de vin. On les y laisse huit jours, puis on retire le vinaigre, qu'on gardera pour les usages de la cuisine. On verse ensuite du vinaigre nouveau sur les cornichons, en y ajoutant tous les assaisonnements et accompagnements que vous voudrez, tels que poivre, épices, estragon, menthe, laurier, fenouil, percepierre, piment, etc., etc.

Ne jetez jamais du vinaigre bouillant sur les cornichons, comme le font quelques personnes; ne les préparez que dans des vases de grès, de porcelaine ou de verre, et défiez-vous des cornichons d'un vert trop vif et trop cru : ils doivent souvent cette couleur à du cuivre dissous dans le vinaigre.

Conservation naturelle des fruits.

Il faut pour conserver les fruits les mettre dans un lieu ni trop clair ni trop sombre, ni trop humide ni trop sec, éloigné de toutes secousses et de matières pouvant entrer en fermentation; le sol doit être carrelé ou parqueté, il doit être tenu très proprement; les fruits doivent être placés sur des tablettes éloignées du mur, afin que l'on puisse circuler autour pour en passer l'inspection. Une couche de paille longue et bien sèche doit recouvrir les tablettes. On y placera le fruit sur son œil, et on les tiendra assez éloignés les uns des autres. Dans les fortes gelées, il est nécessaire de recouvrir les fruits avec des couvertures de laine. On doit aussi calfeutrer avec soin toutes les ouvertures. Cette conservation demande, en général, de fréquentes visites et une grande propreté.

Raisins. — Choisissez les raisins dont les baies (grumes) soient très-espacées et cueillez-les un peu avant leur maturité. Avec de petits ciseaux coupez les baies tachées, celles trop rapprochées et tout ce qui serait altéré par la moisissure ou autre chose, il faut qu'ils soient d'une propreté parfaite ; laissez-les reposer pour faire sécher les coupures.

Établissez dans une grande boîte un lit de son, bien séché au four, auquel vous donnerez au moins 5 centimètres d'épaisseur ; formez sur cette première couche un lit de grappes, veillant à ce que le raisin ne touche pas les parois de la boîte et à ce que le son pénètre bien entre les interstices que laissent entre eux les grains de raisin.

Recouvrez ce premier lit de raisin d'une couche de son, recouvert à son tour par un lit de raisin. Continuez ainsi, en alternant le son et les grappes, jusqu'à ce que la boîte soit remplie. Replacez-y le couvercle en veillant à ce qu'il soit hermétiquement fermé ; placez-la dans un lieu sec et où la température soit égale, autant que possible, et vous conserverez plus de six mois vos fruits sans la moindre altération.

Comme il est essentiel d'isoler les grains de raisin les uns des autres, par l'intermédiaire du son, le raisin blanc, pour ce mode de conservation, est préférable au raisin noir, dont les grappes sont fort serrées.

Autre procédé. — On conserve aussi le raisin en le suspendant par une petite S en fer à des tringles de bois

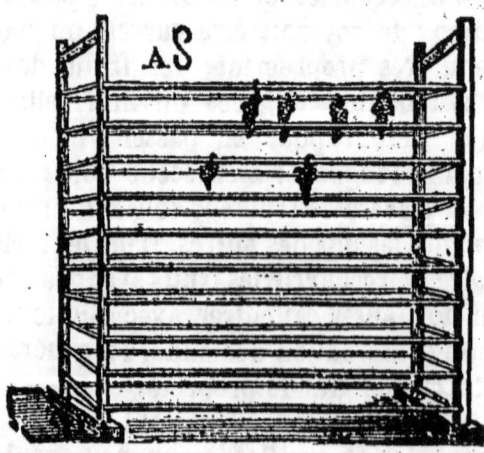

horizontales, supportées par quatre montants. On place ces *porte-raisin* dans une pièce réunissant les conditions que nous avons énumérées plus haut, et on peut de cette façon le surveiller fréquemment et enlever au fur et à mesure les grains gâtés.

Autre procédé. — Choisissez de belles grappes de chasselas; enlevez soigneusement les grains meurtris ou gâtés, puis enduisez de cire à cacheter l'extrémité de la queue de chaque grappe, et suspendez ces grappes dans un lieu aéré et surtout bien sec. Vous pourrez, par ce moyen, conserver du raisin pendant quatre ou cinq mois.

Poires.

Les poires qu'on veut conserver doivent êtres mûres à point, et sans aucune meurtrissure ni éraillure sur la peau. Trempez le bout de leur queue dans de la cire d'Espagne ou du goudron à bouteille fondu, et mettez-les sur des planches en lieu sec.

Autre moyen de conservation pour les poires et les pommes. — Les fruits cueillis et apportés dans la serre, couvrez-les d'une toile et de foin par dessus. Préparez ensuite des jarres en terre vernissée, faites sécher du sable fin et sans mélange. Mettez au fond de la jarre une couche de ce sable sur laquelle vous arrangerez un lit de fruits. Vous continuerez ainsi, en alternant les lits de fruits et les couches de sable jusqu'à ce que la jarre soit pleine; comblez-la d'un dernier lit de sable et mettez le couvercle.

La jarre doit être placé dans un lieu sec et autant que possible à l'abri de la gelée. En arrangeant les fruits, vous veillerez à ce qu'ils ne se touchent pas entre eux, ni aux parois de la jarre. Vous en écarterez soigneusement tous ceux qui sont meurtris ou véreux.

Moyen nouveau de conserver toute espèce de fruits.

Les fruits que l'on choisit doivent être mûrs, mais sans excès. Il faut rejeter tous ceux sur lesquels on remarquerait des taches ou des meurtrissures; vous supprimerez les grains altérés des grappes de raisin ou de groseille, et vous rejetterez tout fruit piqué.

Vous prendrez une boîte de grandeur suffisante que vous garnirez intérieurement de papier soigneusement collé.

Vous vous procurerez du sablon blanc ou jaune parfaitement sec; s'il ne l'était pas, on le ferait passer au four; vous en mettrez une couche de 2 ou 3 centimètres au fond de la boîte; puis vous rangerez vos fruits sur cette couche en évitant qu'ils se touchent, ensuite avec un tamis vous ferez tomber en forme de pluie une nouvelle couche de sablon sur ces fruits jusqu'à ce qu'ils soient recouverts à la hauteur de 2 centimètres. Sur cette couche vous établirez un nouveau lit de fruits, puis de sable, et ainsi de suite jusqu'à ce que la boîte soit remplie; la dernière couche doit avoir une épaisseur double des autres.

Vous conserverez cette boîte dans un lieu parfaitement sec.

Noix sèches.

On peut rendre aux noix une fraîcheur presque égale à celles des noix nouvelles, en creusant en terre un trou profond de 50 centimètres, au fond duquel on dépose, enveloppées dans un linge, la quantité de noix dont on veut faire usage à la fois, car s'il en restait, elles moisiraient. Vingt-quatre heures après on les retire, et elles sont aussi faciles à débarrasser de leur pellicule que si elles venaient d'être cueillies. Elles ont également repris une certaine douceur.

Dessiccation des légumes.

La dessiccation des légumes est un excellent moyen de conservation; ils n'ont point autant de goût que ceux conservés au bain-marie, mais ils ont l'immense avantage d'entrer pour une grande partie dans l'alimentation des peuples. Nous sommes tributaires de la Hollande pour ce procédé. Étant dans ce pays en 1827, nous en avons fait usage avec succès, cette industrie y était et y est encore très-étendue. MM. Masson et Cholet ont perfectionné cette fabrication et l'ont portée presque au dernier degré.

Un ménage a beaucoup plus d'intérêt à acheter ces légumes qu'à les fabriquer; cependant nous en donnons les procédés qui ne sont sans doute pas ceux de ces messieurs, mais qui peuvent donner de bons résultats.

Il faut une grande étuve ayant des châssis garnis de canevas bien tendus, espacés de 10 à 12 centimètres l'un de l'autre et qu'on puisse retirer comme des tiroirs.

On se sert aussi d'un grand four qu'il faut maintenir à 60 degrés, ce qui est difficile à moins que l'âtre ne soit en fonte et que les châssis n'y portent pas, car il faut prolonger la chaleur jusqu'à parfaite dessiccation.

Manière de faire sécher. — On étend ces légumes sur les châssis, en en faisant une couche légère, et on les met aussitôt dans l'étuve ou dans le four; il faut les remuer de temps en temps pour hâter la dessiccation et pour éviter la fermentation; laissez-les ainsi jusqu'à ce qu'ils soient assez secs.

Un point essentiel est que les légumes soient cueillis et séchés le même jour.

Lorsque les légumes sont parfaitement secs, on renferme les pois, les flageolets, les fèves de marais, les choux-fleurs et les choux de Bruxelles dans des bocaux ou dans des boîtes bien propres qu'on bouche et qu'on place dans un lieu très-sec. On met les autres dans des sacs de toile ou de papier ou dans des boîtes et dans un endroit sec.

Lorsqu'on veut employer ces légumes, il faut les laver en les maniant légèrement dans la main, puis on les fait tremper pendant 2 heures et demie dans de l'eau tiède; on peut les faire cuire dans leur eau en y ajoutant un peu de beurre et du sel en quantité suffisante, puis un bon morceau de beurre frais en versant ce potage dans la soupière.

Pour les petits pois, faites-les tremper dans de l'eau tiède juste à leur hauteur et couvrez le vase, sautez-les ensuite avec du beurre.

Pruneaux.

Le meilleurs pruneaux sont faits avec les prunes d'*ente* ou *robe-de-sergent*.

Voici comment on les prépare dans la commune de Temple et autres près d'Agen :

On les cueille à leur parfaite maturité ; on les range sur des claies de roseaux tressés et on les laisse sécher pendant quelques jours à l'ardeur du soleil ; puis à la fin du dernier jour on chauffe le four du boulanger de 35 à 40 degrés centigrades au plus ; on y met les prunes qu'on y laisse 12 heures, puis on les retire ; on ne les retourne qu'après leur complet refroidissement ; on les remet dans le four chauffé cette fois de 55 à 60 degrés ; on les y laisse encore 12 heures ; on les fait refroidir de nouveau, puis on les enfourne une troisième fois, le four est alors chauffé de 75 à 80 degrés au plus, et on ne les y laisse qu'une heure.

On peut se servir des prunes de reine-Claude ; elles doivent être choisies très-saines. Lorsqu'elles sont bien refroidies, laissez-les sécher encore, puis rangez-les dans des paniers ; on peut superposer les claies dans le four si l'on en a une grande quantité.

Cerises.

Choisissez des cerises à chair ferme mais mûres, la griotte est préférable ; laissez les queues et opérez comme ci-dessus ; on peut ne les mettre que deux fois au four, si l'on a assez de soleil pour terminer la dessiccation.

On les met en petits bouquets qu'on attache.

Poires séchées et glacées.

Parez (pelez) les poires avec soin ; ratissez la queue et n'en laissez qu'un centimètre et demi, jetez-les dans de l'eau fraîche, puis mettez-les dans une bassine, mouillez-les grandement avec de l'eau et faites-les bouillir ; retirez-les au fur et à mesure qu'elles fléchissent sous les doigts et mettez-les rafraîchir dans une terrine d'eau fraîche. Égouttez-les, et lorsqu'elles le seront bien, pesez-les e prenez 50 grammes de sucre par livre de fruit; mettez-les dans un poêlon et faites un sirop à 20 degrés au pèse-sirop, jetez-y alors les poires, donnez-leur un bouillon et versez le tout dans une terrine que vous recouvrez d'une feuille de papier. Agitez-les parfois pour qu'elles s'imprègnent toutes également de sucre. Six heures après, dressez-les sur les claies, la queue en haut et mettez-les au four ainsi qu'il est indiqué pour les pruneaux; mettez-les dans le sucre entre chaque intervalle. Vous chaufferez le four 4 fois de 55 à 60 degrés centigrades; les poires resteront 12 heures dans les trois premières cuissons, et 15 à 18 heures dans la dernière. Lorsqu'elles sont retirées on les expose pendant deux jours à l'air, couvertes d'une gaze pour les mettre à l'abri des mouches; puis on les conserve dans un endroit sec; la poire de Rousselet convient particulièrement pour ce travail.

Vinaigre à l'estragon. — Voici comment se prépare cet excellent vinaigre : versez 10 litres de vinaigre dans un pot de grès, et mettez-y infuser 300 grammes d'échalotes, le même poids d'estragon, 180 grammes d'ail, 100 clous de girofle, 35 grammes de fleurs de sureau et la même quantité de feuilles de menthe poivrée. Laissez infuser le tout au soleil durant six semaines en été et pendant deux mois en hiver. Au bout de ce temps ajoutez un litre de vinaigre à votre infusion, filtrez à la chausse et conservez votre vinaigre dans des bouteilles bien bouchées.

Fromage (le préserver des vers). — Voici une excellente méthode pour préserver des vers toute espèce de fromage. On brûle jusqu'au blanc des os de boucherie, que l'on broie ensuite, et on saupoudre avec cette espèce de poudre le tour, le dessus et le dessous des fromages; les mouches alors n'y peuvent pénétrer, et les fromages étant recouverts de cette manière peuvent se conserver fort longtemps. Avant de les servir à table, il est nécessaire d'enlever soigneusement les cendres des os pulvérisés.

CHAPITRE III

RECETTES DIVERSES.

Nettoyage de l'argenterie.

Le blanc d'Espagne légèrement mouillé et appliqué sur l'argenterie, au moyen d'un linge doux et frotté jusqu'à ce qu'il soit sec, est le meilleur moyen de rendre l'argenterie brillante. La plupart des autres poudres que l'on vante ont pour inconvénient de la rayer plus ou moins.

Quelquefois l'argenterie est tachée ou noircie par des émanations sulfureuses. Les jaunes d'œufs qui contiennent beaucoup de soufre ont notamment cette propriété. Quelques livres de recettes recommandent de frotter l'argenterie ainsi tachée avec de la suie; mais la suie n'a aucune action chimique sur ces taches sulfureuses, elle ne les enlève que par le frottement, en rayant le métal et en lui ôtant son brillant. Il vaut donc mieux frotter un peu plus longtemps dans ces endroits tachés avec le blanc d'Espagne qui ne raie point et la tache disparaîtra.

Nettoyage des carafes de cristal.

Voici un moyen éprouvé de nettoyer parfaitement l'intérieur d'une carafe ternie par le dépôt des eaux. Prenez une grosse pomme de terre, coupez-la par petits morceaux de la grosseur d'une noisette, mettez-en une petite poignée dans la carafe avec de l'eau et du vinaigre; secouez-la dans tous les sens pendant quelque temps, puis videz-la; rincez-la avec de l'eau claire et elle aura repris la transparence du cristal.

Pour l'extérieur qui se ternit si promptement, prenez du

gros papier gris, faites-le tremper et servez-vous de cette espèce de pâte pour en frotter toute la surface.

Vous aurez ainsi l'éclat du cristal.

Nettoyage du cuivre (Batterie de cuisine).

Voici la composition d'une eau avec laquelle on rendra aux ustensiles de cuivre le même éclat que s'ils étaient neufs.

Eau.	250 grammes.
Acide sulfurique.	60 —
Sulfate d'alumine (alun).	15 —
Tripoli.	50 —

Agitez cette eau avant de vous en servir; versez-en un peu sur un linge et frottez-en vivement le cuivre, qui deviendra très-brillant.

Si le cuivre que vous voulez nettoyer présentait des parties grasses, telles que suif, huile ou bougie, il faudrait d'abord le chauffer et enlever avec un morceau de grosse toile toutes ces parties grasses qui empêcheraient l'action de l'eau ci-dessus.

L'*eau de cuivre* est une dissolution d'acide oxalique ou sel d'oseille qu'on emploie pour nettoyer les objets en cuivre.

Nettoyage des glaces.

Versez deux ou trois cuillerées de vinaigre dans un demi-litre d'eau bouillante, jetez-y ensuite un morceau de blanc d'Espagne d'environ 50 grammes; il se produira une légère effervescence; le plus fort de la craie tombera au fond; prenez alors le dessus qui aura l'aspect laiteux; étendez cette eau blanche sur la surface de votre glace, et quand elle sera sèche, frottez vivement avec un tampon de linge fin. Le poli reviendra parfaitement. Ce procédé est préférable à celui qu'on a coutume d'employer, en ce que le vinaigre et l'ébullition précipitent au fond du vase les parties du blanc qui sont susceptibles de rayer, ce qui arrive lorsqu'on délaye simplement la craie dans de l'eau froide. Ce moyen est bon pour toute espèce d'objets de cristal.

Moyen pour déboucher les flacons ou les carafes.

Il arrive fréquemment qu'un bouchon de cristal est forcé dans le col d'un flacon ou d'une carafe, de manière qu'on ne peut le retirer sans courir le risque de casser la tête du bouchon ou de briser le flacon. Rien n'est plus facile que d'enlever ce bouchon. Pour cela, allumez un morceau de papier et flambez, pendant une demi-minute tout au plus, le col de la carafe en présentant successivement tous ses points à la flamme. Après cette opération vous enlèverez sans peine le bouchon.

Blanchissage.

Le blanchissage proprement dit consiste à nettoyer les fibres ou les tissus, de toute substance qui les salit accidentellement et principalement des matières grasses. De tout temps on a eu recours aux lessives pour cet objet, mais leur emploi exige quelques précautions dont la principale consiste à faire varier le dégré de concentration de la liqueur alcaline avec la force de tissu sur lequel on opère, et avec la quantité d'impureté dont il est imprégné. De là la nécessité de faire un triage du linge et de le partager au moins en trois parties; savoir : le linge fin, le linge de couleur et celui de cuisine ; si l'on agissait autrement, une portion du linge se blanchirait aux dépens de l'autre, et le linge fin serait retiré du cuvier plus sale qu'il ne l'était auparavant.

Beaucoup de personnes sont dans l'usage d'essanger le linge avant de le mettre à la lessive, c'est-à-dire de lui enlever la crasse, par un simple lavage à l'eau froide. Le linge ainsi décrassé salit moins la lessive et se nettoie aussi plus facilement. Pour éviter que le linge ne se détériore en l'accumulant tout imprégné encore de saleté, on a donc soin de l'essanger à mesure qu'on le salit et de le faire sécher.

Lorsqu'il s'agit de lessiver, on place un grand cuvier sur un trépied de bois et on y arrange le linge pièce à pièce, ayant soin de mettre tout le linge fin en dessous et le gros linge par dessus. Pressez-le, faites qu'il ne reste aucun vide et qu'il soit partout d'un épaisseur égale. Couvrez votre linge d'une toile très-forte et assez grande pour déborder tout autour du cuvier. Mettez sur cette toile les cendres de bois neuf qui doivent fournir l'alcali ou carbonate de potasse qui formera la lessive et dont la quantité doit être proportionnée à celle du linge à blanchir. Repliez la toile par dessus les cendres que vous étalerez de manière à former une couche égale. Ayez sur le feu un grand chaudron rempli d'eau chaude, mais non bouillante, et versez-en dans le cuvier.

Au bas, et sur le côté de ce cuvier, est un trou que l'on bouche avec un tortillon de paille, replié sur lui-même et disposé de manière à laisser filer la lessive, qui tombe dans un seau placé au-dessous, après avoir traversé toute la masse du linge.

Quelquefois on met à la place du seau une rigole ou gouttière qui reporte cette lessive dans la chaudière où elle se réchauffe à mesure.

On répand de temps en temps un seau de cette lessive chaude sur le linge; on répète cette manipulation pendant près de douze heures, ce qui s'appelle *couler la lessive*; on enlève le drap avec les cendres, on retire le linge du cuvier et on le savonne à l'eau claire. Après l'avoir rincé avec de nouvelle eau, on le plonge dans de l'eau légèrement teinte en bleu au moyen d'indigo en pierre, enfermé dans un sachet de toile, on l'égoutte, on le tord, puis on l'étend sur des cordes pour le faire sécher.

Dans les localités où l'on se chauffe avec du charbon de terre et où il est difficile de se procurer de bonnes cendres de bois, on les remplace par du carbonate de soude, vulgairement *sel de soude*, qu'on trouve à bas prix chez tous les épiciers ou droguistes. Mettez-en 6 kilogrammes pour 50 litres d'eau, dans un chaudron; ajoutez-y un demi-kilogr. de savon râpé. Cette quantité de sel de soude suffit pour 200 kilogrammes de linge. Recueillez de même la lessive qui s'écoule et reversez-la bien chaude à mesure sur le linge, lequel doit être recouvert d'une toile épaisse.

On a soin de détirer le gros linge avant qu'il ne soit complétement sec. On met à l'empois les serviettes damassées et ouvrées; puis on les passe au cylindre, si l'on en a un, ou bien on les repasse. Le linge fin se repasse également.

On place ensuite le linge en pile dans les armoires de la lingerie et on met près de chaque pile un sachet rempli d'Iris de Florence en poudre. En été on compose des sachets avec de la lavande, des feuilles de rose et toutes les herbes odoriférantes.

Une remarque importante à faire, lorsqu'on fait couler la lessive, c'est que le linge se blanchit mal lorsque la première eau que l'on jette sur les cendres est trop chaude, elle doit arriver graduellement à un degré de chaleur convenable, sans cette précaution, les impuretés qui salissent le linge se trouvent pour ainsi dire coagulées et fixées dans le tissu, qui acquiert alors plus ou moins une couleur fauve et souvent nuancée. Une température douce, au contraire, permet au tissu de se gonfler par degrés et de se laisser plus facilement pénétrer. D'une autre part, si les lessives trop fortes corrodent et ternissent le tissu, trop faibles, elles sont insuffisantes pour enlever les matières grasses dont le linge est sali. Ces inconvénients arrivent surtout lorsqu'on se sert de potasse ou de soude au lieu de cendres et que la quantité de ces alcalis est mal proportionnée.

Blanchissage au moyen de la Lessive-Moisson.

Voici un moyen de lessiver le linge sans avoir recours au coulage ordinaire qui occasionne beaucoup d'embarras.

Prenez 30 grammes par litre d'eau de la Lessive-Moisson; faites bouillir votre linge environ deux heures dans cette solution, en ayant soin de n'employer pour cela qu'une chaudière en cuivre, car cette lessive, attaquant le fer, pourrait rouiller le linge qui serait dedans. Du reste, on peut se procurer, chez l'inventeur [1] lui-même, un appareil fait exprès pour ce mode de blanchissage; il est préférable à tout ce qu'on pourrait employer.

[1] Avenue Victoria, 6, à Paris.

Après l'ébullition, retirez votre linge et terminez comme s'il avait été lessivé.

On peut également employer cette lessive à froid, mais en mettant 60 grammes au lieu de 30.

Blanchissage au moyen du son.

Faites tremper le linge pendant quelque temps dans de l'eau chaude pour ramollir les corps gras et leur donner plus de facilité à être absorbés par la pâte de son, puis faites bouillir un kilogramme de son dans 6 livres d'eau, et formez-en une pâte avec laquelle vous savonnez le linge.

On emploie généralement ce mode de blanchissage pour les foulards et les mouchoirs de baptiste à vignette de couleur.

Blanchissage de linge fin.

Le linge fin, tel que chemises, jupons, cols, manches, etc., ne doit pas être soumis à l'action de la lessive; on doit simplement le faire bouillir plus ou moins dans de l'eau et du savon de Marseille, puis le savonner avec ce même savon.

Procédé pour laver la flanelle sans qu'elle jaunisse.

Délayez deux cuillérées de farine dans 2 litres d'eau de savon, placez le tout dans un vase sur le feu en remuant constamment la composition, afin de l'empêcher de s'attacher; lorsque cette colle est bouillante, versez-en la moitié sur la flanelle et lorsqu'elle n'est plus assez chaude pour vous brûler, frottez l'étoffe comme on le pratique avec le savon; rincez ensuite la flanelle à l'eau claire, puis on recommence l'opération, en versant le reste de la colle, et on rince à plusieurs eaux.

Ce procédé conserve à la flanelle toute sa blancheur, l'empêche de contracter une odeur désagréable et elle se trouve parfaitement nettoyée.

Repassage du linge.

Pour bien repasser, il y a plusieurs précautions à prendre, d'abord on ne doit pas attendre que le linge soit parfaitement sec, il faut en retirant les pièces de l'étendage, les étaler sur une table, les plier en deux, en quatre ou en huit selon leur grandeur, les empiler les unes sur les autres, et effacer les plis avec la main. Il résultera de cette méthode un grand avantage, c'est que l'humidité qui reste nécessairement dans les diverses pièces de linge, se répartira également dans toute sa masse.

On doit par-dessus tout veiller à ce que le fer ne soit pas trop chaud, afin de ne pas roussir le linge; si le fer ne coule pas facilement, ce qui arrive lorsque le linge est empesé, frottez-le avec un peu de cire renfermée dans un sachet de toile.

L'empesage à l'eau de riz est plus facile à repasser que celui à l'amidon; il est préférable pour les mousselines. On peut d'ailleurs mettre quelques gouttes de vinaigre dans l'eau amidonnée. Cette eau ainsi préparée, n'épaissira plus autant le tissu, et le fer coulera mieux.

On empèse souvent les grandes pièces, rideaux, etc., à l'empois cru, c'est-à-dire dissous à froid dans l'eau, mais cette méthode est vicieuse, car il faut dans ce cas repasser le linge très-mouillé, le fer ne coule pas, fait des plis et quelquefois le linge se déchire.

Dix grammes d'alun par litre d'eau, rend l'amidon plus limpide et plus coulant. On attend pour cela qu'il soit en ébullition.

Moyens pour enlever les taches

Taches de suif, d'huile et de graisse.

Imbibez-les d'essence de térébenthine *rectifiée*, et frottez-les des deux côtés de l'étoffe avec un linge propre, de manière à enlever le plus possible l'essence et le corps gras qu'elle tient en dissolution. Remettez encore de l'essence sur la tache et couvrez celle-ci avec de la terre à foulon ou de la terre de pipe en poudre; un quart d'heure après enlevez la terre absorbante, brossez l'endroit taché et la tache aura disparu.

Souvent une simple application de cette même terre en

forme de bouillie, et qu'on laisse bien sécher sur la tache, suffit pour l'enlever.

Il est de la plus grande importance d'employer de l'essence rectifiée par une seconde distillation et telle qu'on la trouve chez les droguistes ou les fabricants de produits chimiques. L'essence non rectifiée laisse une tache peut-être plus difficile à enlever que la tache primitive.

La benzine ne présente jamais cet inconvénient, et sous plusieurs rapports elle est préférable à l'essence de térébenthine, mais elle exhale une odeur d'empyreume fort désagréable qui se dissipe, il est vrai, en moins d'une heure.

On peut également employer l'essence rectifiée de citron, mais son prix est infiniment plus élevé. L'essence grasse de citron, celle qui sert à aromatiser les crèmes, laisse une tache à l'endroit qu'on veut nettoyer.

Au reste, les procédés ci-dessus ne s'appliquent qu'aux étoffes de laine.

Pour les cotons imprimés susceptibles de déteindre si l'on tentait d'enlever les taches avec de l'eau et du savon, on peut employer le fiel de bœuf ou le jaune d'œuf qui ont la propriété de dissoudre les corps graisseux sans altérer les couleurs. Lorsqu'on se sert de fiel, il est bon d'employer le *fiel purifié*, appelé communément amer de bœuf, afin d'éviter qu'il ne laisse sur l'étoffe quelque trace de la couleur qui lui est propre. On rince ensuite à l'eau claire l'endroit taché.

On comprend que pour les étoffes de fil ou de coton bon teint, on peut employer le savon ordinaire.

Taches de stéarine :

L'usage des bougies stéariques est aujourd'hui tellement répandu, et la stéarine fondue devient tellement fluide, qu'on est très-exposé à ces sortes de taches. La stéarine pure n'est dissoute, ni par l'essence de térébenthine, ni par l'esprit de vin, mais il existe un moyen aussi simple que facile d'enlever ces taches; couvrez-les d'un papier brouillard plié en plusieurs doubles, et passez dessus, à l'endroit des taches, une cuillère d'argent où vous aurez mis un charbon bien allumé; changez plusieurs fois le papier de place jusqu'à ce qu'à l'aide de la chaleur de la cuillère il ait absorbé toute la stéarine fondue.

Taches de cambouis.

Le cambouis étant composé de graisse et de fer, à l'état d'oxyde noir, deux opérations sont nécessaires pour faire disparaître ces taches. On enlèvera d'abord la partie grasse par les moyens indiqués ci-dessus, puis la tache de fer avec de la crème de tartre en poudre très-fine, avec laquelle on saupoudrera l'endroit taché après l'avoir mouillé légèrement. On laisse agir le sel pendant quelque temps; puis on lave soigneusement cet endroit pour enlever toute la crème de tartre.

Taches de boue.

Les boues des grandes villes et surtout celles de Paris, tachent beaucoup plus que les autres à cause de la quantité de fer et de corps étrangers qu'elles renferment. Après avoir lavé les taches à l'eau de savon, on emploiera la crème de tartre comme pour les taches de cambouis.

Taches de fruits et de vin.

Si l'étoffe tachée est un tissu blanc en toile ou en coton, on emploiera simplement l'eau de javelle qui possède la propriété de détruire complétement toutes les couleurs végétales. Il ne faut pas la mettre pure en contact avec le tissu, mais en verser un peu sur l'endroit taché qui sera mouillé à l'avance.

Quant aux étoffes de soie et de laine, les taches de fruits seront facilement enlevées par un lavage à la main si elles sont fraîches. Dans le cas contraire, elles ne céderont qu'à un savonnage suivi d'une fumigation d'acide sulfureux qui, d'ailleurs, ne doit être employé que pour des tissus blancs.

Taches d'encre.

Lorsqu'elles sont très-récentes, il suffit de les laver à l'eau et de les savonner, afin d'isoler l'oxyde de fer que forme la tache, des substances végétales qui font partie de l'encre ; on enlève ensuite l'oxyde de fer avec l'acide chlorhydrique étendu de six ou huit parties d'eau. On peut encore employer sur les étoffes blanches de lin et de coton, l'acide oxalique qu'il ne faut pas confondre avec le sel d'oseille dont on peut également se servir, mais qui n'a pas autant d'efficacité, à moins qu'on ne le mélange avec du sel d'étain.

Lorsque la tache d'encre est ancienne, on emploiera après le lavage, l'acide oxalique qui seul peut l'enlever entièrement.

Taches de rouille.

Faites une solution faible de protochlorure d'étain, il suffit d'un centième de ce sel pour décolorer instantanément l'acide chlorhydrique du commerce. Vous trempez le linge taché dans la solution saline et la tache disparaît immédiatement. L'effet est d'autant plus prompt que la tache est plus récente. Ensuite on lave à grande eau pour enlever les composés solubles de fer qui se seront formés dans la réaction du sous-sulfate de protoxyde sur le protochlorure d'étain.

Taches d'humidité sur les étoffes de soie.

Certaines étoffes apprêtées, principalement les soieries, lorsqu'elles restent longtemps dans un endroit humide et peu aéré, prennent des taches ou piqûres. Ces taches se forment par suite de la fermentation du principe mucilagineux, de l'apprêt ou de la soie elle-même, unie à une certaine quantité d'eau ; ensuite elles se développent par la décomposition de la matière colorante appliqué sur l'étoffe (dans ce dernier cas, les taches sont fort difficiles à enlever) mais quand elles sont récentes, on les enlève en roulant l'étoffe dans un linge de calicot blanc légèrement mouillé, et en l'exposant pendant vingt-quatre heures dans un endroit humide.

Rubans.

Les rétablir dans leur fraîcheur. — Des rubans encore frais ayant été fripés par l'humidité il s'agit de leur rendre l'éclat et la fermeté qui distinguent les rubans neufs. Pour cela, défaites leurs nœuds, étendez-les sur une planche à repasser et mouillez-les à l'envers au moyen d'une éponge, avec une dissolution de 30 grammes de gomme arabique, bien blanche et bien pure, dans un verre d'eau. Ayez soin que les rubans ne soient qu'humectés et repassez-les toujours à l'envers, avec un fer suffisamment chauffé pour les sécher, mais point assez pour altérer leurs couleurs.

Ce procédé s'applique admirablement bien aux rubans de gaze.

Nettoyage des gants.

Le meilleur moyen pour nettoyer les gants de peau d'agneau ou de chevreau est de tremper dans l'eau un morceau de flanelle, sur lequel on verse un peu de savon en poudre; on frotte ensuite avec cette flanelle les gants tendus sur une baguette ou sur un doigt, puis on les essuie avec un autre morceau de flanelle sèche.

TABLE DES MATIÈRES.

PREMIÈRE PARTIE.

VOCABULAIRE DES TERMES DE CUISINE. — USTENSILES DE CUISINE ET DE TABLE. — TROUSSAGE ET BRIDAGE. — DÉCOUPAGE. — SERVICE DE TABLE ET MENUS. — DEVOIRS DE L'AMPHITRYON.

CHAPITRE I.		Manière de découper les viandes et de servir le poisson	
Vocabulaire des termes de cuisine	1		
CHAPITRE II.		**CHAPITRE V.**	
Ustensiles de cuisine	13	Service de table	63
CHAPITRE III.		**CHAPITRE VI.**	
Troussage et bridage	35	Devoirs de l'amphitryon et de la maîtresse de maison.	73
CHAPITRE IV.			
Découpage	40	Menus	75

DEUXIÈME PARTIE.

DES SAUCES. — BEURRES. — GRANDES SAUCES, GLACES ET ESSENCES. — PETITES SAUCES. — FARCES ET QUENELLES. — PURÉES. — RAGOUT ET GARNITURES. — POTAGES.

Des sauces	79	Quatre épices	81
Farine	80	Gingembre	81
Fécule	80	Laurier	81
Chapelure	80	Thym et basilic	81
Sel épicé	80	*Beurres*	81
Kari	80	Beurre d'anchois	82
Poudre de kari	80	— d'ail	82
Poivre de cayenne	80	— de Montpellier	82
Piment vert	81	— d'écrevisses	83
Macis	81	— de ravigote	83
Muscade	81	— de fines herbes	83

CHAPITRE I.
Grandes sauces, glaces et essences.

Sauce espagnole.	84
Velouté.	85
Suprême.	85
Sauce allemande.	86
Jus.	86
Sauce Mirepoix.	87
— d'Uxelles.	87
Glace de viande.	88
— de volaille.	89
Observation sur les jus, coulis et essences faites avec des viandes, volaille ou gibier.	89
Essence de gibier.	89
— de volaille.	90
— de légumes.	90
— de poisson.	90
Coulis d'écrevisses.	91

CHAPITRE II.
Petites sauces.

Roux.	91
— blond.	92
— blanc.	92
— brun.	92
Liaisons.	92
Sauce hollandaise.	93
— aux cornichons.	93
— omnibus.	93
— à la béchamel grasse.	94
— — maigre.	94
— à la crème.	94
— tomate.	95
— à la minute.	95
— blanche.	95
— blonde.	96
— piquante.	96
— au verjus.	96
— aux groseilles à maquereau.	96
— aux échalotes.	97
— hachée.	97
— poivrade.	97
— à la ravigote.	98
— Robert.	98
— rémoulade froide.	98
— au blanc.	99
Sauce à la provençale.	99
— de kari.	99
— — autre.	100
— Maître d'hôtel.	100
— — liée.	100
— pour le poisson.	100
— à la tartare.	100
— mayonnaise.	101
— salmi.	101
— macédoine.	101
— au pauvre homme.	102
— — autre.	102
— aux truffes.	102
— espagnole à la bourgeoise	103
— sans beurre.	103
— aux écrevisses.	103
— aux anchois.	103
— aux huîtres.	103
— anglaise froide.	104
Vert d'épinards.	104
Court-bouillon.	104
Marinade cuite.	105
Blanc.	105
Pâte à frire.	106
Fonds de poêle.	106

CHAPITRE III.
Farces, quenelles et purées.

Farces.	107
Farce de poisson	108
Hachis de viande.	108
Godiveau.	109
Quenelles.	109
Purées.	110
Purée de pois nouveaux.	110
— de pois secs.	110
— de carottes.	111
— de potiron.	111
— de marrons.	111
— de champignons.	112
— d'ognons.	112
— d'oseille.	113
— de volaille.	113

CHAPITRE IV.
Ragoûts et garnitures.

Ragoût de ris de veau.	114
Salpicon.	114

TABLE DES MATIÈRES.

Ragoût de laitances. 115
— de laitances au maigre. . 115
— de mousserons. 115
— de laitues. 116
— de navets. 116
Ognons glacés. 117
Ragoût d'olives. 117
Croûtons frits. 117

CHAPITRE V.
Potages.

Pot au feu. 118
Bouillon fait en une heure. . 120
— à la minute. 120
— de poulet. 121
— de veau. 121
— maigre. 121
— aux herbes. 121

Potages au gras.

Potage au naturel. 122
Croûte au pot. 122
Potage au vermicelle. . . . 122
— au riz. 123
— à la semoule. 123
— aux pâtes d'Italie. . . 123
— aux nouilles. 124
— au sagou. 124
— au tapioca. 124
— à l'orge perlé. . . . 124
— au gluten. 125
— à la purée de marrons. 125
— au blé de Turquie. . . 125
— à la fécule. 125
— aux pointes d'asperges. 126
— aux choux. 126
— aux œufs pochés. . . 126
— aux poireaux. 127
— à la Condé. 127
— à la Crécy. 127

Potages de luxe.

Potage à la tortue. 128
Potage à la bisque d'écrevisses 128
— à la reine. 129
— à la Colbert. 130
— aux quenelles de volaille. 130

Potages maigres.

Soupe aux choux, maigre. . 130
Potage aux herbes. 131
— à l'oseille. 131
Julienne. 132
Soupe à l'ognon. 132
Potage au riz et aux ognons. 133
— aux petits ognons blancs. 133
— au potiron. 133
— aux choux-fleurs. . . 133
— aux carottes nouvelles. 134
— aux poireaux et aux pommes de terre. . . . 134
— à l'oseille et à la purée de pommes de terre. . . 134
— à la purée de navets et de pommes de terre. . . 134
— au pain ou panade. . . 135
— aux petits pois. . . . 135
— au lait. 135
Observation pour faire bouillir le lait. 135
Potage au lait à la sémoule. 136
— — au sagou. . 136
— — au vermicelle 136
— — au tapioca. 136
Riz au lait. 136
Potage à la Monaco. . . . 136
Potage au maigre. 136
— à la purée de pois. . . 137
— — de haricots. 137
— — de lentilles. 137
— au fromage. 137
— à la provençale. . . . 138
— au macaroni. 137
— aux cuisses de grenouilles 138
Bouillabaisse. 139

TROISIÈME PARTIE.
Grosses Viandes.

BŒUF. — VEAU. — MOUTON. — AGNEAU. — COCHON. — SANGLIER.

CHAPITRE I.

Du Bœuf. 141
Indication des différentes parties du bœuf. 141

Bœuf en persillade.	142
— bouilli au gratin.	142
— à la poulette.	142
— en miroton.	142
— en vinaigrette.	143
— en grillade.	143
— bouilli et desservi.	143
— bouilli en hachis.	143
Boulettes de hachis de bœuf frites.	144
Boulettes de hachis de bœuf au four.	144
Bœuf à la mode.	145
Culotte à la braise aux ognons.	145
— de bœuf aux ognons glacés.	146
— de bœuf au four.	146
— — à la broche.	146
— — en pâté.	146
Bœuf à l'écarlate.	146
Aloyau à la broche.	147
Rosbif.	147
Filet de bœuf aux champignons.	147
Filet de bœuf aux croûtons.	148
— à la chicorée.	148
— à la broche.	148
— aux légumes.	149
— jardinière.	149
— à la napolitaine.	150
Sauté de filet de bœuf.	150
Chateaubriand.	151
Biftecks de filet de bœuf.	151
Biftecks aux pommes de terre.	151
— au cresson.	151
— au beurre d'anchois.	151
Entre-côte sur le gril.	152
Manière de faire réchauffer les rôtis.	152
Entre-côte au jus.	152
— aux champignons.	153
— aux olives.	153
Charbonnée de bœuf en papillotes.	153
Langue de bœuf en paupiettes.	154
— à l'écarlate.	154
Langue de bœuf au gratin.	155
— autre.	155
— aux cornichons.	156
— rôtie.	156
— en papillotes.	157
— aux champignons.	157
Palais de bœuf à la ménagère.	157
— à la lyonnaise.	158
— en allumettes.	158
— au beurre d'anchois.	158
Croquettes de palais de bœuf.	158
Cervelles de bœuf.	159
Rognon de bœuf à la bourgeoise.	159
— sauté.	159
— sauté au vin.	160
Cœur de bœuf à la poivrade.	160
Foie de bœuf sur le gril.	160
Côte de bœuf braisée.	160
— à la bonne femme.	161
Bœuf au four.	161
— fumé de Hambourg.	161
Queue de bœuf à la purée de légumes.	162
— au hochepot.	162
— à la Saint-Menehould.	163
Gras-double à la provençale.	163
— autre.	163
— à la lyonnaise.	164
— à la poulette.	164
— grillé.	165
— à la mode de Caen.	165
Tétine de vache à la mode de Caen.	165

CHAPITRE II.

DU VEAU.

Indication de ses différentes parties.	167
Tête de veau au naturel.	168
— farcie.	169
— en tortue.	170
— frite.	171
— à la poulette.	171
Langue de veau.	171
Cervelles de veau.	172
— à la poulette.	172
— à la maître d'hôtel.	172

Cervelles en mayonnaise.	173	Poitrine à la poulette.	187
— frites.	173	Tendrons de veau à la poulette.	187
— au beurre noir.	173		
— en matelotte.	174	— en matelotte.	187
— à la sauce piquante.	174	— panées et grillées.	187
Amourettes de veau.	174	— aux petits pois.	188
Oreilles de veau au naturel.	174	Rognons de veau en escalopes.	188
— frites.	175	— sautés.	188
Fraise de veau à la vinaigrette.	175	Cœur de veau.	188
		Queues de veau aux choux ou à la flamande.	188
— frite.	175		
Polé de veau à la maître d'hôtel.	175	Queues de veau à la poulette.	188
		Queues de veau rémolades.	189
— en papillotes.	175	Noix de veau à la bourgeoise.	189
— à la bourgeoise.	175	Longe de veau à la broche.	189
— sauté.	175	Quasi de veau.	190
— à la poêle.	176	Rouelle de veau braisée.	190
— à la broche.	177	Étouffée de longe de veau.	190
— à l'italienne.	177	Veau à la provençale.	190
— autre.	178	Escalopes à la provençale.	190
Mou de veau à la poulette.	178	Cuisseau, ou quasi de veau à la bourgeoise.	191
— au roux.	178		
— en matelotte.	179	— aux champignons.	191
Pieds de veau.	179	Braisolles de rouelle de veau.	191
— frits.	179	Épaule de veau à la broche.	192
— à la Sainte-Menehould.	180	— à la bourgeoise.	192
Ris de veau en fricandeau.	180	— autre manière.	192
— aux fines herbes.	180	Cuisseau de veau.	193
Noisettes de veau aux pointes d'asperges.	180	— mariné.	193
		Galantine de veau.	193
— en croustade.	180	**CHAPITRE III.**	
Ris de veau en caisse.	181		
— à la poulette.	182	DU MOUTON.	
Carré de veau à la broche.	182	Indications de ses différentes parties.	195
Veau réchauffé à la casserole ou au four.	183		
		Gigot rôti.	194
Carré de veau à la bourgeoise.	183	— à la provençale.	196
— à la monglas.	183	— braisé ou de sept heures.	196
Côtelettes de veau au naturel.	183	— dans son jus.	196
— panées.	184	— à l'eau.	197
— en papillotes.	184	Mouton aux haricots.	197
— glacées.	184	Haricot de mouton.	197
— sautées.	184	— aux salsifis.	198
— farcies.	185	Carré de mouton sur le gril ou côtelettes panées.	198
Grillades de veau.	185		
Fricandeau de veau.	185	Carré de mouton à la Conti.	198
Blanquette de veau.	186	— aux légumes.	199
Poitrine de veau farcie.	186	— à la bourgeoise.	199

Côtelettes de mouton grillées. 199
— sautées à la poêle. . . 199
— au gratin. 200
— à la jardinière. . . . 200
— à l'italienne. 201
Côtelettes à la purée. . . . 201
Épaule de mouton. . . . 201
— à la Sainte-Menehould. . 201
Filet de mouton en chevreuil. 202
— en paupiettes. 202
— en braisolles. 203
Langues de mouton à la purée. 203
— en papillotes. 203
— braisées. 203
Cervelles de mouton. . . . 204
Queues de mouton braisées. 204
— frites. 204
— grillées. 204
Rognons de mouton à la brochette. 205
— au vin de Champagne. . 205
Pieds de mouton à la poulette. 206
— à la Sainte-Menehould. . 206
— en marinade. 206
Émincé de mouton. . . . 207
— à la chicorée. 207
— aux ognons. 207
— aux concombres. . . . 207
Hachis de mouton 207

CHAPITRE IV.

DE L'AGNEAU ET DU CHEVREAU

Indications de ses différentes parties. 207
Agneau à la broche. . . . 208
— poulette. 209
Blanquette d'agneau. . . . 209
Côtelettes d'agneau panées et grillées. 209
Pieds d'agneau au gratin. . 210
Épigramme d'agneau. . . 210

CHAPITRE V.

COCHON ET SANGLIER.

Hure de cochon. 211
Indication de ses différentes parties. 212
Porc frais à la broche. . . 213
Filet de cochon rôti. . . . 213
Côtelette de porc frais à la sauce. 213
Rognons de cochon au vin blanc. 214
Pieds de cochon à la Sainte-Menehould. 214
Pieds de cochon truffés. . . 214
Cuisson du jambon. . . . 215
Jambon paré. 215
— rôti. 216
— au madère garni d'épinards. 216
Jambon d'York au macaroni. 217
Cochon de lait rôti. . . . 217
Manière de faire le boudin. 218
Boudin blanc. 219
Fricassée de boudin noir à la lyonnaise. 219
Saucisses. 220
— aux pommes. 220
Observation sur les légumes avec lesquels peuvent se servir les saucisses. . . 220
Gâteau de foie de cochon, dit fromage d'Italie. . . . 221
Fromage de cochon. . . . 221
Oreilles de cochon. . . . 222
Cervelles et rognons. . . . 222
Queues de cochon à la purée. 222
Langue fumée et fourrée. . 222
Cervelas. 223
Andouilles. 223
Petit salé. 223

Du sanglier.

Hure de sanglier. 225
Filet de sanglier. 225
Quartier de sanglier. . . . 225

TABLE DES MATIÈRES.

QUATRIÈME PARTIE.

Gibier à plumes et Gibier à poils.

CHAPITRE I.

DU GIBIER A POILS.

Du cerf. 226
Cerf rôti. 226
— en civet. 226
Filets de cerf. 227
Chevreuil. 227
Chevreuil en civet. . . . 237
Quartier de chevreuil à la broche. 227
Filets et côtelettes de chevreuil. 228
Daim. 228
Lièvre et Lapin. 228
Lièvre ou Levraut à la broche.
Lièvre mariné à la broche. 229
Civet de lièvre. 229
Lièvre en daube. 230
— haché en terrine. . . 230
— au chaudron. 230
Pâté de lièvre ou de lapin. 231
Levraut sauté. 231
— rôti. 232
Lapin en gibelotte. . . . 232
— rôti. 232
Lapereau sauté. 232
— à la marengo. 233
— à la tartare. 233
— en papillote. 233

CHAPITRE II.

GIBIER A PLUMES.

Faisan rôti. 234
Coq de bruyère. 234
Perdreaux et Perdrix. . . 235
Perdrix à la broche. . . 235
— farcies et rôties. . . 235
— à l'étouffade. 235
— à la purée. 236
— aux choux. 236
Autre manière. 237
Perdreaux à la crapaudine. 237
— à la maître d'hôtel. . 237
— au gratin. 237
Salmis de perdreaux. . . 238
Perdreaux à la chipolata. 238
— en papillotes. 239
— à la Périgueux. . . . 239
Chartreuse de perdreaux. 240
Perdreaux aux truffes. . 241
Mayonnaise de perdreaux. 241
Perdrix en salade. . . . 242
Gélinotte. 242
Bécasses et Bécassines. . 242
Pluvier, râle de genet et Vanneau. 242
Cailles. 242
Alouettes ou Mauviettes. 243
Étuvée de Mauviettes. . 243
Becfigues, Guignards. . 244
Grives rôties. 244
Merle. 244
Ramier et Tourterelle. . 244

CINQUIÈME PARTIE.

De la Volaille.

Poulet.

Poulets (différentes catégories). 245
Poulet rôti. 245
— sauté. 245
Fricassée de poulet. . . 246
Poulet à la Villeneuve. . 246
— à la sauce tomate. . . 247
— aux truffes. 247
— à la tartare. 247

TABLE DES MATIÈRES.

Poulet à l'estragon.	247
— à la marengo.	248
— à la chevalière.	248

Poularde et Chapon.

Poularde à la bourgeoise.	249
Poule au riz.	250
— aux ognons.	251
— en daube.	251
Chapon rôti.	251
— au riz.	251
— au gros sel.	252
Poularde rôtie, Poularde au riz.	252
— à la Montmorency.	252

Préparations diverses de volaille.

Mayonnaise.	252
Marinade de volaille.	253
Croquette de volaille.	253
Blanquette de volaille.	254
Capilotade de volaille.	254
Salade de volaille.	254
Galantine de volaille.	254
Terrines de volailles, gibier, fois gras.	256
Kari indien.	257
Ragoût de foies.	258
— aux culs d'artichauts.	258

Dindes et Dindonneaux.

Dindon et Dindonneaux rôtis.	258
Dinde aux truffes.	258
— à la Godard.	259
— en daube.	260
Dindon à la bourgeoise.	260
Abatis de Dindon.	260
— en fricassée de poulet.	261

Pigeons.

Pigeons rôtis.	261
— farcis.	261
— à la crapaudine.	262
— à la casserole.	262
— en compote.	262
— à la tartare.	263
— aux petits pois.	263
— en fricassée de poulet.	263
— à l'étuvée.	264

Canards.

Canard à la broche.	264
— aux petits pois.	264
— aux navets.	264
— aux olives.	265
— en daube.	265
— en salmis.	265
Canetons aux petits pois.	265

Oie.

Oie rôtie.	266
— en daube.	266
— autre daube.	267
Conservation des ailes et cuisses d'oie.	267

SIXIÈME PARTIE.

POISSONS DE MER ET COQUILLAGES. — POISSONS D'EAU DOUCE ET COQUILLAGES.

CHAPITRE PREMIER.

POISSONS DE MER ET COQUILLAGES.

Turbot à l'eau de sel.	269
Turbot au court-bouillon.	269
— à la hollandaise.	270
Barbue.	270
Saumon au bleu.	270
— à la Chambord.	271
Fricandeaux de saumon.	271
Saumon en papillote.	271
Saumon aux câpres.	271
Mayonnaise de saumon.	272
Saumon à la maître d'hôtel.	272
— à la bourgeoise.	272
— rôti.	272
— fumé.	273
Truite au court-bouillon.	273
— à la Chambord.	273
Truites farcies.	273
Esturgeon à la broche.	274
Hure d'esturgeon à la Go-	

TABLE DES MATIÈRES

dard.	274
Bar.	274
Alose.	274
— grillée.	275
— à l'oseille.	275
Cabillaud à la hollandaise.	275
Morue salée.	275
— à la provençale.	276
— autre.	276
— en tourte.	276
— à la béchamel.	277
— au vert pré.	277
— aux câpres.	277
— en brandade.	277
— frite.	278
Raie au beurre noir.	278
— au beurre blanc.	278
— frite.	279
— à la sauce blanche.	279
— aux champignons.	279
Anguille de mer.	279
— à la broche.	280
Soles frites.	280
— à la Colbert.	280
— au gratin.	280
Filets de soles à la Horly.	281
— en mayonnaise.	281
Sole normande.	281
Filets de soles à la normande.	282
Sole normande de Coutances.	282
Limandes, Carrelets, Plies au gratin et frits.	282
Maquereaux à la maître d'hôtel.	282
— au beurre noir.	283
— à l'huile.	283
— aux champignons.	283
— à la sauce tomate.	283
— en mayonaise.	283
— à la tartare.	284
— salés.	284
Mulet et Surmulet.	284
Harengs frais à la maître d'hôtel.	284
— au gratin.	284
— à la sauce aux câpres.	284
— à la sauce moutarde.	284
— à la sauce tomate.	285
Filets de harengs à la sauce tartare.	285
Mayonnaise de harengs frais.	285
Harengs saurs marinés.	285
— en caisse.	285
Harengs salés ou pecs.	286
Merlans frits.	286
— au gratin.	286
— grillés.	286
— au fines herbes.	286
Vives de diverses manières.	287
Rouget au court-bouillon.	287
— grillé.	287
Éperlans.	287
Sardines.	288
Anchois.	288
Salade d'anchois.	289
Thon.	289

COQUILLAGES DE MER.

Moules à la poulette.	289
— frites.	290
— aux fines herbes.	290
— à la marinière.	290
— au gratin.	291
— à la béchamel.	291
Huîtres.	291
— en coquilles.	292
Homard.	292
Homard et langoustes.	292
Salade de homard.	293
Crabes.	293
Crevettes.	293

CHAPITRE II.

POISSONS D'EAU DOUCE.

Matelotte de carpes, anguilles et autres poissons.	294
Matelotte à la marinière.	295
Brochet au court-bouillon.	295
— à la maître d'hôtel.	295
— à la broche.	296
— aux câpres.	296
— en salade.	296
— à la flamande.	296
Carpe.	297
— frite.	297
Moyen de faire passer aux

carpes le goût de vase. . . 297	Truites. 303
Carpe en fricassée de poulet. 298	— à la bourgeoise. . . . 303
	— frites. 303
— au bleu. 298	Perches au bleu. 303
— à la Chambord. . . . 298	— à la tartare. 304
— à la marseillaise. . . . 298	Tanche. 304
— à la maître d'hôtel. . . 299	— aux fines herbes. . . . 304
— à l'étuvée. 299	Lotte. 304
Carpe au vin. 299	Barbote. 305
— à la bourgeoise. . . . 299	Goujons. 305
Barbeau et barbillon. . . . 300	Lamproie. 305
Brème. 300	COQUILLAGES D'EAU DOUCE. 305
Anguille. 300	Écrevisses. 305
— piquée. 300	Escargots à la poulette. . . 306
— à la tartare. 301	— sur le gril. 307
— à l'italienne. 301	— à la bourguignotte. . . 307
— à la poulette. 302	Cuisses de grenouilles frites. 307
— marinée et grillée. . . 302	— à la poulette. 308
— à la broche. 302	

SEPTIÈME PARTIE.

Des Légumes.

Pois verts. 309	Petites fèves en robe ou au lard. 314
— au naturel. 309	
Petits pois à la bourgeoise. . 309	Fèves à la maître d'hôtel. . 314
Pois verts conservés en boîte. 310	Lentilles. 314
Petits pois au lard. 310	Choux. 314
Pois à l'anglaise. 310	Ragoût de choux. 314
— à la crème. 310	Choux au lard. 315
Haricots. 310	— farcis. 315
Haricots verts au gras. . . 311	— à la bourgeoise. . . . 316
— en salade. 311	— de Bruxelles. 316
— au beurre noir. . . . 311	— de Bruxelles à la crème. 316
Haricots blancs. 311	Choux rouges à la flamande. 316
Observation sur les légumes secs cuits à l'eau. . . . 312	— marinés. 317
	— piqués. 317
Haricots blancs et verts conservés en boîte. 312	Choucroute. 318
	Choux-fleurs à la sauce. . . 318
Haricots blancs à la maître d'hôtel. 312	— à la crème. 319
	— en salade. 319
Haricots blancs au jus. . . 312	— au beurre. 319
— à la crème. 312	— au beurre noir. . . . 319
— en salade. 313	— frits. 319
Haricots rouges à l'étuvée. . 313	— au fromage. 320
Fèves de Marais. 313	— au gratin. 320
— à la crème. 313	— au gratin et au fromage. 320

TABLE DES MATIÈRES.

Choux brocolis.	320
Artichauts.	320
Manière de les faire cuire.	320
Artichauts à la sauce.	321
— sur le gril.	321
— frits.	321
— à la provençale.	322
— en fricassée de poulet.	322
— à la barigoule.	322
— au jus.	323
— hors-d'œuvre.	323
Pommes de terre.	323
— à la maître d'hôtel.	324
— à l'anglaise.	324
— à la parisienne.	324
— à la sauce blanche.	325
— en chemise.	325
— en purée.	325
— au bouillon.	325
— en matelotte.	325
— au lard.	326
— à la provençale.	326
— frites.	326
— sautées au beurre.	326
— farcies.	327
Boulettes de pommes de terre.	327
— aux pommes de terre.	327
Gâteau de pommes de terre.	328
Topinambour.	328
Patates.	329
Beignets de patates.	329
Patates au beurre.	329
Asperges.	329
Manière de les faire cuire.	329
Asperges à la sauce blanche.	330
— à l'huile.	330
— aux petits pois à la française.	330
— aux petits pois à l'anglaise.	330
Salsifis et rcorsonères.	331
Manière de les faire cuire.	331
Salsifis à la sauce blanche.	331
— à la poulette.	331
— à la crème.	331
— au jus.	331
— frits.	332
Navets.	332
Navets à la poulette.	332
— au sucre.	332
— en purée.	332
— au jus.	333
— glacés au jus.	333
Carottes.	333
Carottes à la ménagère.	333
— au blanc.	333
— à la maître d'hôtel.	334
— frites.	334
— au persil.	334
— au gras.	334
Betteraves.	335
Céleri.	335
Céleri frit.	335
— rave.	335
Ognons.	335
Cardons d'Espagne.	335
Cardons à la bourgeoise.	336
— au gratin.	336
— au jus.	337
Concombres.	337
Concombres à la poulette.	338
— à la crème.	338
— farcis.	338
Salade de concombres.	338
Concombres en hors-d'œuvre.	339
Citrouilles, potirons.	339
Tomates farcies.	339
Aubergines farcies.	340
Oseille en purée ou farce.	340
Épinards.	340
Épinards au sucre.	341
Épinards au jus.	341
Chicorée blanche.	341
Laitues.	342
Truffes au naturel.	342
Ragoût de truffes.	342
Truffes au vin de Champagne.	342

CHAMPIGNONS.

Mousseron ordinaire.	343
Champignons en fricassée de poulet.	344
Croûte aux champignons.	344
Champignons en caisse.	344
— à la provençale.	345
Bolet comestible.	345

Ceps aux fines herbes	347	Œufs au petit lard	361
— à la bordelaise	348	— aux saucisses	361
Chanterelle comestible	348	— au gratin	361
— au fines herbes	349	— au lait	362
Omelettes aux chanterelles	350	— à la vénitienne	362
Oronge vraie	350	Omelette	362
Morilles	351	— au lard	363
Ragoût de morilles	352	— au jambon cru	363
Morilles à l'italienne	352	— aux fines herbes	363
Observations sur les champignons	352	— au fromage	363
		— de harengs saurs	364
Melon	353	— aux croûtons	364
		— au sucre	364
DES ŒUFS.		Autres	364
Œufs à la coque	355	— aux confitures	365
— mollets	355	— soufflée	365
— à la purée d'oseille	356	— au rhum	365
— à la paysanne	356	— aux rognons de veau	366
— brouillés	356	— aux ris de veau	366
— frits	357	— à l'ognon	366
— farcis aux anchois	357	— aux champignons	366
— farcis au persil	357	— aux truffes	366
— à la sauce tomate, ou à la sauce blanche	358	— aux pointes d'asperges	366
		— aux culs d'artichaut	366
— sur le plat ou au miroir	358	— aux queues d'écrevisses	366
— à l'allemande	358	Fondue aux œufs	366
— à la royale	358		
— à la neige	359	*Préparation de Pâtes.*	
— au beurre noir	359		
— pochés	359	Macaroni à l'italienne	367
— à la béchamel	360	— au gratin	367
— à l'aurore	360	— en timbales	367
— en matelotte	360	— aux marrons	368
— à la tripe	361	*Plum-Pudding*	368

HUITIÈME PARTIE.

Entremets sucrés. Pâtisserie. Dessert.

CHAPITRE PREMIER.		Pommes au beurre	371
ENTREMETS SUCRÉS.		— meringuées	372
		— au rhum	372
Pommes au riz	369	Suédoise de pommes	373
Charlotte de pommes	370	Beignets de pommes de terre	373
— et d'abricots	370	Beignets de pommes	374
— russe aux pommes	371	— de fraises et de framboises	374
— à la crème	371		

TABLE DES MATIÈRES.

Beignets à la crème ou crème frite.	374	Pâté chaud aux ortolans.	395
		— à la financière.	396
Pain perdu.	375	— d'alouettes.	396
Pets de nonne.	375	— de saumon.	396
Gâteau de riz.	376	— en timbale.	397
Petits gâteaux de riz en beignets.	376	— en terrine.	397
		— de légumes.	398
Croquettes de riz.	377	Tourtes.	398
Gâteau d'amandes.	377	Vol au vent.	399
Soufflé de pommes de terre.	377	Petits pâtés.	400
— au riz.	378	— au jus.	401
— au chocolat.	378	Rissoles.	401
Crêpes.	378	Galette.	402
Tôt fait.	379	Gâteau de plomb.	402
Roussettes.	379	Tourte aux fruits.	403
Crèmes	379	— groseille à maquereaux.	403
Crème aux amandes.	380	— pêches.	403
— au café.	380	— abricots.	403
— au thé.	380	— prunes.	403
— au chocolat.	381	— cerises.	404
— à la vanille.	381	— poires.	404
— à la fleur d'oranger.	381	— fraises.	404
— au citron ou à l'orange.	381	— framboises.	404
— renversées.	382	— pommes.	404
— frite.	382	— à la crème.	404
— Chantilly.	382	— à la frangipane.	405
— d'Italie ou Sambaglione.	383	Flan.	406
Observation sur les crèmes moulées.	383	Gâteau de fromage.	406
		Baba.	407
Clarification de la gélatine.	383	Savarin.	407
Bavaroise aux amandes.	384	Brioches.	408
Blanc-manger aux amandes.	384	Madeleine.	409
— aux liqueurs.	385	Gâteau feuilleté.	409
Gelées d'entremets.	385	— de Pithiviers.	409
Sucre vanillé.	386	Biscuits.	410
— de groseille.	386	Biscuits de Savoie.	411
Gelée d'oranges.	387	Macarons.	411
Macédoine de fruits.	387	Meringues à la crème.	411
Soupe aux cerises.	388	Crème aux meringues.	412
Fromage à la Conti.	388	Gaufres.	412
		Nougat.	413
CHAPITRE II.		Pâte à choux.	414
PATISSERIE.		**CHAPITRE III.**	
Feuilletage.	390	DESSERT.	
Pâte à dresser pour les pâtés froids	391	*Compotes.*	415
		Compote de pommes.	415
Pâté froid.	392	— de poires.	415
— de lièvre et de lapin.	395	— de cerises.	416

Compote de groseille.	416
Groseilles perlées.	416
Compotes de groseille à maquereaux vertes.	416
— de prunes.	417
— de pruneaux.	417
— de pêches.	417
— d'abricots.	417
— de fraises ou de framboises.	418
— de coings.	418
— et salade d'ananas.	418
Salade d'oranges.	419
Marrons au sucre.	419
Marmelades.	419
Cuisson de sucre.	420
Clarification.	420
Cuisson à la nape.	420
— au petit et grand lissé.	421
— au petit et grand perlé.	422
— au soufflé ou petite plume, ou petit boulé.	422
— à la grande plume ou grand boulé.	422
— au petit et grand cassé.	423
— au caramel.	423
Pâtes.	423
Pâte de pommes.	423
— de reines-Claude.	424
— de mirabelles.	424
— d'abricots.	425
— de coings.	425
Oranges glacées.	425
Confitures.	426
Observations sur les confitures.	426
Gelée de groseilles.	426
autre manière.	427
— à la royale.	427
— de cerises.	428
— de pommes.	428
— de coings.	428
Confitures de prunes de mirabelle.	429
— de reines-Claude.	429
— d'épine vinette.	430
— de fraises.	430
— de framboises.	430

Confitures de pêches	430
Confitures faites sans feu.	430
Raisiné de Bourgogne.	431
Moyen de décandir les confitures.	431
Conserves de fleurs d'oranger.	432
Fruits confits.	
Cerises.	432
Noix.	433
Prunes de reines-Claude.	433
Poires.	434
Prunes de mirabelle.	435
Marrons.	435
Angélique.	436
Fruits à l'eau-de-vie.	
Cerises.	437
Reines-Claude.	437
Abricots.	438
Ratafias et liqueurs.	
Noyaux.	438
Cassis.	438
Brou de noix.	439
Ratafia de Grenoble.	439
— sept graines.	439
— groseilles.	439
— d'abricots.	440
— coings.	440
Vespétro.	440
Anisette.	441
Ratafia de fleurs d'oranger.	441
Curaçao.	441
Procédés pour vieillir l'eau-de-vie.	441
Des sirops.	
Sirop de vinaigre.	443
— framboisé.	444
— gomme.	444
— d'orgeat.	444
— cerises.	445
— groseilles.	445
— punch.	446
— limon.	446
— guimauve.	446
Boissons chaudes et froides	
Punch.	447
Grog chaud à l'américaine.	447

TABLE DES MATIÈRES.

Sirop de punch au rhum.	448	Thé.		455
Vin chaud.	448			
Bischop chaud.	448	*Glaces.*		
Limonade à l'acide tartrique et à l'acide citrique.	449	Glacière des ménages.		456
		Manière de sangler.		458
Sambayon au vin.	450	Glace à la vanille.		459
— Café.	450	— au citron.		459
— chocolat.	454	— aux fraises.		460
— du cacao.	455	Punch à la romaine.		460

HUITIÈME PARTIE.

Économie domestique.

DE LA CAVE.—CONSERVATION DES ALIMENTS.— RECETTES DIVERSES.

CHAPITRE PREMIER.

DE LA CAVE.	461
Rangement des tonneaux.	462
Remplissage.	463
Soutirage des vins.	464
Collage des vins rouges.	465
— de vins blancs.	466
Soufrage des vins.	467
Du rinçage des bouteilles.	467
De la mise en bouteilles.	468
Rangement des bouteilles pleines.	470
Ficelage des bouchons.	471
Classement des différents vins dans l'ordre où ils doivent être servis.	472
Maladies des vins.	474
Vin amer en fût.	474
— en bouteilles.	474
Vin aigre.	474
Vin tournant au gras.	475
Vin fûté.	475
Vin noir.	475
Vin tourné.	476
Vin gelé.	476
— tournant au gras.	477
— blanc louche.	477
Nettoyage des fûts.	477
Conservation des vins en perce.	478
Cidre.	478
Eau de seltz artificielle.	479
Boissons économiques.	480 à 485
Moyen de rétablir la bière quand elle s'aigrit.	485

CHAPITRE II.

RECETTES POUR LA CONSERVATION DES ALIMENTS.

Conservation de la viande et du poisson.	486
Conservation du bouillon.	487
Autre moyen.	488
Moyen de conserver le poisson.	488
Conservation des gibiers.	488
— du lard.	489
Moyen d'attendrir la viande.	489
Réduction du poids de la viande par la cuisson.	489
Salaison des viandes.	489
Procédé pour saler les jambons.	490
Beurre.	491
Salaison du beurre.	491
Beurre demi-sel.	492
Beurre fondu.	492
— au bain-marie.	493
Moyen d'enlever la rancidité du beurre.	493
Beurre fait à la minute.	494
Conservation des œufs.	494

TABLE DES MATIÈRES

Conservation du lard,	495
— des graisses et de leur clarification.	496
Graisse d'oie.	496
Moyen d'enlever la rancidité de la graisse.	496
Conservation des légumes.	497
Choux.	497
Choux-fleurs.	497
Artichauts.	497
Haricots verts.	498
Pommes de terre.	498
CONSERVATION DES SUBSTANCES PAR LE BAIN-MARIE.	499
Légumes.	500
Pois.	500
Tomates.	500
Truffes.	501
Fruits.	
Pêches.	501
Abricots.	501
Prunes.	501
Mirabelle.	501
Ananas.	501
Cerises.	502
Chicorée.	502
Oseille.	502
Préparation des cornichons.	502
Conservation naturelle des fruits.	503
Raisins.	503
Poires.	505
Moyen de conserver toute espèce de fruits.	505
Noix sèches.	506
DESSICATION DES LÉGUMES.	506
Manière de faire sécher.	507
Pruneaux.	508
Cerises.	508
Poires séchées et glacées.	508
Vinaigre à l'estragon.	509
Moyen de préserver le fromage des vers.	509
CHAPITRE III.	
RECETTES DIVERSES.	
Nettoyage de l'argenterie.	510
Des carafes de cristal.	510
De la batterie de cuisine.	511
Des glaces.	511
Moyen de déboucher les flacons ou des carafes.	512
Blanchissage au moyen de la Lessive-Moisson.	514
— au moyen de son.	515
— du linge fin.	515
Procédé pour laver la flanelle sans qu'elle jaunisse.	515
Repassage du linge.	515
Moyen pour enlever les taches.	516
Taches de suif, d'huile et de graisse.	516
— de stéarine.	517
— de cambouis.	518
— de boue.	518
— de fruits et de vin.	518
— d'encre.	518
— de rouille.	519
— d'humidité sur les étoffes de soie.	519
Moyen de rétablir les rubans dans leur fraîcheur.	519
Nettoyage des gants.	520

CORBEIL. Typ. et stér. CRÉTÉ.

www.ingramcontent.com/pod-product-compliance
Lightning Source LLC
Chambersburg PA
CBHW071407230426
43669CB00010B/1476